Meu amor pela literatura existe desde os meus tempos de menina. Sempre gostei de ler e escrever, em verso e prosa, e foi nos poemas de Manuel Bandeira que lapidei ainda mais a sensibilidade da minha alma. Gostava de escrever poemas, contos, textos diversos, e cheguei a ganhar um concurso de poesia aos treze anos, aqui na cidade do Rio de Janeiro, onde nasci, em 1962. Ao mesmo tempo, minha mediunidade despertou, e adotei o espiritismo como bálsamo do meu coração.

Meu desejo sempre foi o de ser escritora. Mas a vida nos leva por caminhos diferentes, sempre em nosso benefício, e acabei me formando em Direito e passando num concurso para o Ministério Público do Trabalho. Anos depois, após o nascimento do meu filho, senti a primeira inspiração. Foi uma coisa estranha. Uma voz ficava na minha cabeça, repetindo esse nome: Rosali, e a ideia de fazer um romance brotou na mesma hora. Rejeitei a ideia e pensei: "Quem sou eu para escrever um romance?".

Por outro lado, a mesma voz também me dizia: "Não custa nada tentar. O máximo que pode acontecer é não dar em nada". Aceitei a sugestão do invisível, acreditando ser o meu pensamento, e fui sentar-me ao computador. Na mesma hora, a inspiração para *Uma História de Ontem* surgiu espontânea, e fui escrevendo, cada dia um pouquinho. Até então, eu não sabia que estava psicografando.

Foi só quando terminei o romance que recebi a psicografia do Leonel, que abre o meu primeiro livro, e nele se apresenta, dando o seu nome. Mas foi preciso uma boa dose de desprendimento para escrever, sem questionar e aceitar a interferência do espírito. Hoje, posso dizer, Leonel é parte fundamental da minha vida.

Não escrevo para viver. Escrevo porque gosto e porque acredito estar levando algum bem para as pessoas. E é esse sentimento que me faz querer escrever cada vez mais. É pelas pessoas que vale a pena escrever. Pelos leitores, que estão em busca de algo, além do aqui e agora, e que acreditam no poder da fé, do autoconhecimento e do amor, como caminhos seguros para a transformação do Ser.

Acredito que nós todos podemos trabalhar pelo aperfeiçoamento moral da humanidade para construir um mundo melhor.

Mônica de Castro

Leonel é um espírito muito querido do meu coração. Já em nosso primeiro romance, ele me deu uma ideia do que teria sido em sua vida passada: escritor.

Sei que nasceu e viveu na Inglaterra, em sua última encarnação, assim como nas anteriores. Em *Segredos da Alma*, ele narra um pouquinho da sua história, juntamente com a da mulher que foi o grande amor da sua vida. Não foi um escritor dos mais famosos. Era um boêmio, mas alguém com tanta dignidade que logo despertou para os verdadeiros valores do espírito, e hoje está em condições de transmitir mensagens de otimismo e amorosidade. Eu mesma percebi isso no contato quase diário com ele e nas comunicações que transmite, sempre de forma mental.

Há algum tempo, ele me permitiu conhecer sua aparência. Leonel mostrou-se para mim na casa espírita, em um momento de profundo recolhimento e reflexão. Fisicamente, é um rapaz bonito. Cabelos negros, cheios, com feições delicadas e olhos azuis. Estatura mediana, magro, veio vestido com calça e bata brancas, descalço e com ar tranquilo. Tinha um rosto tão sereno, que me contagiou. Ali, ele me disse coisas que modificaram para sempre o meu modo de encarar certos aspectos da vida.

Sua proposta é a do crescimento e da disseminação do amor. É para isso que trabalha, é nisso que acredita e me faz também acreditar. Sem a esperança e a certeza na consolidação do amor, a vida não tem razão de ser. E o instrumento que ele encontrou para a realização desse propósito, no momento, foi a psicografia. Assim como eu, Leonel escreve por amor a si mesmo e ao próximo.

Considero Leonel mais um batalhador do invisível. Um espírito com enorme sabedoria e inigualável capacidade de amar. Um ser em evolução que conhece o caminho para o crescimento e sabe onde está a fonte do discernimento e da moral. Uma alma que cresce por meio do esforço próprio, do reconhecimento de suas imperfeições e da busca incessante do domínio sobre si mesmo. E é nisso, acima de tudo, que reside o seu valor.

*Mônica de Castro*

Leonel

Direção de Arte: Luiz Antonio Gasparetto

Projeto Gráfico: Priscila Noberto

Diagramação: Priscilla Andrade e Ana Maria de Moura

Revisão: Maria Glória Nolla Pires e Mônica Gomes d'Almeida

1ª edição — 3 impressões
2ª edição — 2ª impressão
5.000 exemplares — dezembro 2013
Tiragem total: 45.000 exemplares

Dados Internacionais de Catalogação na Publicação (CIP)
(Câmara Brasileira do Livro, SP, Brasil)

Leonel (Espírito).
A atriz / ditado por Leonel [psicografado por] Mônica de Castro --2. ed. --
São Paulo : Centro de Estudos Vida & Consciência Editora.
ISBN 978-85-7722-234-6
1. Espiritismo 2. Psicografia 3. Romance espírita I. Castro, Mônica de II.
Título.

12-15401 CDD-133.9

Índices para catálogo sistemático:
1. Romance espírita: Espiritismo 133.9

Publicação, distribuição, impressão e acabamento
CENTRO DE ESTUDOS VIDA & CONSCIÊNCIA EDITORA LTDA.



**Este livro adota as regras do novo acordo ortográfico (2009).**

Rua Agostinho Gomes, 2.312
Ipiranga • CEP 04206-001
São Paulo • SP • Brasil
Fone / Fax: (11) 3577-3200 / 3577-3201
E-mail: grafica@vidaeconsciencia.com.br
Site: www.vidaeconsciencia.com.br

A ATRIZ
MÔNICA de CASTRO
pelo espírito Leonel

# prólogo

Por entre as flores recém-desabrochadas, Tália caminhava a passos vagarosos, aspirando lentamente o delicado perfume que se espalhava no ar. De quando em vez, detinha a caminhada e deixava o olhar vagar a esmo, como se buscasse algo que não podia definir no horizonte. Seria possível? Após tantos anos, já perdera as esperanças de que um dia a encontrassem. Estava perdida para o mundo dos homens e não devia mais se preocupar com ele.

Ainda assim, seu coração se apertava a cada passo. Sentiu uma comichão pelo corpo e se encolheu toda, com um frio a lhe percorrer a espinha. Aos poucos, o frio foi aumentando, como se alguém a estivesse desnudando ao vento. O que seria aquilo? Levara muito tempo para se acostumar a não ter mais aquelas sensações, e agora isso? Olhou ao redor, mas nada lhe pareceu anormal. O ar estava tépido como sempre, e uma brisa suave refrescava sem enregelar. Se era assim, de onde vinha aquela sensação gelada que parecia penetrar-lhe até os ossos?

Resolveu voltar para casa. Fazia já algum tempo que conquistara o direito de ter uma casinha só para ela, o que era muito bom. Seu lar era simples, porém bastante asseado e claro. Lá, tudo parecia mais límpido e branco, e o ambiente era sempre agradável e sossegado. Talvez fosse melhor se deitar um pouco. Quem sabe não estava ficando doente?

Doente? Não era mais possível ficar doente ali. No dia em que chegou, estava cheia de dores no peito, ardendo em febre e delirando. Logo adormeceu. Quando despertou, o peito parecia menos dolorido e a respiração, quase regular. Levou algum tempo para se recuperar de todo, mas finalmente conseguiu. As lesões em seu corpo fluídico lentamente se foram, e ela começou a se interessar pela nova vida. Aos pouquinhos, foi deixando para trás as lembranças daquela outra vida cheia de brilho e de sofrimento.

Essas lembranças a entristeceram. Ninguém, em lugar nenhum do mundo físico, sabia o que fora feito dela. Nem ela sabia ao certo quantos anos haviam se passado desde que deixara a Terra; nunca pensara naquilo. O bem-estar da vida espiritual era tanto, que as coisas da matéria deixaram de lhe interessar. Contudo, uma pontinha de tristeza começava a incomodá-la, despertando a dor do abandono por aqueles com quem convivera tantos anos. Mas ela jamais retornara à Terra para saber o que fora feito dos seus. Como podia agora esperar que se lembrassem dela, se ela mesma os havia esquecido?

Balançou a cabeça vigorosamente, tentando afugentar as lembranças, e alcançou o portãozinho do jardim, surpreendendo-se com a presença de sua mentora e amiga parada à sua porta.

— Sílvia! — exclamou. — Que surpresa boa! Vamos entrando.

Sílvia sorriu carinhosamente e beijou Tália no rosto, seguindo-a para dentro de casa. Sentou-se num sofazinho cor-de-rosa que havia perto da janela e esperou até que Tália se acomodasse a seu lado.

— Muito bem — falou Tália, apertando os braços gelados e sentindo uma repentina tontura. — Essa visita inesperada tem algum motivo especial?

— Receio que sim — respondeu a amiga, fitando Tália com uma expressão indefinível.

— Do que se trata?

— Trata-se de você. Seu corpo está sendo encontrado na Terra, neste exato momento.

Com ar de assombro, Tália se encolheu toda e desatou a chorar, sentindo na pele uma umidade glacial.

— Como isso é possível?

— Não está se sentindo estranha?

— Tenho calafrios... e as lembranças de minha vida na Terra surgiram repentinas... Mas não pensei estar ainda ligada ao corpo físico.

— Você não está ligada. O pensamento de certa pessoa foi que formou uma ponte energética com você, trazendo-lhe as impressões do que tem se passado na Terra.

— Uma pessoa? Quem?

De repente, Tália se viu transportada, ao lado de Sílvia, para o casebre onde seus ossos jaziam esquecidos. Algumas árvores penetravam pelas janelas destruídas, e o teto desabara quase por completo. O mato praticamente se fechara sobre o pequenino chalé e formara uma parede quase impenetrável ao redor. Alguns homens, com machados e marretas, estavam derrubando a porta, emperrada pelas dobradiças enferrujadas.

A golpes de machado, os homens derrubaram a porta e entraram. A sala estava toda em ruínas, com os móveis comidos e apodrecidos pelo vento e pela chuva. Os homens penetraram devagar e foram percorrendo os ambientes do primeiro andar, passando pela sala, depois pela cozinha e pelo lavabo minúsculo. Um deles se adiantou e experimentou o primeiro degrau da escada de madeira, que rangeu sob seus pés.

— Vai subir? — perguntou Márcio, um dos rapazes.

— É perigoso — respondeu outro.

— Vou subir. Se há alguma possibilidade de que o corpo de minha avó esteja lá em cima, quero descobrir.

Tália sentiu um choque. Como assim, *avó*? Buscou os olhos de Sílvia, que apertou a sua mão e esclareceu com voz carinhosa:

— Sim, Tália, é o seu neto que está aí. Seu neto Eduardo, que hoje está com vinte e três anos de idade.

Com olhos úmidos, Tália se aproximou do neto, que sentiu um leve arrepio e foi envolvido por estranha emoção.

— O que houve, Edu? — indagou Márcio. — Não está se sentindo bem?

— Não é nada.

Deixando de lado a emoção, Eduardo firmou o pé no degrau e começou a subir. A escada ia rangendo e alguns degraus afundaram, fazendo com que todos se sobressaltassem, inclusive Tália.

— Não se preocupe — sossegou Sílvia. — Ele não vai cair.

Tália agradeceu com o olhar e subiu com Sílvia atrás do neto. Eduardo chegou ao andar de cima e olhou para baixo, onde os outros o fitavam ansiosos.

— E aí? — perguntou alguém. — Tem alguma coisa?

— Vou olhar agora — respondeu Eduardo, virando-se para um segundo andar destruído e escorregadio.

A escada terminava numa espécie de saleta, com três portas ao redor. Intuitivamente, Eduardo se dirigiu à do meio e a empurrou. A porta imediatamente cedeu, indo ao chão com estrondo e fazendo com que todos lá embaixo começassem a gritar.

— Não foi nada — avisou ele, para acalmar os amigos. — Apenas uma porta que caiu.

Com certa ansiedade, Eduardo passou por cima da porta e entrou no quarto frio e úmido, tomando cuidado com as tábuas soltas no soalho. Olhou de um lado a outro e viu algo envolto em trapos, sobre o que parecia ser uma cama de ferro. Tentando controlar os passos, caminhou para lá, e lágrimas lhe vieram aos olhos ao contemplar aquela estranha visão. Misturados aos trapos sujos, vários ossos se encontravam dispostos, formando um corpo humano perfeito.

— Edu!

— Eduardo!

— Diga alguma coisa, cara, estamos preocupados!

Os amigos não paravam de chamar, mas Eduardo não conseguia responder, fascinado que estava com aquela fantástica descoberta. No plano astral, a seu lado, Tália chorava muito, fitando pela primeira vez os restos do que um dia fora o seu corpo. O neto, sem saber, captou-lhe as impressões e chorou também. Ajoelhado ao lado do colchão desmanchado, passou os dedos de leve sobre os ossos e soltou um suspiro.

— Ah! Minha avó, então foi aqui que você se meteu, hein?

Em poucos instantes, Márcio alcançou o quarto e acercou-se de Eduardo.

— Puxa, Edu! Por que não respondeu? Estávamos preocupados... — calou-se espantado, vendo o monte de ossos aos pés do amigo. — É... é a sua avó?

— É o que parece. Mas só um teste de DNA poderá nos dizer.

— Meu Deus! O que vamos fazer?

— Recolher os ossos, dar uma olhada em tudo e ir embora. O resto é com o laboratório.

Márcio foi correndo, na medida do possível, buscar uma caixa. Voltou poucos instantes depois e ajudou Eduardo a colocar os ossos lá dentro. Com cuidado, foram fazendo o caminho de volta, escolhendo as tábuas em que deveriam pisar para não cair. Os amigos embaixo ajudaram a descer o caixote. Edu e Márcio desceram em seguida.

— Pronto — disse Eduardo, batendo as mãos para limpá-las. — Missão cumprida.

— Será que é mesmo a sua avó que está nessa caixa? — indagou um dos rapazes.

— Edu vai mandar fazer um teste de DNA — afirmou Márcio. — Não vai, Edu?

— Vou, sim. Ainda que minha mãe não queira nem saber, tiro o meu sangue e mando analisar tudo. Tenho que descobrir.

Ao ouvir aquelas palavras, Tália fitou Sílvia com ar de interrogação.

— Faz muito tempo que você desapareceu — esclareceu Sílvia. — Ninguém nunca soube do seu paradeiro. Pensaram que você havia largado tudo e sumido no mundo. Depois de algum tempo, começaram a desconfiar que você havia morrido. Procuraram daqui, indagaram dali, até detetive contrataram, mas ninguém conseguiu descobrir nada.

— Nunca encontraram esse lugar?

— Como poderiam? É longe de tudo, da cidade e das fazendas. Quando você comprou este sítio, usou seu verdadeiro nome, lembra-se? Maria Amélia Silveira Matos. Naqueles tempos sem televisão, quem é que ouviu falar em Maria Amélia?

— Mas ninguém nunca nem desconfiou de que eu poderia ter-me escondido aqui?

— Como, Tália? Por que viriam a este fim de mundo para procurá-la? Você nunca contou que havia comprado este sítio.

— É verdade... — lamentou-se com pesar. — E como foi que me descobriram agora?

— Um homem comprou as terras vizinhas e se interessou por estas. Foi ao cartório da cidade, mandou fazer uma pesquisa e descobriu que o sítio havia sido comprado por uma tal de Maria Amélia Silveira Matos. Tampouco ele sabia quem você era, mas não foi difícil descobrir. O detetive por ele contratado investigou e descobriu que Maria Amélia era o nome verdadeiro de uma antiga e famosa vedete, Tália Uchoa, desaparecida na década de 1950. Com essa informação, o resto foi fácil. Ele achou a sua filha no Rio de Janeiro, e ambos chegaram à conclusão de que a assinatura no livro do cartório era mesmo a sua. Sua filha vendeu as terras sem nem titubear, mas seu neto, fascinado com as suas histórias, pediu para vir averiguar. O resto você mesma viu.

Tália chorava de emoção ao ouvir falar de pessoas e coisas que havia muito enterrara em seu passado. Sentiu que havia perdido uma grande parte de sua vida e olhou para o neto, que ia longe com os amigos e a caixa contendo seus ossos.

— Minha filha... Pelo que pude perceber, Diana não quer nem ouvir falar de mim.

— Ela ficou muito ressentida com o seu abandono e nunca conseguiu superar.

Tália balançou a cabeça, apertando os lábios para não soluçar, e indagou hesitante:

— Quem foi que a criou?

— O pai.

— Honório?!

— Ela tem outro?

— Mas... mas Honório não sabia que ele era o pai. Eu nunca contei...

— Você não contou, mas...

— Ione? — Sílvia assentiu. — Não pode ser! Ela me prometeu...!

— Você deixou uma filha órfã. O que esperava que ela fizesse?

— Não foi minha intenção abandoná-la.

— Mas a menina acabou ficando só, de todo jeito. Honório se revelou excelente pai, e Diana cresceu em um ambiente harmonioso e equilibrado, apesar de tudo.

— Ele criou Diana sozinho? Não acredito.

— Sozinho, não. Criou-a com a ajuda da esposa.

— Honório se casou? Quem diria... Com quem?

— Maria Cristina.

— O quê?! Honório casou-se com a minha irmã? Como ele pôde fazer isso comigo? Ele sabia que Maria Cristina e eu não nos dávamos bem.

— Pois ela se deu muito bem com ele, e melhor ainda com Diana.

— Não é à toa que minha filha me odeia.

— Ela não a odeia. Foi criada pela tia porque a mãe sumiu no mundo e a abandonou. Como esperava que ela se sentisse?

— Eu não a abandonei!

— Mas é nisso que ela acredita até hoje.

— A verdade se perdeu depois que eu parti...

— Cada coisa está no seu lugar, seguindo o curso que a natureza traçou. E depois, não vejo por que se preocupar com isso agora. Não foi você mesma quem quis assim?

— Não quis me matar — respondeu Tália acabrunhada.

— Mas você morreu e a vida teve que continuar sem você.

— Honório... — divagou Tália. — Foi há tanto tempo... Como será que ele está?

— Se essa pergunta é para mim, saiba que ele está muito bem, apesar da idade avançada.

— Ele ainda está vivo?

— Ahã.

— E Maria Cristina? E Ione? E... os outros?

— Ele é o único que vive entre os encarnados. Os outros já partiram.

— Por que nunca os vi?

— Respeitaram a sua vontade de não ser incomodada e nunca a procuraram.

— E Honório?

— Está com mais de noventa anos e ainda goza de saúde regular para um homem de sua idade. Mas agora chega. Todos já se foram. Vamos embora também.

Tália olhou para a trilha aberta na mata por seu neto e os demais, e percebeu que eles haviam desaparecido. Olhou mais uma vez ao redor e deteve o olhar por uns segundos a mais sobre o local em que seus ossos haviam jazido, sentindo o peito se confranger. Perdera uma parte importante de sua vida, enfurnada no astral, como se ele fosse um campo de refugiados. Aquilo não era uma guerra. Os tempos de guerra eram parte do passado, assim como ela.

# I

Maria Amélia e Maria Cristina sempre foram diferentes em tudo: na beleza, na inteligência, no temperamento, nos afetos. Enquanto Cristina, a mais nova, era extrovertida e alegre, linda, esbelta e adorada por todos, Amelinha era tímida e retraída, cheinha de corpo e nada simpática. Cristina era a preferida da mãe, Tereza, enquanto Amelinha era praticamente ignorada e tratada como se fosse uma aberração na família. Cristina era meiga e dócil, ao passo que Amelinha era agressiva e mal-humorada. Não gostava da mãe, nem do padrasto, que considerava um estranho, nem da irmã, a quem via como inimiga. Essa era a sua família, com quem vivia na pequena cidade de Limeira, no interior de São Paulo.

Naquela época, Amelinha acabara de completar treze anos, e Cristina estava para fazer onze. Amelinha não possuía amigas, e havia apenas uma menina com quem nunca havia brigado e com quem costumava conversar de vez em quando. Chamava-se Cássia e tinha um irmão, Elias, de quinze anos, que era o sonho de todas as mocinhas da cidade, inclusive de Amelinha, que o admirava em segredo.

Os garotos gostavam de se divertir e viam em Amelinha o alvo principal de suas piadas. Naquele dia, em especial, não foi diferente. Ao sair da escola e se despedir de Cássia, Amelinha notou que alguém a seguia e virou-se para trás, dando de cara com Elias, que a acompanhava a distância. Imediatamente, sentiu o rosto arder e estugou o passo, com medo de que ele pudesse ouvir o compasso acelerado de seu coração. Era um menino lindo, mas ela não tinha o direito de admirá-lo. Garotos feito Elias eram para sua irmã Cristina, quem ele logo estaria cortejando.

— Amelinha! — ele chamou por cima de seu ombro, caminhando quase a seu lado. — Espere, Amelinha, quero falar com você.

Amelinha parou onde estava, sem se voltar, tentando ocultar-lhe o rubor que subia pela face.

— O que você quer? — tornou envergonhada e, ao mesmo tempo, cheia de felicidade por estar falando com ele.

— Por que a pressa, Amelinha? Gostaria de conversar.

— Sobre o quê?

Ele se postou em sua frente e questionou com olhar significativo:

— Você não sabe?

— Não.

— Por que não vamos a algum lugar onde possamos conversar melhor?

Ela olhou ao redor e respondeu hesitante:

— Não sei... Minha mãe pode não gostar.

— Mas é só um instantinho.

— Por quê?

— Venha. É importante.

— O que você pode ter de tão importante para me dizer?

— Não quero falar aqui. Alguém pode nos ver.

— E daí? O que tem isso?

— Venha, Amelinha, por favor.

Saiu puxando-a pela mão, e Amelinha deixou-se conduzir, completamente inebriada pelas palavras dele. Seria possível que ele estivesse interessado nela? Mas como? Elias nunca deixara transparecer nada. Ao contrário, sempre ria quando os outros meninos debochavam dela e, algumas vezes, chegara mesmo a lhe atirar piadinhas.

Sem nem se dar conta do lugar para onde iam, Amelinha ia seguindo-o em silêncio, presa na ilusão do conto de fadas que parecia estar prestes a viver. Na beira de um regato, Elias parou embaixo da árvore mais frondosa que havia por ali e a encostou no seu tronco áspero e grosso. Mal acreditando no que acontecia, Amelinha não opôs nenhuma resistência. Estava tão inebriada pela paixão daquele momento que nem percebeu que não estavam sozinhos: em cima da árvore, dois moleques, amigos de Elias, espremiam-se entre os galhos e as folhas para não despertarem a atenção.

— Muito bem... — balbuciou ela. — O que você quer?

— Sabe, Amelinha, eu estive pensando. Não é certo o que os garotos fazem com você.

— Não?

— É claro que não. Ficam rindo de você só porque é gordinha.

Em cima da árvore, os meninos abafaram uma risada, enquanto Amelinha não sabia se zangava-se com o que Elias dissera ou felicitava-se por estar ali ao lado dele, ouvindo suas palavras sinceras.

— Eu não penso como eles — sussurrou Elias, encostando os lábios em seus ouvidos.

— Não?

— É claro que não. Não creio que você seja gordinha — encostou a boca na sua orelha e soprou, fazendo com que Amelinha sentisse arrepios por todo o corpo. — Nem acho você feiosa, nem sem graça. Também não a acho estúpida.

Amelinha achava que Elias não precisava ficar repetindo aquelas coisas, mas não ousou protestar. Se ele se zangasse e fosse embora, ela jamais se perdoaria. De cima da árvore, os outros garotos quase dobravam-se de tanto rir, esforçando-se ao máximo para não serem ouvidos.

— Na verdade, Amelinha — prosseguiu Elias, com voz melíflua —, não sei bem o que sinto por você. Quando a vejo, meu coração dispara.

— Você está falando sério? — ela mal podia acreditar. — Você gosta de mim?

— Hã, hã...

— Oh! Elias, você nem imagina a felicidade que estou sentindo. Pois eu sempre gostei de você!

— Não acredito.

— É verdade. Pensei que você não ligasse para mim, que fosse igual a todo mundo, mas agora vejo que não é.

— Não sou igual a todo mundo, Amelinha. Todo mundo a acha gorda e feia.

— Você não...

— Eu não acho.

— Você é maravilhoso, Elias! Acho que o amo... estou apaixonada... Você é o garoto mais lindo da escola. Não! Da escola, não. Da cidade. Ah! Meu Deus, será isso verdade?

— Sim. E eu é que fico o tempo todo pensando em como seria estar com você.

Enquanto falava, Elias ia roçando os lábios pelo seu pescoço e alisando o seu corpo, até que lhe tocou os seios.

— Não faça isso... — ela tentou protestar.

— Por quê? Não está gostando?

Amelinha não respondeu. Deixou que ele a acariciasse e a deitasse no chão, beijando-a por toda parte. Parecia que estava sonhando. Jamais, em toda a sua vida, sentira algo semelhante. Por um instante, ficou imaginando o que a mãe diria se a surpreendesse ali, mas não se importou. Aquele momento único valia todos os castigos e as surras que pudesse levar. Mesmo que nenhum outro rapaz a quisesse depois daquilo, ainda assim, valeria a pena. Talvez até não precisasse mais de ninguém, porque Elias a amava e, certamente, iria se casar com ela quando os dois tivessem idade bastante.

Estava tão embevecida com Elias que se deixou acariciar e beijar, aproveitando ao máximo aquele momento de felicidade. De olhos fechados, sentia-se flutuando nas nuvens. Ao longe, ouvia os murmúrios do rapaz, que agora começava a levantar sua saia. Com um sorriso de prazer nos lábios, ela revirou o pescoço e entreabriu os olhos. Queria olhar o céu e se sentir realmente nas nuvens.

Mas não foi o céu que ela avistou. Por entre os galhos e as folhas das árvores, não havia nenhuma nuvem a lhe deleitar a visão. Em vez disso, dois garotos estavam deitados sobre os galhos, imóveis, um sorriso irônico nos lábios. Ao vê-los, Amelinha deu um salto, empurrando Elias para o lado.

— O que é isso? — espantou-se, recompondo-se e ajeitando o vestido. — O que vocês estão fazendo aí, seus moleques?

Na mesma hora, os garotos pularam para o chão, às gargalhadas, e Amelinha virou-se para Elias, certo de que ele a defenderia. Elias, porém, ria com os outros.

— Elias... — balbuciou ela. — O que está acontecendo? Do que é que você está rindo?

O garoto não respondeu, mas um dos meninos se adiantou e exclamou:

— De você, sua tonta!

— Apaixonada, hein? — debochou o outro. — O garoto mais admirado da escola apaixonado pela mais gorducha. Será que dá para acreditar?

Amelinha sentiu o rosto arder. Olhou para Elias com ar de súplica, esperando que ele falasse que aquilo era mentira, mas ele nada disse.

— Diga que não é verdade, Elias — implorou. — Diga que você não está rindo de mim.

— E de quem mais poderia ser? — zombou Elias, com sarcasmo. — Da árvore? Não, deixe ver... dos galhos das árvores, que criaram vida e pularam no chão às gargalhadas.

Enquanto falava, ia dobrando o corpo, apertando a barriga que já doía de tanto rir.

— Mas... você disse que não era como os outros garotos... que não pensava aquelas coisas de mim.

— Realmente. Não creio que você seja só feia, gorda e burra. Acho você horrorosa, balofa e, pelo que acabei de ver, uma tremenda idiota.

Ela não ouviu mais nada. Tapou os ouvidos e desatou a correr, chorando, o rosto enrubescido de vergonha e dor. Sentia-se traída e extremamente infeliz. Como fora estúpida! Então não via que garotos como Elias nunca se interessariam por meninas como ela? Elias era o bonitão da escola, e todas as meninas se diziam apaixonadas por ele. Podia escolher quem quisesse. O que a fazia pensar que ele se interessaria logo por ela? Como não percebera que tudo não passava de um embuste, uma armadilha para se divertirem às suas custas?

Pior seria no dia seguinte. Na certa, todos na escola ficariam sabendo, e a risada seria geral. Por que Elias fizera aquilo com ela? Por que tivera que ser tão cruel e sarcástico? Será que não tinha sentimentos?

Chegou à sua casa e entrou feito um furacão. A mãe estava na cozinha e a ouviu passar, chamando-a com voz estridente:

— Maria Amélia, venha já aqui!

Amelinha não respondeu. Atirou-se na cama e se deixou ficar, soluçando em desespero. Na cama ao lado, Cristina, debruçada sobre um livro, olhou-a com espanto e indagou aflita:

— Pelo amor de Deus, Amelinha! O que foi que aconteceu?

— Não seja cínica, Cristina! Aposto que você sabia de tudo!

Na mesma hora, Tereza entrou no quarto, ainda com a colher de pau na mão, e, vendo o estado da filha, indagou perplexa:

— O que foi que houve, Amelinha? Aposto que fez alguma besteira, não foi? O que foi desta vez? Meteu-se em alguma briga? É isso que dá ficar por aí feito uma moleca. Se tivesse vindo para casa, nada disso teria acontecido.

Tomada pela revolta e pelo ressentimento, Amelinha não conseguiu responder. Ao contrário, chorava cada vez mais, até que Cristina resolveu intervir:

— Mãe, a senhora não vê que ela está nervosa?

— Não preciso que me defenda, sua fingida! — esbravejou Amelinha, correndo para o banheiro e trancando a porta.

— O que deu nessa menina? — continuou Tereza, em tom de censura.

Cristina deu de ombros e retomou a leitura. Embora preocupada com a irmã, preferiu não dizer mais nada. Não entendia por que Amelinha não gostava dela e sentiu-se magoada com a sua atitude.

— Vai ficar sem almoço, ouviu? — berrou Tereza, da porta do banheiro. — Assim talvez aprenda a se comportar e não se atrasar na hora das refeições.

Só muito mais tarde foi que Amelinha apareceu, o estômago doendo de tanta fome, sem nada para comer. A despensa estava trancada. No forno, apenas algumas panelas vazias, e nada sobre o fogão. A mãe não estava por perto. Na certa, havia saído para fofocar com as vizinhas, como era seu costume.

Foi para o quarto e fechou a porta, atirando-se na cama, desolada. Cristina também havia saído. Terminara a lição de casa e fora brincar, de forma que ela podia ter alguma paz, acabando por adormecer. Quando acordou, já era noite e, do outro lado do quarto, a irmã mudava de roupa, olhando para ela sem dizer nada.

— Que horas são? — perguntou Amelinha.

— Quase sete horas. Melhor descer para o jantar se não quiser que mamãe se aborreça. E não se esqueça de trocar de roupa. Está de uniforme até agora.

O tom arrogante de Cristina quase fez com que Amelinha gritasse, mas conseguiu se conter a tempo, com medo de que a mãe ouvisse e ralhasse com ela. Além disso, o padrasto, Raul, já estava em casa àquela hora, e ela não queria lhe dar nenhum motivo para puxar assunto. Não gostava dele e, sempre que podia, evitava a sua companhia e a sua conversa.

Trocou-se rapidamente e desceu para o jantar. Todos já estavam sentados à mesa, e Tereza enchia de sopa o prato de Raul. Ela chegou em silêncio e sentou-se em seu lugar de costume.

— Já se lavou? — indagou Raul, reparando no seu rosto amassado.

Amelinha lançou um olhar breve para Cristina e respondeu sem muita convicção:

— Já...

— Ótimo — comentou a mãe. — Sabe que seu pai gosta de muita limpeza.

— Ele não é meu pai — murmurou Amelinha sem querer, levando um tapa na boca.

— Menina respondona! — vociferou a mãe. — Não foi essa a educação que lhe dei.

— Deixe, Tereza — objetou Raul. — Amelinha não falou por mal, não foi, Amelinha?

Ela apenas assentiu, sem encarar o padrasto. Ele parecia muito correto em tudo o que fazia. Era trabalhador e honesto, e não deixava que lhes faltasse nada. Acordava cedo e ia para a vidraçaria onde era gerente e, de vez em quando, trazia-lhes alguns bombons, que a mãe não a deixava comer. Esperava que ela fosse para o quarto e dividia os bombons entre ela e Cristina, alegando que era para Amelinha não engordar ainda mais. Nas primeiras vezes, Cristina tentou lhe dar alguns, mas ela recusou com veemência. Na certa, a irmã fazia aquilo para, mais tarde, poder contar à mãe que ela comera sem autorização.

Enquanto jantavam, Amelinha sentia os olhares do padrasto sobre ela, o que lhe causava imenso mal-estar. Por mais que Raul se esforçasse, ela não conseguia gostar dele. A irmã e ele pareciam se dar muito bem, mas Cristina sempre fazia de tudo para agradar a mãe. Dar-se bem com o padrasto era algo que satisfazia muito Tereza, certa de que encontrara o pai ideal para suas filhas.

No dia seguinte, Amelinha ainda tentou se fingir de doente, mas não adiantou. A mãe não se deixou convencer e a obrigou a ir à escola. Se ela não tinha nenhum motivo bastante sério para faltar, então que se aprontasse e fosse. Muito a contragosto, Amelinha teve que obedecer. Era costume Amelinha se retardar alguns minutos, só para não seguir em companhia de Cristina, mas, naquele dia, a irmã resolveu esperá-la. Amelinha não queria seguir com ela, mas não teve jeito. A mãe lhe daria outra bronca e gritaria que ela era uma irmã má e egoísta.

Saíram juntas. Depois que dobraram a primeira esquina, Amelinha considerou, mal-humorada:

— Por que não vai procurar suas amiguinhas, Cristina?

— Gostaria de saber o que aconteceu.

— Nada. Não aconteceu nada.

— Não é o que parece. Você está estranha desde ontem.

— Isso não é da sua conta! Garota intrometida, por que não se mete com a sua vida?

Cristina segurou as lágrimas nos olhos e adiantou o passo, indo ao encontro de outras meninas que caminhavam mais à frente. Amelinha tinha certeza de que a irmã a espionava e contava tudinho à mãe. Mas não iria mais lhe dar a chance de rir dela pelas costas nem de se fazer passar por boazinha diante da mãe e do padrasto. Ela não a enganava com aquela carinha de menina meiga. Era uma sonsa, cínica, fingida, a queridinha de todo mundo. Só porque era mais bonita, achava que podia tripudiar sobre ela. Cristina podia ser a mais bonita, mas não era a mais inteligente. Ninguém via isso porque não lhe davam chance de mostrar o que sabia. A mãe só estava interessada nas proezas de Cristina, e tudo que ela, Amelinha, fazia não servia para nada.

À medida que ia se aproximando da escola, seu coração começou a disparar. Parado no portão de entrada, Elias conversava com alguns garotos, dentre os quais, os dois da tarde anterior. Novamente, Amelinha sentiu o rosto arder, mas procurou se encher de coragem e avançou. Os meninos apontaram para ela e começaram a rir, e suas orelhas pareciam pegar fogo. Enquanto ia caminhando, mais e mais risadas se ouviam, agora de outras pessoas, inclusive de algumas meninas que ela nem conhecia. Entrou apressada e foi para a sala de aula sem falar com ninguém, fugindo dos deboches e dos risinhos.

Na hora do recreio, foi obrigada a sair para lanchar e reparou que todo mundo ria dela. Algumas pessoas nem sabiam da história, mas só o fato de estarem rindo fazia com que Amelinha pensasse que era dela que riam. Um grupinho de meninas da turma de sua irmã riu quando ela passou, o que a deixou furiosa. Cristina queria se fazer passar por boazinha, mas estava lá entre as zombeteiras.

Na saída, ao voltar para casa, encontrou Cristina à sua espera. A irmã acercou-se dela e tentou contemporizar:

— Por que não conversa comigo, Amelinha?

— Para quê? Para debochar de mim ainda mais, como todo mundo está fazendo?

— Não tenho nada a ver com isso.

— Será que não? Não está se divertindo?

— Não.

Ela estacou e fitou a irmã com frieza.

— Mentirosa.

Virou-lhe as costas e seguiu para casa. Cristina não se aproximou mais. Foi caminhando atrás dela, sem chegar muito perto. Também já não aguentava mais levar tanto passa-fora. Amelinha entrou e, cinco minutos depois, Cristina também entrou. As duas foram lavar as mãos, trocaram de roupa, e sentaram-se para o almoço. Tereza estava alegre e puxava conversa com Cristina, praticamente ignorando a presença de Amelinha. Quando lhe dirigia a palavra, era para fazer alguma recriminação ou comentário maldoso, o que fazia com que ela odiasse Cristina cada vez mais. Por que só a irmã era perfeita, e ela era a que sempre fazia tudo errado?

Mais tarde, como sempre, Tereza terminou o serviço de casa e saiu para suas habituais conversas com as vizinhas. Voltou em seguida, furiosa, e adentrou o quarto das meninas com os olhos chispando fogo.

— Sua ordinária! — esbravejou, estalando um tapa na face de Amelinha. — Então, eu me esforço para lhe dar uma educação decente e é assim que você me paga? Fica por aí se esfregando com os garotos feito uma vagabunda?

— Não foi culpa minha — defendeu-se Amelinha, sem que a mãe lhe desse ouvidos.

— E eu ainda tenho que escutar os comentários maldosos das vizinhas. Imagine a minha cara quando me contaram! Quase morri de vergonha. O que foi que você fez, Amelinha?

— Não fiz nada...

— E ainda dá mau exemplo para a sua irmã, que é mais nova do que você.

— Mas eu não fiz nada!

— Por que não é como Cristina? Por que tinha que ser uma aberração? Não basta ser gorda e feia? Também tem que ser oferecida e vulgar? Ah! Mas isso não vai ficar assim. Espere só até seu pai chegar.

— Ele não é meu pai!

— Cale essa boca, menina ingrata! Será que não pode mostrar um pouco de reconhecimento pelo que Raul tem feito por nós? Por você, inclusive?

— Mamãe, tenha calma — intercedeu Cristina, vendo que a mãe ameaçava bater em Amelinha novamente.

— Não quero você metida nisso, filha. Você ainda é muito novinha para se envolver com essa sujeira.

— Mas Amelinha não fez nada...

— Não preciso que você me defenda, sua cretina! — berrou Amelinha.

A mãe virou-lhe nova bofetada no rosto, gritando histérica:

— Cretina é você! Então não vê que sua irmã ainda está tentando ajudá-la?

— Não preciso da ajuda dela! Não preciso da ajuda de ninguém!

Desvencilhando-se da mãe, Amelinha correu porta afora, esbarrando em Raul, que vinha chegando do trabalho.

— O que foi que houve? — perguntou ele. — Por que a pressa?

— Solte-me! Largue-me! Deixe-me ir!

Tereza veio correndo, seguida por Cristina, e esclareceu com raiva:

— Essa safada... Você não sabe o que essa safada fez, Raul!

— O quê?

— Andou se esfregando por aí com um garoto.

— Como? Não acredito. Amelinha não faria uma coisa dessas.

— Pois é verdade. E sabe como eu descobri? A Gertrudes me contou. Logo ela, aquela fofoqueira. A filha dela estuda na mesma escola que Amelinha e disse que o comentário do dia foi esse: Amelinha ficou se insinuando para o rapaz, que é homem, e você sabe como os homens são suscetíveis a essas coisas. A sorte foi ter aparecido alguém, ou ela teria se perdido!

— Amelinha — chamou Raul, em tom extremamente sério. — Isso é verdade?

— Não...

— É mentira! Sei que aconteceu!

— Não, não! Não fui eu. Foi ele que começou a me beijar e...

— E você bem que gostou, não foi, sua sem-vergonha?

— Eu não sabia... Pensei que não fizesse mal...

— Quer saber o que eu acho, Tereza? — interrompeu Raul, com ar mais amistoso. — Que isso é coisa de criança. Logo passa.

— Criança? Amelinha já é uma moça!

— É verdade que Amelinha já está ficando uma mocinha, mas ainda é uma criança. E você não devia se importar com essas fofocas, Tereza.

— O quê? E o que acha que eu devo fazer? Nada?

— É isso mesmo. Não faça nada. Não dê importância e você vai ver como o assunto acaba. — Tereza fez cara de assombro, mas Raul não se deixou impressionar. — E agora, por que não vamos todos jantar? Estou morrendo de fome.

Apesar do espanto, Tereza não contestou. Raul era o homem da casa agora, e não ficava bem discutir com ele na presença das filhas. Mais tarde, quando já estavam recolhidos, ela retomou o assunto, mas ele parecia disposto a manter sua decisão.

— Você está sendo muito dura com ela.

— Mas, Raul, ela quase se entrega ao rapaz!

— Aconteceu alguma coisa?

— Ao que parece, não. Mas estão todos falando.

— Pois então, deixe isso para lá. Se você não alimentar a fofoca, ela míngua e morre.

— Isso não está direito, Raul. Nossa filha de sem-vergonhice com aquele moço!

— Ela é só uma criança.

— Ela não é mais criança! Já ficou até mocinha.

— Se é assim, por que não conversa com ela e não a esclarece sobre certas coisas?

— Eu?! Você sabe como é Amelinha. Ela não vai me ouvir.

— Francamente, Tereza, acho que você é que não tem paciência com ela. Só a vejo recriminando-a.

— É que ela não faz nada direito. Só pensa em comer e engordar.

— Você não repara mesmo em sua filha, não é? Ela está crescendo e botando corpo de mulher.

Tereza abriu a boca, indignada, e mudou o tom de voz:

— O que quer dizer com isso?

— Quero dizer que sua filha está virando mulher e você nem percebe.

— Ainda há pouco você disse que ela era só uma criança.

— É uma criança porque só tem treze anos, mas suas formas já estão mudando. A gordura da infância está dando lugar a curvas de mulher.

— Você reparou nisso?

— Só um cego para não reparar.

Havia algo no tom de voz de Raul que deixou Tereza preocupada. Ele falava de Amelinha com uma admiração que a impressionou. Seria possível que Raul estivesse de olho na menina? Não, não era possível. Amelinha era apenas uma criança, e Raul, um homem de mais de quarenta anos. Além disso, era decente e honesto, não um daqueles tarados que se aproveitavam das enteadas para lhes fazer mal. Raul não era desse tipo. Ou será que era?

Se fosse, seria preciso dar um jeito naquela situação. Ela já estava ficando velha, e era só o que lhe faltava perder o seu homem para a filha. Não, de jeito nenhum perderia o marido. Se alguém tivesse que ir embora dali, que fosse Amelinha. Tinha certeza de que Amelinha era culpada de tudo aquilo. Como estava crescendo, aproveitava-se de sua juventude para provocar os homens, inclusive o padrasto. E ela, que sempre julgara a filha uma feiosa, agora estava em dúvida. Seria ela assim tão feia a ponto de não despertar o interesse de nenhum homem? Para uma menina feia, até que já se envolvera com homens demais em tão pouco tempo. Primeiro, com o colega de escola. Agora, com Raul. Ainda que o menino estivesse apenas caçoando dela, será que a teria escolhido se ela já não apresentasse formas de mulher?

Tereza não disse mais nada. Tinha medo de falar e chamar a atenção de Raul. Talvez ele apenas estivesse tentando defender a menina, nada mais. De qualquer forma, era bom não facilitar. Daquele dia em diante, não deixaria mais Amelinha sozinha com ele. Não lhe daria a oportunidade de estragar o seu casamento.

# 2

Conforme prometera a si mesma, Tereza não deixou mais Amelinha e Raul a sós. Daquele dia em diante, passou a reparar mais na filha. Realmente, suas gordurinhas iam aos poucos desaparecendo e, em seu lugar, curvas femininas e graciosas iam surgindo. Amelinha nem se dava conta dessas transformações. Tudo o que sabia era que nem a mãe nem a irmã gostavam dela, e os colegas da escola então, praticamente a detestavam.

Mas não foi apenas por Raul que as mudanças no corpo de Amelinha foram percebidas. Muitos rapazes também já começavam a reparar nela, principalmente os mais velhos. Amelinha nunca foi magra, mas deixava de ser gorda. A cada dia, tornava-se uma moça mais bonita, de formas voluptuosas que passaram a despertar o interesse de vários homens da região. O próprio Raul vivia alertando Tereza dos perigos de deixar Amelinha solta pelas ruas, pois o seu jeito ingênuo ainda acabaria lhe trazendo problemas.

Tereza considerava excessiva aquela preocupação, mas não dizia nada. Tinha horror de que Raul soubesse de suas desconfianças e, mais ainda, de despertar nele qualquer desejo ainda não reconhecido. Suas atenções voltavam-se todas para o marido, sem se importar com o que poderia acontecer a Amelinha. Estava tão cega de ciúme que não dava importância ao que ele dizia. Para ela, suas palavras demonstravam um interesse latente pela filha, e era só isso o que lhe importava.

Foi num dia, na volta da escola, que Amelinha percebeu, pela primeira vez, o desejo que despertava nos homens. Os garotos mais jovens, ainda acostumados a zombar de sua gordura, mal tinham notado as transformações de seu corpo, porém os homens mais maduros não podiam deixar passar despercebida tanta mudança.

Como de costume, Amelinha despediu-se de Cássia na esquina e seguiu sozinha para casa. Muitos passos atrás, Cristina vinha conversando com uma amiguinha e, de vez em quando, olhava para a irmã, que caminhava apressada a fim de que ela não a alcançasse. Por onde passava, Amelinha causava um certo impacto nos homens, e vários foram os que se viraram para admirá-la. Mas Amelinha só notou mesmo quando Chico, um mecânico bêbado que consertava caminhões, mexeu com ela quando passou.

— *Fiu! Fiu!* — assobiou excitado.

A primeira reação de Amelinha foi de indignação. Como aquele homem, um bêbado sem-vergonha, atrevia-se a assobiar para ela? Amelinha parou e se virou para ele, pronta a lhe dizer um desaforo, quando ele, passando a língua nos lábios, prosseguiu em tom lúbrico:

— Mas que gostosinha! *Eta* garotinha boa!

Ela achou aquilo um desrespeito, entretanto, naquele momento, algo despertou dentro de si. Chico podia ser um bêbado, um vagabundo que nem sabia consertar direito os caminhões que lhe levavam, mas, assim mesmo, era um homem. Um homem que, apesar da linguagem chula e da grosseria, achara-a pelo menos interessante.

— Está falando comigo, seu Chico? — retrucou ela, entre indignada e envaidecida.

— Estou. Por quê? Você gostou? — disse ele, aproximando-se mais de Amelinha.

Assustada, ela desatou a correr. Não sabia bem o que ele queria, mas, certamente, não podia ser boa coisa. Aproximara-se dela com um estranho brilho no olhar, e ela se sentiu despida diante dele. O que será que pretendia? Entrou em casa correndo e ofegante, e a mãe ralhou com ela, como sempre:

— Será possível que você só vive correndo? Veja se sossega ou vai acabar derrubando alguma coisa.

Nem uma palavra sobre o que estaria se passando. A mãe não se importava mesmo com nada que lhe acontecesse. Amelinha achava que podia até ser atropelada, e a mãe nem ligaria. Logo após, Cristina também entrou, muito séria e calada.

— O que você tem, minha filha? — perguntou Tereza, aproximando-se de Cristina e tomando-a nos braços. — Está sentindo alguma coisa?

— Não, mãe, estou bem — respondeu Cristina, olhando Amelinha de um jeito estranho.

— Por que está tão séria?

— Estou com fome.

— Ufa! Pensei que estivesse passando mal.

Amelinha não pôde deixar de sentir uma pontada de ciúme. Ou melhor, de inveja. Não havia acontecido nada com a irmã, mas a mãe se preocupava só porque ela não entrara com seu habitual riso de hiena. Enquanto ela, assustada com a atitude do Chico, não merecera sequer uma palavrinha de interesse ou preocupação.

— Vão lavar as mãos — ordenou Tereza, alisando os cabelos de Cristina. — O almoço está quase pronto.

Em silêncio, as duas se dirigiram para o banheiro. Amelinha empurrou Cristina para o lado e ocupou a pia em primeiro lugar, ensaboando as mãos vigorosamente, esfriando a raiva que sentia pelo fato de a irmã ser tão querida.

— Vi você hoje falando com seu Chico — comentou Cristina, olhando-a pelo espelho. — O que vocês estavam conversando? — Amelinha não respondeu. — Mamãe não vai gostar de saber. Ela diz que seu Chico é um bêbado vagabundo...

— Por que não se mete com a sua vida? — retrucou Amelinha, encarando-a com ar feroz.

— Estou apenas tentando avisá-la. Se mamãe souber que você andou falando com ele...

— E quem vai contar? Você? Vamos, pode ir. Vá correndo fazer o seu papel de queridinha da mamãe.

Cristina olhou-a magoada e saiu do banheiro sem lavar as mãos. Amelinha sentiu vontade de contar à mãe que Cristina não se lavara, mas achou melhor não dizer nada. A mãe não acreditaria ou inventaria uma desculpa para não punir Cristina. Almoçaram em silêncio. A cada palavra de Tereza para Cristina, Amelinha se sobressaltava, com medo de que a irmã dissesse algo sobre seu encontro com Chico. Mas Cristina nada disse, permaneceu quieta, apenas respondendo às perguntas triviais que a mãe lhe fazia.

No dia seguinte, e nos outros também, Chico continuou a mexer com Amelinha, assobiando e atirando-lhe piadinhas de mau gosto quando ela passava. Embora não lhe respondesse nem parasse mais para falar com ele, Amelinha, no fundo, apreciava aquelas investidas. Chico podia não ser bonito nem perfumado, mas era um homem e estava interessado nela. Não que Amelinha tivesse algum interesse nele. Apenas gostava de sentir-se admirada por alguém, ainda que por um bêbedo asqueroso e nojento.

Aos pouquinhos, Chico foi deixando dominar-se pela imagem de Amelinha, e um desejo surdo foi tomando conta de seu corpo. Acostumara-se a ficar na porta da oficina só para vê-la passar. Assim que a avistava, soltava as ferramentas e colocava-se de prontidão. Amelinha, por sua vez, estufava o peito quando o via e empinava o bumbum, requebrando os quadris mais do que o habitual. Fazia isso sem maldade alguma, apenas por instinto, esbanjando uma feminilidade quase animal. Amelinha ia se transformando numa moça bonita, bem-feita de corpo e muito, mas muito, sensual para os seus poucos treze anos. Só que não se dava conta disso. Sequer sabia que podia ser assim.

Todas as vezes, Cristina vinha atrás e presenciava aqueles momentos. Amelinha passava toda rebolativa, e seu

Chico assobiava e mexia com ela. Embora não aprovasse aquele comportamento da irmã, Cristina não dizia nada, com medo de sua reação pouco amistosa. Pensou em contar à mãe, mas também desistiu, pois Amelinha acabaria apanhando e ficaria com mais raiva dela ainda. Cristina também não imaginava o que poderia acontecer, mas, pelo que todos diziam, seu Chico não era flor que se cheirasse e elas não deveriam se aproximar.

O silêncio de Cristina só foi rompido no dia em que Chico tentou agarrar Amelinha. A menina, como sempre, vinha com seu requebro quando o homem se aproximou e meteu a mão na sua cintura, buscando beijá-la na boca. Apavorada, Amelinha tentou se soltar, mas ele começou a puxá-la para dentro da oficina e teria conseguido se Cristina, vendo a cena, não desatasse a correr e a gritar. Com medo de ser surpreendido, Chico soltou Amelinha, que ofegava assustada, e entrou apressado na oficina.

— Viu só no que deu dar conversa para esse homem? — ralhou Cristina, mais apavorada do que zangada.

— Meta-se com a sua vida! — foi a resposta irada de Amelinha.

Fosse como fosse, o susto serviu para pôr um freio em Amelinha. No dia seguinte, ao avistar Chico na porta da oficina, atravessou a rua e passou sem encará-lo, e Chico também fingiu que não a vira. Foi assim nos outros dias também, até que Amelinha deixou de pensar em seu Chico e voltou a cruzar a frente da oficina, mas agora sem provocá-lo.

Chico, no entanto, não se esquecia da pele macia de Amelinha. Desde que a apertara por alguns segundos, vivia assombrado pela lembrança do seu corpo suave e fresco de menina-moça. Apesar de não mexer mais com ela e do seu fingido desinteresse, não havia dia em que, pelo canto do olho, não a observasse ao passar. Estava sempre pensando nela, numa maneira de atraí-la para sua oficina, mas não sabia como. Além do fato de ela ter passado a evitá-lo, ainda tinha a irmã. Aquela garotinha metida colocaria tudo a perder. Só se...

Balançou a cabeça para afastar aqueles pensamentos malditos, mas não conseguiu se desligar deles. Ficou observando Amelinha passar com o seu corpo ardente e se encheu de desejo. Mais atrás, veio a irmãzinha. Era ainda muito novinha, e ele percebeu dois pequeninos botões sobressaindo por debaixo da blusa. A menina, apesar de criança, já começava a botar peito, o que o encheu ainda mais de desejo. Por que não podia ter as duas?

Cristina, que ainda não despertara para as coisas do sexo, sequer virava o rosto para ele quando passava. Chico ficou observando-a também, imaginando como seria bom se pudesse deitar-se com ela. Embora seu desejo maior fosse por Amelinha, que já tinha corpo de mulher, não faria mal nenhum ter entre os lábios aqueles botõezinhos mal desabrochados.

Esses pensamentos o enchiam mais e mais de desejo. Todos os dias, lá vinham as duas. Amelinha, com a volúpia de um corpo ardente, e Cristina, com seus seios em miniatura soltos por debaixo da blusa. Resolveu atraí-las. Se conseguisse pegar Amelinha, a outra com certeza viria logo atrás. Esperou até ver Amelinha despontando na rua e escondeu-se atrás do balcão da oficina, tomando cuidado para que ela não o visse. Ao se aproximar, Amelinha estranhou não vê-lo parado ali, como era de seu costume, e já ia passando em frente à oficina quando ouviu um gemido alto vindo lá de dentro:

— Ai! Socorro! Alguém me acuda!

Amelinha olhou, mas não viu nada. Começou a seguir avante, mas a voz a deteve novamente:

— Socorro! Por piedade, acudam-me!

Ela estacou, apurando os ouvidos. Era mesmo muito estranho que seu Chico não estivesse ali, e Amelinha espiou mais de perto. A oficina parecia escura e deserta, e ela deu um passo para dentro. Da porta, ainda teve tempo de olhar para Cristina, que se aproximava rapidamente, e entrou hesitante:

— Olá! Tem alguém aí? O senhor está aí, seu Chico?

— Acuda-me, menina! — implorava a voz, de trás do balcão. — Estou ferido.

Sem pensar em nada, Amelinha largou a pasta escolar e correu para lá. Chico estava sentado, encostado no balcão, com as mãos nas costas, como se estivesse sentindo dor.

— O senhor está bem?

— Eu caí e me machuquei. Pode me ajudar a levantar?

Certa de que ele estava mesmo ferido, Amelinha aproximou-se, estendendo as mãos para ajudá-lo a se levantar. Na mesma hora, ele segurou suas mãos e puxou-a para si, derrubando-a de joelhos no chão. Rapidamente, subiu em cima dela, prendendo-lhe o corpo sob o seu, e tapou a sua boca com um pedaço de pano sujo. Com uma agilidade fora do comum, Chico apanhou uma corda, estrategicamente colocada perto de onde eles estavam, e amarrou as mãos de Amelinha atrás do corpo.

Bem a tempo. Como era de se esperar, Cristina surgiu logo atrás. Vira Amelinha parar defronte à oficina e olhar para dentro, entrando logo em seguida. Cristina não gostou nada daquilo e estugou o passo. Parou no mesmo lugar em que Amelinha antes parara e espiou para o interior da oficina, mas não viu nada. Da porta, chamou baixinho:

— Amelinha, onde está você? Deixe de brincadeiras e vamos embora. Mamãe vai ficar zangada...

Das sombras, o vulto de Chico saltou sobre ela, puxando-a para dentro e trancando a porta com rapidez. A rua não era muito movimentada, mas, mesmo assim, alguém poderia vê-los. Na oficina mal iluminada, Cristina começou a tremer, olhando para a porta, agora trancada.

— Onde está minha irmã? — perguntou ela trêmula. — O que o senhor fez com ela?

— Acha que sua irmã está aqui? — respondeu ele, passando a língua nos lábios como sempre fazia quando ardia de desejo.

— Eu a vi entrar. Onde ela está? Amelinha! Amelinha! Responda!

— Pode procurá-la, se quiser.

Ele começou a se aproximar, e Cristina foi chegando para trás, olhando ao redor, buscando para onde fugir. Foi quando ouviu um gemido abafado vindo de trás do balcão, seguido de um baque surdo na madeira. Instintivamente, correu para lá e encontrou Amelinha amarrada e amordaçada no chão, chutando o balcão com vigor.

Sem dizer palavra, Cristina se abaixou ao lado dela e tentou tirar-lhe a mordaça, mas não teve tempo. Chico segurou-a por trás e deitou-a no chão, quase ao lado de Amelinha. Atirou-se sobre ela e começou a rasgar seu uniforme, procurando-lhe os seios miúdos com a boca. Cristina começou a chorar e a implorar que ele a soltasse, mas ele nem se importava com as suas lamúrias. De onde estava, Amelinha chorava também e tentou acertá-lo com um chute, mas ele parecia nem sentir. Divertia-se imensamente com aquela situação e falou com cinismo:

— Não precisa ficar com ciúmes, minha querida. Logo lhe darei o que você quer.

Não demorou muito, ele levantou a saia de Cristina e, violentamente, estuprou-a. Cristina chorava desesperada e soltou um grito agudo de dor quando ele a penetrou com violência, enquanto Amelinha se debatia, tentando em vão acertá-lo com os pés. Quanto mais elas lutavam e gritavam, mais ele se divertia, investindo furiosamente contra o corpinho franzino de Cristina, apertando e mordendo os seus seios. Ela era tão pequenina que quase sumia debaixo dele, até que não aguentou mais e acabou desmaiando de dor, ao mesmo tempo em que ele dava por encerrado o seu trabalho com ela.

— Agora é a sua vez — disse para Amelinha, aproximando-se dela e retirando-lhe a mordaça. — Deixei o melhor para o final.

Em breve, repetiu aquela cena grotesca. Deitado sobre o corpo de Amelinha, que, amarrada, quase não podia oferecer resistência, estuprou-a com ainda mais ferocidade do que havia usado com Cristina. A menina chorava e se debatia, mas não conseguia se desvencilhar. Chico fez de tudo com ela: bateu, mordeu, seviciou-a... Ouvindo os seus gritos e o seu pranto, Cristina voltou a si, mas não conseguiu se mexer. Não havia apanhado, mas o corpo todo lhe doía, como se lhe tivessem arrancado as entranhas. De onde estava, ficou vendo Chico estuprar a irmã, chorando desconsolada.

Quando ele acabou, levantou-se triunfante e pôs-se a vestir-se em silêncio, olhando de uma para outra e sorrindo ironicamente. Enquanto terminava de afivelar o cinto, ouviu a voz hesitante e trêmula de Amelinha:

— Você vai pagar por isso... Vai para a cadeia...

Ele não respondeu. Terminou de se aprontar e virou as costas para elas, indo apanhar uma pequenina mala que estava escondida a um canto da oficina. Olhou para as duas e respondeu com desprezo:

— Ninguém vai colocar as mãos em mim. Vou-me embora desse lugar maldito, onde ninguém me trata feito gente, mas não sem antes me aproveitar da única coisa que presta por aqui.

Cuspiu no chão com desdém e abriu a porta da oficina, saindo para a rua e trancando a porta ao passar. Cristina não parava de chorar, e Amelinha precisou gritar para que ela a ouvisse:

— Pare de chorar e venha me desamarrar!

Ainda aos prantos e sentindo enorme dor, Cristina conseguiu se arrastar até onde Amelinha estava e a desamarrou. Segurando no balcão, Amelinha se levantou e puxou a irmã pelo braço.

— Ai! — Gemeu Cristina, arriando o corpo no chão novamente. — Dói demais!

Embora a violência usada em Cristina tivesse sido um pouco menor, ela era muito pequenina e estava toda machucada e dolorida, de forma que não conseguiu se manter em pé. Amelinha, por sua vez, sustentada pelo ódio que sentia naquele momento, começou a caminhar em direção à porta. Experimentou a maçaneta, mas a porta não se abriu.

— Estamos trancadas aqui dentro. E o maldito levou a chave.

Cristina redobrou o choro, com medo de que nunca mais as achassem ali. Sem lhe dar atenção, Amelinha começou a esmurrar a porta, sentindo uma dor lancinante espalhando-se por todo o seu corpo. Mas não podia parar. Se quisessem sair dali, tinham que reunir forças e tentar. Demorou muito até que alguém a ouvisse. A mãe, vendo que elas não chegavam, tinha chamado Raul e alguns vizinhos, e todos saíram à sua procura, percorrendo o caminho que elas faziam na volta da escola. Um dos vizinhos, ao passar por ali pela décima vez, ouviu o barulho na porta e se aproximou, constatando que as meninas estavam presas na oficina do Chico. Logo chamou os demais e arrombaram a porta.

Coberta de vergonha e dor, Amelinha sentiu as pernas tremerem e desabou no chão assim que a porta se abriu. E a última coisa de que pôde se lembrar mais tarde foi do vulto da mãe, passando por ela horrorizada, os braços estendidos em direção à irmã.

Caminhando de um lado para outro, Tereza conversava com Raul em voz alta, esfregando as mãos nervosamente:

— Devia imaginar que algo assim ainda iria acabar acontecendo. Fui cega de não ver o que Amelinha estava fazendo.

— Você não vê que isso é um absurdo? Amelinha não teve culpa de nada.

— Aposto como ela o provocou de alguma forma... — divagou, sem nem prestar atenção ao que Raul dizia. — Foi assim com aquele menino também. E o pior não foi nem ele ter feito com ela. Pior foi fazer com Cristina!

— Tereza! Será que você só está preocupada com Cristina? E Amelinha? É sua filha também. Não liga para ela?

— Ligo... — afirmou, sem muita convicção.

— Não é o que parece. Devia se envergonhar por tratar tão mal assim a sua filha.

Tereza oscilava entre o desgosto e a raiva. Não queria admitir, mas a verdade era que não gostava de Amelinha. Em alguns momentos, chegava mesmo a odiá-la e desejar que nunca tivesse nascido. Desde que engravidara, sentia que jamais poderia amar aquela criança. No começo, até que se esforçara. Mas, depois que Cristina nasceu, parou de tentar, vendo que seriam mesmo inúteis os seus esforços.

— Não a trato mal — objetou secamente.

— Trata, sim. E vive a acusá-la por qualquer coisa.

— Não a estou acusando de nada. E você? — revidou em tom acusador. — Por que será que a defende tanto?

— Eu? — tornou ele confuso. — Ora, a menina não tem pai. Sinto-me responsável.

— Será que é só isso mesmo?

— O que está insinuando, Tereza?

Tereza silenciou. Sua vontade era de gritar que ele estava de olho na filha, mas tinha medo de que ele se zangasse e fosse embora.

— Não estou insinuando nada. Perdoe-me.

Raul também não insistiu. Começava a perceber os pensamentos maldosos da mulher, mas achou melhor calar. De que ele gostava de Amelinha, não tinha dúvida. Achava-a muito atraente e esperta, e até poderia se interessar por ela como mulher. O problema era que ela era filha de sua esposa e só tinha treze anos. Que tipo de homem seria ele caso se envolvesse com uma criança, quase sua filha?

Amelinha e Cristina saíram do hospital três dias depois. Tiveram que ir à delegacia prestar depoimento, mas nada pôde ser feito. Chico metera o pé na estrada e sumira, e seria muito difícil encontrá-lo por aquele mundo afora. O inquérito foi arquivado, e ninguém mais fez perguntas em respeito à dor das meninas. Algumas pessoas passaram a olhá-las com uma certa recriminação no olhar, outras, com piedade, e outras ainda preferiam guardar distância.

Amelinha também se aproximou um pouco mais da irmã. A violência de que ambas tinham sido vítimas as uniu na dor e, mesmo que não houvesse ainda uma forte amizade entre elas, ao menos Amelinha já não brigava tanto com Cristina. A dor que haviam partilhado e ainda partilhavam as tornava cúmplices, e uma compreensão silenciosa se estabeleceu entre elas.

De forma inocente, conduzida pelo interrogatório tendencioso de Tereza, Cristina acabou contando que vira Chico flertando com Amelinha, e ele tentara agarrá-la certa vez. Pronto. Era o que bastava para que Tereza tirasse suas conclusões e julgasse a filha precipitadamente, acusando-a de libertina e ordinária. Só não a confrontou diretamente porque Raul a impediu. Ele não acreditava que Amelinha houvesse agido com maldade ou malícia e proibiu Tereza de incomodá-la. Mais uma vez temendo desagradá-lo, ela se calou, deixando que o ódio silencioso pela filha envenenasse cada vez mais o seu coração.

Se antes as duas já eram distantes, depois disso, Tereza foi-se afastando mais e mais de Amelinha, tratando-a com frieza e até com uma certa hostilidade, enquanto Cristina era alvo de todas as suas atenções e carinhos. Comprara-lhe até uma boneca nova e nada para Amelinha, com a justificativa de que ela já estava ficando uma moça e não se interessava mais por brinquedos.

Vendo isso, Raul lhe trouxe um bonito laço de fita de seda azul, e ela agradeceu com os olhos úmidos, começando a perceber quanto carinho ele sentia por ela. Presenteá-la tornou-se um hábito, e as atenções que Tereza dispensava a Cristina já não incomodavam tanto Amelinha. Ela agora tinha o padrasto, a quem passou a admirar, afeiçoando-se a ele mesmo sem saber.

Tanto interesse não passou despercebido a Tereza, que redobrou a atenção sobre ambos. Nunca os deixava sozinhos e acordava sempre que Raul se levantava no meio da noite para ir ao banheiro ou beber água. Em silêncio, ela se levantava depois que ele saía e ia espiar pela porta entreaberta, mas ele nunca parou ou fez menção de entrar no quarto das meninas.

O trauma que haviam vivido deixou marcas profundas tanto em Amelinha quanto em Cristina. Era comum acordarem gritando no meio da noite, dizendo que Chico estava ali para pegá-las. Tinham pesadelos parecidos, o que aumentava a empatia que se estabelecera entre elas. Sempre que uma gritava, a outra procurava acalmá-la, dizendo que Chico se fora e não voltaria mais. A mãe também aparecia e, quando o pesadelo era de Cristina, tomava-a nos braços e a acariciava, ao passo que, no caso de Amelinha, limitava-se a sacudi-la e indagava se poderiam voltar a dormir.

Ainda nem havia se passado um mês quando Amelinha contraiu uma forte gripe, que lhe provocou uma tosse seca e persistente, além de fortes dores no peito. Raul correu a chamar o médico, que constatou sua primeira pneumonia. Amelinha foi internada às pressas e por pouco não morreu.

Quando saiu do hospital, ainda estava fraca, e o médico lhe recomendou repouso absoluto. Os pulmões estavam muito frágeis, e todo cuidado era pouco.

Presa na cama, não poderia ir à festa de aniversário de um primo que morava do outro lado da cidade, o que deixou Cristina decepcionada, e a mãe, furiosa.

— Não podemos mesmo ir, mamãe? — choramingava Cristina.

— Não. Sua irmã resolveu ficar doente justo agora.

— Ah! O tio Raul não poderia ficar com ela? Não poderia?

Cristina olhou para Raul ansiosa, e ele respondeu serenamente:

— Por mim, está tudo bem. Vocês podem ir, que eu cuido de Amelinha.

— Nem pensar! — contestou Tereza. — Se você não vai, ficamos todos.

— Isso é uma bobagem, Tereza. Não vê que a menina está doida para ir?

— Mas a irmã está doente. O que podemos fazer?

— Já não disse que eu cuido de Amelinha?

— Não!

— Por que não, mãe? Qual é o problema?

— É, qual o problema? — repetiu Raul. — Por acaso não confia em mim?

Aquele *não confia em mim* era bem mais do que medo de que ele não cuidasse de Amelinha adequadamente. O que Tereza realmente temia era que ele, aproveitando-se de sua ausência, tentasse alguma coisa com a filha e, pior, que fosse correspondido por ela.

— Não se trata disso, Raul — rebateu em tom de desculpa. — Sei que você é cuidadoso e responsável. Mas é que Amelinha é uma menina e pode precisar de certos cuidados que só a mãe pode dar.

— Não vejo o que você faz por ela que eu não possa fazer.

— Por favor, mamãe, vamos! — insistia Cristina, alheia aos temores da mãe. — Tio Raul vai cuidar bem de Amelinha.

Por mais que ela não quisesse deixar os dois sozinhos, não podia negar um pedido à filha, e acabou concordando. Antes de sair, passou no quarto de Amelinha e constatou que ela dormia.

— Deixe-a dormir — aconselhou a Raul. — E não permita que saia do quarto. Ela está muito fraca.

— Pode ir sossegada, que eu tomo conta de tudo.

Depois que elas saíram, Raul, certificando-se de que tudo estava bem, foi para a cozinha consertar algumas cadeiras que estavam com os pés soltos, indo a cada meia hora verificar o estado de Amelinha. Tudo continuava tranquilo e, quando Raul terminou sua tarefa, deitou-se no sofá para esperar que Tereza voltasse. Estava quase pegando no sono quando um grito de pavor o despertou. Deu um salto do sofá e correu para o quarto de Amelinha, escancarando a porta e entrando esbaforido. A menina se contorcia e gemia na cama, dizendo palavras sem nexo, a camisola empapada de suor. Raul experimentou-lhe a testa e constatou que ela ardia em febre novamente. Chamou-a pelo nome várias vezes, até que ela despertou e o fitou com os olhos arregalados.

— O Chico...?

— Sossegue, Amelinha, ele não está aqui. Foi só um pesadelo.

Depois de ajeitá-la novamente na cama, Raul foi buscar o remédio que o médico havia receitado em caso de febre. Amelinha tomou sem reclamar e ficou deitada, de olhos fechados. Durante alguns minutos, Raul permaneceu olhando-a, enternecido com o seu semblante pálido. Aos pouquinhos, a febre foi cedendo, e Amelinha abriu os olhos.

— Sente-se melhor? — indagou ele.

Ela fez que sim com a cabeça e pediu numa vozinha miúda:

— Será que você pode me dar um copo de água?

A moringa ao lado da cama estava vazia, e Raul desceu para buscar um pouco na cozinha. Assim que ele saiu, Amelinha, sentindo o desconforto que a camisola suada causava em seu corpo, levantou-se vagarosamente e foi ao armário buscar uma limpa. Sentiu a cabeça rodar, mas, apoiando-se na parede, chegou até o armário e o abriu. Apanhou a camisola e começou a se despir, com gestos lentos e descuidados. Ao tirar a roupa úmida, sentiu um arrepio de frio, e seu corpo todo estremeceu. O quarto começou a rodopiar, e Amelinha foi acometida por violento acesso de tosse. Cada vez mais zonza, percebendo que ia cair, ainda tentou se deitar na cama, mas a tonteira não lhe permitiu alcançar o leito, e ela desabou ali mesmo, no meio do quarto, o corpo nu sacudido pela tosse e pelos calafrios.

Nesse momento, Raul entrou, trazendo nas mãos a moringa cheia e uma caneca limpa. Ao ver a enteada caída no chão, sem roupa alguma, largou tudo e correu para ela, chamando assustado:

— Amelinha! Amelinha! — ajoelhou-se ao lado dela, e a menina tornou a abrir os olhos. — O que foi que houve, Amelinha?

— Eu... caí... — balbuciou ela. — Senti uma tontura... Não consegui chegar à cama...

— Você não devia ter saído da cama. — ralhou ele, mas com carinho, ajudando-a a se levantar. — O que pensa que ia fazer andando assim, nua, pelo quarto?

— Eu... ia me trocar... A camisola estava úmida... grudada no meu corpo.

Apoiada em seu pescoço, Amelinha se levantou, mas não conseguiu se sustentar. O corpo ainda muito fraco não resistiu, e ela já ia tombando novamente quando Raul a ergueu no colo, totalmente despida, e começou a levá-la para a cama. Queria, o mais depressa, cobri-la com o cobertor, para que seu estado não se agravasse. Aproximou-se da cama e abaixou-se, depositando-a gentilmente sobre o colchão. Foi nesse momento, quando ele, debruçado sobre ela, começava a puxar o braço de debaixo de seu pescoço, que a porta se escancarou, e uma Tereza furiosa e indignada irrompeu pelo quarto.

— Mas o que é que está acontecendo aqui? — esbravejou fora de si. — Eu sabia! Sabia que não devia tê-los deixado sozinhos! Sua desavergonhada!

— Tereza, calma — começou Raul a falar. — Não é nada do que você está pensando.

— Não estou pensando nada! Tenho certeza do que vejo.

— Mamãe, o que está acontecendo? — perguntou Cristina assustada.

— Saia daqui, Cristina! — berrou ela para a filha. — Vá para a sala e só venha quando eu mandar.

Assustada, Cristina desatou a correr e foi para a sala, chorando e com medo da fúria da mãe. Enquanto isso, Amelinha conseguiu se cobrir com o cobertor e juntou forças para se recostar na cama, tentando contemporizar:

— Não fique zangada, mamãe. A culpa foi minha...

— Eu sei que a culpa é sua! Então não estou vendo?!

Amelinha queria dizer que fora culpada por haver tentado se levantar sozinha para se trocar, o que havia causado seu quase desmaio no meio do quarto. Mas Tereza entendeu de outra forma, envenenada por suas próprias desconfianças.

— Por favor, Tereza, tente se acalmar — intercedeu Raul.

— Como posso me acalmar vendo o que vejo? Minha própria filha! Minha própria filha seduzindo o meu marido!

— O quê?! — indignou-se a menina. — Não, mãe, não! A senhora não entende...

— Entendo muito bem! Entendo que você é uma vagabundinha. Aposto que adorou o que o Chico fez com você, não foi?

— Tereza! Cale-se, Tereza, você não sabe o que diz!

— E você? Seu safado! Onde já se viu deixar-se seduzir por uma criança?

— Se você se acalmasse, eu poderia lhe explicar o que está acontecendo.

— Não preciso de explicação nenhuma!

Magoada, Amelinha ocultou o rosto entre as mãos e desatou a chorar. Como a mãe podia pensar que ela se divertira com o Chico? Então não via o quanto havia sofrido?

— Por que está fazendo isso, mamãe? Eu não fiz nada.

— Ah! Mas fez sim! Provocou o Chico até ele não aguentar mais e estuprar você. E agora quer fazer o mesmo com seu padrasto. Mas Raul é o meu homem, entendeu? Meu homem, não seu!

— Eu não provoquei ninguém!

— Provocou, sim. Sua irmã me contou a forma como você se requebrava toda para o Chico.

— É mentira! Eu não fiz isso!

— Fez sim. Mesmo depois que ele a agarrou, você continuou se oferecendo. O que queria? Que ele fingisse que não a via? Que não reparasse no seu remelexo e nos seus peitos empinados? Ele é homem, Amelinha, e cabia a você se dar ao respeito e não provocá-lo. Mas não! A prostitutazinha não podia aguentar e se ofereceu para o primeiro malandro que viu. Se quer ser vagabunda, o problema é seu. Mas você não tinha o direito de carregar sua irmã com você...

— Pare, Tereza, cale-se! — berrou Raul, sacudindo-a pelos ombros.

— Mas não adianta nada, viu? Não vou deixar que me tome o homem outra vez!

— Você está louca, Tereza? O que está dizendo?

Amelinha não conseguia mais falar, tomada pelos soluços que lhe embargavam a voz. Ficou escutando a mãe dizer aquelas coisas a seu respeito, um monte de mentiras que ela havia inventado só para machucá-la. Tereza estava cega de ódio e surda à voz da razão, e continuava esbravejando e ofendendo Amelinha:

— Largue-me, Raul! Ainda não terminei. Não acabei de dizer tudo o que está entalado em minha garganta esses anos todos.

— Se você não se calar, Tereza, juro que vou embora daqui e nunca mais apareço.

— É isso mesmo o que você quer, não é? Sair de casa para viver com sua meretriz de treze anos!

— Pare com isso, Tereza, estou avisando!

— Pois não vou permitir, ouviu? Essa cadelinha no cio não vai tirar você de mim! Sou muito mais mulher do que essa ordinária!

— Pare, Tereza!

— Vagabunda, prostituta, meretriz!

Sem saber mais o que fazer, Raul perdeu a cabeça e estalou uma bofetada no rosto de Tereza, que reagiu com espanto:

— Você me bateu... Por causa da prostituta, você me bateu!

— Tereza, perdoe-me — implorou Raul. — Eu não queria... Mas você estava fora de si. Você enlouqueceu, Tereza! O que deu em você?

— Eu... eu...

Envergonhada, Tereza rodou nos calcanhares e sumiu pela porta do quarto. Raul ficou aturdido, sem saber se ia atrás dela ou se acalmava Amelinha, que chorava sem parar. Decidiu seguir a mulher. Amelinha estava em casa, medicada e sob as cobertas, ao passo que Tereza saíra desabalada, sabia-se lá para onde. Deu um sorriso encorajador para Amelinha e saiu no encalço de Tereza, ainda escutando a vozinha miúda da enteada:

— O que foi que fiz à minha mãe?

# 3

Demorou muito para que Amelinha se recuperasse por completo daquela pneumonia. Depois da briga que tivera com a mãe, o médico precisou ser novamente chamado, e por pouco Amelinha não voltou para o hospital. Tereza fingiu-se interessada nos conselhos médicos, mas, depois que ele se foi, virou as costas à filha e encarregou Cristina de cuidar dela.

A muito custo, Raul conseguiu convencê-la de que nada havia acontecido naquele dia. Contou como Amelinha passara mal e tentara se levantar para trocar a camisola molhada, desmaiando no meio do quarto antes de conseguir fazê-lo. Tereza não sabia se acreditava ou não naquela história. A cena que presenciara a deixara extremamente chocada e com raiva. Vira Amelinha, nua, nos braços de Raul, e era difícil convencer-se de que aquilo não era o que parecia.

Só não conseguia mais ficar perto de Amelinha. Se antes o relacionamento das duas já era difícil, agora então tornara-se praticamente inviável. Evitava ao máximo o contato com a filha, e até Raul procurava não ficar muito perto dela, com medo de provocar nova briga com a mulher. Isso fazia com que a menina sofresse imensamente, porque Raul passara a ser o seu único amigo. Não tinha mais ninguém. Mesmo Cristina, com quem começara a ter um relacionamento mais amistoso, voltara a ser a estranha de sempre, visto que Amelinha não a perdoava por haver contado à mãe sobre seu pequeno e inocente flerte com seu Chico.

A escola em que estudavam agora era outra, para evitar constrangimentos às meninas, e Tereza passou a levá-las e buscá-las todos os dias. Naquele dia, as duas entraram juntas em casa e seguiram direto para o banheiro, para lavar as mãos e almoçar. Amelinha, como sempre, empurrou a irmã e lavou-se primeiro, deixando Cristina de lado, esperando a sua vez. Terminou de enxugar as mãos, pendurou a toalha no cabideiro e, sem dizer nada, correu para o vaso sanitário e vomitou. Cristina arregalou os olhos de susto e abaixou-se ao lado dela.

— O que você tem, Amelinha? Foi alguma coisa que comeu?

Com rispidez, Amelinha empurrou Cristina para o lado e se levantou, respondendo entre os dentes:

— Não tenho nada. Meta-se com a sua vida.

— Está precisando de alguma coisa? Quer que vá chamar a mamãe?

— Isso! Vá correndo fazer a sua fofoquinha, como sempre faz.

Magoada, Cristina deu as costas à irmã e foi para a cozinha, onde a mãe as esperava com o almoço. Amelinha nem conseguiu olhar para a comida. Só de sentir o cheiro do ensopado, levantou-se da mesa e correu novamente para o banheiro, quase não tendo tempo de chegar ao vaso. Tereza acompanhou-a com um olhar silencioso e, após ouvir o barulho da porta do banheiro batendo, perguntou a Cristina:

— O que é que ela tem?

Cristina deu de ombros e respondeu inocente:

— Sei lá. Ela chegou vomitando, mas disse que não era nada. Vai ver foi muito doce que comeu. Você sabe como Amelinha sempre foi gulosa.

Tereza não respondeu, mas olhou desconfiada para a porta da cozinha, onde Amelinha acabava de despontar.

— Não vou mais comer — anunciou ela, torcendo o nariz e evitando olhar para a mesa.

— Por quê?

— Não estou com fome.

Sem esperar pela resposta da mãe, virou as costas e seguiu para o quarto, indo atirar-se na cama. Estava passando mal, com náuseas e uma certa tonteira. Fazia dois dias que se sentia assim, mas só hoje vomitara. Não podia ser nada que comera, porque aquele enjoo lhe tirara por completo o apetite, e ela mal se alimentava às refeições. Para completar, seu período estava atrasado, o que deveria estar causando aquele inchaço nos seios.

Nos dias que se seguiram, seu estado foi piorando, e ela quase não conseguia comer. Não podia nem sentir o cheiro da comida que já passava mal. Chegava da escola sempre enjoada e ia direto para a cama. Cristina, preocupada, levava-lhe frutas, que ela dispensava com má-criação.

— Tente comer alguma coisa — insistia a irmã, deixando a fruta na mesinha de cabeceira.

Mesmo contra a vontade, Amelinha forçava-se a ingerir um pedacinho de fruta, mas vomitava em seguida. Foi emagrecendo e despertando, cada vez mais, as suspeitas de Tereza. À hora do jantar, ela sempre tentava participar da refeição, só para ficar perto de Raul, mas não conseguia comer. Dava duas, três colheradas no máximo e empurrava o prato para o lado, dominada pela náusea. Não raras eram as vezes em que saía correndo para o banheiro e vomitava, até que acabou chamando a atenção de Raul.

— O que essa menina tem?

— Não sei — respondeu Tereza com azedume.

— Amelinha não anda passando muito bem — respondeu Cristina, prontamente. — Vive enjoada e vomitando.

O olhar de Raul para Tereza foi bastante significativo, mas a mulher fingiu não entender e não disse nada. Assim que Amelinha voltou do banheiro, Raul fez com que ela se sentasse ao seu lado e indagou interessado:

— O que você tem, Amelinha? Sua irmã nos disse que você não anda passando bem.

Amelinha fulminou Cristina com o olhar e respondeu vagamente:

— Nada. Não tenho nada.

— Desde quando está enjoada? — Ela deu de ombros. — Você foi vomitar agora?

— Fui.

— O que mais tem sentido?

— Nada.

— Pode falar, Amelinha. Sou seu amigo e só quero o seu bem.

Pelo canto do olho, Amelinha fitou a mãe, que permanecia com a cabeça baixa, fingindo-se concentrada no prato de comida.

— Já disse que não tenho nada.

— Se não tem nada, então por que vive enjoada e está emagrecendo?

— Não sei.

— Será que ela tem vermes? — arriscou Cristina.

— Não seja estúpida! — contestou Amelinha.

— Não fale assim com a sua irmã! — censurou Tereza. — Ela não tem culpa do seu mau humor.

— Eu não estou de mau humor!

— A menina está doente, Tereza. Será que você não percebe?

— Ela não está doente — protestou Tereza, olhando para ela com ódio. — Sei muito bem o que ela tem, e você também sabe.

— O que é? — quis saber Cristina.

— Nada que lhe interesse, querida — cortou Tereza. — Isso não é assunto para você.

— Por quê?

— Porque não é assunto de criança.

Mesmo sem saber do que se tratava, Amelinha podia imaginar que era algo relacionado ao que acontecera entre ela e Chico. Só não sabia o quê, já que Tereza nunca havia conversado com ela sobre sexo ou como eram feitos os bebês.

— Acho melhor você levá-la ao médico. Seja o que for, precisa ser tratado.

— Farei isso — concordou Tereza, com um estranho brilho no olhar.

No dia seguinte, quando voltaram da escola, Tereza deixou Cristina com a vizinha e partiu com Amelinha para o médico. Esperou a vez de serem atendidas sem trocar uma palavra com a filha, que também não disse nada. Na vez de Amelinha, uma enfermeira mandou que ela entrasse, tirasse a roupa e se deitasse na maca enquanto sua mãe conversava com o médico. Alguns minutos depois, ele entrou e sorriu complacente, dizendo que se acalmasse e fizesse tudo que ele mandasse. Amelinha, que nunca antes havia se submetido a um exame ginecológico, sentiu-se extremamente envergonhada quando aquele homem afastou as suas pernas e começou a mexer em suas partes mais íntimas. Chorou de mansinho, mas não emitiu nenhum ruído. Não queria que ele ou a mãe atestassem o seu constrangimento.

— Muito bem, Amelinha, pode se vestir — disse ele, após encerrado o exame.

A enfermeira ajudou-a com a roupa e levou-a para a outra sala, enquanto a mãe terminava de conversar com o médico. Pouco depois, Tereza apareceu e saiu puxando Amelinha pelo braço. A caminho de casa, não trocaram uma palavra, o que deixava Amelinha cada vez mais amargurada. Queria perguntar o que tinha, mas sabia que a mãe lhe responderia com uma bronca qualquer.

Foi só à noite que ela descobriu o seu mal. Quando Raul chegou a casa e perguntou se Tereza a havia levado ao médico, a mãe lhe respondeu que sim.

— E então? — indagou ele ansioso, à mesa do jantar. — O que foi que o médico disse?

— O que você acha que ele poderia dizer? O que todos nós já sabíamos: Amelinha está grávida.

Foi como se o mundo ruísse de repente. Como é que ela, que era solteira, poderia estar grávida? Em sua cabeça, só as mulheres casadas engravidavam, porque a mãe jamais lhe contara como é que tudo acontecia.

— Grávida? — repetiu Amelinha, estarrecida. — Eu? Mas como?

— Não se faça de sonsa comigo, menina. Você sabe muito bem como.

Ela se calou e olhou para Raul, que a fitava com um misto de pena e compreensão.

— As moças engravidam quando têm relações sexuais — explicou ele, apesar do constrangimento por estar tratando daquele assunto diante de duas meninas.

— O que são relações sexuais? — indagou Cristina, de forma inocente.

— Vá para o quarto, Cristina — ordenou Tereza, sem responder à sua pergunta.

— Por quê?

— Porque isso não é assunto para uma menina feito você.

— Perdão, Tereza, mas Cristina passou pelas mesmas coisas que Amelinha. Não acha que está na hora de ela também saber o que é isso?

Em vez de responder, Tereza elevou a voz e disse com raiva:

— Relação sexual é aquilo que você e o Chico fizeram, Amelinha. E é por isso que você está grávida. Porque manteve uma relação sexual com seu Chico.

Ela ficou horrorizada e buscou apoio no olhar de Raul.

— É mais ou menos isso... Chico forçou vocês a manterem relações sexuais com ele...

— O senhor quer dizer, tio Raul — era Cristina —, que é assim que os bebês são feitos?

Raul não se sentia nada bem tendo aquela conversa com as meninas. Achava que aquele papel cabia a Tereza, mas ela não parecia muito disposta a dar as explicações necessárias. Assim, teve que assumir aquela tarefa e, tentando ao máximo deixar de lado o pudor e a vergonha, ia esclarecendo as dúvidas de ambas.

— Sim, Cristina, é assim que os bebês são feitos.

— Oh! Se é assim, não quero ter nenhum bebê. Dói! Dói muito fazer bebês!

Cristina começou a chorar descontrolada, Tereza a abraçou e começou a acariciar seus cabelos.

— Viu o que você fez? Cristina ainda é uma criança. Não está preparada para ouvir uma coisa dessas.

— Eu só não queria que ela ficasse na ignorância, já que não é mais virgem.

— Ela pode não ser virgem, mas ainda é inocente!

— Vou ter um bebê também, mamãe? — perguntou ela, quase em desespero. — Estou... grávida como Amelinha?

— Não, minha querida, você não vai ter nenhum bebê. Só a sua irmã é que está grávida.

— Por quê?

— Porque ela já é mocinha, e você, ainda não.

Apesar de tudo, Cristina sabia o que era ser mocinha. Já vira Amelinha sangrando, e a mãe lhes explicara que aquilo acontecia todo mês às mulheres. Não entendia bem o que aquilo tinha a ver com bebês e gravidez, mas sentiu-se grata por aquela ser a causa de não estar esperando um bebê.

— E agora, meu bem, vá para o seu quarto e fique lá. Irei levar-lhe a sobremesa depois.

Assim que Cristina saiu, Tereza voltou ao seu lugar e encarou Raul e Amelinha, que, até então, não havia dito uma palavra, espantada que estava com aquela notícia. O que faria com um bebê? Ainda mais sendo de seu Chico?

— Não quero ter um bebê — murmurou Amelinha.

— É claro que não! Não vamos ter nenhum bastardinho em casa!

Mesmo sem saber o que era um bastardinho, Amelinha silenciou. Uma coisa havia entendido: pela primeira vez na vida, a mãe estava de acordo com algo que ela dizia.

— Pense bem no que está dizendo, Tereza — protestou Raul. — Além de crime, o aborto é muito perigoso.

— O que é aborto? — perguntou Amelinha.

— Sh...! — ralhou a mãe. — Fique quieta.

Dessa vez, nem Raul teve coragem de explicar o que era um aborto.

— Falaremos sobre isso depois, querida — disse ele.

Aquele *querida* não agradou Tereza. Ainda que Raul o tivesse pronunciado sem nenhuma intenção, ela ficou pensando que havia intimidade demais em seu tom de voz. Será que ele pretendia que Amelinha tivesse aquele bebê? Mas por quê? Uma criança, naquelas circunstâncias, não faria bem a ninguém. A menos que...

— Acho melhor você ir para o quarto também — falou Tereza.

— Não acho justo que decidamos o futuro de Amelinha pelas suas costas. Ela tem o direito de opinar sobre a sua vida.

— Ela não tem direito de nada! É menor de idade e vai fazer o que eu mandar!

— E você quer mandá-la fazer um aborto.

— E daí? O que é que tem? Você mesmo a ouviu dizer que não quer ter o bebê.

— O que não significa que esteja pensando em abortá-lo.

— Por que está tão interessado em que Amelinha tenha essa criança? Será que você tem algo a ver com isso?

De um salto, Raul se levantou da cadeira e começou a andar pela sala, nervoso e vermelho feito um pimentão. Amelinha não compreendia muito bem o que estava se passando, mas ficou imaginando se aquela pergunta não estaria relacionada ao dia em que a mãe os surpreendera no quarto, quando ela passara mal, e ficara falando aquelas coisas horríveis. Será que Tereza pensava que ela também tivera algo com Raul? Como gostava muito do padrasto, achou que era melhor esclarecer:

— Mãe, se a senhora está pensando que Raul e eu tivemos relações sexuais...

Ouvir aquelas palavras foi como se uma erupção eclodisse dentro de Tereza. Não podia nem imaginar a filha envolvida sexualmente com o marido e explodiu com uma fúria descontrolada:

— O quê? Como se atreve, sua pirralha suja e nojenta? Quem foi que lhe deu essa intimidade de se referir assim ao seu padrasto, o homem que ficou no lugar de seu pai?

— Eu... eu... não entendo...

Coberta de ódio, Tereza avançou sobre Amelinha e começou a esbofeteá-la, até que Raul a segurou por trás e começou a gritar com ela:

— Pare com isso, Tereza!

— Agora estou entendendo tudo. Você e ela... vocês se deitaram juntos, dentro da minha própria casa. Terá sido em minha cama?

— Não diga asneiras, mulher! Amelinha é sua filha e é uma criança...

— Uma criança que espera um filho. Será que é seu?

— Cale-se! Você não sabe o que diz!

— Mas sei o que ouço. Ela ainda tenta defendê-lo, falando em relações sexuais, chamando-o de Raul!

— O que foi que eu fiz? — queixou-se Amelinha, que não entendia onde havia errado.

— Agora vejo por que tanta intimidade. Para Cristina, você é o tio Raul. Mas para Amelinha, só Raul basta.

— Cale essa boca, Tereza! Não vou permitir que coloque em dúvida a minha honra e a de sua filha!

— Como vocês se defendem, não é mesmo? Há quanto tempo estão me traindo? Estão apaixonados de novo?

Lá vinha Tereza com aquela referência ao passado, algo que Raul não podia compreender. Ela falava como se ele e Amelinha já tivessem sido amantes, o que era impossível.

— Não aguento mais, Tereza! Estou no meu limite. Não suporto mais o inferno em que a minha vida se transformou.

Com indescritível desgosto no olhar, Raul rodou nos calcanhares e foi direto para o quarto, onde apanhou a mala e começou a atirar suas roupas dentro.

— O que está fazendo, Raul? — berrou Tereza, que vinha logo atrás. — Aonde é que você vai?

— Para mim, chega! Não aguento mais as suas desconfianças nem o seu gênio. Só lamento por Amelinha, que terá que suportar a sua loucura sozinha.

— Vai embora? Vai me deixar? Vai me abandonar por causa daquela meretriz adolescente?

— Você me dá nojo. Devia se envergonhar de suas palavras.

— Você não pode fazer isso! Somos casados! Não pode me abandonar por causa de uma vadia. — Ele não respondeu. — Tudo isso só porque ela vai ter um filho? É isso o que você quer? Um bebê? Posso lhe dar um filho. Já não sou mais jovem, mas ainda posso parir.

— Deixe de tolices.

— Se não é isso, então o que é? O meu corpo? É isso, não é? Cansou-se de mim só porque encontrou um corpo mais jovem e mais firme. Mas Amelinha é uma menina. Espere só até ela crescer e pegar o gosto pelos rapazes. Vai deixar você e fugir com algum vagabundo de vinte anos.

— Está louca.

— Não! Não vá, Raul, eu lhe imploro. Faço qualquer coisa para não perder você de novo. Eu lhe perdoo. Perdoo você por ter dormido com Amelinha, perdoo até ao filho que ela carrega na barriga.

— Ouça bem o que vou lhe dizer, Tereza — disse ele, segurando-a pelos punhos e olhando bem dentro de seus olhos. — O filho que Amelinha está esperando não é meu. Eu nunca dormi com sua filha. Quem fez mal a ela foi o safado do Chico, não eu. Não sou um marginal.

— Está bem. Eu acredito. Acredito em tudo o que você disser. Sei que você não dormiu com ela, que você é um homem decente e jamais me trairia com aquela vagabunda.

— E outra coisa: sua filha não é uma vagabunda, nem meretriz, nem prostituta. É uma menina que sofreu nas mãos de um tarado e continua sofrendo com a incompreensão e as maldades da mãe. Francamente, ela merecia uma mãe melhor do que você.

Ela engoliu a raiva em seco e continuou a implorar:

— Está bem. Sei que errei e peço perdão. Tenho sido incompreensiva com ela, mas vou mudar. Prometo que não vou mais ralhar com ela, mas, por favor, Raul, não me abandone. Faço o que você quiser para que não me deixe.

A essa altura, ela já estava chorando, agarrada às pernas do marido. Raul sentia tanto nojo que tinha vontade de empurrá-la e sair correndo dali o mais rápido que pudesse. E teria feito isso, não fosse o olhar de súplica de Amelinha, que o fitava da porta. A menina, ouvindo a discussão, aproximou-se do quarto e acompanhou toda a cena, sem que nenhum deles notasse a sua presença. Estava apavorada ante a ideia de que Raul pudesse deixá-la. Se o padrasto se fosse daquela casa, a mãe seria bem capaz de matá-la de pancadas. Ele era a única pessoa com quem Amelinha podia contar, e foi com aquela súplica silenciosa que lhe pediu para ficar.

— Está certo, Tereza, vou ficar — concordou ele, ainda encarando a enteada. — Mas com a condição de que você nunca mais repita essas barbaridades que ouvi hoje.

— Eu não direi. Prometo que nunca mais direi nada.

— Quero também que você me prometa que, daqui para a frente, cuidará bem de Amelinha. Não baterá nela nem lhe dirá nada que possa ofendê-la.

— Prometo, prometo. O que você quiser, meu bem, o que você quiser para ficar. Eu o amo, Raul, não poderia suportar viver sem você.

— Muito bem, então. Que fique bem entendido que esta é a primeira e a última chance que lhe dou. Se voltar a nos agredir, a mim ou a Amelinha, vou-me embora e prometo nunca mais voltar.

Ela aquiesceu e se levantou, atirando-se em seu pescoço e beijando-o sofregamente. Com uma voracidade sem igual, foi empurrando-o para a cama, já arrancando a sua roupa. Preocupado, Raul ia lhe dizer que parasse, que Amelinha os estava observando, mas, ao olhar novamente para a porta, não viu ninguém. Ela havia sumido.

Nos dias que se seguiram, Tereza procurou se esforçar ao máximo para tratar Amelinha com um pouco mais de tolerância. Ainda não estava bem certa se acreditava ou não que ela e Raul não eram amantes. Se eram, preferia não saber. Se soubesse, seria até capaz de matar a filha.

Tinha, porém, um assunto sério a resolver. A gravidez de Amelinha era um problema que necessitava de uma solução imediata. Se o filho era ou não de Chico, não pretendia mais descobrir. No entanto, aquela dúvida era motivo mais do que suficiente para que ela se livrasse daquela criança. Raul era contra o aborto. Achava que o mais correto seria permitir que Amelinha tivesse o filho e tentasse criá-lo. Se de todo isso lhe fosse muito penoso, a adoção seria o melhor caminho. E era isso mesmo que ela pretendia fazer.

Quando a barriga de Amelinha começou a se avolumar, Tereza proibiu-a de ir ao colégio, receando a vergonha que a gestação da filha iria lhe causar. Não foi possível completar o ano letivo, e ela acabou se atrasando na escola. Além disso, Tereza não gostava que ela saísse de casa, e Amelinha passava os dias sem nada para fazer, ansiosa por se livrar daquilo que considerava um estorvo em sua vida.

Com tudo isso, não foi difícil convencer a filha a dar a criança para adoção. Quando o menino nasceu, ela sentiu uma tristeza sem fim, mas nem chegou a vê-lo. Com medo de que Amelinha mudasse de ideia ao segurar nos braços o bebê, Tereza tomou-o da enfermeira assim que foi possível segurá-lo e entregou-o pessoalmente nas mãos de uma irmã de caridade, recomendando-lhe que levasse o menino dali e nunca mais lhe desse notícias de seu paradeiro.

Assim foi feito. O menino foi levado embora sem que Amelinha o visse uma única vez sequer. Ela sofreu com as dores do parto e escutou o seu choro quando nasceu, o que, num primeiro momento, encheu-a de emoção. Tomada pela exaustão, Amelinha ainda chegou a estender os braços e pedir que a mãe a deixasse vê-lo ao menos uma vez, mas Tereza foi categórica. O filho não pertencia mais a ela, e ela não tinha nenhum direito sobre a criança. Ignorante e ingênua, Amelinha acreditou no que a mãe lhe dissera e procurou ocultar as lágrimas no lençol que a cobria. Estava arrependida de abandoná-lo, mas agora era tarde. O filho pertenceria a outra pessoa e ela morreria sem conhecê-lo.

# 4

A família de Amelinha, embora fosse do interior de São Paulo, espalhara-se por todo o estado, e ela possuía vários parentes que viviam na capital. Certa vez, um tio de sua mãe, dono de um dos muitos laranjais que dominavam a região, veio a falecer já bem velhinho. Esse tio possuía dois filhos que viviam em São Paulo, um homem e uma mulher, ambos já beirando os sessenta anos. Os primos vieram para o enterro e o inventário, e Amelinha os conheceu no velório do tio-avô.

Juca, o primo, era um homem grande e rabugento, e não escondia o desagrado de ter que comparecer ao enterro do pai em momento tão inoportuno, em que os negócios com sua fábrica de sapatos exigiam sua presença diária no escritório. A mulher fora quem o convencera a ir a Limeira, porque as terras do pai eram muitas e Juca devia cuidar do patrimônio da família.

A prima, de nome Janete, parecia uma mulher mais equilibrada, embora de feições austeras e olhar penetrante, que tudo parecia ver. Ela era muito comedida, quase não sorria, e seu rosto impenetrável não permitia que se imaginasse o que estava sentindo. Era uma viúva sem filhos que vivia sozinha num casarão em São Paulo, herdado de um marido extremamente rico e muito mais velho do que ela. Janete fora uma moça muito bonita, e dizem que o marido se apaixonou por ela logo que a viu fazendo compras em companhia da mãe, numa de suas idas à capital.

Embora vinte e três anos mais velho, o marido era muito rico, e Janete aceitou desposá-lo quase de imediato. Contava então dezessete anos, e ele, quarenta. Os dois viveram juntos por mais de trinta anos, até que ele morreu de um ataque do coração, deixando-a com uma fortuna considerável, apesar de sozinha e sem filhos.

Essas histórias não interessavam muito a Amelinha, que achou os primos muito antipáticos e pedantes. Eles também não pareciam se dar muito bem com Tereza, porque praticamente a ignoraram durante todo o velório. Por isso foi uma surpresa quando, mais tarde, ao entrar em casa, Amelinha viu Janete sentada no sofá conversando com a mãe e Raul. Tereza mandou-a para o quarto em companhia de Cristina, e ela não pôde participar da conversa.

— Você sabe como é difícil para uma senhora como eu viver sozinha — disse Janete. — Ainda mais em São Paulo, onde a vida é mais agitada, e os jovens só pensam em se divertir.

Tereza apenas balançava a cabeça, enquanto Raul fumava seu cachimbo e a fitava com mal disfarçada repulsa.

— É por isso que, quando vi suas meninas, a ideia me ocorreu — prosseguiu Janete. — E não pense que faço isso só por mim. Em absoluto! Seria uma excelente oportunidade para a menina estudar em bons colégios e ter uma educação mais refinada.

Raul pigarreou e começou a falar com uma certa irritação:

— Perdão, Janete...

— Dona Janete, se não se importa — interrompeu ela, fazendo com que Raul ficasse vermelho até as orelhas.

— Muito bem, dona Janete. Não sei se entendi direito, mas, pelo que Tereza me disse, a senhora está interessada em levar as meninas para a capital...

— As meninas, não — cortou novamente. — Apenas Amelinha. É mais velha, já é uma mocinha e saberá cuidar melhor da casa.

— Então, o que a senhora quer, realmente, é uma empregada doméstica.

— Hum... uma dama de companhia, digamos. Já estou ficando velha e preciso de alguém que me ajude.

— E por que Amelinha?

— Porque ela é parente e me parece bem educadinha. Além disso, é quieta e sossegada, como toda moça de boa família deve ser.

— Eu acho que seria uma ótima oportunidade para Amelinha! — rebateu Tereza, entusiasmada.

— Oportunidade de quê? — tornou Raul.

— Ora, de ter uma vida melhor, uma educação refinada, estudar em bons colégios.

— E, quem sabe, mais tarde, conhecer um bom rapaz e casar-se com alguém importante e rico — considerou Janete. — Não faltam bons partidos para moças direitas e finas.

Raul e Tereza se entreolharam, mas a mulher procurou ignorar o marido. Janete já estava a par do que acontecera a Amelinha, e aquele era mais um motivo para afastá-la dali.

— Isso seria maravilhoso! — exultou. — Imagine só, Raul, nossa Amelinha casada com algum figurão do café!

— Você está sonhando, Tereza. Amelinha é só uma menina do interior...

— Mas pode se tornar uma grande dama da sociedade paulista com o meu auxílio — rebateu Janete. — E tudo isso em troca de quê? Apenas de companhia.

— Hum... não sei — contestou Raul. — Amelinha ainda é muito criança para ir viver sozinha.

— E quem disse que ela vai viver sozinha? Prima Janete não está prometendo cuidar dela?

— Mas e ela? Será que quer ir? Será que não vai se sentir sozinha longe da família?

— Você sabe como Amelinha é... independente. Ela nunca foi muito ligada à família mesmo.

— Não quero que tomem nenhuma decisão precipitada — replicou Janete. — Ficarei ainda por mais alguns dias, a fim de providenciar a venda das terras de meu pai. O advogado de Juca vai tratar do inventário, e vou vender tudo para ele. Não entendo mesmo nada de fazendas ou de laranjas. Enquanto isso, reflitam sobre a minha proposta. Tenho condições de dar a Amelinha uma educação que vocês jamais poderiam lhe proporcionar. Seria uma oportunidade única para ela. Sei o quanto deve ser difícil para vocês se afastarem dela, mas creio que deveriam pensar no futuro da menina. E, depois, poderão visitá-la quando quiserem.

— Você tem razão, Janete — concordou Tereza, cada vez mais entusiasmada. — Seria o melhor que poderíamos fazer por Amelinha.

— Seu marido é que ainda não parece bem convencido. Mas não faz mal. Vou deixá-los à vontade para que decidam.

Depois que ela saiu, Raul fitou a mulher com profundo desgosto e revidou com desânimo:

— Por que está fazendo isso? Por que pune assim a sua filha?

— Eu não a estou punindo! Pelo contrário, estou pensando na vida de luxo e conforto que Janete pode lhe dar.

— Mas e se ela não quiser? Se Amelinha preferir ficar aqui conosco?

— Isso seria uma tolice. Como mãe, tenho que pensar no que é melhor para ela.

— Talvez isso não seja o melhor para ela.

— Como não? Que garota não gostaria de ter uma oportunidade como essa?

— Por que não perguntamos a ela? Por que não deixamos que Amelinha mesma escolha o seu destino?

— Amelinha só tem quatorze anos e não está em condições de decidir nada. Vai fazer o que eu mandar.

— Não creio que essa seja a melhor solução. Não é direito tomar uma decisão dessas à revelia da menina. A vida é dela, e ela tem o direito de resolver.

Por mais que aquilo não lhe agradasse, Tereza não queria desgostar o marido. Precisava fazê-lo crer que seu único interesse era o bem-estar de Amelinha, e não afastá-la dele o mais que pudesse.

— Está bem — concordou com um suspiro. — Se é assim que pensa, vamos falar com ela. Mas você tem que me prometer que, se ela quiser ir, não fará objeções.

— Não. Se for o desejo dela, dar-lhe-ei todo o meu apoio.

Foram falar com Amelinha. Ela e Cristina estavam no quarto, cada uma em sua cama: Cristina brincando de bonecas, e Amelinha deitada com o braço por baixo da cabeça.

— A prima Janete já foi? — indagou Cristina, penteando os cabelos da boneca.

— Já, sim — respondeu Tereza.

— O que ela queria? Por que veio nos visitar?

— Na verdade, Cristina — falou Raul —, ela não veio propriamente nos visitar. Veio para falar de Amelinha.

— De mim? — indignou-se a menina. — Por quê? O que foi que fiz a ela?

— Calma, Amelinha, você não fez nada. Ela não veio aqui para se queixar de você. Veio nos fazer uma proposta que interessa a você, mais do que a qualquer um de nós.

— Que proposta?

— Ela pretende levá-la para viver com ela em São Paulo — esclareceu Tereza, a voz trêmula de ansiedade.

— Em São Paulo? — repetiu Amelinha.

— Fica muito longe, não é, mamãe? — tornou Cristina.

— Nem tanto — tranquilizou Tereza. — E Amelinha poderá nos visitar nas férias, se quiser.

— Por quê? Por que ela quer me levar para São Paulo? Eu não conheço nada daquela cidade.

— Ela está pensando no seu futuro. Quer lhe dar uma educação mais refinada e ensiná-la a ser uma verdadeira dama.

— Que maravilha! — disse Cristina, já visualizando a irmã de vestido longo e cintilante, rodopiando pelos salões em companhia de algum príncipe galante.

— Mas por quê? — insistia Amelinha. — Ela nem me conhece. Por que está sendo tão boazinha? O que quer em troca?

— Não quer nada em troca. Apenas que você lhe faça companhia.

— Só isso? — tornou desconfiada. — Por quê?

— Por que, por que, por quê? Será que não pode se mostrar agradecida em vez de ficar aí questionando tudo? Não vê que Janete só quer ajudar? Ela é uma mulher rica e poderia contratar qualquer rapariga para lhe fazer companhia. Mas não. Pensou em você, que é da família, e achou que seria uma excelente oportunidade de lhe proporcionar um futuro melhor.

— Mas você não precisa ir se não quiser — esclareceu Raul.

— É claro que não. Mas pense em todas as coisas maravilhosas que estará perdendo. E tudo para quê? Para continuar enfurnada aqui, nesse fim de mundo, sem nenhuma perspectiva para o futuro. Ainda mais depois do que lhe aconteceu.

A mãe tinha razão. Doía no coração de Amelinha ter que se afastar do padrasto. Por outro lado, o que mais tinha a perder? A violência que sofrera nas mãos de Chico parecia um estigma em sua vida. Quando passava, todos cochichavam e apontavam para ela, muito mais do que para a irmã. Talvez longe dali, as coisas melhorassem um pouco. Iria para outro colégio, onde ninguém a conhecia, e conheceria outras pessoas, que jamais teriam ouvido falar de seu passado ou do que lhe acontecera. E depois, tirando Raul, não sentiria falta de mais nada nem de ninguém.

— Então, Amelinha? — insistiu a mãe, cada vez mais exaltada. — O que me diz? Aceita a oferta de prima Janete?

— Eu... não sei...

— Você tem que se decidir. Senão ela vai embora e você nunca mais vai ter outra chance dessas.

— Não sei... Tudo aconteceu tão rápido... Não sei o que fazer.

— Não seja tola, menina! Não vê que essa é uma oportunidade única em sua vida? Que ninguém mais além de Janete poderá lhe dar uma educação melhor?

— Eu...

— Vamos, Amelinha, decida-se! Aceite logo essa oferta antes que seja tarde!

— Não precisa resolver nada agora — falou Raul com brandura. — Dona Janete ainda vai se demorar mais alguns dias na cidade e, até lá, você pode decidir.

Amelinha o olhou agradecida. Uma parte dela queria partir, mas outra sentia medo do desconhecido e preferia ficar ali, na segurança de sua casa, ao lado do padrasto amigo. Por outro lado, sentia a necessidade da mudança. A mãe a detestava e a irmã era uma fingida. Não tinha amigos na nova escola e sentia medo de se aproximar dos garotos. Talvez o melhor para ela fosse mesmo partir para uma nova vida, levando consigo a única coisa que ainda lhe restava: esperança.

— Está bem — assentiu ainda em dúvida. — Se é o melhor para mim, é o que farei. Partirei com a prima Janete para São Paulo, e seja lá o que Deus quiser.

— Muito bem! — Tereza bateu palmas, já não conseguindo mais segurar a euforia. — Garanto que não vai se arrepender.

Ela não sabia bem. Talvez até já estivesse arrependida, a exemplo da decisão que tomara sobre o destino do filho, mas era tarde para voltar atrás. A alegria da mãe lhe dizia que ela não era bem-vinda naquela casa, e partir lhe parecia agora a única opção.

Dali a duas semanas, Amelinha desembarcava em São Paulo, na companhia da prima. Chovia torrencialmente e fazia muito frio, e elas foram obrigadas a tomar um táxi para a Alameda Barão de Limeira, no bairro de Campos Elíseos. Quando chegaram à casa, estavam molhadas e exaustas. Já era noite, e Janete mostrou a Amelinha o seu quarto no sótão. De tão cansada, ela logo adormeceu. Somente no dia seguinte foi que pôde ver melhor o velho casarão em que passaria a morar.

Foi uma decepção. Amelinha esperava encontrar um palacete iluminado e limpo, em lugar daquele casarão velho e lúgubre, cheirando a mofo e naftalina. As paredes descascadas davam mostras de desleixo, e as cortinas rotas e desbotadas anunciavam a decadência. Os tapetes puídos faziam uma trilha no lugar em que haviam sido mais pisados, e alguns cristais foscos procuravam dar vida aos móveis lascados e sem brilho. Do lado de fora, o mato cobria o que um dia fora o jardim, e havia muitos vidros quebrados nas janelas sem verniz.

— O que foi? — perguntou Janete de mau humor, notando o ar de desapontamento de Amelinha. — Não gostou?

— Não, prima... É que pensei que fosse... diferente.

— Para você, eu sou dona Janete, entendeu bem? Dona Janete. Não quero essa confiança de prima comigo.

Amelinha ergueu as sobrancelhas, espantada com a atitude de Janete. Então não eram primas?

— Não quero abusos comigo, menina — prosseguiu ela. — Ponha-se no seu lugar, e tudo correrá bem entre nós. E agora, venha cá. Experimente este uniforme.

Cada vez mais atônita, Amelinha apanhou o uniforme que ela lhe estendia. Era uma roupa de criada, toda preta, com um avental de babadinhos branco.

— Para que é isso? — indagou Amelinha, ainda sem entender direito o que estava acontecendo.

— Que pergunta mais idiota é essa? É para você vestir, ora.

— Mas por quê? Não sou sua criada.

O grito que Janete deu em seguida foi tão alto que Amelinha chegou a sentir uma pontada nos ouvidos.

— Cale essa boca! Menina insolente, como se atreve a me responder?

— Mas prima... dona Janete... pensei que tivesse me trazido aqui para ser sua dama de companhia...

— Como espera que eu tenha uma dama de companhia com essa casa toda imunda? Primeiro você limpa e arruma, depois me faz companhia. Sabe cozinhar?

Amelinha permanecia parada no mesmo lugar, recusando-se a crer no que estava acontecendo.

— Não... — respondeu ela timidamente, ainda sem se mover.

— Bem, isso é um espeto, mas não faz mal. Com o tempo, você há de aprender direitinho. E agora, o que está esperando? Ande, mexa-se, vá se trocar!

— Mas, dona Janete, e a escola?

— Que escola?

— A escola em que a senhora prometeu me matricular.

— Ah! Bom, depois vemos isso. Pensando bem, não sei para que uma moça precisa de estudo.

— Mas a senhora prometeu que eu ia estudar...

— Escute aqui menina, eu fiz um favor a sua mãe trazendo-a para cá. Você estava sendo um tropeço na vida dela e do seu padrasto. Pensa que não sei? Uma menina que passou pelo que você passou, que já conheceu homem e gostou...

— Eu não gostei do que o Chico me fez! — protestou ela, o rosto coberto de rubor, surpresa porque Janete conhecia o seu passado.

A bofetada que Janete lhe deu foi tão rápida que ela custou a entender o que estava acontecendo. Sentiu o rosto arder, e lágrimas lhe vieram aos olhos. Só quando a outra tornou a gritar, foi que Amelinha percebeu que ela havia lhe batido.

— Não me interrompa! Jamais me interrompa quando eu estiver falando! Você já não é mais nenhuma garotinha. É uma mulher, conheceu homem, e o que você queria que sua mãe fizesse? Que ficasse com você em casa e se arriscasse a perder o marido? Pois fez ela muito bem em se livrar de você antes que isso acontecesse.

— Minha mãe lhe disse isso?

— É claro que disse, sua tonta! O que você pensou? Que eu bati o olho em você e resolvi trazê-la para morar comigo? Foi sua mãe que sugeriu isso. Com medo de que você roubasse o marido dela, veio me procurar e me ofereceu os seus serviços, como criada, em troca de casa e comida. Nem salário preciso lhe pagar. E agora, deixe de tolices e vá logo vestir esse uniforme. Há muito serviço a fazer nesta casa.

— A senhora não é rica. É uma mentirosa, pobretona, decadente...

— Chega, Amelinha, já basta! Isso não lhe interessa. Você está aqui para trabalhar para mim, e não para ficar especulando sobre a minha situação financeira. Vá logo trocar essa roupa, antes que eu me aborreça e lhe dê outra bofetada.

— A senhora não é minha mãe! Não pode me bater.

— Ainda que sua mãe não houvesse me autorizado a usar com você todos os métodos necessários para lhe impor disciplina, ainda assim, posso bater-lhe quando bem entender. Você está sob a minha responsabilidade agora.

— Isso não é justo — Amelinha começou a chorar. — A senhora me enganou, minha mãe me enganou.

— Deixe de choradeiras e faça logo o que estou mandando. A casa está uma imundície, e você não tem o dia todo para limpar. Ande, deixe de fazer corpo mole e vá logo trabalhar!

Naquele momento, Amelinha pensou se não seria melhor morrer. A vida que a esperava se mostrava bem diferente da que lhe prometeram, e um profundo desgosto foi tomando conta de todo o seu ser. Não que não quisesse trabalhar. Não se incomodaria de arrumar a casa e limpar, desde que a prima a tratasse com carinho e respeito. Seria sua companheira e criada, mas esperava que em troca ela cumprisse com o que lhe prometera. Queria estudar e ser alguém na vida, para não ter que se submeter às humilhações por que vinha passando só porque já não era mais virgem. Mas aquele era um sonho que começava a ficar para trás. Pelo visto, Janete a levara ali para trabalhar quase como uma escrava, sem precisar lhe pagar salário. Ela era uma menina, menor de idade e filha de sua prima. Isso era quase como ser propriedade dela.

Efetivamente, fora essa a intenção de Janete quando Tereza a procurara, logo após o enterro de seu pai, para lhe fazer aquela oferta. Ainda se lembrava das palavras da prima, ao expor, de forma direta e sem rodeios, o que pretendia:

— Sei que você está bem de vida, prima. Por que não leva Amelinha para trabalhar com você?

— Não estou tão bem assim, minha cara — retrucou Janete a meia-voz. — A fortuna de meu marido já se foi quase toda. Conto agora com minha parte na venda das terras que eram do meu pai.

— Melhor ainda! Quero dizer, se você está passando por uma situação difícil, Amelinha será de excelente ajuda. Pode limpar e arrumar, e você nem precisa pagar-lhe por isso.

— Quer que sua filha trabalhe de graça para mim?

— Bom, você teria apenas que lhe dar casa e comida.

— Posso perguntar por quê? Por que quer se livrar de sua filha?

— Não é que queira me livrar dela. É que aconteceram certas coisas...

Em breves palavras, Tereza contou a Janete tudo o que acontecera a Amelinha naqueles últimos tempos. Contou do estupro, do filho que ela tivera e fora entregue para adoção e, finalmente, de seus temores com relação ao marido. Janete concordou com ela e acabou achando que seria uma boa ideia levar a garota como criada. Não tinha mesmo condições de manter serviçais, e Amelinha poderia fazer todo o serviço da casa. Ela já estava ficando velha e não dava mais conta de nada. A casa estava uma imundície, e ela não tinha mais forças para cuidar de uma mansão tão grande. Depois de tudo ajeitado, e com o dinheiro de sua parte na herança, poderia transformar a casa em uma pensão, e Amelinha continuaria como camareira, arrumando as camas e as mesas para o jantar.

— A oferta até que é atrativa — disse Janete. — No entanto, a responsabilidade é muito grande. Amelinha ainda é uma menina, e eu não gosto de cuidar de crianças.

— Você é prima dela, pode fazer o que for preciso para que ela obedeça.

— Hum... está bem, Tereza, convenceu-me. Quando é que posso levá-la?

— Esse será outro problema. Meu marido gosta de Amelinha e não vai concordar a princípio. Precisamos convencê-lo de que será a melhor coisa para ela e temos que fazer com que ele acredite que a ideia partiu de você. Se ele souber que eu a procurei, nunca vai me perdoar.

Foi assim que Janete conseguiu levar Amelinha. Apesar de quieta e calada, a menina tinha um gênio difícil que precisava ser domado. Era rebelde e, pelo visto, não gostava de trabalhar. Amelinha, no entanto, de tão desgostosa com tudo o que lhe acontecera, não opôs muita resistência e logo se conformou com o seu destino. Durante dias, lavou, esfregou, lustrou. Quando Janete recebeu a parte que lhe cabia na herança, arrumou o jardim, comprou cortinas e tapetes novos, pintou, consertou o que estava quebrado e transformou a casa numa pensão, com quartos confortáveis, arejados e limpos para alugar. E tudo isso graças à Amelinha, que acabou se enfiando no trabalho para esquecer a tristeza.

Quando a pensão foi inaugurada, logo apareceram os hóspedes. A casa era bonita, com um salão amplo onde eram servidas as refeições e uma cozinha de dar inveja a muita gente. Janete não sabia cozinhar e contratou uma cozinheira, a única empregada na casa além de Amelinha. Enquanto Ione cuidava das refeições, Amelinha arrumava e limpava os quartos e o resto da casa.

Em pouco tempo, quase todos os quartos já estavam ocupados. O preço do aluguel não era muito barato, o que fez com que a pensão fosse frequentada majoritariamente por senhores viúvos e solitários, como era o caso de Anacleto. Ele era um funcionário público aposentado, bem de vida, e tinha três filhos que não lhe davam a menor importância. Por isso, vendeu a casa em que vivia e se mudou para a pensão. Apesar de solitário, era um homem alegre e vivia contando anedotas aos demais hóspedes, que se divertiam com suas histórias engraçadas. Era assim todas as noites. Após o jantar, os hóspedes se reuniam na sala de estar para conversar ou tocar piano, e Anacleto punha-se a contar suas piadas. De vez em quando, Amelinha via Anacleto de cochichos com Janete, ocasiões em que ela lhe lançava aqueles seus olhares indecifráveis, e a menina não conseguia imaginar o que poderia estar se passando entre eles. Mas foi da pior maneira que descobriu.

# 5

Ainda era muito cedo quando Amelinha se levantou naquela terça-feira. Saiu do seu quarto no sótão bocejando, desejando ardentemente ter ao menos um dia de folga na pensão, como acontecia com Ione. O trabalho era duro, mas Janete dera as terças-feiras de folga à cozinheira porque não era um dia de muito movimento. Amelinha não possuía folga alguma, e eram raras as vezes em que se divertia.

Em seus dias de descanso, Ione se levantava antes do raiar do dia e saía sem fazer barulho, deixando a Amelinha a incumbência de cuidar do café, enquanto o almoço era sempre preparado de véspera para ser requentado na hora de servir. Naquele dia, ao entrar na cozinha, sonolenta e arrastando os pés, Amelinha teve uma surpresa: Janete lá estava, ainda enfiada no seu robe de chambre roxo, bebericando uma xícara de café fumegante.

— Dona Janete! — espantou-se Amelinha. — O que faz de pé tão cedo?

— Não tenho que lhe dar satisfações, menina — respondeu a prima de mau humor. — No entanto, minha descida intempestiva à cozinha teve um motivo.

Amelinha notou que a prima esperava por uma indagação e retrucou com fingido interesse:

— Que motivo?

Janete fitou-a com olhar enigmático e deu um sorriso mordaz, que a menina não compreendeu muito bem. Tomou mais um gole do café, estalou a língua e, mirando Amelinha de cima a baixo, falou com voz melíflua:

— Você já não é mais nenhuma menina, não é, Amelinha? — Ela não respondeu. — Nós duas sabemos que dissabores você já experimentou na vida. — Fez uma pausa estudada e prosseguiu com exagerada afetação: — Sei que sua experiência não foi das melhores, mas é preciso que saiba que nem todos os homens são iguais àquele Chico.

Ao ouvir o nome do homem que desgraçou a sua vida, Amelinha teve um estremecimento e encarou a prima com ar indagador.

— Por que está dizendo isso?

— Porque há homens mais cavalheiros do que aquele Chico. Ele foi um animal, é verdade, mas não quero que você se deixe impressionar por isso e se afaste de todos os homens. Você não deve se fechar como uma ostra, minha filha.

Amelinha não entendia nada e se esforçava para que as palavras da prima fizessem algum sentido.

— Não entendo o que está querendo dizer, dona Janete.

— O que quero dizer, minha filha, é que já é chegada a hora de você deixar eclodir a mulher que existe em você.

— Deixar o quê?

— Ora, não se faça de ingênua. Então não percebe que se transformou numa linda mulher?

— Não sei do que a senhora está falando, dona Janete. Sei que nunca fui bonita.

— Ah! Mas isso foi antes. Sua mãe me contou como você era gorda e sem-graça — Amelinha engoliu o choro, enquanto Janete prosseguia: — Mas isso foi no passado. Veja agora em que bela moça você se transformou.

Amelinha sentiu vontade de gritar: "e daí?", mas achou que a prima não iria gostar e respondeu humildemente:

— A senhora está sendo bondosa comigo, dona Janete.

— Bondosa, eu? Não, minha filha, estou sendo realista. E acho que você também deveria ser.

— Como assim?

— Venho percebendo o efeito que você causa nos homens desta casa.

Com medo de que a prima a estivesse censurando, Amelinha deu dois passos para trás e tapou a boca com a mão, respondendo apavorada:

— Não... Está enganada, dona Janete. Eu não faço nada...

— Sei que não faz, nem precisa fazer. Seu remelexo mexe com os homens naturalmente.

— Remelexo? O que a senhora quer dizer com isso?

— Que você bota muita sensualidade no andar.

— Eu!?

— Por que o espanto? Por acaso não nota como os homens a cobiçam?

— Dona Janete, a senhora deve estar brincando.

— Não estou, não. De uns tempos para cá, tenho notado o fascínio que você exerce sobre os homens... em especial, sobre um deles.

— Um deles? Quem?

— Não sabe?

— Não.

— Nunca reparou?

— Não, nunca. De quem a senhora está falando?

— Do Anacleto.

Mais uma vez, Amelinha cobriu a boca com as mãos.

— Seu Anacleto? — indignou-se.

— Não precisa se fazer de inocente comigo, Amelinha, porque bem sei que você já reparou. Seria impossível não notar o jeito como ele a olha.

Embora Amelinha já tivesse percebido que Anacleto lhe lançava olhares furtivos, jamais lhe passou pela cabeça que ele a estivesse cobiçando. Ele devia ter idade para ser seu avô, e ela nunca poderia imaginar um avô flertando com ela.

— Juro que nunca notei nada, dona Janete. Nem lhe dei confiança, se é o que quer saber.

— Sei que não. O que é, realmente, uma pena.

Cada vez mais abismada, Amelinha ergueu as sobrancelhas e retrucou com visível indignação:

— Uma pena? O que a senhora quer dizer com isso?

— Olhe, Amelinha, chega de rodeios e vamos direto ao ponto. Você já é uma mulher e não há de se chocar com o que vou lhe dizer. O caso é o seguinte: seu Anacleto está muito impressionado com você. O homem é viúvo, sabe como é, e gostaria de uma companhia.

— Mas tem tanta gente aqui na pensão!

— Ou você está se fazendo de tonta, ou é a menina mais estúpida que já vi! Então não percebe que seu Anacleto está de olho em você? Que ele a deseja e quer dormir com você?

— O quê?! — ela recuou aterrada. — O que está dizendo? Dormir comigo?

— E está disposto a recompensá-la com uma certa importância em dinheiro.

— Dinheiro? Ele está querendo me comprar? O que pensa que sou? Uma prostituta?

— Ora, ora, então você não é tão tola assim, não é mesmo? Já percebeu o que estou tentando lhe dizer.

— O quê? O que a senhora está tentando me dizer?

— Será que preciso ser ainda mais direta do que já estou sendo? Seu Anacleto quer dormir com você em troca de algum dinheiro.

— Não! De modo algum! Não sou nenhuma meretriz!

— A quem está tentando enganar? Você já não é mais moça, não tem nada a perder. Só a ganhar.

— Não, dona Janete, não posso me entregar assim a qualquer um por dinheiro. É errado.

— E daí? Que mal pode haver? Ninguém vai ficar sabendo mesmo.

— Mas eu sei! Não quero me prostituir. Não quero virar amante de ninguém!

— O que pretende, Amelinha? Casar-se na igreja, de véu e grinalda? Depois do que lhe aconteceu?

Amelinha começou a soluçar e respondeu magoada:

— Não tive culpa do que me aconteceu.

— Será que não teve mesmo? Será que você não provocou o tal Chico?

— Não... — hesitou ela, não muito certa sobre se o havia provocado ou não.

— Isso não tem muita importância agora, não é mesmo? O mal já está feito e não tem mais como remediar. Virgem, minha filha, nunca mais você vai ser.

— Mas... não sou vagabunda. Não posso me entregar a esse homem por dinheiro.

— E por que se entregaria então? Por amor? Não se iluda, minha filha, amor não é para gente feito você. Depois do que lhe aconteceu, você só serve para uma coisa: ser amante.

— Não! A senhora está errada! Sou uma moça direita, de família.

— Mas que família? Você nem tem mais família. Sua mãe a abandonou, e você não tem pai.

— Minha mãe não me abandonou... Mandou-me para cá, mas posso voltar quando quiser.

— Será que pode mesmo? Pois então, por que não experimenta? Será que ela está disposta a aceitá-la de volta?

— Meu padrasto vai convencê-la. Ele sempre a convence.

— Padrasto? Seu padrasto é um bêbado. Vive caído pelas sarjetas.

— Isso é um disparate! Raul sempre foi um homem digno.

— Até o dia em que você o deixou, não é mesmo?

— O quê? O que está dizendo?

— Você é uma tonta mesmo, não é? Não sabe de nada. Pois fique sabendo que, desde o dia em que você partiu, seu padrasto deu para beber. Perdeu o emprego e vive caído pela rua. Sua mãe é que o tem sustentado, lavando e passando roupa para fora.

— Não pode ser... Está mentindo. Diz isso só para que eu faça o que a senhora quer.

— Se não acredita em mim, por que não experimenta telefonar?

— Minha mãe não tem telefone.

— Por que não liga para o antigo trabalho de seu padrasto?

— Não tenho o número.

— Pois então, pode acreditar em mim. Acho que seu padrasto não suportou a sua partida e se entregou ao vício. E sabe por quê? — Ela meneou a cabeça. — Porque estava apaixonado por você. Sua mãe percebeu isso e colocou você para fora de casa, só que não a tempo de evitar o mal. Você já o havia enfeitiçado, e ele se deixou arrastar pelo desejo. Quantas vezes você e ele dormiram juntos, pelas costas de sua mãe?

— Isso não é verdade! Raul e eu nunca dormimos juntos! Ele nunca foi apaixonado por mim. Gosta de mim como filha. Como filha, ouviu?

— Ah é? Então me diga: desde que você veio para cá, por que é que ele nunca a procurou?

— Provavelmente porque minha mãe não deixa.

— Exatamente. E porque ele anda bebendo por sua causa, e sua mãe não está nada satisfeita.

— Como é que a senhora sabe disso? A senhora nunca mais foi lá, e não creio que minha mãe a procure para fazer confidências.

— Temos muitos parentes em Limeira, Amelinha. Parentes comuns que morrem por um mexerico.

Amelinha começou a sentir o estômago revirar. Aquela conversa a estava enojando, e ela não queria ficar ali nem mais um minuto para ouvir aquilo. Rodou nos calcanhares e saiu correndo porta afora, subindo as escadas em disparada e batendo a porta do quarto. Atirou-se na cama e prorrompeu num choro longo e desesperado. Pensava nas palavras da prima. Não podiam ser verdadeiras. Raul sempre gostara dela como filha, sempre a defendera e ajudara porque não concordava com as perseguições da mãe. Não havia nenhuma outra intenção por trás de suas atenções. Não podia haver.

Sentiu-se imensamente inquieta. Janete lhe dissera que ele se tornara um bêbado desempregado. Como seu Chico. Ele também era um bêbado e só não ficara desempregado porque o irmão permitia que trabalhasse na oficina. E Raul? Não tinha irmãos. Onde é que trabalharia? Mas não podia ser. Janete inventara tudo aquilo. Raul era um homem digno e trabalhador. Não se entregaria ao vício daquela maneira, ainda mais por causa dela.

Fazia mais de um ano que ela partira de Limeira, e ninguém nunca lhe havia mandado notícias. Da mãe, nem sinal, e Raul tampouco aparecera. Ninguém lhe telefonara ou escrevera uma carta. Nem ela. O Natal passara, e ela pensou que o padrasto mandaria buscá-la, mas Janete lhe dissera que os tempos estavam difíceis e ele não poderia se ausentar do trabalho. Ela acreditou e foi ficando, certa de que, mais cedo ou mais tarde, quando tudo voltasse ao normal, Raul convenceria a mãe e a levaria de volta.

Só que agora Janete lhe aparecia com aquela história terrível. Seria verdade? Será que Raul se apaixonara mesmo por ela? Seria por isso que sempre a tratara tão bem? Não conseguia compreender. Gostava do padrasto como se fosse seu pai. Ou será que também nutria por ele algum sentimento camuflado? Não sabia o que pensar. Acostumara-se a vê-lo como seu amigo e salvador. Como agora podia imaginar-se desejando o homem que aprendera a amar como pai? Só se não o amasse desse jeito. Mas como poderia saber?

Havia uma única coisa a fazer naquelas circunstâncias. Precisava voltar a sua casa e ver por ela mesma. Se, por sua causa, Raul se tornara mesmo um bêbedo, vivendo às custas da mãe, precisava fazer alguma coisa. Não sabia bem o quê. Só o que sabia era que não podia viver com aquela dúvida e com aquela culpa a ameaçá-la. Se fora mesmo responsável pela decadência do padrasto, iria descobrir.

Tomou uma decisão. Rapidamente, levantou-se da cama, enxugou as lágrimas e foi apanhar a pequenina mala encardida onde a mãe guardara suas roupas quando partira. Em silêncio, começou a arrumar suas coisas e não percebeu que Janete entrara no quarto.

— Vai viajar? — ela ouviu a prima perguntar.

— Preciso voltar.

— Para quê? Sua mãe não a quer por lá.

— Não acredito em uma palavra que a senhora disse.

— Se não acredita, por que se dar ao trabalho de ir até lá?

— Quero ver minha família. Faz mais de um ano que não tenho notícias.

— E só agora lhe deu vontade de vê-los?

— Só agora ouvi esse absurdo.

— Posso saber como é que pretende ir? Você não tem dinheiro.

— E aposto que a senhora não vai me dar, não é mesmo?

— Não.

— Pois não me importo. Vou de qualquer jeito. Pego uma carona na estrada ou me escondo em qualquer trem de carga.

— Muito bem — exasperou-se Janete. — Faça como quiser. Vá até lá e veja com seus próprios olhos. Verá que não menti para você. E depois, volte correndo para mim.

— Não vou voltar.

— Vai, sim. Quando descobrir que eu tinha razão, vai voltar correndo e fará o que eu quiser.

Amelinha não respondeu. Fechou a mala e ergueu-a com raiva, passando pela prima como uma bala. Desceu as escadas correndo e ganhou a rua, caminhando em direção à estação de trem. Pediria uma carona num trem cargueiro. Não foi difícil. Amelinha fez cara de choro e o maquinista se condoeu, deixando que ela ficasse em um dos vagões de carga. Ajeitou-se entre uns sacos de farinha e acabou adormecendo. Mal podia conter a ansiedade de voltar a ver sua família. Só então percebeu que sentia saudades de sua casa, de seu quarto e, sobretudo, de Raul. Por que ele não se comunicara com ela naquele ano todo? Sentiu imensa vontade de vê-lo e começou a chorar, imaginando-o caído na sarjeta com uma garrafa de pinga na mão. Aos poucos, a imagem se foi distanciando, e ela ouviu o apito do trem soar a distância. Seus olhos pesaram, e ela adormeceu.

Chovia torrencialmente quando Amelinha desceu do trem na pequenina estação da cidade de Limeira. Agarrada à velha maleta, encolheu-se em um banco na plataforma e esperou. A chuva não se decidia a diminuir, e ela foi ficando cansada, o corpo todo dormente da incômoda posição em que se encontrava. Trovões ribombavam a distância, e luzes azuis de relâmpagos lançavam uma claridade desconfortável sobre seus olhos. O vento se embrenhava em seus cabelos, atirando-os de um lado a outro, e enfunava suas vestes, já encharcadas pelos grossos pingos de chuva que eram furiosamente atirados pela ventania. A cada rajada mais forte, Amelinha se encolhia mais, pedindo a Deus que fizesse cessar aquela tempestade.

Mas a intempérie não parecia disposta a ceder, ou antes, desafiava Amelinha para um duelo de resistência. As horas iam-se passando, e nada de a chuva parar. O homem do guichê conversava com outro, que parecia ser o chefe da estação, e apontava para ela com o queixo. Amelinha assustou-se. E se aqueles homens pensassem que era uma ladra ou fugitiva e chamassem a polícia?

Resolveu ir embora de qualquer jeito. Enfrentando o mau tempo, Amelinha levantou-se do banco e saiu às pressas para a rua. A chuva a atingiu em cheio, e ela se apertou toda dentro do casaco surrado, estreitando a mala contra o peito, sentindo um calafrio de febre a subir pelo pescoço. Foi caminhando apressada pela rua, olhando de vez em quando para trás, para ver se alguém a estava seguindo, mas ninguém apareceu. Os dois homens com certeza não se animaram a enfrentar a tempestade por uma menina desconhecida.

Foi subindo a rua lentamente, sem saber ao certo que direção tomar. Não costumava andar por aqueles lados e sentiu-se perdida num primeiro momento. Foi entrando em ruas escuras, pisando nas poças enlameadas, até que chegou a uma pracinha conhecida. Finalmente encontrou o caminho certo para sua casa. Agora já sabia onde estava e logo dobrou a esquina de sua rua. Sentiu o coração acelerar quando avistou sua casa mais abaixo. Foi andando rapidamente, quase correndo, até que chegou ao portão e entrou. A casa estava toda escura. Não sabia que horas eram, mas, pelo tempo que ficara na estação, deduziu que seria bem tarde e todos deveriam estar dormindo.

Chegou à porta da frente e bateu uma, duas, três vezes. Ninguém parecia escutar por causa do barulho da chuva e do vento, e ela bateu com mais força, quase esmurrando a porta. Finalmente, depois de mais de quinze minutos, a porta se entreabriu lentamente, e ela reconheceu o nariz da mãe se insinuando na penumbra.

— Quem está aí? — perguntou Tereza, tentando ver na escuridão.

— Sou eu, mãe, Amelinha. Deixe-me entrar.

Na mesma hora, Tereza chegou para o lado, e Amelinha irrompeu na sala, toda molhada e tiritando de frio. Jogou a mala no chão e encarou a mãe, pensando em algo para lhe dizer. Não foi preciso, porque Tereza se adiantou e foi perguntando com rispidez:

— O que está fazendo aqui? Você fugiu da casa de sua prima?

— Fugir? Não, mãe, não fugi. Vim apenas ver com estão as coisas.

— Assim, sem avisar?

Amelinha sentiu o rosto e os olhos arderem e teve vontade de chorar. Então ela passava mais de um ano fora, sem dar notícias, e era assim que a mãe a recebia? Nem um cumprimento, nem um *"como vai?"*, nada? Ela e a mãe nunca haviam se dado bem, mas esperava que o tempo e a distância houvessem suavizado um pouco o seu coração de pedra.

— Não está contente em me ver, mãe?

Tereza olhou-a de um jeito estranho e não precisou dizer o que sentia para Amelinha saber o que lhe ia no pensamento. Estava claro que a mãe não ficara nem um pouco satisfeita de vê-la ali e também não se preocupava em esconder.

— Não devia ter voltado. Sua vida agora é em São Paulo, não aqui.

— Esta é a minha casa.

— Não é mais. No dia em que você partiu, esta deixou de ser a sua casa.

— Eu não parti, mãe. Foi você quem me mandou embora.

— Muito bem. Por que voltou então?

— Para ver como estão as coisas, já disse.

— Mas por quê? O que a fez querer voltar? — Amelinha não respondia, sem saber por onde começar a contar à mãe as infâmias que Janete lhe dissera. — Não! Não me diga. Já sei por que voltou. Depois de arruinar nossas vidas, voltou para rir da nossa desgraça. Eu devia era colocá-la para fora de casa a pontapés.

Naquele momento, Amelinha teve certeza de que as infâmias da prima não eram tão infâmias assim. Pela reação da mãe, tudo o que ouvira a respeito do padrasto deveria ser verdade. Mas ela não tinha culpa, não sabia de nada daquilo. Talvez fosse apenas um mal-entendido, e já era hora de esclarecer tudo.

— Não sei do que está falando, mãe. Eu não fiz nada...

Nem teve tempo de terminar. A bofetada que a mãe lhe deu fez com que ela rodopiasse e se estatelasse no chão.

— Sua desavergonhada, ordinária, vagabunda! Não me chame de mãe! Como se atreve a me enfrentar? Apanhe suas coisas e vá-se embora daqui!

A gritaria acabou despertando Raul e Cristina, que chegaram à sala praticamente ao mesmo tempo. Ao ver a irmã caída no chão, a roupa toda molhada, os cabelos despenteados, Cristina correu para ela e a abraçou, ajudando-a a se levantar.

— Amelinha! — exclamou animada. — Que bom que você está aqui! Senti saudades suas.

Amelinha não respondeu e deixou-se ajudar pela irmã, mecanicamente erguendo-se do chão. Tinha os olhos fixos em Raul, que estava parado na porta da sala, só de ceroulas, sem camisa, a barba de muitos dias, os olhos inchados e vermelhos de beberrão.

— Raul... — chamou ela, chocada com a visão daquela figura feia e decadente, muito diferente do homem que era quando ela partira. — O que houve com você?

Ele não teve coragem de encará-la. Escondeu o rosto entre as mãos e desatou a chorar, ajoelhando-se no chão, o corpo magro sacudido pelos soluços. Instintivamente, ela se desvencilhou de Cristina e correu para ele, braços estendidos, num gesto simples de querer ajudar. Mas não foi assim que Tereza entendeu a sua atitude. Impediu-a de se aproximar, puxando-a pelos cabelos e jogando-a em cima do sofá.

— Fique longe dele! — vociferou, ao mesmo tempo em que avançava para ela. — É por sua culpa que ele está assim, sua cadela! Está satisfeita? Vadia, prostituta!

Enquanto gritava, Tereza ia batendo no rosto de Amelinha, que se encolheu toda no sofá, tentando se proteger daqueles golpes violentos. Assustada com a reação da mãe, Cristina atirou-se sobre ela, tentando segurar-lhe o braço, gritando entre lágrimas e soluços infantis:

— Mãe! Pare com isso, mãe! Está machucando Amelinha! Pare! Pare!

Mas Tereza não parava. Parecia que, quanto mais Cristina gritava, mais prazer ela sentia em ferir Amelinha. A filha tinha o corpo enfraquecido e não conseguia forças para reagir. O rosto parecia em chamas, e ela não sabia se por causa dos tapas ou da febre que ia se elevando. Amelinha começou a ver e ouvir as coisas distantes, quase como se estivesse sonhando, e os bofetões que levava já não doíam mais. As faces dormentes se acostumaram aos golpes, e cada nova bofetada apenas aumentava a sua vermelhidão e dormência.

Aos poucos, Amelinha foi sentindo uma sonolência gostosa, e suas pálpebras começaram a tombar. O frio que lhe penetrava a espinha, percorrendo-lhe as veias e se infiltrando nos ossos, começava agora a ceder, e um sopro morninho foi acalmando os pelos de seu corpo, que tornaram a se acomodar em cima da pele. Com muito esforço, tentou manter os olhos abertos, mas o apelo confortável do sono foi mais forte, e ela deixou que as pálpebras caíssem de vez, desfalecendo sob a sanha furiosa da mãe.

Ainda assim, Tereza não parava de bater. Nem percebera que a filha havia desmaiado. Só o que sabia era que precisava se vingar daquela mulherzinha sonsa e vulgar que se disfarçara de sua filha para poder roubar-lhe o marido. Sim, era isso. Era uma vagabunda que tinha em suas mãos, não alguém que saíra de seu ventre e, supostamente, deveria amar. Continuava batendo, descontrolada, até que sentiu que mãos fortes apertavam os seus punhos, impedindo-a de continuar.

— Você enlouqueceu, Tereza? — era Raul que, despertado pelos gritos e as súplicas de Cristina, saíra de seu torpor e segurava a mulher com veemência. — Quer matar a sua filha?

Presa pelo marido, Tereza cessou as bofetadas e o fitou com ódio.

— Você ainda a defende, não é? — rugiu colérica. — Quer salvar a sua amante novamente? Mas desta vez não vai conseguir. Se eu não matá-la, a peste se encarregará de fazê-lo!

— O que está dizendo, mamãe? — choramingava Cristina, apavorada com a violência da mãe. — Está rogando praga para Amelinha?

Com um gesto brusco, Tereza se soltou das mãos de Raul e correu para Cristina, que chorava apavorada.

— Não chore, minha filha — tentou consolar. — Não aconteceu nada de mais.

— A senhora... matou Amelinha... — soluçava a menina. — Ela... está morta... não está?

Amelinha ardia em febre. Mais que depressa, Raul ergueu-a no colo e levou-a para o quarto, tirando-lhe as roupas molhadas e deitando-a na cama. Apanhou dois cobertores e a cobriu, seguido por Tereza, que o olhava com ar de ódio e censura, sem dizer uma palavra. Cristina, agarrada a sua cintura, não parava de chorar, achando que a irmã havia morrido.

— Venha cá, Cristina — chamou Raul. — Fique aqui cuidando de sua irmã, enquanto vou buscar o médico. Não quero que saia de perto dela nem um minuto, ouviu?

Ela assentiu e retrucou temerosa:

— Ela está... morta?

— Não, não está. Mas pode morrer se nós não corrermos e chamarmos o médico.

Foi com imenso alívio que ela ouviu aquelas palavras e, enxugando as lágrimas, respondeu:

— Pode ficar sossegado, tio Raul. Não largo Amelinha por nada.

— Ótimo. Você é uma boa menina. Tenho certeza de que vai cuidar muito bem dela.

Enquanto ele se vestia rapidamente, Tereza o observava, até que não conseguiu mais se conter e indagou, a voz fremente de ódio:

— Aonde é que você vai?

— Chamar um médico.

— Ela não tem nada. É só passar umas compressas de água fria no rosto, e amanhã estará boa.

— Sua filha está ardendo em febre, além de machucada com a surra que você lhe deu. Precisa de um médico, senão vai morrer.

A vontade de Tereza era gritar: "Deixe que morra!", mas temia que Raul se zangasse e a repreendesse novamente. Seguiu-o até a sala e, quando ele se aproximava da porta, disse com aparente calma:

— Não se demore.

Ele estacou, a mão na maçaneta, e se virou para ela, os olhos chispando de raiva. Aproximou-se, a respiração ofegante, as narinas fremindo de raiva, e disse em tom ameaçador:

— Não se aproxime dela, ouviu bem? Mantenha distância de Amelinha se não quiser se entender comigo e com a Justiça.

Ela mordeu os lábios e não respondeu. Ficou parada onde estava, vendo Raul sair apressado. A chuva havia diminuído um pouco, mas ainda fazia muito frio. Em silêncio, foi até a porta do quarto das meninas e olhou para dentro. Deitada na cama, Amelinha tiritava de frio sob os dois cobertores, o inchaço do rosto quase lhe cobrindo os olhos, enquanto Cristina, a seu lado, dizia com sua vozinha miúda:

— Por favor, Amelinha, não morra. Gosto de você, quero que fique boa. Não morra. Pai nosso que estais no céu...

Intimamente, Tereza exultava. Não seria nada mau se Amelinha pegasse uma pneumonia e morresse. Ela ardia em febre, o que, certamente, não era consequência dos tapas que lhe dera. Nem batera tão forte assim. Ela é que era exagerada e fingira desmaiar só para chamar a atenção de Raul. Sentou-se na cama de Cristina para esperar. O que diria o médico se percebesse a satisfação que sentia com o estado da filha?

Pouco tempo depois, Raul estava de volta com o médico. Ele cumprimentou Tereza e afastou Cristina gentilmente, pondo-se a examinar Amelinha. Viu os hematomas e o inchaço que lhe cobriam o rosto, mas não pôde se deter muito naquilo. A febre e o ronco de sua respiração eram sintomas que mereciam muito mais a sua atenção, e o diagnóstico para aqueles sinais só podia ser um. Ajeitou os óculos sobre o nariz, virou-se para Tereza e Raul, e esclareceu apreensivo:

— Ela precisa ser internada imediatamente. Está com pneumonia.

— De novo? — assustou-se Cristina. — Faz pouco mais de um ano que ela teve pneumonia.

— Eu sei — comentou o médico. — Lembro-me bem. Vamos, depressa, não temos tempo a perder.

— Ela está sem roupas — adiantou-se Tereza, tentando evitar que Raul a visse nua novamente.

— Pois o que está esperando? Vista-a logo, vamos! E use roupas bem quentes.

O médico saiu puxando Raul pelo braço, deixando Amelinha aos cuidados da mãe e da irmã. Na sala, de pé diante da porta, o médico indagou:

— O que foi que houve com ela?

— Nós não sabemos — respondeu Raul, sem o encarar. — Ela chegou aqui assim e desmaiou.

O médico assentiu e não disse nada. Sabia que Amelinha estava morando em São Paulo com a prima, e o que ela estava fazendo ali não era de sua conta. Cabia-lhe tão somente cuidar de sua saúde.

No hospital, foi constatada pneumonia dupla, e Amelinha foi internada às pressas. Os médicos se desvelavam para salvar-lhe a vida e, enquanto Cristina e Raul oravam para que ela resistisse, Tereza, em silêncio, invocava o poder das trevas para que ela morresse. Muitos seres das sombras acorreram ao seu chamado, mas havia espíritos de luz interessados no bem-estar de Amelinha.

Por maior que seja o poder da treva, ele nunca será forte o bastante para se impor onde quer que haja um só pensamento de luz, e os espíritos que atenderam ao chamado de Tereza não conseguiram levar Amelinha. Protegida por amigos luminosos, que envolveram seus pulmões numa campânula de luz, ela começou a reagir e, alguns dias depois, já estava fora de perigo, livre de qualquer ataque da escuridão.

Os médicos do hospital quiseram saber a razão da surra que Amelinha havia levado. Sabiam que a pneumonia era decorrência da chuva que apanhara, mas não viam explicação para os inchaços e hematomas em seu rosto. Tereza buscou o apoio de Raul, mas ele abaixou os olhos e não disse nada.

— Nós não sabemos ao certo — explicou ela, tentando demonstrar indignação. — Achamos que ela foi atacada por algum malfeitor quando vinha para casa.

Ninguém fez mais perguntas. Nem a Tereza, nem a Amelinha, nem a ninguém. A desculpa que ela arranjara fora suficiente, e a surra que Amelinha levara terminou impune.

— Se tornar a bater nela — alertou Raul, quando estavam a sós —, juro que a entrego à polícia e vou ser o primeiro a depor contra você.

Com medo das consequências, Tereza silenciou. Não queria ser presa nem perder o marido. Mas ainda podia expulsar Amelinha de sua casa assim que ela saísse do hospital. E, com certeza, era isso mesmo que faria.

# 6

Levou algum tempo até que Amelinha se recuperasse. Mesmo contra a vontade de Tereza, ela teve que voltar para casa, ficando aos cuidados de Cristina. Aos pouquinhos, foi melhorando e se fortalecendo, até que se restabeleceu por completo.

— Agora que ficou boa — disse Tereza, no primeiro dia em que ela pôde se sentar à mesa para almoçar —, já pode voltar para São Paulo. Janete deve estar sentindo a sua falta.

— Acho que Amelinha não quer voltar, quer, Amelinha? — indagou Cristina. — Podemos cuidar dela.

— Mamãe tem razão — concordou a menina, fitando a irmã com um certo carinho. — Não há mais nada para mim aqui.

— Ah! Que pena!

— Não sei por que se importa tanto com sua irmã — censurou Tereza. — Ela não liga a mínima para você.

— Posso ser tudo, menos mal-agradecida — rebateu Amelinha.

Era a primeira vez na vida, ao menos que Cristina se lembrasse, que a irmã tinha algum reconhecimento para com ela.

— Gosto de você, Amelinha. Somos irmãs.

Sorriram amistosamente, e Raul entrou na cozinha cabisbaixo, indo sentar-se em seu lugar de sempre. Àquela hora, deveria estar no trabalho e se não estava era porque a prima tinha razão, e Raul estava mesmo desempregado.

— Boa tarde, meninas — cumprimentou ele, servindo-se de um prato de feijão.

— Onde você esteve? — quis saber Tereza, olhando-o desconfiada.

— Fui procurar emprego.

Não disse mais nada. Comeram em silêncio, com Raul de cabeça baixa o tempo todo, evitando olhar para Tereza ou Amelinha, que estava louca para conversar com ele a sós. Precisava que ele esclarecesse aquela história de paixão. A mãe praticamente já confirmara tudo, mas o que ela dizia não tinha muito valor. Tereza sempre fora ciumenta, levantando suspeitas infundadas sobre ela e o padrasto. Que a acusasse de tentar roubar-lhe o marido não era nada de mais.

De qualquer forma, Raul não se parecia com o espectro que Janete dissera que ele se tornara. Quando chegou, Amelinha o achou um pouco esquisito, com um jeito de quem havia se embriagado, mas podia ser impressão causada pela febre. Ele não tinha cara de bêbado agora e, embora desempregado, não parecia acomodado na situação. Contudo, por que havia chorado ao vê-la? Que sentimentos teriam açoitado seu coração quando a vira?

No dia seguinte, acordou cedo e saiu. Encostou-se numa árvore no fim da rua e esperou. Cerca de meia hora depois, Raul saiu de casa, de banho tomado, todo arrumado, a barba feita e os cabelos penteados. Quando passou por onde ela estava, Amelinha saiu de trás da árvore e pôs-se a caminhar ao seu lado. Ele se surpreendeu com a sua presença, mas não fez nenhum comentário. Sentia imensa alegria ao vê-la e não pretendia questionar por que ela estava ali.

— Olá, Raul — começou ela, para puxar assunto.

— Olá, menina. O que faz aqui fora tão cedo?

— Esperava-o para falar com você.

— Falar comigo? O quê?

— Está indo procurar emprego de novo?

— Estou.

— Por que você perdeu o seu emprego antigo? O que foi que aconteceu?

Ele deu uma meia parada e olhou-a com tristeza, pensando se deveria ou não lhe contar a verdade.

— Colocaram um outro no meu lugar. Mais jovem e mais inteligente.

Era mentira, e ela sabia disso.

— Não foi isso o que ouvi dizer — arriscou.

— E o que você ouviu dizer?

— Que você foi mandado embora porque vivia bêbado.

— Quem foi que lhe disse isso?

— Minha prima Janete.

— Sei...

— É verdade, Raul? Você foi mandado embora por causa da bebida?

— Por que se interessa por isso, Amelinha?

— Foi por isso que voltei.

Ele estacou, fitando-a com cara de assombro.

— Você voltou por minha causa?

— Voltei porque precisava esclarecer algumas coisas que só você pode me dizer.

— Que coisas?

— Você sabe.

— Não, não sei.

— Minha prima disse que você deu para beber e vive caído na sarjeta. Isso é verdade?

— É — respondeu ele secamente, engolindo indescritível angústia.

— Disse também que minha mãe é quem sustenta a casa agora.

— Não é bem assim. Estou tentando arranjar outro emprego.

— O que você fez para ser mandado embora?

— Será que não dá para imaginar o estrago que um bêbado pode fazer numa vidraçaria? — Ela assentiu. — Eu era gerente, Amelinha, não podia ter feito o que fiz.

— O que você fez?

— Eu estava com muita raiva naquele dia. Cheguei atrasado, e o patrão chamou minha atenção. Tínhamos vários pedidos para entregar, e a responsabilidade pelas faturas era minha. Eu não sabia onde as havia colocado, havia me esquecido que as levara para casa. O patrão começou a gritar comigo, e eu, alterado pela bebida, perdi o controle e comecei a atirar vidros e espelhos para todos os lados. Foi uma sorte ninguém ter se ferido.

— O que foi que o levou a isso, hein?

— Você está me fazendo um tremendo interrogatório, menina. Posso saber o motivo?

— É que minha prima disse muitas coisas de você...

— O quê, Amelinha? O que mais ela falou que a deixou tão preocupada?

— Quer mesmo saber, Raul? — Ele assentiu. — Pois bem. Ela disse que você se entregou à bebida depois que eu parti porque estava apaixonado por mim.

— Ela disse isso?

— Disse. É mentira, não é? Você não se tornou bêbedo por minha causa, tornou-se? Vamos, Raul, diga que não é verdade. Diga que Janete inventou tudo isso só para me espezinhar.

— Por que acha que é mentira?

— Porque você é meu padrasto. É o homem que está no lugar do meu pai. Não pode me amar desse jeito.

Ele soltou um longo suspiro e retomou a caminhada.

— Infelizmente, as coisas nem sempre são como devem ser.

— O que está querendo dizer? Que ela tem razão?

— Sabe, Amelinha, há coisas que acontecem na vida que fogem ao nosso controle. Sentimento é uma delas... E eu, infelizmente, não pude controlar os meus.

— Por quê? — ela começou a chorar. — O que foi que eu fiz?

— Nada. Você apenas existe.

— É por isso que minha mãe me odeia. Ela pensa que você e eu...

— Sua mãe tem a mente suja e vive assombrada pelo ciúme. Eu jamais lhe faltaria com o respeito. Você é uma criança...

— Ainda assim, você me ama.

Ouvir aquelas palavras dos lábios de uma menina causou-lhe imensa comoção, e ele não pôde mais se conter. Virando-se de frente para ela, segurou-lhe os braços e, olhando fundo em seus olhos, declarou emocionado:

— Sim, Amelinha, amo-a como jamais amei outra em minha vida. Quando você sofreu aquele estupro, fiquei furioso e pensei que seria capaz de matar o Chico. Queria protegê-la, confortá-la, cuidar de você. Naquela época, nem eu conhecia o meu amor. Para mim, tudo não passava de zelo de pai, porque era isso que me julgava. Pensei que a amasse como pai, e foi muito doloroso quando vi que o meu amor por você era de homem. Foi só quando você partiu que descobri o quanto a amava. E, quando sua mãe me procurava para o sexo, percebi que era você que eu desejava. Ao amar Tereza, era você que estava amando. Sentindo o corpo dela, eu fechava os olhos e imaginava você em meus braços. Fiquei horrorizado comigo mesmo. Eu era casado com sua mãe, como podia amar você daquele jeito? Disse a mim mesmo que estava enganado, que era a sua mãe que eu amava, mas não conseguia tirá-la de meus pensamentos. Você foi se tornando uma obsessão, eu não conseguia mais parar de pensar em você, de desejar o seu corpo. Até do Chico senti ciúmes e inveja, porque ele pôde tocar o seu sexo, o que, para mim, era proibido, era quase um incesto...

— Por favor, Raul, não diga mais nada! — cortou ela, em lágrimas.

— Fiquei fascinado por você. Comecei a beber para tentar esquecê-la e me obrigar a amar sua mãe. Quanto mais eu bebia, mais eu a desejava e mais usava sua mãe para tentar saciar o desejo que sentia por você. E mais eu a amava e queria. Fui enlouquecendo, bebendo cada vez mais. Bebia de cair, e só então eu conseguia um pouco de paz...

— Oh! Raul, pare!

Ela desatou a chorar, tapando os ouvidos com as mãos, tentando não escutar. Arrependia-se de haver ido até ali procurá-lo.

— Não chore, Amelinha, não quero magoá-la.

— Mas está magoando. Não pensei que fosse assim.

— Não tenho culpa de amá-la. Não pedi isso, não esperava por isso. Tentei lutar contra mim mesmo, mas não consegui. Em um ano, cheguei à decadência total. Sua mãe percebeu tudo antes mesmo de eu descobrir que amava você. Qualquer dúvida que pudesse ter se dissolveu quando eu chamei o seu nome na cama...

— Você o quê?

— Nós estávamos fazendo amor, e eu, em meu delírio ébrio, sussurrei o seu nome várias vezes ao ouvido dela, dizendo o quanto a amava e desejava.

— Meu Deus!

— Conhecendo sua mãe, você pode imaginar o escândalo que ela fez. Gritou, esbravejou, disse que ia me deixar. A muito custo conseguiu se acalmar, e as coisas aos poucos voltaram a ser mais ou menos como antes.

— Até que eu reapareci.

— Até que você reapareceu. Ao vê-la, senti reacender todo o amor e o desejo. E sua mãe demonstrou por você um ódio como eu nunca antes havia visto. Foi isso que me incentivou a tentar me reerguer.

— O ódio de minha mãe?

— Por pouco sua mãe não a matou, e eu senti que a culpa disso tudo era minha. Você é uma criança inocente e nada sabia sobre meus sentimentos. Sua mãe nunca a amou como devia, mas, não fosse a minha paixão, talvez ela não a odiasse tanto. Por isso, resolvi mudar. Por sua causa, eu lhe devia isso. Desde ontem não bebo, e hoje é o segundo dia em que saio à procura de emprego.

— Não sei o que dizer, Raul.

— Não precisa dizer nada. Você é uma menina muito boa e não merece a mãe e o padrasto que tem. Só Cristina é boa como você. Pena que você não consegue ver isso.

— Está apaixonado por Cristina também? — horrorizou-se.

— É claro que não! Cristina é uma menina meiga e muito bonita, e, a ela sim, consigo amar como filha.

— Oh! Raul, o que devo fazer? Depois disso tudo, não posso mais continuar vivendo aqui.

— Quer saber a minha opinião? No princípio, não queria que você fosse embora, por egoísmo, porque iria sentir a sua falta. Mas, agora, acho que o melhor para você é ficar longe de tudo isso. Volte para São Paulo e procure arranjar a sua vida por lá. Case-se com um homem bom, que a ame de verdade.

— Você quer que eu me case?

— Não pense que é fácil dizer isso, mas quero o melhor para você. Sei que o meu amor é impossível, mas você pode ser feliz com alguém. Você merece isso.

— Não sei se poderei me casar. Janete me quer para um hóspede.

— Hóspede?

— É. Não sei se você sabe que ela transformou a casa em pensão, e tem um hóspede lá que está interessado em mim. Janete diz que é o melhor que posso arranjar.

— Não faça isso, Amelinha. Não deixe sua prima convencê-la de que você é uma prostituta, porque não é verdade. Você não tem culpa do que lhe aconteceu, e não é por isso que tem que se entregar a qualquer um.

Chegaram ao centro da cidade e tiveram que se separar. Raul tinha alguns empregos para ver, e Amelinha não podia acompanhá-lo. Além disso, a mãe já devia ter dado pela sua falta e talvez estivesse fantasiando alguma bobagem sobre ela e Raul.

— Não conte a mamãe que conversamos — pediu ela. — Ela não vai gostar e vai ficar imaginando o que não aconteceu.

— Pode deixar. É melhor mesmo que ela não saiba dessa nossa conversa. Agora, vá para casa e apronte suas coisas. Volte para São Paulo e faça como lhe falei.

— Você não quer que eu vá.

— Não. Mas é o melhor para você. Ficar longe de mim só lhe fará bem.

Despediram-se. Amelinha sentia uma imensa tristeza no coração. Ouvira o que Raul lhe dissera com grande pesar, principalmente porque não o amava como ele a ela. Queria ficar, mas não podia. A mãe jamais a aceitaria de volta e, se de todo ela insistisse em ficar, trataria de infernizar a sua vida e a de Raul. Não. Tinha que voltar para São Paulo, para a casa de Janete. A prima faria de tudo para que ela se tornasse amante de Anacleto, mas pretendia resistir. Raul acreditava nela. Ela também deveria acreditar. Daria um jeito de estudar e arranjar um emprego honesto. Depois, encontraria um homem de bem que a aceitasse como esposa, e ela se dedicaria ao marido, ao lar e aos filhos.

Mas estavam nos idos de 1930, e as coisas não eram tão fáceis assim...

A volta para São Paulo foi mais tranquila do que a ida para Limeira. A mãe, ansiosa por ver-se livre da filha indesejada, logo tratou de comprar-lhe a passagem e dar-lhe algum dinheiro para a viagem, de forma que Amelinha conseguiu retornar em paz. Chegou à pensão na hora do almoço e encontrou todos os hóspedes reunidos no grande salão. Janete a recebeu com uma alegria afetada, e ela sabia que era por causa de Anacleto.

— Minha querida Amelinha — disse ela com exagerada euforia —, senti tanta saudade de você! Chegou em boa hora. Vá se lavar e venha se sentar aqui junto a mim para almoçar.

Era a primeira vez que Janete a convidava para sentar-se à sua mesa. Em geral, Amelinha comia na cozinha, junto com Ione, mas Anacleto almoçava com ela, o que justificava tanta atenção. Amelinha lançou um olhar de desagrado para Anacleto, que lhe sorriu com cupidez e respondeu secamente:

— Obrigada, dona Janete, mas não estou com fome.

Virou as costas e tomou o caminho de seu quarto, com Janete atrás dela.

— O que pensa que está fazendo? — resmungou Janete ao seu ouvido, enquanto lhe dava um beliscão no braço. — Considero isso uma desfeita imperdoável.

— Lamento, mas não estou com a menor fome. Minha mãe me deu dinheiro, e fiz um lanche na estação.

— Escute aqui, garota! — exaltou-se Janete, virando-a bruscamente. — Esqueceu-se de quem é que manda aqui?

— Não.

— Pois acho bom. Você está sob a minha guarda, sou responsável pela sua educação.

— Isso é educação?

— Não me responda! Ordeno que vá se lavar e venha nos acompanhar ao almoço. Vamos! O que está esperando?

Amelinha olhou-a com um misto de ódio e mágoa, mas não respondeu. Qualquer coisa que dissesse só serviria para irritar ainda mais a prima, e não estava com vontade de entrar em confronto com ela. Fez como Janete lhe ordenou. Foi para o quarto, lavou-se, pôs uma roupa limpa e desceu para o almoço. Demorou-se mais do que de costume e, quando chegou ao salão, a maioria dos hóspedes já havia terminado. Apenas alguns retardatários ainda estavam comendo, e ela se dirigiu para a mesa de Janete, que estava sentada em companhia de Anacleto, tomando calmamente uma xícara de café.

— Ah! Amelinha, que bom que chegou! — falou Janete, com fingido interesse. — Venha, sente-se aqui junto a nós.

Em silêncio, Amelinha sentou-se na cadeira que Janete lhe indicava, mas não viu nenhum prato colocado para ela. Ao contrário do que dissera à prima, estava com muita fome e pretendia ignorar Anacleto e almoçar tranquilamente. Já ia perguntar onde estava seu prato quando ouviu a voz de Anacleto:

— Não vai almoçar, Amelinha?

Antes que ela tivesse tempo de responder, Janete se adiantou e foi logo dizendo:

— Amelinha não está com fome. Coisas da juventude, se é que me entende.

Anacleto deu um sorriso compreensivo e levou a xícara de café aos lábios, olhando para Amelinha com visível interesse.

— Como foi a viagem? — prosseguiu ele. — Sua mãe está bem?

— Está — respondeu ela laconicamente, olhando para a prima de esguelha, imaginando se ela havia contado algo de sua vida àquele homem.

— Conseguiu o que queria? — tornou Janete com ar de desdém.

— Consegui.

— Eu tinha ou não tinha razão?

— Tinha — confessou Amelinha, após uma breve hesitação.

— Sobre o que é que vocês duas estão falando? — quis saber Anacleto, interessado.

— Ah! Nada de mais — informou Janete. — Assuntos de família que só irão aborrecê-lo.

Seguiu-se um silêncio embaraçoso, no qual Amelinha ficou fitando o chão, o estômago roncando de tanta fome.

— Não quer nem um café, Amelinha? — insistiu Anacleto, para puxar assunto.

— Um cafezinho eu aceito.

Era para disfarçar a fome. Janete fulminou-a com o olhar e quase gritou: "Vá buscar você mesma!", mas precisava manter a aparência diante de Anacleto. Em vez de gritar, apanhou a sineta de prata em cima da mesa e sacudiu-a brevemente. Segundos depois, Ione apareceu e correu para a mesa de Janete, surpresa com a presença de Amelinha à mesa da patroa. Não fez nenhum comentário. Janete não gostava que fizessem perguntas na frente dos hóspedes e limitou-se a dizer baixinho:

— Mandou me chamar, dona Janete?

— Traga um café para Amelinha — foi a ordem incisiva.

— Sim, senhora.

Antes que Ione se afastasse, Amelinha pediu rapidamente:

— Será que você pode trazer-me algo para comer? Estou com fome agora.

Nem ousou encarar Janete, para não ver o seu olhar de fúria. Apenas ouviu a voz de Anacleto, elevando-se entusiasticamente:

— Mas isso é excelente! Enquanto almoça, posso fazer-lhe companhia.

Amelinha não viu, mas Anacleto lançou significativo olhar para Janete, que pediu licença e se levantou, com a desculpa de que tinha que ver algo na cozinha. A situação era extremamente constrangedora, e Amelinha começava a se arrepender de haver pedido aquela comida. A refeição chegou logo depois, e Amelinha pôs-se a comer em silêncio, acompanhada pelos olhares lúbricos de Anacleto.

— Vejo que está com muita fome — observou ele, vendo a avidez com que ela devorara o ensopado de carne.

— Hã, hã.

— Fez boa viagem? — ele já havia perguntado aquilo, e ela apenas assentiu. — Dona Janete me disse que você e sua mãe não se dão muito bem.

Então Janete se atrevera a comentar de sua vida particular com aquele velho sovina. Como a odiava! Pelo jeito de Anacleto, Janete lhe dissera bem mais do que isso. Se antes Amelinha já desconfiava de que ela lhe contara tudo sobre o estupro que sofrera, agora já não tinha mais dúvidas. O homem oferecera dinheiro para dormir com ela justamente porque sabia que ela não era mais moça. Só que não era prostituta. Podia não se casar mais na igreja, de véu e grinalda, mas ainda tinha chance de conhecer um homem digno que gostasse dela e a aceitasse do jeito que era.

Com raiva da conversa de Anacleto e do seu jeito libidinoso, Amelinha soltou o garfo, limpou a boca com o guardanapo e revidou com frieza:

— Se me der licença, seu Anacleto, já terminei de almoçar.

Começou a se levantar rapidamente, mas Anacleto a segurou pelo braço e fez com que ela tornasse a se sentar.

— Não precisa ficar aborrecida. Não estou aqui para tecer comentários a respeito do seu relacionamento com sua mãe. No entanto, há certas particularidades de sua vida que não me passaram despercebidas.

— Que particularidades? — perguntou ela mecanicamente, maldizendo-se por haver alimentado aquela conversa.

— O que lhe aconteceu, por exemplo. — Ela ameaçou fugir, e ele a segurou novamente. — Não precisa ficar com vergonha de mim.

— Não estou. Só não gosto de comentar assuntos pessoais com estranhos.

— Tem razão. Há certas coisas que só devemos contar aos mais íntimos. E é por isso que lhe estou oferecendo a minha amizade, para que você possa se abrir comigo sempre que quiser.

— Agradeço muito, seu Anacleto, mas acho que o senhor é um pouco velho para ser meu amigo. Gosto mais de Ione.

A resposta não o agradou, e ele mordeu os lábios para não gritar com ela.

— Você é uma mocinha muito sincera. Gosto disso. No entanto, creia-me, não sou tão velho que não possa ser seu amigo. E depois, posso lhe proporcionar certos... prazeres, que você dificilmente poderá obter na cozinha.

— Obrigada, mas não — respondeu ela rapidamente, levantando-se de chofre, antes que ele tivesse tempo de impedi-la.

— Espere! — gritou ele, vendo-a se afastar às pressas pelo corredor.

Mas ela não se deteve. Nem quando Janete se postou a sua frente. Esbarrou nela com vigor e saiu correndo em direção à cozinha.

Janete se aproximou de Anacleto, que tinha um brilho estranho no olhar.

— Não está sendo tão fácil como a senhora me garantiu — considerou ele com azedume.

— Tenha calma, seu Anacleto. A menina só está assustada.

— A senhora me disse que ela era experiente.

— Ela é. Foi violada por um bruto e depois manteve um relacionamento com o padrasto bêbedo. Não está acostumada a ser cortejada por homens distintos.

— Ela me desrespeitou.

— Ela é um pouco malcriada, mas posso dar um jeito nisso. Um corretivo é o de que ela precisa.

— Tem certeza de que ela vai me aceitar?

— Absoluta!

— Não sei, não. Ela me pareceu bastante decidida.

— Bobagem! Ela está acostumada com gente do tipo daquele Chico e do padrasto, que não têm a menor linha ou classe.

— Já estou ficando impaciente, dona Janete. Gosto de Amelinha, mas se ela continuar me rejeitando, vou pensar em outra pessoa. Há muitas mocinhas por aí em situação semelhante à dela que dariam tudo para cair nas graças de um homem feito eu.

— Não diga isso! Amelinha foi feita para o senhor.

— Pois, então, trate de convencê-la.

— É o que farei. Se o senhor puder esperar um pouco mais...

— Uma semana, dona Janete, é o prazo que lhe dou, nem um dia a mais. Se, dentro de uma semana, Amelinha continuar me rejeitando, trato desfeito.

— Pode ficar sossegado que, em uma semana, ela vai estar implorando para que o senhor a leve para a cama.

— É o que espero.

Anacleto se levantou e foi para o quarto remoer a sua raiva. Morria de desejo por Amelinha, mas não podia permitir que uma pirralha feito ela o destratasse daquele jeito. Ou Janete a convencia, ou podia esquecer a oferta que lhe fizera. Prometera-lhe uma certa importância em troca dos favores da menina, mas começava a duvidar de que ela conseguisse convencê-la.

Janete, por sua vez, tinha certeza de que conseguiria convencer Amelinha a se entregar a Anacleto. Depois que ele se foi, saiu à sua procura e foi encontrá-la na cozinha, conversando com Ione enquanto enxugava a louça.

— Não tem mais o que fazer não, Amelinha? — perguntou com rispidez. — Isso não é serviço seu.

— Desculpe-me, dona Janete — adiantou-se Ione. — Amelinha só estava me ajudando porque os quartos já estão limpos.

— Não lhe perguntei nada, Ione. Meu assunto é com Amelinha.

A cozinheira sentiu o rosto arder e abaixou a cabeça, os olhos úmidos de lágrimas. Os de Amelinha também umedeceram, mas de raiva da grosseria da prima.

— Não precisa brigar com Ione — zangou-se Amelinha. — Não é culpa dela se o seu plano não deu certo.

— Insolente! — berrou Janete, acertando-lhe uma bofetada na face, que logo se avermelhou. — Não lhe dou o direito de falar comigo assim dessa maneira.

— A senhora é que não tem o direito de me bater! Não sou mais nenhuma criança.

— Enquanto estiver sob a minha guarda, tenho todos os direitos sobre você, e você me deve obediência e respeito.

— E a senhora? Não me deve nada?

— Não. Não lhe devo nada, sua atrevida. Você é quem me deve. Deve-me o sustento, o teto, a cama, a comida. E creio que chegou a hora de pagar pela minha hospitalidade.

— Hospitalidade? Onde está a hospitalidade em me explorar sem nem me pagar salário? Em me dar sobras de comida e me fazer dormir num colchão cheio de buracos?

— Você é uma ingrata, menina. Bem que sua mãe me avisou.

— Não ponha minha mãe nisso!

— Saia, Ione! — ordenou para a cozinheira. — Vá arranjar o que fazer em outro lugar.

A moça nem respondeu. Soltou a bucha com que lavava as panelas, enxugou as mãos no avental e saiu apressada. Janete esperou até ter certeza de que ela não podia mais ouvi-las e olhou ao redor, certificando-se de que não havia mais ninguém por perto. Aproximou-se de Amelinha e, olhos chispando de ódio, levantou a mão para bater-lhe novamente, mas a menina, segurando-lhe o punho com vigor, rebateu com incontida fúria:

— Jamais ouse me bater novamente! Nunca mais vou permitir que a senhora encoste a mão em mim! Não sou mais criança, não sou sua filha nem sua escrava.

Apesar do susto e do medo, Janete conseguiu disfarçar e fitou-a friamente, puxando o braço e respondendo em tom glacial:

— Muito bem. Você tem razão: não é mais criança, nem minha filha, nem minha escrava. E é por isso que precisamos estabelecer algumas coisas. Não tenho obrigação de sustentar você nem de lhe dar emprego. Por isso, se não está satisfeita com as condições em minha casa, pode ir arranjando outro lugar para ficar.

— Está me mandando embora?

— Estou dizendo é que ou você faz as coisas do meu jeito, ou pode ir embora, sim.

— Que coisas, dona Janete? A que está se referindo?

— Refiro-me ao seu Anacleto. Já é hora de você parar com essas bobagens e dar-lhe a devida atenção. Senão...

— Tenho que ir embora.

— Exatamente. Você está começando a se tornar um estorvo para mim, e não tenho obrigação de aturá-la em minha casa.

— Isso não será mais necessário. Vou estudar, concluir o ginasial e me formar professora ou datilógrafa.

— Minha querida, você está se iludindo. Com que dinheiro pensa que vai se manter? Ou será que imagina que eu vou sustentar os seus caprichos em troca de nada?

Ela abaixou os olhos, consciente da veracidade das palavras de Janete. Sem auxílio financeiro, como poderia voltar a estudar e concluir o ginasial? Mesmo que arranjasse um emprego de faxineira ou arrumadeira, não ganharia o suficiente para custear os seus estudos. E pior: onde viveria?

— A senhora não pode ser tão ruim assim.

— Não sou ruim, Amelinha, apenas cuido dos meus interesses. Sou uma velha sem fortuna e sem amigos. Só o que me resta é esta casa e o lucro que tiro com o aluguel dos quartos, que não é muito.

— Posso continuar trabalhando para a senhora. Apenas lhe peço que me permita estudar à noite.

— Agora estamos voltando a nos entender. É muito bom que você admita que depende e precisa de mim.

Humilhada nas mãos daquela mulher mesquinha e arrogante, cuja única preocupação era o seu próprio bem-estar, Amelinha retrucou em lágrimas:

— Não sou uma prostituta, dona Janete, e a senhora não pode me obrigar a me transformar em uma.

— Eu?! Obrigá-la a virar prostituta? Mas minha querida, se o que pretendo é justamente impedir que você se torne uma!

— Como? Empurrando-me para seu Anacleto?

— Ele vai cuidar de você. Vai lhe dar muitas roupas e coisas bonitas, e você vai até trabalhar menos. Vou lhe dar as noites e os fins de semana de folga. Você vai se divertir e, quem sabe, não poderá ainda enriquecer?

— E isso não é ser prostituta?

— Não exatamente.

— Não tem que ser assim, dona Janete. Raul me disse que posso ser alguém na vida, casar e ter filhos...

— Ah! Raul lhe disse, não foi? E o que Raul está fazendo por você? Nada. Encheu sua cabeça com essas bobagens de profissão e casamento, quando ele mesmo sabe que você só serve para uma coisa.

— Isso não é verdade! Sou uma moça decente.

— Mas que decente? Já dormiu com Chico, dormiu com seu padrasto e sabe-se lá com quem mais.

— Eu não dormi com meu padrasto! E seu Chico me obrigou! — começou a chorar convulsivamente, ao mesmo tempo em que dizia descontrolada: — Por que é que ninguém acredita em mim? Por que a senhora insiste em dizer que dormi com meu padrasto?

— Vê como tenho razão, minha querida? Ainda que seja verdade, ninguém vai acreditar. E sabe por quê? Porque você nasceu para isso, está no seu sangue. Você é daquelas mulheres que foram feitas para agradar os homens. Está na sua aparência, no seu jeito, na sua voz. Mesmo que não se torne uma meretriz, todos lhe dirão que é.

— Mas eu não sou! Não sou!

— Não adianta tentar ludibriar o destino. Você nasceu para a vida, não para o casamento. Você atrai os homens mesmo sem sentir. Atraiu o Chico, atraiu Raul, está atraindo Anacleto e vai ainda atrair muitos outros. É a sua sina.

— Não é verdade. A senhora não pode me convencer de que é verdade.

Lembrava-se dos conselhos de Raul, que lhe dissera para não se deixar levar pelas palavras de Janete, mas estava ficando difícil resistir. Tudo lhe parecia tão complicado, e ela era apenas uma menina. Como lutar contra o destino com apenas quinze anos de idade?

— Pare de chorar feito uma tonta. Você não é desse tipo. É uma mulher voluptuosa e está pronta para se entregar...

— Não! Não! Não vou me entregar!

Desesperada, Amelinha tapou os ouvidos com as mãos e correu porta afora. Não podia deixar Janete convencê-la de que ela era uma prostituta, porque não era. Não queria ser. E Raul lhe dissera que ela não precisava. Se desejasse e tivesse força de vontade, poderia vencer na vida, casar-se e ser feliz. Não tinha pretensões de ficar rica nem de se casar com alguém importante. Bastava um homem honesto, que gostasse dela e não a acusasse de algo de que não era culpada. Era o que tencionava conseguir. Iria procurar um outro emprego e vencer. Mostraria a todo mundo que era capaz de ter uma vida digna e honesta.

# 7

Os dias que se seguiram revelaram-se os mais desanimadores da vida de Amelinha. Disposta a arranjar um novo emprego e matricular-se no colegial, acordou cedo e se vestiu com capricho. Já ia saindo sem nem tomar café quando encontrou Janete parada no fim da escada, vestida num robe de cetim rosa-choque, fitando-a com ar de reprovação.

— Aonde você pensa que vai? — indagou ela, tamborilando no corrimão.

— Vou sair.

— Não se faça de tonta comigo, menina! Quero saber aonde você vai.

— Procurar emprego.

— Ah! Vai, é? E o seu serviço?

— Faço depois.

— Enquanto não fizer, não come.

Passou por ela com ar arrogante e subiu para o quarto. Aquelas palavras, a princípio, não impressionaram Amelinha, que saiu mesmo assim. Andou durante todo o dia, mas não conseguiu nada. A crise econômica que atravessava o país reduzira as ofertas de emprego e os salários, inviabilizando os planos de Amelinha. Ao voltar no fim da tarde, Janete a esperava no salão e berrou logo que ela entrou:

— Amelinha! Venha já aqui!

Amelinha interrompeu sua subida rumo ao quarto e foi ao encontro da prima.

— O que a senhora quer? — indagou de má vontade. — Estou cansada.

— Tem trabalho esperando por você.

— Hoje não. Caminhei o dia todo.

— Isso é problema seu. Você tem suas obrigações e não pode deixar para depois. Os quartos estão todos por arrumar, e não quero que os hóspedes reclamem.

— Mas dona Janete, estou cansada.

— Ninguém mandou você ficar andando por aí atrás de emprego quando já tem um.

— Nunca vi emprego sem salário. Só se for emprego de caridade.

— Caridade quem faz aqui sou eu. Não fosse a minha benevolência, você estaria morrendo de fome. Por falar em fome, não esqueceu o que eu lhe disse, esqueceu?

— O quê?

— Sem trabalho, sem comida.

— A senhora não pode estar falando sério! Passei o dia todo sem comer.

— Isso não é problema meu. Não vou pagar para você passar o dia passeando por aí.

— Eu não estava passeando, estava procurando emprego!

— Dá no mesmo.

Levantou-se bruscamente e foi para a cozinha, deixando Amelinha estupefata em seu lugar. Não acreditava que a prima estivesse falando sério. Ela não podia ser tão má assim. Resolveu primeiro tomar um banho e depois descer para comer. Demorou muito na banheira, deixando que a água morna lavasse seu corpo e sua alma do cansaço de todo aquele dia. Quando saiu, o jantar já estava sendo servido no salão principal, e ela passou devagarzinho, tentando não ser percebida. Janete e Anacleto estavam sentados à mesma mesa, e ela procurou não chamar sua atenção. Entrou na cozinha com pressa e foi apanhar um prato no armário, abrindo as tampas e cheirando as panelas.

— Hum... Que cheirinho bom! Estou com uma fome! Não comi nada o dia inteiro.

— Onde é que você esteve, Amelinha? — questionou Ione, que mexia num panelão no fogão.

— Fui procurar emprego.

— Dona Janete ficou furiosa. Disse que você está proibida de comer.

— Dona Janete não está aqui para ver.

— Aí é que você se engana! — berrou uma voz, da porta da cozinha.

As duas meninas se viraram e viram Janete parada, de braços cruzados, com ar enfezado de poucos amigos.

— Dona Janete! — assustou-se Ione. — Não vi a senhora chegar.

— Muito bem, Amelinha, vá soltando esse prato e se afastando do fogão.

— O quê? Não acredito que a senhora esteja falando sério.

— Nunca falei tão sério em toda a minha vida.

Arrancou o prato das mãos de Amelinha e fechou a panela com estrépito, enquanto Ione ainda tentava protestar:

— Mas dona Janete, ela está com fome.

— O problema é dela, não seu. Enquanto não cumprir com as suas obrigações, Amelinha está proibida de comer.

— Isso não está certo, dona Janete. É uma desumanidade.

— Quer fazer companhia a ela, Ione?

— A senhora não pode fazer isso com Ione! — objetou Amelinha, indignada. — Ela não é propriedade sua.

— Quer ver?

Seu olhar de fúria era tão grande, que as duas recuaram assustadas. Para não causar problemas a Ione, Amelinha preferiu se retirar. Com o estômago doendo, rodou nos calcanhares e voltou para o quarto, passando pela sala feito uma bala, sem nem fitar Anacleto, que a seguia com o olhar. Já de volta, Janete sentou-se a seu lado, e ele indagou curioso:

— O que foi que aconteceu?

— Nada que eu não possa controlar.

— Amelinha passou por aqui em disparada. Ela não vai jantar?

— Não. Faz parte do meu plano para fazê-la implorar a minha ajuda e, consequentemente, a sua.

Anacleto sorriu satisfeito e deu uma garfada no assado que tinha diante de si, imaginando se Amelinha não estaria sentindo muita fome. Na verdade, Amelinha estava enjoada e com dor de cabeça, o estômago vazio digerindo o nada. Esperou até que todos se recolhessem e saiu do quarto de fininho. Caminhou vagarosamente pelo corredor e desceu as escadas sem emitir nenhum ruído. A casa estava toda às escuras, mas ela não se atreveu a acender nenhuma lâmpada.

Na cozinha, entrou e fechou a porta às pressas, indo direto para o fogão. Ao contrário do que sempre acontecia, não havia panelas sobre ele nem no forno, e ela experimentou os armários. Estavam todos trancados com correntes e cadeados. Por mais que os forçasse, não conseguiu abri-los e começou a chorar de ódio e de fome, até que Ione a ouviu e apareceu.

— Está com fome, não está?

Ela assentiu.

— Não tem nada aí para comer? Nem um pedaço de pão?

— Dona Janete me proibiu de levar qualquer coisa de comer para o quarto. Até revistou meu armário e as gavetas para ver se eu não tinha escondido nada. Depois trancou tudo e disse que, se me pegasse dando algo de comer a você, eu estaria na rua.

— Essa mulher é uma víbora!

— Olhe, Amelinha, não tenho medo dela. Se tivesse conseguido guardar alguma coisa, daria a você. Mas ela vasculhou tudo.

— Não, Ione, eu não quero prejudicar você. Entrei nessa situação sozinha e pretendo sair sozinha também.

— É uma injustiça o que ela está fazendo com você.

— Estou morrendo de fome, Ione. Se não comer algo, acho que vou passar mal.

— E se eu lhe desse algum dinheiro? Você poderia comprar alguma coisa na rua.

— Onde? Está tudo fechado a essa hora. E depois, não quero o seu dinheiro. Você já ganha tão pouco...

— Não é possível. Tem que haver algum jeito.

— O jeito é eu ir dormir e esquecer a fome. Talvez o sono me alimente e eu não sinta tanto o estômago doer.

Voltou para o quarto com os olhos rasos de água e foi se deitar, procurando não pensar na fome que a consumia. Esperava que, no dia seguinte, estivesse melhor e mais disposta, então poderia pensar em aceitar aquele dinheiro que Ione lhe oferecera.

No dia seguinte, o estômago doía mais do que nunca, mas ela não se deixou abater. Não podia desistir logo na primeira dificuldade que encontrasse. Vestiu-se novamente e desceu para a cozinha. Se conseguisse chegar antes de Janete, poderia apanhar um pedaço de pão sem que ela visse. Mas Janete já se encontrava lá, fiscalizando todos os atos de Ione.

— Bom dia, Amelinha — ironizou ela, mordiscando uma rosquinha. — Dormiu bem?

Amelinha não respondeu e olhou para Ione, que não desgrudava os olhos do fogão e dos bules de café.

— Já estou de saída — foi a resposta lacônica.

Saiu sem dizer nada, apertando o estômago, que doía imensamente. Por que não aceitara, na véspera, o dinheiro que Ione lhe oferecera? Não fosse tão orgulhosa, ao menos poderia comprar um pãozinho na padaria da esquina, o que serviria para diminuir um pouco aquela sensação de vazio.

Tudo se passou como na véspera. Não havia empregos disponíveis naqueles tempos difíceis. Amelinha tentou matricular-se numa escola, mas a falta de um responsável quase a levou a um lar para órfãos, e ela desistiu. Voltou para casa no fim da tarde de mãos vazias, como na anterior. Só que com muito mais fome.

— Como foi o seu dia hoje? — perguntou Janete, vendo-a entrar arrasada.

Amelinha não respondeu e foi para o quarto. Tomou banho e bebeu um pouco de água da torneira. Era a única coisa que Janete não pensara em lhe tirar. Desceu para a cozinha, mas Janete lá estava, impedindo-a de se alimentar. O cheiro do frango assado quase a fez desmaiar, e ela já estava salivando quando ouviu a vozinha súplice de Ione:

— Por favor, dona Janete, deixe-a ao menos comer um pedaço de pão.

— Nem pensar! Sem trabalho, sem comida. Os quartos ficaram todos por limpar, e eu é que tive que arrumar tudo.

Ao virar as costas para as meninas e voltar para o salão, Ione aproveitou e enfiou uma moedinha na mão de Amelinha, que a apertou agradecida. Já era noite, e todas as padarias e armazéns estavam fechados, mas ela conseguiu encontrar um bar aberto, onde comprou umas rodelas fininhas de salame. Não era muito, mas ao menos agora não tinha mais aquela sensação de desmaio.

No dia seguinte, teve vontade de desistir, mas a imagem de Janete, parada na cozinha como uma guardiã implacável da comida, encheu-a de ódio e revolta, e ela decidiu que tinha que vencer. Não podia contar com o dinheiro de Ione, que já era tão pouco e mal dava para ela, de forma que precisava conseguir um emprego naquele mesmo dia.

As coisas, porém, não correram conforme o desejado. Perto da hora do almoço, Amelinha começou a sentir uma fraqueza dominando-a por inteiro. O corpo mole, as pernas bambas, a vista embaciada e uma tonteira a confundir-lhe a cabeça. Foi preciso encostar-se num muro para não cair. Lentamente e com muito esforço, conseguiu fazer o caminho de volta para casa.

Ao abrir a porta, o cheiro de comida invadiu suas narinas, e ela começou a chorar desesperada. Alguns hóspedes que conversavam na sala de estar ouviram o seu choro e correram a ajudar. Amelinha teve vontade de lhes dizer o que estava se passando, que Janete a estava matando de fome, mas o medo a paralisou. Levaram-na para o quarto e a deitaram na cama. Logo Janete apareceu, agradecendo aos hóspedes e pedindo gentilmente que saíssem e as deixassem sozinhas.

— Podem deixar que cuidarei dela agora — anunciou.

Depois que todos saíram, ela se aproximou de Amelinha e sentou-se na beira de sua cama.

— Como está? — perguntou.

Amelinha mal conseguia abrir os olhos e respondeu com voz fraca:

— Estou com fome... muita fome...

— *Tsc, tsc, tsc*! Sem trabalho, sem comida.

— A senhora está sendo cruel...

— Estou apenas cobrando pela comida que lhe dou. Não é o meu direito?

— Vou contar a todos o que a senhora está fazendo... Vão recriminá-la... vão chamar a polícia...

— Menina tola, ninguém vai acreditar em você. E depois, quem se importa?

— Preciso comer... por favor...

— Já disse: sem trabalho, sem comida.

— Eu... vou trabalhar... Faço o que a senhora mandar... mas por favor, deixe-me comer. Senão, vou morrer...

— Você não vai morrer. Está fraca, mas não vai morrer.

— Por favor... prometo que vou trabalhar...

— Vai deixar de lado essa bobagem de emprego e de estudo?

— Vou...

— Vai aceitar a oferta de seu Anacleto?

Ela hesitou e começou a chorar de mansinho, até que respondeu com pesar:

— Vou...

— Jura?

— Juro.

— Muito bem — finalizou vitoriosa. — Vou mandar Ione preparar-lhe uma refeição e trazer aqui para você. Pode descansar o resto do dia. Amanhã, arranjaremos tudo.

Assim que recebeu a ordem, Ione apressou-se em preparar um prato caprichado para Amelinha. Colocou arroz, feijão, carne assada, batatas, legumes cozidos, um pedaço de pão, um bolo de frutas e suco de laranja. Ajeitou tudo numa bandeja e levou para Amelinha. A menina mal podia acreditar no que via. Devorou a comida em poucos minutos, sem parar para respirar.

— Devagar, Amelinha — preocupou-se Ione. — Você está há muito tempo sem comer. Tanta pressa pode lhe fazer mal.

Naquele momento, Amelinha não conseguia pensar em mais nada que não fosse o prato de comida à sua frente. Só o que queria era acalmar a dor no estômago. Não se permitiria jamais passar por aquilo novamente.

Às sete da manhã em ponto, Amelinha já estava na cozinha, tomando seu café como de costume. Sem esperar por Janete, apanhou a vassoura, o espanador e saiu a arrumar os quartos dos hóspedes que, àquela hora, sabia estarem de pé. Muitos faziam o desjejum no salão, e ela evitou olhar para as mesas, com medo de encarar Anacleto. Ele estava sentado sozinho à mesa de Janete, e Amelinha se perguntou por onde andaria a velha senhora.

À hora do almoço, já havia terminado de arrumar e limpar os quartos, e agora cuidava da prataria da sala. Janete chegou-se por trás dela e ficou observando-a, esperando que terminasse de lustrar um candelabro.

— Muito bem! — exclamou ela, assustando a menina. — Vejo que retomou suas obrigações.

— Sim, senhora.

— Bem, por hoje é só. Quero que venha comigo agora.

Sem dizer nada, Amelinha largou o pano com que fazia a limpeza e acompanhou a prima até o seu quarto no sótão. Logo que entraram, Janete fechou a porta e apontou para uma caixa em cima da cama, dizendo toda animada:

— Vamos, abra. É um presente para você.

Dentro da caixa, o vestido mais lindo que Amelinha já vira, vermelho cintilante, junto com algumas peças de baixo também vermelhas, que a deixaram encabulada e confusa.

— Para que é isso?

— Você é mesmo uma tonta, não é? Acha que seu Anacleto vai querer você com esse uniforme preto, andando feito um urubu? Nada disso. Deu-me dinheiro para comprar-lhe roupas novas e vistosas, com especial atenção às peças íntimas. Quero que vá tomar um banho bem caprichado e volte aqui. Vou ajudá-la a se vestir.

Amelinha mal conseguia crer no que via. Aquelas roupas eram bonitas, mas as peças de baixo eram escandalosas e vulgares. Apanhou o corpete de renda vermelha bordado de preto, a liga e as meias, sentindo imensa vergonha só de olhar para aquilo.

— Dona Janete, não posso usar isto. Não tem anágua, e o corpete é... indecente, escandaloso.

— Deixe de tolices, Amelinha. Seu Anacleto faz questão que você se arrume direito para a ocasião. Comprei-lhe até um colar e brincos de pedrinhas brilhantes. É claro que não são joias verdadeiras, mas até que não foram tão baratas — vendo que Amelinha não se mexia, começou a berrar: — Vamos, menina! O que está esperando? Vá logo tomar esse banho e volte aqui para se vestir.

— Não posso...

— Será que os dois dias de fome já se apagaram de sua mente? — Ela meneou a cabeça. — Ainda bem, porque não me custa relembrá-la de como se sentiu. É isso o que você quer? Ficar sem comer? — Ela meneou a cabeça novamente. — Ótimo. Pois então, faça como lhe digo, e tudo sairá bem.

Com lágrimas nos olhos, Amelinha apanhou a toalha, o roupão e desceu para o banheiro, que ficava no andar de baixo. Pouco depois, estava de volta, e Janete puxou-a pela mão.

— Vista isso — ordenou, estendendo-lhe o corpete e as ligas.

Amelinha começou a se vestir desajeitadamente, pois não estava acostumada com aquelas coisas, e Janete precisou ajudá-la. Enfiou o vestido com rapidez e mandou que ela calçasse sapatos de salto alto, o que quase lhe causou um tombo. A todo instante, Janete balançava a cabeça, recriminando-a por sua falta de classe. Em seguida, puxou uma cadeira e disse-lhe para se sentar, a fim de fazer a maquiagem e o penteado.

Quando Janete terminou, a menina levou um susto. Fitando-a do outro lado do espelho, estava uma mulher de faces rosadas e lábios carmim, as pálpebras pintadas de preto e um sinal feito a lápis no canto do lábio, os cabelos presos no alto da cabeça em um coque mal ajeitado. Sentiu-se uma palhaça naquelas roupas extravagantes e com aquela maquiagem ridícula. Pensou em protestar, mas Janete não lhe deu tempo, dizendo com voz incisiva:

— Você está ótima. Agora, fique aqui e aguarde. E seja gentil. Faça tudo que seu Anacleto mandar.

Saiu apressada, deixando Amelinha assustada e imóvel na cama, sem saber bem o que iria acontecer ou o que deveria fazer. Quase meia hora depois, ouviu batidas leves na porta, que se abriu lentamente, e Anacleto entrou com um sorriso de gula.

— Vejo que está me aguardando — disse ele, passando a língua nos lábios e aproximando-se da menina.

— Dona Janete mandou-me ficar aqui.

— E você foi boazinha e obedeceu, não foi? — Ela assentiu. — Ótimo. Gosto de meninas obedientes. Seja boa comigo, e nos daremos muito bem.

Aproximou-se mais dela e puxou-a pela mão, levantando-a da cama. Amelinha estava com muito medo, imaginando o que iria acontecer entre eles. A única experiência sexual que tivera fora aquela com Chico, e não gostara nada. Mal contendo a ansiedade, Anacleto segurou o seu queixo com força, dando-lhe um beijo sôfrego, que Amelinha achou nojento. Ela tentou se afastar, mas ele a reteve nos braços e sussurrou em seu ouvido:

— Você está linda. Linda, linda! Quero que dance para mim.

— O quê?! — surpreendeu-se ela, afastando-se dele um pouquinho. — Mas... Não sei dançar.

— Uma mulher bonita feito você há de ter os seus truques. Vamos, mostre-me o que sabe fazer.

— Truques? Como assim? Não estou entendendo. Não sei fazer nada além de arrumar a casa...

— Deixe de se fazer de difícil. Dona Janete me disse que você tem experiência, e é bom que tenha mesmo, ou vou exigir de volta o dinheiro que lhe dei.

O medo de voltar a sentir fome aplacou um pouco o ódio de Amelinha, que observou com ar mais amistoso:

— Não tem música.

— Não tem? É, não tem. Mas não se preocupe, vou arranjar.

Saiu e voltou logo em seguida, trazendo o gramofone da sala, com alguns discos. O som animado de uma modinha se elevou do alto-falante, e Anacleto olhou para Amelinha, fazendo sinal para que começasse. A menina ficou embaraçada, sem saber bem o que fazer. Começou a remexer os quadris, com as mãos na cintura, timidamente a princípio, mas, à medida que a música ia avançando, ela ia se soltando mais e mais, movendo as pernas no mesmo ritmo. Logo, seus pés e todo o seu corpo a acompanhavam, numa cadência graciosa e brejeira. Nem mesmo os sapatos de salto alto não a incomodavam mais e era como se fizessem parte de seus pés.

— Muito bom! — elogiou Anacleto. — Você é uma dançarina inata.

Em pouco tempo, Amelinha não pensava em mais nada. Nem ela sabia que gostava de dançar. A experiência estava sendo maravilhosa, e ela se sentia bem, feliz, radiante. Ouvia as palmas de Anacleto e desejou nunca mais ter que parar de dançar.

Mas Anacleto não estava ali para vê-la dançar e, quando a música acabou, desligou o aparelho e acercou-se dela, apanhando sua mão e levando-a aos lábios. Ela estava ofegante e suada, e ria gostosamente, o peito arfante subindo e descendo sob o decote do vestido.

— Por que desligou? — indagou, toda sorridente.

— Acabou a música.

— Não pode ligar de novo?

Já ia saindo em direção ao gramofone, mas Anacleto apertou a sua mão e respondeu baixinho:

— Depois.

Puxou-a para si e abraçou-a com força, beijando-a novamente, dessa vez com mais ardor e paixão. Foi como se ela, subitamente, se lembrasse do porquê de estar ali. Janete a prostituíra e esperava que ela se entregasse àquele homem. Dera-lhe ordens expressas para fazer tudo o que ele mandasse. Foi acometida por nova sensação de repulsa por aqueles lábios frouxos e excessivamente molhados e, instintivamente, repeliu-o com um empurrão.

— O que está fazendo? — contestou Anacleto, com raiva.

— Deixe-me em paz — murmurou ela, tentando fugir para um canto.

— Ora, deixe de bobagens comigo. Agora há pouco, você me pareceu bem excitada.

— Estava feliz com a música. Gostei de dançar.

— Também gostei que você dançasse. Você dança muito bem, mas não foi para dançar que vim até aqui. — Ela não respondeu. — Sabe para que vim, não sabe?

— Sei.

— Pois então, não fuja de mim. Não lhe trago nenhuma novidade. Dona Janete me disse que você tem experiência, por isso, não banque a santinha comigo — aproximou-se dela novamente, que lhe escapuliu por entre as mãos. — Não se faça de difícil comigo, menina! Não tenho paciência nem disposição para correr atrás de você.

Assustada, Amelinha estacou onde estava e ficou olhando para ele, que se aproximou do gramofone e pôs outro disco para tocar, dessa vez uma música suave.

— Quer que eu dance novamente?

— Não. Quero que você se dispa para mim.

— Despir-me para o senhor? Não posso fazer isso.

— Pode e vai.

Ela não estava gostando nada daquilo, mas achou melhor obedecer. Lentamente, ao sabor da música, foi descendo o vestido pelos ombros, até que o deixou cair a seus pés. Anacleto a acompanhava entusiasmado, surpreso com a naturalidade com que ela tirava a roupa. Por fim, só de corpete, ligas e meias, Amelinha parou de se despir e encarou Anacleto. Não podia ir além dali. Já era bastante constrangedor estar diante dele só vestida em roupas íntimas.

Mas Anacleto queria muito mais e segurou-a pelo braço, puxando-a de encontro a si. Amelinha sentiu aquela boca flácida colada à sua, e as mãos de Anacleto começaram a deslizar pelo seu corpo, apalpando-a em suas partes mais íntimas. Aquilo lembrou-a de uma outra ocasião: o dia em que Chico a agarrara e a estuprara, agindo como um brutamontes.

— Por favor, seu Anacleto, não faça nada comigo.

— Como assim, não faça nada? Você concordou em me receber. Não pode me excitar e depois tirar o corpo fora. Não sou nenhum idiota.

— Eu não disse isso. Gosto do senhor, mas não posso fazer o que me pede.

— Não estou pedindo, Amelinha, estou mandando. Paguei por você e paguei muito caro. Tenho meus direitos.

— Deixe-me! — suplicou ela, começando a chorar.

— Ah! Nada disso. Esperei muito por esse momento. Não vou deixá-la escapar agora.

— Por favor, não faça isso! Não faça...

Anacleto não dava atenção às suas súplicas. Foi empurrando-a para a cama com uma certa violência, deitando-se sobre ela sem nenhum constrangimento. Ela começou a lutar com ele, mas em vão. Apesar de velho, Anacleto era mais forte e logo a dominou. Amelinha esperneou e chorou, mas ele não se comoveu. No auge do desespero, empurrou-o com violência, e ele, já cansado daquela resistência, desferiu-lhe um sonoro tapa no rosto, deixando-a estarrecida. Amelinha afrouxou os braços e as pernas e permitiu que ele fizesse com ela o que bem entendesse. Não queria mais apanhar. Ainda sentia no corpo a dor dos golpes que Chico lhe dera e tinha medo de que Anacleto a espancasse também. Por isso, achou melhor não mais resistir. Entregar-se a ele, pura e simplesmente, seria menos doloroso do que uma surra. E depois, ele a subjugaria de qualquer jeito, e era melhor que fosse sem pancadas. Parecia que aquilo fazia parte de sua história. Fechou os olhos e chorou.

# 8

O mais difícil foi o começo. Depois da primeira vez, Amelinha acabou se acostumando com Anacleto. Geralmente, ele era gentil e costumava lhe fazer muitos agrados. Dava-lhe roupas e pequenas joias, além de uns trocados de vez em quando. Se aborrecido ou contrariado, podia ser violento e perigoso. Amelinha se submetia a tudo com uma raiva contida, porque Janete a proibira de responder ou reagir. Ela era sua mina de ouro; trabalhava em troca de nada e ainda lhe garantia a régia recompensa que Anacleto mensalmente lhe pagava.

Como a maioria dos hóspedes era composta de senhores idosos e aposentados, Anacleto sentia-se seguro, certo de que Amelinha não se interessaria por nenhum deles. Afinal, ela era jovem e linda, e não seria difícil que se encantasse por algum moço bem-apessoado. Mas a pensão não era exclusividade dos velhos, e Janete não podia impedir a entrada de nenhum jovem que lhe pagasse bem.

Foi assim com Mauro, um rapaz bonito e discreto, que dirigia uma casa noturna no centro da cidade. A princípio, Janete não quis recebê-lo, com medo de que ele fosse um tipo malandro ou boêmio, mas o maço de notas que ele lhe exibiu foi mais do que suficiente para fazê-la mudar de ideia. Como Mauro trabalhava até de madrugada, tinha por hábito dormir até mais tarde, o que comunicou a Janete. Mas ela, preocupada em contar o dinheiro que ia acumulando, nem se lembrou de avisar Amelinha, que nada sabia a respeito do novo hóspede.

No dia seguinte à chegada de Mauro, logo após o término do horário do café da manhã, como de costume, Amelinha apanhou a vassoura, o espanador e foi fazer a limpeza da casa. Foi distraída e mecanicamente entrando nos quartos, até que chegou àquele em que Mauro dormia. Por cautela, costumava dar uma batida de leve na porta e entrar em seguida, apenas para avisar que estava chegando, caso alguém ainda estivesse lá dentro. Como todos já conheciam a rotina, nunca houve problemas.

Amelinha bateu à porta do quarto de Mauro e experimentou a maçaneta, que não estava trancada. Entrou no aposento escuro e dirigiu-se à janela, escancarando as cortinas e deixando que a luz do sol inundasse o ambiente. Nesse momento, um gemido a assustou, e Amelinha se virou com a mão no coração, dando de cara com o rapaz deitado na cama, esfregando os olhos para protegê-los da luz.

— Ei! — reclamou ele. — O que pensa que está fazendo? Será que é proibido dormir nesta pensão?

— Mil desculpas, senhor! — apressou-se ela a dizer, embaraçada. — Perdão, não sabia que ainda estava dormindo. Pensei que já tivesse saído. Desculpe-me. Perdoe-me.

— Não precisa ficar se desculpando. É que trabalho à noite e costumo dormir até tarde. Sua patroa não lhe disse?

— Não, senhor.

— Que horas são?

— Já passa das nove horas.

— É tarde para você, não é? — Ela não respondeu. — Pois para mim, ainda é muito cedo.

Ele se sentou na cama e abraçou os joelhos, sorrindo para ela. Aquele sorriso tinha algo de encantador, e Amelinha se aproximou vagarosamente.

— O que o senhor faz? — perguntou ela, timidamente.

— Sou gerente de uma casa noturna.

— Casa noturna? O que é isso?

— Uma casa de espetáculos que só funciona à noite, para clientes muito especiais.

— Que tipo de espetáculos?

— Música, dança... garotas. Gosta de música?

— Gosto, sim. E de dançar também.

— Talvez um dia eu a veja dançar. Se você for boa, quem sabe não a levo para trabalhar comigo?

— Sério?

Ele riu gostosamente e fez um gesto com as mãos, acrescentando, de bom humor:

— Quantos anos você tem?

— Dezesseis.

— Terá que esperar mais alguns anos antes de trabalhar para mim. Não posso aceitar crianças.

Se ele soubesse a experiência que ela já possuía, duvidava que a chamasse de criança novamente. Mas ele não sabia, nem ela iria lhe contar.

— O senhor não me parece muito velho — contrapôs ela, com interesse.

— Tenho vinte e quatro anos, o que é bem mais do que você tem. — Ela riu, e ele continuou: — Como se chama?

— Maria Amélia, mas todos me chamam de Amelinha.

— Amelinha? Hum... não tem glamour. Para trabalhar para mim, vai precisar de um nome diferente. Deixe ver... Que tal Tália?

— Tália? Que nome mais esquisito.

— O que tem? É um bonito nome. Tália Uchoa, a grande atriz do teatro de revista...

Amelinha achou muita graça e desatou a rir. Suas gargalhadas soavam tão espontâneas e altas que podiam ser ouvidas até no corredor, e foi o que aconteceu. Anacleto seguiu na direção de onde elas vinham e logo encontrou o quarto de Mauro. Sem bater, escancarou a porta e entrou, avaliando aquela cena com ar feroz. Mauro, sentado na cama, falava e gesticulava em mangas de camisa e ceroulas, enquanto Amelinha, sentada a seu lado, retorcia-se de tanto dar risadas.

— O que é que está acontecendo aqui? — perguntou ele, zangado.

De um salto, Amelinha se levantou e correu a apanhar o espanador, caído a seus pés, enquanto gaguejava uma desculpa:

— Seu Anacleto... nós estávamos... estávamos conversando... isto é... o seu Mauro me contava histórias...

— Saia daqui, Amelinha! Vá cuidar de seus afazeres em outro lugar!

— Um momento, senhor — interpôs Mauro, levantando-se também. — Quem lhe deu o direito de ir entrando assim no meu quarto e dando ordens como se estivesse em sua casa? O senhor é o dono da pensão?

— Não, mas...

— É o pai dessa linda mocinha que aqui está?

— Não...

— É seu marido? Não, não pode ser, é muito velho. Então, deve ser o seu avô.

Amelinha abaixou os olhos e abafou o riso, enquanto Anacleto, rosto vermelho e afogueado, ergueu os punhos cerrados e esbravejou:

— Devia se dar mais ao respeito, meu jovem! Onde já se viu um homem se portar dessa maneira diante de uma moça?

— Perdão, mas foi ela quem entrou aqui. Eu estava tranquilamente dormindo, após exaustiva noite de labuta, quando esta senhorita, repentinamente, irrompeu em meu quarto e escancarou a janela, despertando-me de meu sono inocente.

O tom debochado de Mauro arrancou risos altos de Amelinha e provocou ainda mais a ira de Anacleto, que gritou descontrolado:

— Já mandei você sair daqui, Amelinha! O que está esperando?

Na mesma hora, ergueu a mão diante de seu rosto, e Amelinha se encolheu toda, pensando que ele ia bater-lhe. Para sua surpresa, o tapa não veio, porque Mauro segurava o braço de Anacleto com força, ao mesmo tempo em que dizia:

— Não se atreva a bater na menina. Que era um idiota, eu já havia percebido. Mas que é também covarde, isso é uma surpresa.

Amelinha gelou. Pensou que Anacleto fosse se engalfinhar com Mauro, mas ele apenas puxou o braço e respondeu com a voz fremente de ódio:

— Está se metendo onde não deve, moço.

A situação parecia estar ficando deveras complicada, Mauro encarando Anacleto com ar ameaçador. Amelinha não queria que eles brigassem por sua causa e, além do mais, tinha medo do que Anacleto faria com ela depois. Deu um passo adiante e se interpôs entre eles.

— Não precisa brigar por minha causa, seu Mauro. Sei muito bem o meu lugar e não pretendo virar motivo de desavenças.

Saiu de cabeça baixa, embora Mauro quisesse impedi-la. Anacleto olhou-o com ar de triunfo e saiu atrás dela, remoendo no íntimo um ódio feroz pelo desconhecido. A menina foi andando apressada, pois sabia que Anacleto estava em seu encalço, e um medo atroz a foi dominando. Em vez de seguir para seu quarto no sótão, virou à direita no fim do corredor e começou a descer as escadas, tentando fugir do alcance de Anacleto. Mas ele não desistiu. Desceu atrás dela e segurou-a pelo cabelo, rugindo entre os dentes:

— Volte aqui, Amelinha, senão vai ser pior para você.

Ela voltou. Queria sair correndo, mas não podia. Anacleto a mantinha firme, e o puxão de cabelo doía muito. Passivamente, ela deu um passo atrás e subiu de volta os poucos degraus que havia descido, deixando-se conduzir para seu quarto. Assim que entraram, Anacleto jogou-a sobre a cama com um bofetão e começou a gritar:

— Nunca mais tente me fazer de idiota, sua vagabunda! Quem você pensa que é para me humilhar assim?

— Seu Anacleto, não fiz nada...

— Cale-se! — esbofeteou-a novamente. — Não se atreva a me responder!

Deu-lhe mais alguns bofetões e a deixou chorando sobre a cama. Ela ouviu os seus passos pesados saindo, e o som de uma chave na lingueta lhe deu a certeza de que ele a havia trancado pelo lado de fora. Chorou angustiada. Anacleto desceu feito uma fera ao encontro de Janete, que estava no jardim, supervisionando o plantio de umas novas roseiras.

— Dona Janete — chamou ele com voz grave. — Preciso falar-lhe.

Pelo seu olhar de fúria, alguma coisa muito séria devia ter acontecido. Ela deu as últimas ordens ao jardineiro e partiu com ele para a casa.

— O que foi que houve?

— Como a senhora pôde permitir a presença daquele descarado em sua casa?

— Que descarado? De quem o senhor está falando?

— Estou falando daquele janotinha para quem a senhora alugou um quarto. É um disparate!

— Ah! O senhor Mauro. O que é que tem ele?

— Ele me desrespeitou.

— Desrespeitou? O que ele fez?

Em minúcias, Anacleto narrou a Janete a discussão que tivera com Mauro, o que a deixou muito aborrecida, embora tentasse não demonstrar.

— Exijo que a senhora o mande embora agora mesmo — prosseguiu ele, em tom solene. — Esse homem é uma ameaça ao sossego deste lar.

Janete encarou-o por alguns momentos, até que retrucou com cautela:

— Ouça, seu Anacleto, entendo que a situação foi desagradável...

— Desagradável? Foi constrangedora!

— Muito bem, constrangedora. Mas, afinal de contas, foi o senhor quem irrompeu no quarto do moço.

— Dona Janete, a senhora parece não estar entendendo. Ele estava em trajes sumários, contando piadas a Amelinha. Considero isso uma ofensa!

— Ele não sabe de seu relacionamento com Amelinha.

— E daí? Quem lhe deu o direito de tratá-la com tanta intimidade?

— Ora, seu Anacleto, ele pensa que Amelinha é apenas uma criada. E depois, pelo que o senhor me disse, ele não fez nada à menina.

— Mas isso é um perigo! Dona Janete, a senhora não vê? Não percebe que esse rapaz pode pôr em risco a minha segurança? Ele é jovem, bem-apessoado.

— Acho que o senhor está exagerando. Dê um aperto em Amelinha, ameace-a, faça-a compreender que não vai tolerar qualquer traição. Assuste-a, bata nela, faça o que tiver que fazer para mantê-la na linha.

— A senhora sabe tão bem quanto eu que, quando uma mulher quer trair, não há ameaças ou surras que a impeçam.

— O senhor tem que aprender a controlar sua amante. O que eu não posso é abrir mão do dinheiro dos hóspedes.

— O que eu lhe pago não é o suficiente?

— O senhor sabe que não. O que me dá é satisfatório diante das circunstâncias, mas não é o bastante para me fazer recusar hóspedes. Ainda mais esse rapaz, que me ofereceu uma quantia elevada pelo quarto.

— Mas dona Janete, pensei que fôssemos amigos.

— Não confunda amizade com negócios. Preciso do dinheiro.

— Pois é muito bom que tenha dito isso, porque eu posso muito bem retirar a ajuda que lhe dou.

— E eu posso muito bem proibi-lo de subir ao quarto de Amelinha — abaixou a voz e continuou em tom apaziguador: — Vamos, seu Anacleto, esqueça isso. O moço trabalha à noite, quase não vai encontrar Amelinha. Hoje foi por acaso, porque ela não sabia. Vou dar-lhe ordens para não perturbar o rapaz pela manhã e só arrumar o quarto dele no fim da tarde. Creio que isso resolverá o problema. Quanto ao senhor, trate de mantê-la em rédeas curtas.

Embora Anacleto não estivesse nada satisfeito, teve que aceitar o fim da discussão. De nada adiantaria ameaçar retirar o apoio financeiro que dava a Janete. Ela sabia que ele não podia mais passar sem os favores de Amelinha, que, livre das ameaças da velha senhora, passaria a recusá-lo e acabaria se atirando nos braços de Mauro.

Nenhum encontro, ainda que casual, entre Amelinha e o novo hóspede pôde ser notado por Anacleto ou Janete. Mauro dormia até tarde, levantava e ia direto almoçar. Em seguida, saía e só voltava altas horas da madrugada, o que o impedia de se encontrar com Amelinha. Isso foi deixando Anacleto mais tranquilo.

Além de gerente da casa noturna, Mauro também dirigia os espetáculos que eram apresentados pelas moças, bailarinas de ocasião, cujo requebrado, ginga e sensualidade abriam as portas para o mundo artístico. Era nesse ambiente que Mauro se sentia mais à vontade, junto de belas dançarinas, embalado pela bebida e a boemia. Não gostava de morar sozinho, porque não tinha mulher que cuidasse dos afazeres domésticos, e optou por viver em pensões familiares que lhe prestavam todos os serviços de que um solteiro necessitasse, desde a arrumação do quarto até o cuidado com as roupas.

Certo dia, como acontecia quase todas as noites, Anacleto saiu do quarto de Amelinha por volta da meia-noite, desceu a seu dormitório e entrou cautelosamente, indo direto para a cama. Quinze minutos depois, a porta do quarto de Amelinha se abriu sem produzir qualquer ruído. Pé ante pé, a moça desceu as escadas, tomando extremo cuidado para não ser vista nem despertar nenhum hóspede ou Janete. Em silêncio, saiu para o ar frio da noite, apertou a gola do sobretudo para proteger-se da garoa e estugou o passo, virando a esquina com andar furtivo.

Tomou um bonde e seguiu em silêncio até seu destino. Ao chegar diante do *night club* que Mauro gerenciava, desceu e dirigiu-se para a porta dos fundos, entrando sorrateiramente. Parecia uma mistura de teatro e cabaré, com pequenas mesas redondas diante de um pequenino palco, onde os espectadores se sentavam e podiam assistir ao espetáculo ou então dançar. Com os olhos, Amelinha procurou Mauro, até que o encontrou rodeado de algumas moças vestidas com roupas coloridas e brilhantes. Aproximou-se hesitante, e uma das moças apontou para ela com o olhar, o que fez com que Mauro se virasse e abrisse largo sorriso ao avistá-la.

— Olá, minha preciosidade — falou em tom maroto. — Que bom que chegou a tempo de assistir ao espetáculo.

— Vim o mais rápido que pude — respondeu ela, encarando-o com olhos brilhantes.

— Ninguém percebeu?

— Não.

— Ótimo. Quero que você se sente aqui junto a mim e preste bastante atenção às meninas.

Segurou-a pela mão, deu algumas instruções às moças e depois dirigiu-se para uma mesa mais ao canto, sentando-se com Amelinha ao lado. Pouco depois, as luzes se apagaram, e holofotes coloridos derramaram luzes faiscantes sobre o palco. As cortinas logo se abriram para dar entrada a meia dúzia de moças, que começaram a dançar graciosamente. Amelinha ficou fascinada e, instintivamente, começou a balançar o corpo ao ritmo da música, acompanhando, sem sentir, a cadência das dançarinas.

Pelo canto do olho, Mauro a observava. Ela era bonita e esbelta, com seios volumosos que encheriam de graça o decote de qualquer vestido. Resolveu testá-la e levantou-se da mesa, estendendo a mão para ela. Amelinha não entendeu e ficou olhando para ele e para o palco, até que Mauro, com um sorriso maroto, falou bem juntinho de seu rosto:

— Vamos experimentar os seus dons artísticos.

Completamente sem graça, Amelinha deu-lhe a mão e se levantou. Mauro começou a dançar com muito jeito, o que estimulou Amelinha. Em pouco tempo, já estava solta nos braços dele e tirou o casaco, dançando com muita leveza, ritmo e, acima de tudo, sensualidade. Parecia que nascera com o ritmo no corpo, e seu remelexo foi enchendo Mauro de admiração e desejo.

Quando o espetáculo terminou, Mauro fez um gesto imperceptível para a orquestra, que continuou tocando, e os holofotes foram direcionados para onde eles estavam, incidindo direto sobre Amelinha. Ela esbanjava alegria e sensualidade. Em pouco tempo, todos batiam palmas, e uma aglomeração se fez ao seu redor. Com cuidado, Mauro puxou-a pela mão, levando-a mais para o centro do salão, e alguns homens afastaram as mesas, abrindo espaço para que ela dançasse. De tão envolvida pela dança, Amelinha nem se dava conta de que se transformara no centro das atenções. Os homens gritavam e batiam palmas, alguns passavam a língua nos lábios, enlouquecidos com o corpo e o requebrado de Amelinha.

Em pouco tempo, o vestido colou-se a seu corpo, e seus cabelos, molhados de suor, caíam-lhe sobre os olhos, emprestando-lhe um ar selvagem e sedutor. Quanto mais sentia o calor a invadi-la, mais Amelinha se requebrava, deixando-se dominar pelo prazer daquele momento. Os gritos masculinos, as palmas veementes, os assobios de admiração, tudo contribuía para que ela se colocasse cada vez mais à vontade num mundo que tinha tudo para ser o seu.

Quando a música enfim terminou, ela encerrou a dança com um passo elegante e encarou Mauro, arfando e sorrindo ao mesmo tempo. A explosão de aplausos que se seguiu deu-lhe a perceber que era ela a estrela do espetáculo, vestida em suas roupas simples, com o cabelo despenteado e sem maquiagem de efeito.

Olhou ao redor, confusa, e foi andando para trás, buscando alcançar a mesa a que estivera sentada com Mauro. Os homens gritavam entusiasmados, e ela sentiu um beliscão nas nádegas, outro na coxa, e alguém alisou os seus seios. Assustada, Amelinha disparou a correr, esquecendo-se até de apanhar o casaco. Foi empurrando a multidão, sentindo as mãos sobre seu corpo, explorando suas partes mais íntimas, e lágrimas lhe afloraram aos olhos.

Estava quase chegando à porta quando um braço vigoroso apertou o seu. Já ia gritar com o atrevido quando percebeu que era Mauro quem a segurava e tomava a dianteira, puxando-a para fora do teatro. A chuva fina ainda caía, e ele a envolveu com seu próprio casaco, caminhando com ela pela rua.

— Sou uma tola — balbuciou ela. — Não percebi que estava fazendo papel de meretriz.

— Não diga bobagens, minha querida. Você foi brilhante, divina, fantástica! O público a adorou!

— Mas eles... eles... — engoliu um soluço e encostou o rosto no peito de Mauro.

— Eles abusaram de você, eu sei. Mas é porque os deixou loucos.

— E você? Não me achou vulgar?

— Claro que não. Você é o meu achado. Juntos, vamos fazer muito dinheiro.

— Do que está falando, Mauro? Essa noite foi um desastre. Sinto-me violada, humilhada...

— Não precisa ser tão dramática. Você é linda, dançou muito bem. O que esperava? Que ninguém reagisse?

— Não sou uma vagabunda.

— Não estou dizendo que é.

— Você pensa que pode me usar só por causa de seu Anacleto.

— Não estou pensando nada, Amelinha...

— Só porque danço para ele, não quer dizer que qualquer um pode chegar e ir me passando a mão. Sou uma moça direita.

— Sei que é.

— Mas seu Anacleto não faz nada de mais. Ele só gosta de me ver dançando e... foi por isso que vim aqui... para ver as danças.

— Ei! Ei! Não precisa ficar se defendendo, porque não a estou acusando de nada. O que você faz com seu Anacleto não é problema meu.

— Não faço nada!

— Está bem, Amelinha, não faz nada. Não foi para falar de seu relacionamento com seu Anacleto que a chamei aqui. Queria mostrar-lhe o teatro, o espetáculo, a música. E você gostou, não gostou?

— Gostei, não. Adorei.

— Você nasceu para o teatro. Tem a dança no corpo.

— Você acha mesmo?

— Tenho certeza. Com um pouco de treino, você vai ser imbatível. Ninguém mais dança feito você, tem o seu jeito, o seu carisma, a sua sensualidade. Foi por isso que os homens enlouqueceram. Você é uma mulher especial, Amelinha, tem poder sobre os homens.

— Tenho?

— Você não faz ideia do futuro que tem pela frente, menina. Estou certo de que não será difícil engajá-la em algum teatro de revista.

— Mas eu não sei nada sobre teatro.

— Como disse, você só precisa de um pouco de treino. Com o tempo, vai ser a melhor atriz de teatro de revista de que esse país já ouviu falar.

— Será?

— Serei o seu empresário e, com o meu auxílio e sob a minha supervisão, vamos ficar ricos.

— Não sei não, Mauro. Dona Janete não vai gostar, e seu Anacleto vai ter um chilique.

— Mas que Janete? Que Anacleto? Nada disso, meu bem. Se quer ter um futuro no mundo do teatro, teremos que sair daqui.

— Sair daqui? Para onde iremos?

— Para o Rio de Janeiro. É lá que estão concentrados os maiores teatros de revista da atualidade. Vamos para lá e vamos enriquecer.

— Mas, Mauro, sou menor de idade.

— E daí? Quem é que precisa saber? É só você pôr uma maquiagem mais puxada, e ninguém vai desconfiar. Com esse corpo, ninguém vai nem perceber a sua carinha de menina assustada e ingênua.

— Dona Janete vai mandar me procurar. E seu Anacleto, então, vai até colocar a polícia atrás de nós.

— Dona Janete não tem motivos para sair por aí atrás-de você, e Anacleto não tem moral para chamar a polícia. O que vai dizer? Que corrompeu uma menor para torná-la sua amante? — Mauro notou o rubor subindo às suas faces e ponderou amável: — Não precisa ter vergonha de mim, Amelinha. Não sou cego e, desde o dia em que você entrou em meu quarto, percebi que havia algo entre você e Anacleto.

Se há alguém que tenha do que se envergonhar é ele, que corrompeu uma menina que tem idade para ser sua neta.

— Não faço isso por querer — tornou ela em tom de desculpa. — Dona Janete me obrigou. Ameaçou colocar-me na rua...

Calou-se, a voz embargada, e Mauro retrucou penalizado:

— Dona Janete deveria ir presa. Onde já se viu abusar de uma menina que nada mais é do que sua criada?

— Não sou apenas criada de dona Janete. Na verdade, ela é minha prima... quero dizer, prima de minha mãe.

— O quê?! Não acredito.

— Pois pode acreditar.

Sentindo inexplicável confiança naquele homem que mal conhecia, Amelinha contou-lhe todos os detalhes de sua vida, desde quando morava em Limeira e sofrera aquele estupro, até as ameaças de Janete para que ela aceitasse o assédio de Anacleto. Contou de Raul e de seu amor, da mãe e de seu ódio, da irmã que sempre rejeitara, do filho que entregara para adoção sem nem mesmo conhecer. Mauro ouviu tudo em silêncio, comovido com o seu relato, imaginando como seria dolorosa a vida de uma menina já tão experiente e castigada pela vida. Quando ela terminou, ele puxou o seu rosto e pousou-lhe um beijo delicado e terno, que ela retribuiu emocionada.

— Tudo isso é passado, Amelinha. Estou lhe oferecendo a oportunidade de uma vida nova, longe de tudo e de todos.

— Tenho medo.

— Do que é que tem medo?

— De não dar certo. De ter que voltar e pedir a Janete que me aceite de volta. De sofrer mais humilhações.

— Isso não vai acontecer. Confie em mim. Você vai ser rica e famosa, e ninguém, nunca mais, poderá magoá-la de maneira alguma.

Amelinha chorava baixinho, não sabendo ainda ao certo se acreditava em tudo o que Mauro lhe dizia. Não que duvidasse dele ou de suas intenções. Não tinha certeza se a vida lhe permitiria realizar os seus sonhos. Entretanto, o que tinha a perder? Não aguentava mais as ordens de Janete e tinha nojo de Anacleto. O que poderia ser pior do que aquilo?

— Está bem, Mauro. Vou confiar em você, confiar no destino. Pior do que está não pode mesmo ficar. Se é para tentar ser feliz, vale a pena enfrentar o medo e as adversidades.

— Garanto que seu medo é infundado, e as adversidades não serão maiores do que as que você já enfrentou até aqui.

Ela lhe deu um sorriso forçado e redarguiu, entre ansiosa e hesitante:

— Quando partiremos?

— Dê-me um tempo para preparar tudo. Até lá, aja normalmente, não deixe que ninguém desconfie.

— Podemos contar com Ione.

— Ione? Nada disso, é perigoso.

— Ione é minha amiga e também sofre nas mãos de dona Janete.

— Tem certeza de que ela é de confiança?

— Absoluta. Foi ela quem me ajudou a não morrer de fome.

— Hum... Está bem. Falarei com Ione e passarei a ela todas as instruções.

— Não podemos levá-la junto?

— Não.

— Por favor.

— Não é o momento, Amelinha. No começo, será difícil para nós dois. Mais tarde, quando você ficar rica, poderá mandar buscá-la.

— Você está certo. Ione ganha mal na pensão, mas ao menos consegue sobreviver. Não tenho o direito de tirá-la de sua vida para fazê-la arriscar-se nessa louca aventura.

— Muito bem, menina, está mostrando juízo. — Haviam chegado à esquina da rua em que moravam, e Mauro estacou. — Agora, volte para casa em silêncio e vá dormir. Amanhã, faça como lhe disse. E lembre-se: nenhum comentário ou olhar perdido. Isso pode estragar tudo.

— Não se preocupe, Mauro. Farei tudo direitinho como você mandou.

— Ótimo. Agora vá.

Levou um mês para que Mauro acertasse tudo. Fez alguns contatos, comprou as passagens, informou-se sobre os lugares aonde ir no Rio de Janeiro. Durante esses dias, Amelinha nem o encarava. Continuava a dançar e a se deitar com Anacleto, esmerando-se para agradá-lo.

Era uma segunda-feira quando recebeu a notícia da partida. Depois do café, Ione sentou-se a seu lado e esperou até que ninguém estivesse por perto para lhe dizer. Mauro mandava avisar que estivesse pronta naquela madrugada e levasse o mínimo possível, para não chamar a atenção. Foi assim que ela fez. Às duas horas, quando todos já estavam dormindo, saiu sorrateiramente de seu quarto, carregando apenas a costumeira maleta, com algumas poucas roupas, o dinheiro minguado e as joias baratas que Anacleto lhe dera. Foi descendo as escadas, pé ante pé, e levou tremendo susto ao avistar uma sombra parada perto da porta. Hesitou por alguns instantes, sem saber se corria de volta ou se ficava parada, até que a sombra se adiantou, e ela respirou aliviada.

— Desculpe-me se a assustei, mas não podia perder a oportunidade de abraçá-la uma última vez — sussurrou Ione, os olhos cheios de lágrimas.

Andando o mais rápido que podia sem fazer barulho, Amelinha soltou a mala no chão e estreitou-a nos braços, chorando junto com ela.

— Quando estiver bem, mandarei buscá-la.

— Não precisa me fazer promessas que sabe que não poderá cumprir.

— Está enganada, Ione. Vou poder e vou cumprir. Você vai ver.

— Oh! Amelinha! Estarei torcendo por você.

— Obrigada. Você é a melhor amiga que alguém pode ter.

— Jamais a esquecerei.

— Nem eu, porque estaremos juntas mais tarde.

Alisou o rosto molhado de Ione e deu-lhe um beijo caloroso, sentindo nos lábios o sal de suas lágrimas. Em seguida, abriu a porta e saiu caminhando pela rua, apressada.

Virou a esquina quase correndo e deu uma última olhada para trás. Ione havia fechado a porta, e o casarão lá estava, uma silhueta lúgubre erguendo-se na sombra da noite. Um arrepio percorreu a sua pele, e uma onda de incertezas e alegrias invadiu o seu coração. Estava partindo para o novo, o desconhecido, sem saber que destino o futuro lhe reservava. Mas algo dentro de seu peito lhe dizia que fazia a coisa certa.

— Tudo pronto? — indagou Mauro, quando ela se aproximou.

Ela apenas assentiu. Entregou-lhe a maleta e, chorando, agarrou-se ao seu braço, esforçando-se para não desabar em pranto. Mauro a susteve com ânimo, e partiram rumo à estação de trem. Ao amanhecer, estavam embarcados, e o trem seguia a toda velocidade em direção à capital do país, entrelaçando e preparando a teia de seus destinos.

# 9

Aquelas eram lembranças dolorosas. Tália escondeu o rosto entre as mãos e deu livre curso às lágrimas, chorando como havia muitos anos não chorava. Já havia se passado tanto tempo desde aquele dia! Aquilo fora em 1933, e agora estavam em 2005. Para onde é que fora o tempo? Morrer não era desculpa para o esquecimento que se impusera. Desde o seu desenlace, havia mais de cinquenta anos, deixara de pensar nos seus entes queridos. Deixara de lado as lembranças, olvidando-se de que era com elas que poderia construir suas experiências, e optara por uma vida de reclusão e abandono. Seu espírito se acostumara à solidão, e ela procurara compensar o esquecimento com horas de estudo e dedicação aos espíritos necessitados.

Tudo isso fora válido e a ajudara a compreender a necessidade de voltar ao passado não para revivê-lo, mas para conseguir entender os muitos porquês para os quais, em vida, não encontrara resposta. Por onde andariam aqueles que amara? Raul, Mauro, Ione, a filha, o filho que não chegara a conhecer? Não seria hora de tornar a encontrá-los?

— Tudo tem a sua hora — falou uma voz vinda da porta, fazendo com que Tália erguesse as sobrancelhas e encarasse Sílvia.

— É verdade — respondeu ela com tristeza. — Mas creio que perdi a hora para tudo.

— Nada se perde na natureza, minha querida, seja no mundo corpóreo, seja nesse em que hoje nos encontramos. Tudo o que nos acontece é necessário, e não há cedo ou tarde para as experiências do espírito.

— Como pode dizer uma coisa dessas, Sílvia? Revivendo agora o passado, sinto que me omiti durante todos esses anos. Minha filha e minha irmã possuem todos os motivos do mundo para me odiar, e o homem que tanto amei se casou com minha irmã.

— Cristina jamais a odiou, e sua filha pensa que você a abandonou.

— Eu desencarnei!

— Ela não sabia disso.

— Jamais consegui ser feliz... Mesmo com todo o dinheiro, toda a fama, todos os homens a meus pés. Com tudo isso, nunca pude ser feliz!

— Você não se permitiu a felicidade porque não acreditou que a merecesse.

— Você, mais do que ninguém, conhece todos os meus erros.

— Quem somos nós para falar em erros? Qual é o peso que eles têm ou deveriam ter? Ninguém passou pela vida sem dar a sua quota de erros, sofrimentos, crimes, desilusão. É assim que se cresce e se aprende o valor dos sentimentos que lhes são opostos. Ninguém sabe o quanto vale uma réstia de luz sem que tenha mergulhado os olhos na vastidão das sombras.

— Eu sei, não estou me culpando.

— Pois não é o que parece. Fala como se sentisse pena de si mesma.

— Não é justo, Sílvia. As marcas do sofrimento ainda estão impressas em meu coração.

— Você sempre se lembrou do quanto sofreu, mas parece que apagou da mente os bons momentos que teve. Por quê? Por que a lembrança do sofrimento é mais sedutora do que a da felicidade?

— Não sei.

— São as nossas carências, Tália, que nos fazem usar o sofrimento em benefício próprio, para despertar a piedade alheia e compensar a dor com compaixão. Quem é que não tem pena do sofredor? Até nós sentimos pena de nós mesmos.

— Não quero a piedade de ninguém.

Sílvia fez um gesto com as mãos e tornou amistosa:

— Está bem, não vim aqui para discutir. Vim apenas lhe dizer que é hoje que seu neto vai buscar o resultado daquele exame de DNA.

— E daí? Já conheço o resultado.

— Mas não conhece a reação dele nem de sua filha, nem de Honório. — Tália hesitou, e Sílvia continuou: — Não foi você mesma quem disse que havia perdido muito tempo com a sua solidão? Então? Não acha que está na hora de *voltar à vida*?

— Muito engraçado, uma morta dizendo isso a outra morta.

— Estamos mais vivas do que nunca, e você sabe disso. Então? O que me diz?

Tália considerou por alguns minutos, até que concordou:

— Está certo. Vou com você.

Em companhia da namorada, Eduardo ia caminhando pela rua, segurando nas mãos o envelope com o resultado do exame de DNA.

— Ande, Edu — estimulou Gabriela. — Abra logo esse envelope!

Eduardo estacou e fitou a namorada. Queria abrir e não queria. Nem ele mesmo entendia por que sempre tivera aquela fixação na avó. Desejava ardentemente que aquele cadáver fosse o dela, mas tinha medo de ler o resultado e descobrir que alimentara uma vã ilusão.

— E se não for a minha avó? — contrapôs hesitante.

— Se não for, tudo bem. Você não tem nenhuma obrigação de encontrá-la mesmo.

— Mas eu queria tanto que fosse ela!

— Então abra logo.

— O que você acha?

— Abra, Edu.

Como Eduardo não se decidia, Gabriela arrancou-lhe o envelope das mãos e abriu afoitamente. Ele não a impediu e permaneceu mordendo as unhas, esperando que ela terminasse de ler. Gabriela desdobrou o papel e correu os olhos por ele, balançando a cabeça enigmaticamente. Encarou Eduardo com um sorriso e ergueu as sobrancelhas, fazendo ar de mistério.

— E aí, Gabi, o que foi que deu? — tornou nervoso.

— Quer mesmo saber?

— É claro que quero.

— Tem certeza?

— Dê-me isso aqui — apanhou de volta o papel e leu com avidez. — Eu sabia! Sabia o tempo todo que era ela!

— Sua mãe vai ficar uma fera.

— Em compensação, meu avô vai adorar. Ele a amava muito.

— Por que será que nunca se casaram?

— Não sei bem. Essa parte da história é meio nebulosa. Não sei se meu avô mistura as coisas ou se não quer me contar. Só o que sei é que ela estava doente e sumiu.

— E, por isso, sua mãe não a perdoa.

— Minha mãe não a perdoa porque acha que vovó a abandonou quando ela era ainda bebê. Mas agora nós sabemos que ela morreu naquele sítio e não pôde voltar.

— Sua mãe não sabia que ela estava doente quando desapareceu?

— Ela diz que vovô só falou isso para justificar o desaparecimento dela.

Chegaram ao prédio em que Eduardo morava e subiram direto ao seu apartamento. Diana estava ao telefone, mas ouviu quando eles entraram e desligou, correndo ao seu encontro. Sabia que Eduardo havia ido ao laboratório buscar o resultado daquele maldito exame e, embora não quisesse admitir, também tinha uma certa curiosidade em conhecer o resultado. Ao encontrar Gabriela em sua companhia, torceu o nariz e abraçou o filho, cumprimentando-a com frieza.

— Como vai, dona Diana? — falou Gabriela.

— Vou bem.

— Trouxe o resultado do exame, mamãe — interrompeu Eduardo. — Não quer saber?

— Na verdade, não.

— Que pena!

Eduardo deu de ombros e estendeu a mão para Gabriela, saindo com ela vagarosamente.

— Mas já que você o trouxe — apressou-se Diana —, pode me dizer.

— Muito bem — anunciou ele, em tom solene. — Fique feliz em saber, *dona Diana*, que o paradeiro de sua mãe já não é mais nenhum mistério. A ossada que encontrei naquele sítio realmente pertence a Tália Uchoa.

Uma estranha emoção arranhou o coração de Diana, que fingiu nada sentir. Torceu o nariz e retrucou em tom gélido:

— Não posso dizer que esteja surpresa. Aquela mulher teve o fim que mereceu.

— Por que a odeia tanto, mamãe? Ela morreu sozinha naquele lugar ermo. Isso não a comove nem um pouco?

— Eu não a odeio, mas também não me comovo com nada que se refira a ela.

— Não acredito nisso. Você a odeia porque se deixou impregnar pelas barbaridades que a *bisa* contava dela.

— Minha avó a conheceu muito bem. Tália era uma vagabunda, ordinária, prostituta. Por que mais teria me abandonado?

— Porque ela estava doente e morreu, por isso.

— Isso é história! Quem é que foge quando está doente? Essa foi a desculpa que seu avô arranjou para justificar a fuga daquela ordinária. Aposto como desapareceu com algum malandro que lhe deu uma surra e a matou.

— Não acha que está sendo intransigente e rígida, dona Diana? — interrompeu Gabriela. — Edu pode ter razão.

— Em primeiro lugar, o nome do meu filho é Eduardo, e não Edu. Em segundo, não creio que os assuntos de nossa família sejam de seu interesse, mocinha.

— Mãe! Não precisa ser grosseira com Gabi. Ela só está querendo ajudar.

— Muito obrigada, mas não preciso da ajuda de ninguém, muito menos de uma estranha.

Deu as costas aos dois e voltou para o quarto, deixando-os decepcionados e tristes. Mais do que eles, Tália chorava ao seu lado. Vira e ouvira tudo, o que a deixara profundamente magoada e triste também. Olhou para Sílvia a seu lado que, como a ler seus pensamentos, foi logo informando:

— Sua mãe morreu bem depois de você, Tália, carregando no coração todo o ódio que sentia pela perda de Raul.

— Não fui culpada pela morte de Raul.

— Não. Mas é difícil sufocar um ódio tão profundo, de tantos anos, que foi alimentado por mais de uma vida.

— Mas isso é injusto!

— Se você pensar bem, não existem injustiças no mundo. O que há são fatos conhecidos ou desconhecidos, o que nos leva a essa sensação de justiça ou injustiça.

Tália assentiu, e as duas foram ao encontro de Eduardo, que estava no quarto em companhia de Gabriela. Ela deu um beijo no neto e na moça, e seguiu com Sílvia. Quando elas partiram, Eduardo sentiu um certo arrepio, embora não soubesse explicá-lo. Pensou na avó e correu a apanhar algumas fotos que seu avô lhe dera.

— Ela era linda, não era? — perguntou embevecido.

Gabriela alisou a sua mão, fixando o retrato amarelecido de Tália.

— Edu?

— Hum?

— Posso lhe perguntar uma coisa?

— O quê?

— Por que essa fixação em sua avó? Quero dizer, é natural a curiosidade, mas você fica vidrado em tudo o que se refere a ela. Por quê?

— Não sei, Gabi, juro que não sei. Confesso que muitas vezes me fiz essa mesma pergunta, mas não encontrei resposta. No princípio, pensei que fosse influência de meu avô, mas depois notei que não. Antes mesmo de ele me contar as suas histórias, eu já era vidrado nela. Aliás, foi exatamente por causa do meu interesse que ele me narrou todas aquelas coisas. Não sei... Sinto por ela algo inexplicável, como se a tivesse conhecido profundamente. Não acha isso esquisito?

— Não sei. Hoje em dia, não sei mais o que é estranho e o que não é. Acho que tudo é possível.

— Tem razão.

— Por que não procuramos ajuda em algum lugar? Podíamos ir a um centro espírita.

— Acha que adiantaria?

— Podemos tentar.

— Se minha mãe descobrir que estou pensando em ir a um centro, vai ser um inferno. Ela detesta essas coisas de espiritismo.

— Ela não precisa saber. Podemos ir e procurar descobrir o paradeiro de sua avó. No mundo espiritual, quero dizer.

— Boa ideia, Gabi.

— Vou falar com minha irmã. Ela sabe tudo desses assuntos.

Beijaram-se novamente, agora esquecidos de Tália e das coisas do passado. Mas no peito de Eduardo uma pequena esperança começava a luzir.

Já passava da meia-noite quando Gabriela chegou a casa, e a irmã estava em sua cama, ouvindo um CD e lendo um livro espírita, *Nada é como parece*, de Marcelo Cezar. Gabriela entrou vagarosamente e acercou-se da irmã, que sorriu sem desgrudar os olhos da leitura.

— Oi — cumprimentou ela, colocando o marcador na página após alguns minutos e pousando o livro na mesinha de cabeceira.

— Oi, Eliane, tudo bem?

— Tudo.

— Sabe o que é, Eliane? Eu gostaria de saber quando é que você vai àquele centro de novo.

— Que centro? O centro espírita?

— É lógico, né?

— Por quê? Está interessada?

— Estou. Na verdade, meu interesse pelo assunto surgiu de repente, por causa de Eduardo. Ele anda muito estranho. Quando soube da existência daquele sítio, ficou desnorteado. Só pensava em ir lá e procurar pistas da avó perdida. Descobriu aqueles ossos e teve certeza de que eram dela.

— Já saiu o resultado do exame de DNA?

— Saiu hoje cedo. O resultado não foi nada surpreendente, já era esperado. Mas a reação de Eduardo é que me preocupa. Ele parece fascinado pela figura da avó. Guarda fotos em porta-retratos, coleciona recortes da época em que ela era atriz. Sabia que até a certidão de nascimento dela ele guardou?

— E daí, Gabriela? Pode ser uma simples admiração. Papai mesmo disse que ela foi uma vedete famosa no seu tempo.

— Não sei explicar, Eliane, mas sinto que Eduardo está ficando muito vidrado, fixado, sei lá. Parece até que está apaixonado por ela.

— Ah! Não vá me dizer que está com ciúmes de alguém que morreu há mais de cinquenta anos! E pior, que era avó de Eduardo!

— Ele fala dela com uma admiração... É quase como se a tivesse conhecido e vivido intensa paixão.

— Sei. Tipo: *Em algum lugar do passado*.

— Não brinque, Eliane, a coisa é séria. Estou preocupada, com medo de que isso vire uma obsessão.

— Já falou com ele?

— Perguntei-lhe hoje o porquê dessa admiração, mas nem ele soube responder. Foi por isso que pensei no centro espírita. Quem sabe não descobrimos alguma coisa?

— Como o quê, por exemplo?

— Não sei. Talvez eles tenham alguma ligação de outras vidas. Acha isso possível?

— Possível, sempre é. Nós não sabemos quem fomos ou como vivemos, mas podemos estar certos de que nossa vida é feita de reencontros. São eles que nos ajudam a crescer.

— Pois é. Pensando nisso, não será também possível que ela, de alguma forma, tenha se libertado do lugar em que estava presa e voltado para perturbar Eduardo?

— Nem sabemos se ela ainda está no mundo espiritual. E depois, que interesse teria ela nessa perturbação?

— É por isso que preciso da sua ajuda. Talvez o centro espírita nos dê algumas respostas.

— Ou talvez não dê nenhuma. É um erro pensar que o espiritismo, os guias ou qualquer outro processo mediúnico sejam a solução para nossos problemas. Precisamos descobrir os remédios para nossos males dentro de nossas próprias forças...

— Eu sei, Eliane, não estou querendo dizer que o centro vai solucionar esse problema. Aliás, eu nem sei se isso é um problema. O que quero são respostas.

— Mesmo as respostas não podem ser tidas como absolutas. Muitas vezes, não temos permissão para conhecer a verdade que procuramos. Há casos em que os guias e mentores não podem nos ajudar da maneira como desejamos.

— Como assim?

— Nem sempre os espíritos têm autorização para responder aos nossos questionamentos ou atender aos nossos desejos. Tudo se processa de acordo com o equilíbrio que existe na natureza. Se o que procuramos vai romper esse equilíbrio, os espíritos de luz não nos irão mostrar.

— Até parece. Tem gente por aí causando desequilíbrios muito mais graves do que esse.

— Desequilíbrios que deverão ser restabelecidos a qualquer momento. E, muitas vezes, restaurar o equilíbrio perdido pode ser muito doloroso.

— Está querendo dizer que podemos ser punidos por tentar descobrir a verdade?

— Punidos, não. Mas a dor que sentimos é, na maioria das vezes, causada pela nossa própria teimosia e imprevidência. Nesse caso, só estaremos recebendo aquilo que nós mesmos desejamos encontrar.

— Em outras palavras, quem procura acha.

— Exatamente.

— Se entendi bem, podemos descobrir coisas que vão nos fazer sofrer?

— É. E talvez vocês não estejam preparados para o que vão descobrir.

Durante alguns minutos, Gabriela permaneceu em silêncio, fitando a irmã com certa perplexidade.

— Eu sempre pensei — prosseguiu Gabriela — que tudo o que acontecesse no mundo fosse pela vontade de Deus.

— E é.

— E fosse para o nosso crescimento.

— O que também é verdade.

— Se é assim, descobrindo ou não a verdade sobre Tália Uchoa, estaremos seguindo a vontade de Deus. Se isso nos trouxer sofrimento, também será pela Sua vontade e para o nosso crescimento.

— Pode-se dizer que sim. A vontade de Deus é única: que aprendamos a amar. Agora, os meios que vamos utilizar para alcançar esse fim são aqueles que melhor atendam aos nossos propósitos e estejam mais de acordo com nossa maturidade espiritual. Por isso, podemos sempre escolher aprender pelo amor ou pela dor.

— Mas, ainda assim, não será pela vontade de Deus?

— Deus deu ao homem o livre-arbítrio para que ele pudesse escolher o seu próprio caminho, colhendo, como resultado dessa escolha, as flores ou os espinhos com que se deparar.

— Já entendi, Eliane. Ainda assim, vamos assumir esse risco. Já conversei com Edu e ele quer ir.

— Muito bem. Se é o que desejam, vou levá-los comigo na próxima sessão. Mas não posso prometer nada.

— É isso aí, irmãzinha. Obrigada!

Ficou combinado que Gabriela e Eduardo iriam com Eliane ao centro na terça-feira seguinte, o que deixou o rapaz extremamente animado. Era o primeiro sinal que recebia de que podia ter esperanças de se comunicar com a avó.

Em silêncio, Diana seguia para a casa do pai, concentrada em descobrir um jeito de afastar Gabriela de seu filho. Como se isso não bastasse, ainda havia aquele problema com a mãe. Por que será que Eduardo cismara de saber a verdade sobre ela? Não lhe bastava o que o avô e a bisavó haviam lhe contado? Quanto mais pensava nela, mais Diana se enchia de ódio.

Precisava falar com o pai. Apesar de tolo e apaixonado, o pai sempre cuidara dela e lhe dera amor. Cristina também fora muito boa com ela e era a única que merecia ser chamada de mãe. Encontrou-o tomando sol no jardim e se aproximou dele, só então notou que ele tinha um álbum de fotografias nas mãos. Ao ver a filha, Honório fechou o álbum e esboçou um sorriso alegre.

— Diana, minha querida, já era tempo de vir me ver. Pensei que tivesse se esquecido de seu velho pai.

— Não faça drama, papai — respondeu ela, beijando-o nas faces coradas. — Estive aqui no começo da semana.

— Só? Pensei que fizesse mais tempo.

— Você está ficando esclerosado. Não raciocina mais direito.

— Não fale assim com seu pai. Ainda estou saudável e lúcido.

— Você já vai fazer noventa e sete anos. Não é mais nenhum garoto.

— Ainda posso cuidar de mim.

— Já soube da novidade? — indagou ela, mudando de assunto.

— Que novidade?

— Da ossada que seu neto achou?

— Saiu o resultado do tal exame?

— Saiu. E adivinhe só! É mesmo daquela mulher.

— Sua mãe.

— Minha mãe se chamava Maria Cristina e morreu tranquilamente ao meu lado.

Lembrando-se de Cristina, Honório enxugou duas lágrimas dos olhos e apanhou a mão da filha, erguendo-se do banco em que estivera sentado.

— Vamos caminhar um pouco — convidou.

Diana se pôs a caminhar ao lado dele e esperou alguns minutos até prosseguir no assunto.

— O que tem dito a Eduardo, papai?

— Nada, por quê?

— Ele cismou que precisa descobrir coisas sobre a vida da avó.

— Deixe o garoto. Que mal pode haver?

— Não o quero envolvido com aquela mulher.

— Aquela mulher era sua mãe e já está morta. Ela foi uma grande mulher.

— Grande mulher... nem se casar com você ela quis. Largou-me para ser criada pela babá e sumiu no mundo.

— Ela estava doente quando sumiu. Mas agora nós sabemos o fim que ela levou, não é mesmo?

— Não sei se acredito nessa tal doença. Para mim, o que ela quis mesmo foi me abandonar. Cuidar de um bebê devia ser um tropeço para uma libertina feito ela.

— Você não conheceu sua mãe — ponderou ele, olhos úmidos.

— É. Ela não me deu essa chance.

— Mas você sabe o motivo que a levou a desaparecer.

— Tudo desculpa para fugir a suas responsabilidades de mãe.

— Por que a julga desse jeito?

— Porque ela não prestava. Era uma vagabunda, mãe desnaturada, filha ingrata. Não é à toa que ela e minha avó não se davam.

— Você bem sabe que sua avó não gostava dela e foi a responsável pelo seu desaparecimento. Se não tivesse...

— Não tente acusar minha avó! — berrou Diana, interrompendo-o com exasperação. — Ela estava apenas tentando ajudar, mas Tália, ingrata como era, tratou logo de destratá-la! E não quero que você conte isso a Eduardo. Não o quero com raiva da bisavó por algo de que ela não teve culpa.

— Está bem, Diana — suspirou desanimado. — Deixemos os mortos descansarem em paz.

— É melhor mesmo. Tudo isso está causando sérios problemas a Eduardo.

— Que problemas um moço saudável, recém-formado, com uma brilhante carreira pela frente e uma bela namorada pode ter?

— A namorada é um deles, mas não vim aqui para falar dela. Minha preocupação é aquela mulher. Não o quero investigando a vida de Tália, não é saudável. Você precisa tirar isso da cabeça dele.

— Eu?! E desde quando Eduardo me dá ouvidos?

— Se há alguém a quem ele dá ouvidos, esse alguém é você. Você sabe que ele o adora.

— Ai, ai, ai! — lamentou-se ele. — Vá lá, Diana, se é isso o que quer, verei o que posso fazer.

— Ótimo, papai. Sabia que podia contar com você.

Com um gesto delicado, Honório deu o assunto por encerrado e a convidou a entrar e tomar um refresco. Se ambos pudessem ver além do visível, teriam percebido a presença de Sílvia e Tália ao lado deles, os olhos úmidos de saudade.

— Você o amava — afirmou Sílvia, notando a sua tristeza. — Por que não se casou com ele?

Tália voltou para ela os olhos brilhantes para, em seguida, dirigi-los novamente a Honório, que caminhava de braços dados com a filha.

— Por quê? — repetiu. — Porque minha vida se perdeu numa ilusão...

Fitou Sílvia de novo e balançou a cabeça, sumindo no ar em seguida.

# 10

Quando a terça-feira chegou, o clima era de euforia para Gabriela e Eduardo. A sessão começava às oito e meia e, às sete e meia, todos já se encontravam lá. Como Eliane fazia parte do corpo mediúnico, foi apresentar os amigos ao dirigente, um senhor alto e de olhar bondoso, chamado Salomão. Ainda tinham tempo, e Salomão se dispôs a ouvir e conhecer os motivos que levaram Eduardo a procurá-lo. O rapaz contou-lhe tudo o que sabia sobre a avó, inclusive sobre a ossada recém-descoberta, finalizando com a enorme atração que sentia por tudo que se referisse a ela. Salomão escutou com atenção e, ao fim da narrativa, segurou as mãos de Eduardo e disse mansamente:

— Meu jovem, talvez esse não seja o momento mais oportuno para você conhecer a verdade. Ou talvez a sua avó não possa ou não queira se comunicar.

— Isto aqui não é um centro espírita? Não é o local apropriado para a gente se comunicar com os que já morreram?

— As coisas nem sempre são como nós queremos, mas como devem ser, de acordo com os desígnios de Deus.

— O senhor não está entendendo. Deus não tem nada a ver com isso. Sou eu que preciso me comunicar com a minha avó.

— Deus tem a ver com todas as coisas. E sua avó precisa de permissão para mandar uma mensagem ou se apresentar, mas pode ser que isso não seja oportuno agora nem para ela, nem para você.

— Por que não? Que mal pode haver em saber de seu paradeiro?

— Há coisas que é melhor não descobrir por enquanto. Tudo tem a sua hora, e talvez esse não seja o momento certo.

— O momento é sempre o certo quando se trata da verdade. E eu preciso descobrir a verdade. Já!

— Você está muito ansioso, meu rapaz. Não creio que a verdade lhe trará algum benefício. Ao menos enquanto você não estiver fortalecido e equilibrado.

— Ouça, seu Salomão, sei que o senhor é muito bom e está preocupado comigo. Mas posso lhe assegurar que estou mais do que preparado para descobrir o que houve com Tália. E seja o que for que tenha acontecido entre nós, tenho maturidade suficiente para saber. Sou um homem crescido, dono do meu nariz.

— Não é desse tipo de maturidade que você precisa, mas de maturidade espiritual. E essa só vem com o estudo e a reflexão.

— Não precisa se preocupar, já disse. Nada de mau poderá me acontecer.

Salomão deu um suspiro de desânimo e retrucou com compreensão e carinho:

— Vá se sentar na assistência, meu filho, e mantenha--se em oração. Se sua avó quiser e puder se manifestar, ela o fará. Senão, conforme-se com a vontade de Deus e esteja certo de que Ele tudo faz pelo nosso bem.

Ainda ansioso, Eduardo foi sentar-se na assistência com Gabriela e, do outro lado, uma mulher de seus trinta e poucos anos sorriu para ele e disse baixinho:

— Estou esperando para ser aceita no corpo mediúnico. Tenho grandes potenciais e quero dar a minha contribuição à espiritualidade.

— É mesmo? — interessou-se ele. — E o que é preciso fazer para ser aceita?

— Nada. Eles apenas estão avaliando minhas capacidades como médium.

— Ah...!

O som de um pequeno sino fez com que todos se calassem, e a iluminação fria do salão foi substituída por suaves luzes azuis, que davam um ar de serenidade ao ambiente. A sessão transcorreu normalmente, sem que nenhum espírito se manifestasse para mandar qualquer mensagem a Eduardo. Ao final, Eliane se juntou a eles.

— Lamento, Edu, mas não foi dessa vez.

— Não faz mal, Eliane. Sei que vocês fizeram o que puderam.

— Olá, Eliane — cumprimentou a mulher que estava ao lado de Eduardo.

— Ah! Tudo bem, Janaína?

— Tudo ótimo. Então, já apreciaram o meu pedido?

— Isso não é comigo, é com seu Salomão.

— É o meu pedido para ingressar no centro — esclareceu ela a Eduardo.

Eliane pediu licença e saiu puxando os amigos para fora, para tomarem um refrigerante na cantina.

— Está na cara que você não gosta da tal Janaína — observou Gabriela.

— Você tem razão, não simpatizo muito com ela. Janaína pediu para ingressar na casa, mas não está preparada.

— Por quê? Ela não é médium?

— Médiuns, todos nós somos, em maior ou menor escala. Mas o problema de Janaína não é bem esse. Ela é psicóloga e anda se aventurando no campo da TVP.

— TVP? O que é isso?

— Terapia de Vidas Passadas.

— Ela faz regressão? — indagou Eduardo, cético.

— Faz, mas seu Salomão não confia muito em seus métodos. Já soubemos de casos em que o paciente ficou pior do que já estava.

— Por que será? Será que ela não faz direito?

— Fazer, ela faz, e é por isso que as pessoas ficaram mal. Ela andou arranjando clientes aqui no centro, mentindo, dizendo que era com recomendação de seu Salomão, que ficou muito aborrecido. Afinal, ele tem responsabilidade pelo encaminhamento espiritual dessa casa e de todos que a procuram.

— Acho que Eliane tem razão — concordou Gabriela. — Uma pessoa que mente para alcançar seus objetivos não é digna de confiança.

— É por isso que não a deixam entrar? — quis saber Eduardo.

— É. Seu Salomão não pode pôr em risco as pessoas que aqui vêm.

— Por que não dizem isso a ela?

— Já dissemos, mas ela prefere fingir que não entende.

— Terapia de vidas passadas... — divagou Eduardo. — Deve ser interessante. Imagine só, descobrir a relação que tivemos com outras pessoas, em outras vidas...

— Nem pense nisso, Edu! — cortou Gabriela, rapidamente. — Nem pense em procurar essa tal de Janaína para saber de sua avó.

— Eu não disse isso.

— Mas é o que está pensando. Posso ver pelo brilho dos seus olhos.

— Gabriela está certa, Edu. — concordou Eliane. — Pode ser perigoso. Você pode não gostar do que vai descobrir.

Eduardo silenciou. Não queria mais pensar naquilo, mas o fato era que ficara impressionado com as palavras de Eliane. Se aquela mulher era capaz de levá-lo a uma outra vida, será que não valeria a pena arriscar? E depois, o que poderia haver de tão terrível em seu passado e no de sua avó que pudesse colocá-lo em risco? Será que foram apaixonados? Talvez tivessem sido amantes. Isso não era assim tão horrível. Podia lidar com aquilo. Ao menos, era nisso que acreditava.

Terapia de vidas passadas parecia algo muito mais do que interessante, era tentador. Tentador demais para ser desconsiderado. Eduardo não conseguia parar de pensar em Janaína e em seu trabalho. Talvez estivesse enganado ao procurar o centro espírita. Talvez a ajuda mais acertada para ele fosse uma regressão a vidas passadas. Era exatamente do que necessitava. Veria e reviveria momentos importantes de sua vida, fatos passados em outras épocas e, muito provavelmente, desvendaria o mistério que envolvia sua relação com Tália.

Eliane dissera que poderia ser perigoso, mas ele não pensava assim. Não era como aqueles fracos e desequilibrados que enchiam os consultórios dos psicólogos com problemas pueris, cuja solução simples mal conseguiam enxergar. Para esses, a terapia de vidas passadas podia representar uma ameaça porque não estavam prontos para se defrontar com a dor do passado. Mas ele não. Era um homem forte e corajoso, determinado e destemido, e não havia nada que o pudesse intimidar. Esperaria até a próxima sessão no centro espírita, quando poderia encontrar Janaína novamente. Daria um jeito de conseguir o seu telefone e marcaria uma consulta, sem que ninguém precisasse saber.

No dia seguinte, acordou com o telefone tocando insistentemente a seu lado, na mesinha de cabeceira. Consultou o despertador: ainda faltavam quinze minutos para as seis. Muito cedo para se levantar. Eduardo só entrava no trabalho às nove horas, de forma que não precisava madrugar. Como aquele era o seu número particular, o telefonema só podia ser para ele mesmo. Espantando o sono, ergueu o fone e respondeu entre bocejos:

— Alô...

— Oi! Edu? Sou eu, o Márcio.

Márcio era o amigo de Eduardo que estivera presente quando da descoberta da ossada de Tália. Os dois haviam se formado em economia na mesma época e trabalhavam juntos na mesma empresa.

— Márcio? Posso saber o que foi que houve para você me ligar tão cedo?

— Cedo? Já passa das dez horas. Esqueceu-se da nossa reunião? Todo mundo está perguntando por você.

— Dez horas?

Eduardo levantou-se de um salto e apanhou o despertador, encostando-o no ouvido. Parado!

— Não sei o que houve, Márcio. O despertador está parado. Acho que deu defeito.

— Lembre-me de lhe dar um rádio-relógio digital no próximo Natal. Agora se apresse. Vista-se logo e venha para cá.

— Já estou indo. Por favor, peça desculpas ao pessoal e diga que já estou chegando.

Embora atrasado, Eduardo gozava de prestígio na empresa, e o chefe não ficou muito zangado. A reunião transcorreu normalmente e, no fim do dia, os dois saíram para tomar um chope e conversar.

— Está tudo bem com você, Eduardo? Você anda meio estranho ultimamente.

— Não é nada, Márcio, estou bem.

— Não sei, não. Desde que descobriu os ossos de sua avó, você anda esquisito.

— É impressão sua.

— Será? Gabriela também pensa assim?

— Ela comentou alguma coisa com você?

— Olhe, Edu, não leve a mal, mas ela me telefonou no outro dia. Está preocupada com você.

Uma sombra imperceptível de ciúme nublou a mente de Eduardo, que conseguiu disfarçar e retrucou com fingida displicência:

— Por quê?

— Não sei se é saudável você ficar nessa fixação pela sua avó. Ela já morreu, cara.

— Só o que quero é descobrir o que aconteceu com ela.

— Você sabe que ela estava doente quando sumiu. Seu avô já lhe disse. Provavelmente foi por isso que ela morreu.

— E daí?

— E daí que não sei se vale a pena você ficar revolvendo essa história. O passado está morto, e você nada pode fazer para mudá-lo.

— Não quero mudar o passado. Quero apenas compreender.

— O que mais há para compreender? Você não conheceu sua avó. Descobrir a ossada dela, confesso, foi uma aventura. Fazer o exame de DNA também foi compreensível, porque tirou sua dúvida. Agora chega.

— Pode ter sido uma aventura para você, mas para mim foi algo muito sério. E depois, eu sou a pessoa mais indicada para definir o que é ou não importante para mim.

— Tudo bem, Edu, não quero discutir com você.

Mudaram de assunto, mas algo continuou martelando na cabeça de Eduardo. Quando foi que Gabriela telefonou para Márcio? E por que não lhe contou? Aquilo o incomodou. Embora o amigo nunca dissesse nada, podia perceber os olhares que dava para ela. Mas não queria dar uma de namorado ciumento e criar um caso por nada. Pouco depois, despediu-se de Márcio e resolveu ir à casa de Gabriela. Ainda era cedo, e podiam sair para jantar. Encontrou-a estudando em seu quarto e beijou-a apaixonadamente.

— Posso saber o motivo desse beijo ardente?

— Estive pensando, Gabi. Que tal se fôssemos acampar nesse fim de semana?

— Não vai dar, Edu. Tenho prova na segunda-feira.

— Sei. É para isso que está estudando?

— É, sim.

Ele assentiu e ficou rondando a moça, até que indagou:

— Não pretendo atrapalhar você, mas não quer sair para comer alguma coisa? Podemos ir ao McDonald's.

— Tudo bem. Estou mesmo com fome. Dê-me só um tempo para me vestir.

Eduardo saiu do quarto e ficou conversando com Eliane, que havia acabado de chegar. Poucos minutos depois, Gabriela apareceu, e ele percebeu o quanto ela era bonita e como a amava.

— Você está linda! — elogiou embevecido.

— Obrigada.

— Aonde é que vocês vão? — indagou Eliane.

— Comer alguma coisa por aí. Quer ir?

— Não, obrigada, já jantei.

— Até mais então, Eliane.

Trocaram beijos de despedida, e os dois partiram rumo à lanchonete.

— Você ainda não me disse o que achou do centro espírita — falou Gabriela, assim que se sentaram para comer.

— Eu gostei. Fiquei um pouco desapontado, mas foi legal. Senti uma paz incrível.

— Eu também. Mas não gostaria que você ficasse decepcionado. Sua avó ainda pode aparecer.

— E se nada acontecer?

— Não será então o melhor?

— Não, Gabriela. Estou disposto a descobrir, ainda que contra a vontade de todo mundo. Até meu avô, que sempre defendeu minha avó, me telefonou outro dia para tentar me convencer a não fazer nada. Aposto como foi ideia da minha mãe.

— Acho que você está insistindo em algo que a vida não quer lhe revelar.

— Se não quer, vou forçá-la a querer. Nada nem ninguém têm o direito de me impedir de descobrir a verdade sobre a minha família.

— Talvez a verdade não seja útil para você, afinal. Não nesse momento.

— Em que momento então? Quando eu morrer? — Ela deu de ombros, e ele acrescentou: — Muito obrigado, mas não vou esperar tanto. Se tenho condições de descobrir hoje, será hoje mesmo.

— Como?

— Darei um jeito. E agora, Gabi, por favor, será que podemos mudar de assunto? — Ela silenciou e mordeu o sanduíche, e ele indagou com aparente displicência: — Soube que você andou telefonando para o Márcio para falar de mim.

— Não é bem assim, Edu. Liguei para ele porque é seu amigo e pensei que poderia ajudar.

— Ajudar em quê? Não estou doente nem nada.

— Foi você quem quis mudar de assunto.

— Isso mesmo. Estamos falando do Márcio agora.

— Acho que não temos nada para falar do Márcio. O problema ainda é a sua avó.

— Foi o que ele me disse.

— Por que está tão zangado? Será que é algum crime preocupar-me com você?

— Não estou zangado. Só não sei se me agrada que a minha namorada fique telefonando para outros homens além de mim.

— O que é isso, Edu? Ciúmes agora? Pensei que Márcio fosse seu amigo.

— E é. Mas também é homem. E muito atraente, eu reconheço.

— Não estou entendendo aonde você quer chegar.

— A lugar nenhum. Esqueça. É besteira.

Eduardo sorriu sem jeito e virou a cabeça para o lado, fitando a rua pela janela envidraçada da lanchonete. Não sabia se Gabriela já havia percebido o interesse de Márcio por ela e não pretendia chamar sua atenção. Jurara a si mesmo que não bancaria o namorado ciumento, mas o fato é que não podia evitar. Por mais que tentasse, não conseguia parar de pensar em Márcio e nos seus sentimentos para com Gabriela. E se falasse com ele? Talvez esclarecendo tudo parasse de sentir ciúmes. Diria ao amigo que Gabriela era sua namorada e não ficava bem os dois se falarem por telefone. Mas que besteira! Márcio o julgaria ridículo. E depois, eles nem andavam se falando por telefone. Pelo que ele sabia, aquilo acontecera apenas uma vez e não iria se repetir. Decidiu não mais se importar.

Faltavam poucos minutos para o meio-dia, Eduardo conversava animadamente com Márcio num bar à beira-mar, ainda de sunga e camiseta. Tinham saído da praia havia poucos minutos para dar um pulo no barzinho e tomar uma bebida gelada, fugindo do sol escaldante.

— E a Gabi, como vai? — perguntou Márcio, tentando não demonstrar excessivo interesse.

Eduardo fitou-o desconfiado, mas desviou os olhos rapidamente, para que o outro não notasse a sua irritação. Deu um gole largo na cerveja e respondeu sem tirar os olhos da mesa:

— Vai bem... — hesitou, mas a desconfiança foi maior, e retrucou com uma quase zanga: — Por que o interesse?

— Perguntei por perguntar — respondeu Márcio, percebendo que o amigo não havia gostado.

Foi preciso muito esforço para Eduardo não gritar com Márcio. Afinal de contas, ele não perguntara nada de mais. Em outras circunstâncias, nem teria se importado, mas, de uma hora para outra, dera para ter essas desconfianças. Tinha certeza do interesse dele por Gabriela, o que o deixava irritado. A moça jamais lhe dera motivo para desconfianças, mas, desde que telefonara ao amigo para falar dele, Eduardo começou a se sentir incomodado, e a sombra negra do ciúme principiou a avançar sobre ele.

Tentou desanuviar a cabeça, mas estava difícil. Confiava muito em Márcio; eram amigos havia muitos anos. E tinha toda confiança em Gabriela também. Mas o que dizer de seu desempenho amoroso nos últimos tempos? Ela vinha se queixando de sua frieza e desinteresse. Estaria interessada no outro e, por isso, seus carinhos já não a satisfaziam mais? Agora que percebera, sentia que havia algo estranho entre aqueles dois. Ou seria mera impressão?

Na verdade, Eduardo não conseguia enxergar os seres que, nessas horas, o abraçavam. Criaturas ligadas a sua mãe compraziam-se em incutir-lhe um ciúme crescente. Cada vez que se deixava dominar por esse sentimento mesquinho e corrosivo que a bebida só fazia aumentar, as entidades se acercavam dele, enviadas pelos pensamentos daninhos de Diana, que odiava Gabriela mesmo sem perceber. Eduardo, alheio a esse fato e descuidado na vigília, era presa perfeita para esses espíritos, não lhes opondo resistência nem qualquer dificuldade. Ia se tornando, a cada dia, mais e mais sugestionável a suas vibrações, que o instigavam à desconfiança e ao ciúme.

Assim, envolvido por essas sombras, Eduardo dava vazão a sentimentos menos nobres. Fitava Márcio com um brilho de raiva no olhar quando avistou a mãe, que se aproximava a passos largos.

— Graças a Deus encontrei você! — exclamou ela, pendurando-se em seu pescoço e cumprimentando Márcio com um aceno de cabeça.

— Por quê? Aconteceu alguma coisa?

— Não, está tudo bem. É que seu avô apareceu de repente lá em casa, para o almoço. Faço questão da família reunida à mesa.

— Que maravilha! Sabe que adoro conversar com vovô.

— Só não vá aborrecê-lo... — parou abruptamente e queixou-se, aborrecida com a chegada repentina de Gabriela: — Ora essa!

— Olá, olá! — cumprimentou a moça, beijando Eduardo nos lábios.

— Terminou de estudar? — indagou o namorado, puxando-a pela mão e sentando-a a seu lado.

— Graças a Deus. E aí, Márcio, como vai?

— Tudo bem.

— E a senhora, dona Diana? Veio pegar um solzinho?

— Não tenho tempo para essas bobagens — respondeu ela com azedume. — Vim aqui só porque precisava falar com Eduardo. Temos um importante almoço de família em casa, e não podia deixar de vir. Mandaria um dos criados, mas não se pode contar com eles hoje em dia. Não fazem nada direito...

Foi só então que Diana percebeu que não havia ninguém prestando atenção em suas palavras. Gabriela acariciava a mão de seu filho, enquanto este, olhar reto, parecia remoer alguma coisa. Seguindo o seu olhar, encontrou os olhos de Márcio que, por sua vez, fitavam Gabriela com ar de adoração. Num átimo de segundo, compreendeu tudo. Gabriela parecia ou fingia não notar, mas Márcio não tirava os olhos dela, o que já fora percebido por Eduardo.

Ciúme. O monstro negro da destruição, inimigo dos amantes e aliado dos oportunistas. E ela era uma grande oportunista. Seria com o ciúme que contaria para minar a confiança de Eduardo naquela espevitada. Não podia perder aquela oportunidade.

— Você vai almoçar lá em casa? — escutou Eduardo dizer a Gabriela, que assentiu em dúvida. — Gostaria muito que você fosse.

Fascinada, viu quando Gabriela respondeu com todo o seu charme, que Márcio bebia como se fosse endereçado a ele:

— Se é o que você quer, vou sim.

— Podemos ir para o meu quarto depois — completou, quase num sussurro inaudível, e ela sorriu sedutora.

Do outro lado da mesa, Márcio também parecia fascinado. Tentava não prestar atenção, mas não conseguia tirar os olhos da menina, talvez imaginando-se no lugar de Eduardo. E por que não?

— Por que não vem também, Márcio? — convidou Diana, esforçando-se para parecer gentil.

— Ah! Obrigado, dona Diana, mas não vai dar.

— Você tem algum compromisso?

— Não, nenhum. Na verdade, estou sozinho em casa.

— Então, por que não vem? Tenho certeza de que Eduardo ficaria feliz.

Procurou não olhar para o rosto do filho, que se contraiu em desagrado.

— Domingo é dia de almoçar com a família, mamãe — protestou Eduardo, apertando os lábios.

— Mas foi ele mesmo quem disse que está sozinho! Mais um motivo para vir almoçar conosco. Vocês sempre foram tão amigos, que é como se ele fizesse parte da família. E depois, Gabriela não vem também? Ela não vai almoçar com a família, vai?

— Não sei, dona Diana — hesitou Márcio. — Não quero atrapalhar.

— Que atrapalhar, que nada! Assim fica mais divertido. Eduardo não tem tempo de aborrecer o avô, e vocês, jovens, podem se divertir, os três. Você tem um DVD novo, não tem, meu filho?

— Tenho — respondeu secamente.

— Então! Vamos, Márcio, Eduardo está precisando disso. Tem trabalhado demais.

Não era verdade. O trabalho não o incomodava nem o desgastava, e Eduardo não compreendia por que a mãe insistia naquilo. Quase gritou com ela para que parasse, mas conseguiu se conter a tempo. Ela não tinha nada com suas desconfianças e fazia aquilo pensando que era para o seu bem. Finalmente engoliu a raiva e conseguiu dizer:

— Venha, Márcio. Podemos ver um bom filme, nós três.

— Se é assim — considerou Márcio —, eu vou.

— Ótimo! Agora, fiquem aí mais um pouco, enquanto vou para casa e mando pôr mais dois pratos à mesa.

Márcio consultou o relógio e tornou:

— A que horas é o almoço?

— Hum... — fez Diana. — Lá para uma hora, está bom?

— Já é meio-dia e vinte. Ainda tenho tempo de ir tomar um banho e me aprontar.

— Não precisa. O almoço vai ser servido à beira da piscina.

— Mesmo assim, dona Diana, estou cheio de sal.

Levantou-se e despediu-se dos amigos, seguindo para casa sob o olhar contrariado de Eduardo. Gabriela chegou a notar seu desagrado, mas preferiu se calar. Em qualquer outra ocasião, Edu ficaria feliz com a companhia do amigo e da namorada, mas, desde que ela telefonara a Márcio, ele andava esquisito. Ainda estaria com ciúmes?

— Você não precisa ir se arrumar — disse Eduardo, apertando a mão de Gabi, que fez menção de se levantar. — Pode ir agora comigo.

Gabriela não contestou. Estava de biquíni e saída de praia, mas iria assim mesmo. A saída mais parecia um vestidinho, e ninguém iria notar.

À uma e meia, sentaram-se para almoçar às mesinhas colocadas no terraço da imensa cobertura de Diana. Eduardo, que quase não falara nada durante o almoço inteiro, preocupado em tomar conta dos olhares de Márcio, acabou se esquecendo deles por alguns minutos, envolvido que fora na conversa do avô.

— Você não devia mais se ocupar tanto com o passado, Eduardo. Deve cuidar de viver o presente e planejar o futuro. Sua mãe anda aborrecida com esse seu interesse. Sabe como ela se sente com relação a sua avó.

— Isso é problema dela.

— Você devia respeitar mais a sua mãe. Ela só quer o seu bem.

— Mas quem foi que disse que não a respeito? Só porque ela não gosta de vovó, não significa que eu também tenha que não gostar. E depois, é ela que não respeita o meu desejo. Vive me recriminando...

— Ela é sua mãe. Quer o melhor para você.

— Foi ela quem lhe pediu para me falar essas coisas, foi? Porque, se foi, não vai adiantar.

Continuaram a conversar e, como sempre acontecia quando o assunto era Tália, Eduardo se esqueceu por completo de Gabriela, desligando-se momentaneamente dela e de seu amigo Márcio. Deixada sozinha pelo namorado, a moça se aproximou do rapaz, que, debruçado na amurada, observava o movimento dos banhistas embaixo, na avenida. Sentindo o seu perfume suave, Márcio virou-se para ela e deu um meio sorriso, tomando um gole do refrigerante que tinha nas mãos.

— Está fazendo um lindo dia, não está?

Ele assentiu e retrucou:

— Estou até pensando em dar um pulo lá embaixo e dar um mergulho. O que você acha?

— Você já não tomou banho?

— Mas estou de sunga por baixo.

— Por que não caímos na piscina?

— Não sei não, Gabi. Não estou vendo ninguém de roupa de banho por aqui.

— Tem razão. Podem nos achar intrometidos, não é? Ainda mais dona Diana, que vive cheia de frescuras e etiquetas.

Márcio sufocou o riso e olhou para a mãe de Eduardo, que dava ordens a uma criada.

— Coitado do doutor Douglas — prosseguiu ele. — Merecia coisa melhor.

— É mesmo. Ele é tão legal!

Márcio assentiu e tornou a se virar para o terraço, apontando Eduardo com o queixo.

— Nosso amigo já foi perturbar o avô com aquela conversa de Tália.

— É verdade. Pior que, nessas horas, ele nem lembra que eu existo.

Naquele momento, Márcio se deu conta da enorme ternura que sentia por ela. Teve vontade de estreitá-la em seus braços e beijar seus cabelos, dizendo-lhe o quanto ele se importava. Mas a fidelidade ao amigo não lhe permitia maior contato com Gabriela, e limitou-se a dizer:

— Ele não faz por mal. Mas, se lhe servir de consolo, sou seu amigo e estou ao seu dispor quando você quiser conversar.

Ela apertou a mão dele e agradeceu quase em lágrimas:

— Obrigada, Márcio. Você é um ótimo amigo.

De onde estava, Diana não perdia um só movimento dos dois. Nem se importava muito com a conversa do filho e de seu pai. Ver a proximidade de Gabriela e de Márcio, sentir o interesse do rapaz por ela e a fragilidade da moça diante da quase indiferença do filho era fascinante, para não dizer prazeroso.

— E então? — prosseguiu ele. — Vamos ou não vamos dar um mergulho?

— Hum... Está certo, você me convenceu. Vou falar com Edu e já volto.

A passos largos, Gabriela se aproximou de Eduardo e, pedindo licença, informou-o de sua intenção de dar um mergulho em companhia de Márcio. De tão entretido na conversa do avô, Eduardo mal registrou-lhe as palavras. Limitou-se a assentir, dando-lhe rápido beijo nos lábios. Ela deu um sorriso amargo para Honório e se afastou, sumindo em seguida em companhia de Márcio.

— Devia dar mais atenção a sua namorada — censurou ele. — Ou vai perdê-la para outro.

— Como assim? — tornou Edu, incrédulo.

— Sabe por que acabei me interessando por Maria Cristina?

A pergunta pegou Eduardo de surpresa. Eles mal falavam da tia-avó, a mulher de seu avô, irmã de sua verdadeira avó, e era a primeira vez que ele o escutava referir-se a sua vida pessoal.

— Por quê? — repetiu ele, interessado.

— Justamente porque sua avó não me dava atenção. O sucesso, por vezes, ofuscava-lhe a visão, e eu ficava deixado de lado, vendo-a se divertir em festas na companhia de outros homens. Nessas ocasiões, quem me consolava era sua avó Maria Cristina, que não tinha o glamour de Tália, mas, à sua maneira, também foi uma grande mulher.

— Mas você amava vovó Tália.

— Amava... Mas não há amor que resista à indiferença. Quando a carência aperta, pendemos para o lado daqueles que nos cobrem de atenções. Foi assim comigo e Maria Cristina, e pode vir a ser assim com Gabriela e o seu amigo.

— Acha que eles podem me trair?

— Trair, não. Mas a distância que você está impondo a ela pode acabar aproximando-a do outro. E aí, ela pode simplesmente deixar você para ficar com ele. Troca não é traição.

— Márcio é meu amigo...

— Mas é também um ser humano cheio de sentimentos, dúvidas, desejos. Não jogue com a sorte, menino, porque ela pode virar as costas para você.

— Você também trocou vovó Tália por vovó Cristina?

— Foi Tália quem me trocou por todos os outros homens... e Cristina... ela me amava tanto...!

— Mas vocês só se casaram depois que vovó Tália sumiu, não foi?

— O que não quer dizer que não tenhamos nos envolvido antes.

— Quer dizer que você e ela tiveram um caso antes de que a vovó sumisse?

— Era em seu colo que eu desafogava o pranto, e em sua cama que aliviava a tristeza que me consumia o coração.

— Estou... estarrecido... — balbuciou ele. — Jamais poderia imaginar que você houvesse traído a minha avó.

— Eu não a traí. Apenas procurava consolo nos braços da única mulher que me amou de verdade e estava sempre livre e pronta para mim. Era Tália quem me traía com qualquer um que tivesse uma carinha bonita ou um pouco de sedução.

— E acha que pode acontecer o mesmo comigo?

— Se você não se cuidar, pode, sim. Gabriela é jovem, bonita, inteligente, assim como o seu amigo bonitão. Ainda mais hoje em dia, que tudo é mais fácil. Na minha época, nós ainda tínhamos que fazer tudo às escondidas, mas hoje o sexo é natural e ninguém se importa com quem dormiu com quem.

— Não fale assim, vovô. Gabriela não seria capaz de dormir com outro.

— Você não sabe as coisas que um coração magoado e desprezado é capaz de fazer.

— E Márcio é meu amigo.

— Que também tem um coração e, pelo que pude perceber, e ele até pode tentar negar, quase arrebenta quando fica perto da Gabriela.

— Você percebeu?

— Na hora do almoço. Por mais que ele disfarçasse, não conseguia tirar os olhos dela.

Eduardo silenciou. As palavras do avô só vinham confirmar suas suspeitas. Então, Márcio estava mesmo interessado em Gabriela, e qual era a mulher que não gostava de ser cortejada? Aquele pensamento encheu-o de ódio. Olhou ao redor, procurando-os, e só então se lembrou de que ela havia lhe dito algo sobre dar um mergulho na praia. Levantou-se apressado e correu até a amurada, procurando-os na areia lá embaixo. Impossível encontrá-los no meio da multidão e àquela distância.

— Vou lá embaixo procurá-los — disse, voltando para perto do avô. — Daqui a pouco estarei de volta.

— Não se preocupe comigo. Mas não vá brigar com ninguém, viu?

— Pode deixar.

Deu um beijo na testa do avô e saiu, remoendo ainda as suas palavras. Tinha que manter a cabeça fria e não se precipitar. Afinal, tudo podia ainda estar apenas na intenção. Não acreditava que Gabriela e Márcio fossem capazes de traí-lo, mas, como dissera o avô, uma troca não seria propriamente uma traição. E ele tinha de reconhecer que andava meio distante ultimamente. Fosse como fosse, tentaria lhe dar mais atenção.

Com esses pensamentos, atravessou a portaria do prédio e saiu.

# II

O olhar de espanto e dor de Tália, que acompanhava esses diálogos do mundo espiritual, demonstrava claramente que aquelas revelações eram desconhecidas para ela, deixando-a transtornada e confusa.

— Você não sabia? — indagou Sílvia.

— Não — respondeu com olhos úmidos, esforçando-se para não parecer excessivamente chocada. — Jamais poderia imaginar que Honório e Cristina tinham dormido juntos enquanto eu vivia.

— Há muitas coisas que você não sabe, não é, Tália? Nunca se preocupou em descobrir nada. Viveu na vida espiritual alheia ao mundo em que trilhou sua jornada de carne, como se ela nunca tivesse existido.

— Será que é errado tentar apagar o passado?

— Quem sou eu para dizer o que é certo ou errado? Mas o passado existe para nos auxiliar a cultivar o que foi bom e a modificar o que nos trouxe sofrimento. Se você esquece, nega que viveu. Se não viveu, não experienciou e sem as experiências, como definir o que deve ou não ser aproveitado ou modificado?

Tália encarou Honório com profundo pesar e se aproximou dele lentamente. Ao sentir a sua presença, os olhos dele encheram-se de lágrimas, e a sua lembrança invadiu-lhe a mente. Como estaria sua amada? Não sabia se acreditava em vida após a morte, mas, durante todo aquele tempo, jamais sentira a presença dela como agora sentia. Por mais que se lembrasse dela e lhe chamasse o nome, ela nunca o atendera.

Naquele momento, a lembrança da amada voltou forte em seus pensamentos. Mais do que isso, uma sensação estranha, uma presença familiar parecia envolvê-lo como uma bruma espessa. Era uma sensação tão forte que chegava quase a ser palpável, e Honório estendeu as mãos para a frente, buscando tocar o invisível. Sem querer, atravessou o corpo astral de Tália, que lhe registrou as vibrações e segurou-lhe as mãos com as suas, beijando-as sem quase tocá-las.

A troca de fluidos foi tão intensa que, por uma pequenina fração de segundos, Tália se fez visível a Honório, que estacou bestificado e balbuciou confuso:

— Tália...

De onde estava, Diana escutou o seu apelo e olhou para ele com um misto de raiva e espanto.

— O que foi que disse, papai?

— Sua mãe... Estava ali... Eu a vi.

— Você está ficando caduco. Não há ninguém ali.

— Mas eu a vi!

— Foi impressão. Viu uma das empregadas e se confundiu.

— Não, não! Era sua mãe, tenho certeza.

— Você andou tomando sol demais, papai. Ou será que bebeu às escondidas?

— Não estou bêbado! Vi Tália perfeitamente, como estou vendo você. Foi rápido, mas eu vi.

— Chega dessa bobagem! Isso é coisa da sua cabeça. Eu bem que desconfiava que sua esclerose estivesse piorando.

— Deixe-o em paz — intercedeu Douglas, que também ouvira o chamado de Honório.

— Mas ele anda falando sandices!

— Ouça, Diana, que mal pode haver? Se ele diz que viu Tália, deixe-o com sua visão. Não está prejudicando ninguém.

— Prejudica a cabeça dele.

— Não seja tão dramática nem implicante. Você está com raiva porque seu pai ainda pensa em sua mãe.

— Será que vocês dois podem parar de discutir por mim? — contrapôs Honório. — Sei muito bem o que vi e não preciso de ninguém para me chamar de caduco ou louco.

— Ninguém está dizendo isso, Honório.

— Estão, sim, os dois. Cada um a sua maneira. Mas não faz mal. Tália esteve mesmo aqui, eu sei, e não me importa se vocês acreditam ou não.

Com certa dificuldade, Honório se levantou da cadeira e foi caminhando vagarosamente em direção à escada que dava acesso à parte interior do apartamento. Enquanto descia as escadas, Tália ia acompanhando-o, com Sílvia a seu lado. Chegaram à sala, e ele se sentou numa poltrona defronte à varanda. Pousou a cabeça no encosto, cerrou os olhos e suspirou:

— Sei que era você, Tália. Eu vi.

Quase no mesmo instante, adormeceu, e Tália se afastou dali com Sílvia, para evitar que ele a visse novamente e ficasse ainda mais confuso. Em poucos minutos, estavam na praia, acompanhando Eduardo, que caminhava pela areia escaldante.

— Não podemos ajudá-lo? — indagou Tália, preocupada com o ar transtornado do rapaz.

— Eduardo está se deixando levar pelo ciúme, atraindo criaturas de baixo padrão vibratório. É preciso que ele abra os olhos para as verdades eternas da alma e lute contra esse sentimento daninho. Caso contrário, irá cada vez mais sintonizar com esses espíritos, poderosos aliados de sua mãe, e dar acesso a todo tipo de influência perniciosa.

— Como disse? Esses espíritos são aliados de Diana? Como assim?

— Diana e Gabriela são inimigas de outra vida. Eduardo já foi marido de Gabriela, até que conheceu Diana e, apaixonado por sua beleza, deixou-se por ela seduzir e tornou-se seu amante. Após algum tempo, a beleza vazia e fútil de

Diana acabou cansando-o, e ele rompeu esse relacionamento, voltando para os braços da esposa. Diana nunca se conformou. Movida pelo ódio e o ciúme, tirou a vida de Eduardo numa discussão e comprometeu-se a voltar como sua mãe, a fim de não apenas lhe devolver a vida tirada, mas também de respeitar-lhe as escolhas e aprender a amar Gabriela.

— Não sei se ela vem fazendo isso muito bem, não é? Pelo que pude perceber, está muito empenhada em infernizar a vida da menina.

— Não nos cabe julgá-la, Tália. Diana procura fazer o melhor que pode, embora o apego excessivo a Eduardo lhe dificulte um pouco o raciocínio.

— E esses espíritos que você chama de seus aliados? Como foram se ligar a ela?

— Acompanham-na de outras vidas e se alimentam das vibrações densas emanadas por sentimentos inferiores. Como é esse o seu alimento, esforçam-se para levar Eduardo a manter-se na mesma sintonia, reforçando, assim, a sua fonte de energia primitiva. E Eduardo, imprevidente e descuidado, vai-se entregando ao ciúme desmedido, fortalecendo-os cada vez mais, fazendo exatamente aquilo que esperam dele.

— Mas, então, ele não tem culpa! São esses espíritos inferiores que o levam a sentir isso.

— Culpa, propriamente, ele não tem. Ninguém é culpado por sentir, porque sentimento não se domina nem se fabrica. Mas não foram esses espíritos que se ligaram a ele para induzi-lo a sentir ciúmes. Foi o ciúme de Eduardo que os atraiu, criando entre eles uma conexão que vai se fortalecendo à medida que ele dá vazão a esse sentimento. No dia em que Eduardo conseguir educar o sentimento, vigiando seus pensamentos e exercitando o verdadeiro amor em seu coração, a sintonia será rompida, e esses seres, privados do alimento que os vivifica, vão deixá-lo de lado e partirão em busca de outro encarnado que sirva melhor aos seus propósitos.

— E Gabriela? Será que gosta mesmo dele ou vai se envolver com Márcio?

— Sobre isso, não nos é dado especular. A vida deles somente a eles pertence.

— Mas Eduardo gosta tanto dessa moça!

— Deveria então se preocupar mais com ela, em vez de gastar todo o seu tempo tentando desvendar a sua vida, Tália.

— É verdade. Ele tem verdadeira fixação em mim, não é mesmo?

— Isso não devia ser motivo de orgulho para você. O rapaz não sabe a ligação que vocês tiveram e pode ficar chocado com o que descobrir.

— Como assim? Nós já tivemos alguma ligação no passado?

— Só uma forte ligação pode explicar a adoração que ele tem por você.

— Mas eu não me lembro!

— Você mesma apagou da mente as lembranças. Quando quiser, vai se lembrar.

Tália não disse mais nada, mas começou a sentir-se inquieta com relação a Eduardo. Uma sensação de familiaridade a invadiu, e ela percebeu que realmente o conhecia. Restava saber quando e de onde.

Eduardo pisava a areia quente da praia com uma quase fúria, olhando para todos os lados em busca de Gabriela e Márcio. Cumprimentou alguns amigos e pensou em perguntar-lhes se os haviam visto, mas não queria que falassem que sua namorada estava perdida na praia com outro. Chegou mais para a beira e procurou na água. O mar, naquele dia, estava um pouco mais manso do que o usual, e ele finalmente os avistou mais no fundo, além da arrebentação. Sentiu um bolo no estômago ao ver Gabriela subindo nas ondas, talvez impulsionada pelos braços de Márcio que, provavelmente, se prendiam ao redor da sua cintura.

Largou os chinelos ali mesmo, na beira, e se atirou na água com violência, espargindo pingos por todos os lados. Algumas senhoras que se banhavam na beirinha se queixaram, mas ele nem teve tempo de se desculpar. Movimentou os braços e as pernas, e saiu vencendo as ondas, nadando o mais rápido que podia na direção dos dois. Parou quase ao lado deles, fincou os pés no chão e ergueu a cabeça, sacudindo os cabelos e arregalando os olhos.

Gabriela logo o viu. Ergueu os braços acima do nível do mar e deu um mergulho vigoroso, emergindo com o corpo praticamente colado ao seu. Sem nada dizer, apertou-o de encontro a si e deu-lhe um beijo ardoroso e salgado, que ele correspondeu com sofreguidão. Uma onda mais alta os apanhou de surpresa e os levou para cima, cobrindo parte de suas cabeças, separando seus corpos e desfazendo seu beijo. Gabriela surgiu no meio da água e sorriu com alegria, voltando para junto dele. Passou os braços ao redor de seu pescoço e disse com sinceridade:

— Que bom que você veio, Edu! Estava morrendo de saudades.

— Por que não me chamou para vir com vocês?

— Eu avisei que vinha. Por que não nos acompanhou?

— Não gosto que você fique sozinha com outro homem. Ainda mais nessa intimidade toda.

Olhou de soslaio para Márcio, que se mantivera afastado, observando-os em silêncio.

— Deixe de bobagens, Edu. Márcio é nosso amigo.

— Pelo visto, está se tornando mais seu do que meu.

— Será possível que você esteja mesmo com ciúmes? — virou-se para o amigo, que se mantinha afastado, e chamou: — Venha, Márcio! Venha se juntar a nós.

Meio constrangido, Márcio se aproximou. Cumprimentou Eduardo com um aceno de cabeça e falou desajeitado:

— Acho que vou sair um pouco, Gabi. Aproveitar o restinho do sol.

— Já? — tornou Eduardo, em tom irônico. — Logo agora que eu cheguei, você vai embora? Por quê? Estou atrapalhando alguma coisa?

Apesar de notar o ar debochado de Eduardo, Márcio não entrou em sua sintonia. No fundo, compreendia o ciúme de Edu. Embora ele e Gabi não estivessem fazendo nada de mais, em seus pensamentos, via-se abraçando a moça, beijando-a, transando com ela. E isso, para ele, equivalia a uma traição. Não tanto como a física, porque sequer ousara tocá-la. Mas seus sentimentos para com ela cresciam cada vez mais, e estava ficando difícil disfarçar aquele amor.

Por isso, movido pela culpa, afundou a cabeça na água e, ao levantar, esfregou os olhos e contestou:

— Não, Edu. Sou em que estou sobrando aqui.

Aproveitou uma onda e saiu num *jacaré*, indo parar quase na beira. Eduardo desviou os olhos dele, centrando a atenção na namorada. Ela estava com um olhar de tristeza indefinível, que ele traduziu como pena pelo afastamento de Márcio, mas na verdade retratava o pesar que sentia por sua desconfiança.

— Por que falou assim com ele? — perguntou baixinho. — Não estávamos fazendo nada de mais.

— Você o está defendendo muito, não acha? Dá até para desconfiar.

— Desconfiar de quê? — Ele não respondeu. — Vamos, Edu, pode falar. Do que você está desconfiado? De que Márcio e eu temos um caso? É isso?

Mal conseguindo sustentar o seu olhar, Eduardo desviou os olhos para o horizonte e respondeu envergonhado:

— Não. Confio em você, mas não sei se poderia dizer o mesmo de Márcio. Ele está interessado em você.

— Não diga uma coisa dessas.

— Sei o que estou dizendo e duvido muito que você não tenha percebido. Sei como as mulheres são espertas para essas coisas.

— E daí? E se ele estiver interessado em mim? Isso não quer dizer nada.

— Como não? É uma traição. Ele é meu amigo, devia me respeitar mais.

— Ele não fez nada para desrespeitar você.

— Ele a ama!

— Se isso for mesmo verdade, mais um motivo para confiar nele. Márcio é um homem decente e seria incapaz de qualquer atitude menos digna. Se realmente me ama, é em silêncio que o faz, porque nada deixa transparecer e me trata com distância e respeito.

— Distância, sei! Eu os vi lá da areia. Ele estava com as mãos na sua cintura, não estava? Aproveitando o balanço do mar para tocar em você.

— Seu ciúme o faz ver coisas demais. Em nenhum momento Márcio encostou as mãos em mim.

— Pensei tê-los visto juntinhos, pulando as ondas.

— Estávamos próximos, não juntinhos.

— Por quê?

— Para que pudéssemos conversar sem ter que gritar.

— Sobre o que conversavam?

— Ah! Não! Recuso-me a lhe dar esse tipo de satisfação. Você não tem o direito de tentar controlar as minhas conversas.

— Não estou querendo controlar nada. Só quero saber sobre o que falavam. Será que isso tem alguma coisa de mais?

— Se fosse por mera curiosidade, com certeza não, nem eu veria qualquer problema em lhe contar. Mas o que você quer é me controlar, e isso não vou permitir.

— Está brigando comigo, Gabriela? Por causa de Márcio, vai brigar comigo?

— Foi você quem começou. E não estou brigando, estou me posicionando. É diferente.

Notando o seu aborrecimento, Eduardo voltou atrás. Estava se roendo de ciúmes, mas, se brigasse com ela, aí sim é que Márcio se aproveitaria para conquistá-la. Tinha certeza de que o outro estava apenas esperando uma oportunidade para se aproximar, dando uma de bonzinho, oferecendo-lhe o ombro amigo para chorar. Não iria lhe dar essa chance.

— Vamos para a areia — cortou ele, puxando-a pela mão em direção à beira da praia.

Gabriela apertou a mão dele e esticou o corpo sobre a água, deixando que ele a puxasse. Em poucos minutos, estavam fora. Eduardo procurou Márcio, mas não o encontrou e deduziu que ele havia ido para casa.

— Márcio foi embora — disse Gabriela. — E eu também já vou.

— Agora não, Gabi. Vamos até lá em casa. Você pode tomar banho no meu banheiro, e eu lhe empresto uma bermuda.

— Não, Edu, obrigada. Já está ficando tarde, e eu preciso descansar para a prova de amanhã.

— Que pena. Pensei que pudéssemos nos curtir um pouquinho.

— Você sabe que não gosto que fiquemos juntos na sua casa. Sua mãe não aprova.

— Já sou um homem crescido, Gabi, e você, uma mulher adulta. Minha mãe não manda em nossas vidas.

— A casa é dela, e acho que ela tem todo o direito de não gostar.

— Está me dispensando, não é? Por quê? Está pensando em outro?

— Vou fingir que não ouvi o que você disse. E agora, se me der licença, vou para casa. Tenho prova amanhã cedo e quero descansar.

— Vai descansar agora? Ainda não são nem seis horas!

— Por favor, Edu, estou cansada.

— Mas eu quase não fiquei com você hoje.

— Porque não quis. Preferiu gastar a tarde conversando com seu avô sobre sua avó.

— Você fala que eu sou ciumento, mas é você quem está com ciúmes da minha avó.

— Quer saber mesmo, Eduardo? Não tenho ciúmes da sua avó, não, porque seria ridículo sentir ciúmes de um fantasma. Estou é ficando cheia dessa sua fixação, porque você se esquece de mim quando o assunto é Tália e depois se acha no direito de vir me cobrar coisas, como se eu é que não desse atenção a você.

— Não é bem assim, Gabi...

— Vamos deixar essa conversa para outro dia. Como disse, estou cansada e tenho prova amanhã.

Deu-lhe um beijo rápido nos lábios, apanhou a saída de praia e saiu a passos largos. De onde estava, Eduardo ficou observando-a se afastar, intimamente maldizendo-se por ter dado vazão a seu ciúme.

Ao chegar a casa, a mãe o esperava na sala, lendo uma revista de moda.

— Vovô já foi? — indagou ele, notando o silêncio e o vazio no ambiente.

— Já, sim — largou a revista no sofá e chamou-o com as mãos, fazendo com que ele se sentasse a seu lado. — E você, Eduardo? O que o está preocupando?

— Preocupando-me? Nada.

— Não venha tentar me enganar. Sou sua mãe e o conheço muito bem.

— Não estou tentando enganá-la, mas é que não há nada mesmo. Acho que estou um pouco cansado. Vou tomar um banho e ver um pouco de televisão no meu quarto.

— Seus amigos desistiram de ver DVD com você? Onde eles estão?

— Foram embora.

— Nem os vi sair. Não se despediram nem nada.

— É que foram dar um mergulho na praia e resolveram não voltar.

— Na praia? Ora essa, por que não usaram a piscina?

— Não sei.

— Que bobagem a deles, não é, meu filho? Podiam ter ficado aqui na piscina, junto de todo mundo, mas preferiram ficar sozinhos lá na praia. Será que estávamos atrapalhando a conversa deles?

Por mais que tentasse, Eduardo não conseguiu disfarçar o desagrado, que Diana também notou muito bem.

— Não é nada disso, mamãe...

— Ah! Deixe para lá. Afinal, são amigos há muito tempo e devem ter lá os seus motivos.

— Que motivos?

— E eu é que sei? Vai ver, queriam conversar algum segredo.

— Você acha?

— Já disse que não sei, mas é natural que amigos troquem confidências.

— Gabriela não precisa de ninguém para se confidenciar. Tem a mim.

— E Márcio? Também tem você?

— Tem.

— Ah! Meu filho, não ligue para isso. Vamos, vá tomar o seu banho. Está manchando o tapete.

Em silêncio, Eduardo partiu para o seu quarto, ainda remoendo as palavras da mãe. Será que ela havia desconfiado de alguma coisa? Seria possível que Gabriela e Márcio estivessem de caso? Terminou o banho e, com a toalha enrolada na cintura, apanhou o telefone e discou o número da casa dela. Foi a irmã quem atendeu, e ele pediu para falar com Gabriela.

— Ela ainda não chegou, Edu — disse Eliane, do outro lado da linha. — Pensei até que estivesse aí com você.

— Não. Nós nos despedimos na praia, mas eu queria falar com ela.

— Quer que eu peça para ela ligar para você quando chegar?

— Não... Não é preciso.

Agradeceu e desligou. Pensou em ligar para o seu celular, mas tinha medo de que alguém mais atendesse. Largou o fone na base e se vestiu. Ligou a televisão e tentou concentrar a atenção no filme que estava passando, até que, não conseguindo mais se conter, tornou a apanhar o telefone e discou, dessa vez para a casa de Márcio. Foi ele mesmo quem atendeu, e Eduardo desligou em seguida. O que iria lhe dizer?

Tentando não pensar mais naquilo, foi até o armário do banheiro e apanhou um comprimido para dormir. Engoliu-o sem água e tornou a se deitar na cama. Em breve, as pálpebras começaram a pesar, até que finalmente adormeceu.

# 12

As provas na faculdade haviam terminado, e Gabriela estava sentada em seu quarto, conferindo as questões dos exames, quando Eliane bateu à sua porta.

— Posso entrar?

— Já está dentro — respondeu Gabriela, de bom humor. — Suas provas já terminaram?

— Graças a Deus!

— As minhas também.

— Pois é. Por isso vim procurá-la. Não gostaria de ir ao centro espírita hoje, de novo?

— Ah! Não sei, Eliane. Acho que aquela sessão não fez bem ao Edu.

— Não diga isso. Escutar um pouco de doutrina, tomar um passe, beber água fluidificada... desde quando isso faz mal a alguém?

— Não é por causa disso. Refiro-me à expectativa que Edu criou com relação à comunicação com a avó. Como não aconteceu, ele ficou frustrado.

— Isso vai passar. Com o tempo, Eduardo vai compreender que, às vezes, pode não ser bom tentar descobrir o passado e talvez desista dessa ideia.

— Você acha?

— Por que não liga para ele e o convida?

Eduardo adorou a ideia de voltar ao centro espírita. Estava louco para ir lá novamente, tinha esperanças de tornar a ver a psicóloga e apanhar o número do seu telefone.

— Passo aí na sua casa às sete e meia — falou animado, desligando em seguida.

Chegaram ao centro cinco minutos depois de iniciada a sessão. Sentaram-se num banco mais atrás e assistiram em silêncio. Como da outra vez, nada aconteceu. A avó de Eduardo não mandava nenhuma mensagem, nenhum sinal de que estivesse por ali.

— Vai ver, ela já reencarnou — arriscou Gabriela. — Afinal, faz cinquenta anos que morreu...

— Tudo é possível — esclareceu Eliane. — Nesse momento, não temos como saber.

— Que pena! — lamentou-se Eduardo. — Daria tudo para saber o seu paradeiro e a nossa ligação.

— Não tem jeito, Edu. Ela não parece estar disposta a se comunicar, e precisamos respeitar o seu momento.

— Jeito, tem — ouviram uma voz dizer do outro lado.

Todos se voltaram ao mesmo tempo e deram de cara com Janaína, que escutara tudo o que haviam dito.

— Você está nos espionando, é? — censurou Eliane.

— É claro que não. Ouvi o que diziam por acaso.

— Que jeito você acha que tem? — interveio Eduardo, interessado.

— Já ouviu falar em terapia de vidas passadas?

— Janaína, por favor — objetou Eliane —, gostaria que respeitasse as determinações de seu Salomão e não fizesse propaganda aqui.

— Não estou fazendo propaganda de nada. Quero apenas esclarecer o rapaz.

— Não precisamos de seus esclarecimentos — protestou Gabriela, com uma certa irritação. — Venha, Edu, vamos embora.

Por mais que Eduardo quisesse ficar e conversar com Janaína, Gabriela saiu puxando-o pelo braço, dando ainda a ela tempo de meter-lhe nas mãos um cartãozinho. Eduardo apertou a mão e enfiou-a no bolso, largando ali o cartão amassado. Chegaram ao carro rapidamente, com Gabriela reclamando do atrevimento de Janaína.

— Deixe para lá — aconselhou Eliane. — Ela é uma pobre coitada que se acha melhor do que os outros só porque cursou uma faculdade de psicologia.

— Seu Salomão devia era proibir a entrada dela no centro, isso sim.

— Ele só não fez isso ainda porque sente pena dela e tem esperanças de que ela se emende.

— Emendar! Gente assim não muda nunca.

— Não devemos julgar, Gabi. Todos nós temos nossos defeitos.

Continuaram a conversar, e Gabriela estava tão indignada com a atitude de Janaína que nem percebeu o silêncio de Eduardo. Por sua cabeça, mil coisas se atropelavam. Fora mesmo ao centro com a esperança de reencontrar Janaína e, por um golpe de sorte, conseguira o que queria: estava de posse de seu cartão e poderia procurá-la quando quisesse.

Já passava das onze horas quando chegou a casa. Acendeu a luz do abajur, retirou do bolso o papelzinho amassado, desdobrou-o cuidadosamente e fixou os olhos nos telefones que ali estavam grafados. Havia dois convencionais, provavelmente da casa e do consultório, além de um celular. Ficou contemplando o cartão por alguns minutos, até que apanhou o telefone. Apertou o botão para ligá-lo e comprimiu o dedo sobre o primeiro número. Hesitou. Será que deveria ligar àquela hora? Janaína lhe dera o cartão no centro, não havia muito tempo, e não deveria ainda estar dormindo. Decidiu-se. Apertou os botões no fone e discou o número do celular.

Ela atendeu no segundo toque e logo reconheceu a voz de Eduardo.

— Mas que surpresa, meu rapaz! Não pensei que fosse me ligar tão cedo.

— Quero que me perdoe por ligar a essa hora, Janaína, mas é que fiquei extremamente interessado no que você me falou.

— Sobre terapia de vidas passadas?

— Sim.

— Tem interesse em alguma coisa em particular?

— Tenho.

— Em quê?

— Bem... — titubeou. — É que gostaria de saber que ligação tive com uma certa pessoa.

Fez-se um silêncio momentâneo do outro lado da linha, até que, finalmente, Eduardo a ouviu responder:

— Muito bem... Como é mesmo o seu nome?

— Eduardo.

— Muito bem, Eduardo. Façamos o seguinte: vá ao meu consultório amanhã, e verei o que posso fazer por você.

— O endereço é esse aqui no cartão?

— Esse mesmo. Sete horas está bom para você?

— Estarei lá.

No dia seguinte, Eduardo mal conseguia esconder a ansiedade. Foi um custo concentrar a atenção no trabalho, e Márcio, várias vezes, teve que ir em seu socorro para que não fizesse nenhuma besteira.

— O que deu em você hoje? Parece que está no mundo da lua.

— Não é nada, estou bem.

— Alguma coisa com a Gabi?

A forma íntima com que Márcio falava de sua namorada encheu-o de raiva, mas ele não tinha tempo para aquilo. No momento, o mais importante era a consulta que teria com Janaína dali a algumas horas.

— Gabriela está ótima — respondeu de mau humor. — Nosso namoro está ótimo.

Afastou-se para não brigar, deixando Márcio com a sensação de que ele já sabia de seu amor por ela. Márcio sentiu-se mal com aquela ideia e pensou em procurar o amigo para se justificar, mas qual seria a desculpa para o que sentia?

O resto do dia pareceu arrastar-se. Quando finalmente Eduardo se liberou do trabalho, passavam poucos minutos das seis horas. Apanhou o carro e quase voou para o consultório de Janaína. Chegou adiantado e deu o nome à secretária, que o fez sentar-se na sala de espera, um cômodo pequenino e escuro, num prédio antigo no centro da cidade. As paredes amareladas ostentavam apenas um retrato com o vidro embaçado. Eduardo forçou a vista e leu abaixo do rosto austero: C. G. Jung.

A consulta anterior demorou mais do que o normal, e ele entrou dez minutos atrasado. Cumprimentou Janaína meio sem jeito e observou o ambiente em que se encontrava. Como a antessala, o consultório era escuro e ostentava as mesmas paredes amarelecidas, só que sem qualquer quadro ou ornamento.

— Não repare na simplicidade do ambiente — disse ela, em tom de desculpa. — A vida de uma psicóloga nem sempre é fácil. Ainda mais dedicando-se à área que escolhi.

— Refere-se à TVP?

— Sim. Nem todo mundo acredita nisso. Você acredita?

Eduardo levantou os ombros em sinal de dúvida e acabou por dizer:

— Acho que sim.

— Ótimo. Porque o primeiro passo para o sucesso do nosso trabalho é a sua crença nos resultados. Se você não acreditar que será bem-sucedido, nada poderei fazer por você.

— Eu acredito — falou, mais para si mesmo do que para ela.

— Muito bem. Antes de começarmos, algumas informações são necessárias. Primeiro: minha secretária lhe deu o preço da consulta?

— Não. Esqueci-me de perguntar.

— Cobro R$ 250,00 por consulta, que você deverá pagar independentemente dos resultados.

Normalmente, o valor da consulta era R$ 90,00, mas, como Eduardo parecia um homem rico, Janaína resolveu cobrar-lhe um pouco mais.

— O preço não é problema — anunciou ele, ansioso para começar.

— Muito bem. Não questionar o preço é um bom começo, porque as questões materiais interferem sobremaneira no meu trabalho. Segundo: você assume o compromisso de não comentar nada do que se passar aqui com ninguém no centro de seu Salomão. Ele não alcança o valor do que faço.

— Como quiser.

— Terceiro: tudo o que acontecer com você é responsabilidade sua. Se não gostar do que vir, o problema é seu. Vou levá-lo ao passado por sua própria vontade e não quero que você venha me culpar se as lembranças forem dolorosas ou insuportáveis para você.

— Sem problema.

— Você é um bom rapaz. Gosto de lidar com gente que não fica questionando tudo.

— A única coisa que quero, Janaína, é relembrar o passado.

— O quê, mais especificamente?

— Quero saber que relações tive com a minha avó.

— Sua avó?

— Sim. Não a conheci, mas não paro de pensar nela.

— Fale-me sobre isso.

Durante os vinte primeiros minutos, Eduardo pôs-se a falar das conversas que tinha com o avô sobre a avó, da ossada que descobrira, do exame de DNA, da admiração que sentia por ela e da certeza que possuía de que já haviam sido amantes. Janaína escutou tudo com interesse, até que, em dado momento, diminuiu a luz da sala, acendeu um incenso e colocou um CD, que ficava repetindo uma música monótona, acompanhada do som de sinos.

— Muito bem — disse ela, conduzindo-o gentilmente para que se deitasse no sofá. — Agora, quero que você relaxe. Relaxe e inspire profundamente pelo nariz, soltando o ar lentamente pela boca.

Ele ia obedecendo ao seu comando e sentiu que o corpo todo relaxava. Uma sonolência começou a pesar sobre seus olhos, e pensou que fosse adormecer.

— Ótimo, Eduardo, agora quero que você se imagine entrando num elevador e apertando um botão qualquer do painel. Pode fazer isso?

— Posso.

— Que número apertou? — ele hesitou, mas ela insistiu: — Que número apertou, Eduardo?

— É um número estranho.

— Pode parecer estranho, mas não é. O painel mostra os anos, de 2005 para trás. Por isso, diga: qual foi o ano que você escolheu?

— 1990.

— Imagine agora que o elevador está descendo e, a cada andar, recua um ano de sua vida. Vai descendo, descendo, até parar no ano de 1990. O que você vê?

— Não quero ver nada em 1990.

— Acalme-se, estamos apenas começando. Deve haver algo importante em sua vida nessa data. O que é?

— Nada, não há nada...

De repente, como que num flash, Eduardo se viu abrindo um baú na casa do avô e dele retirando uma fotografia antiga, que mostrava uma moça muito bonita, uma corista, de lábios carnudos e sorriso sedutor.

— O que você vê, Eduardo?

— Minha avó. É uma fotografia antiga da minha avó.

— Excelente! Mais alguma coisa? — ele não respondeu. — Mais alguma coisa, Eduardo?

A imagem havia se desfeito, e só o que ele via agora eram brumas cinzentas ao seu redor.

— Estou perdido... — balbuciou. — Não sei onde estou.

— Você está diante do elevador. Pode vê-lo?

— Sim.

— Entre nele e aperte o botão de cima. É o 2005. Você vê?

— Não quero voltar.

— Mas é preciso. Está na hora.

— Não, não quero voltar. Quero ir ao passado.

Desesperado, Eduardo imaginou-se apertando o botão de 1800, data provável em que deveria ter vivido com Tália em alguma vida anterior. Esperou que o elevador retrocedesse, mas nada aconteceu. Em vez disso, ele continuava parado e, por mais que Eduardo forçasse o pensamento para o ano de 1800, nada acontecia. Tudo o que lhe vinha à mente não passava da sua imaginação, que criava cenas em que ele dançava com Tália, passeava com ela de carruagem e até em que transava com ela sobre uma relva verde. Por mais que tentasse dizer a si mesmo que aquilo eram lembranças de uma vida passada, seu coração sabia que tudo não passava de mera fantasia, do seu desejo quase desesperado de estar junto dela.

Começou a chorar, descontrolado e já não registrava mais os comandos de Janaína. Abriu os olhos e sentiu uma forte tonteira, tentando acostumar a vista à penumbra do ambiente. O cheiro do incenso causou-lhe náuseas profundas, e ele correu para uma porta que julgava ser a do banheiro. Era. Ajoelhou-se diante do vaso e vomitou, lutando para retomar a lembrança da avó.

— Tenha calma, rapaz — ouviu Janaína dizer. — Procure se reequilibrar.

Apanhou o copo de água que ela lhe estendia e sorveu tudo de um só gole. Ajudado por Janaína, ergueu o corpo e foi sentar-se no divã, afundando o rosto entre as mãos.

— Eu a perdi — choramingava. — Estive pertinho dela e a perdi.

— Você está sendo muito afoito. Ninguém consegue relembrar tudo na primeira vez.

— Mas eu podia! Se você não tivesse me chamado, eu podia ter me encontrado com ela.

— Não é assim que as coisas funcionam. Precisamos ir devagar.

— Por quê? Por que não posso relembrar tudo logo de uma vez? Quero que você me leve de volta. Pago outra consulta, o que for, mas leve-me de volta.

— Primeiro: não vou levar você a lugar algum. Você não saiu daqui em nenhum momento. Apenas a sua mente viajou. Segundo: vou fazer as coisas do meu jeito, não do seu. Terceiro: se não está satisfeito, pode arranjar outra psicóloga.

— Não, não... Não se ofenda, por favor. Perdoe-me. Não me mande embora. Faço o que você quiser, mas, por favor, não me mande embora.

Ela não tinha a menor intenção de despedi-lo. Ele representava dinheiro fácil, do qual Janaína não podia abrir mão. Seus métodos podiam não ser os mais éticos, mas ela era boa no que fazia. Não entendia por que ainda não enriquecera. Conhecia muitos terapeutas que dariam tudo para conseguir os resultados que ela obtinha em tão pouco tempo. Era boa, mas não conseguia se firmar. Por quê?

Porque, para Janaína, o uso de suas técnicas não representava nada além de promissora fonte de renda. Não que fosse errado querer ganhar dinheiro com a sua profissão. Afinal, estudara e se preparara para aquilo, e tinha tudo para dar certo. Ela era inteligente e dotada de uma sensibilidade extrema, mas não sabia colocá-la a serviço do bem. Limitava-se a induzir os pacientes a relembrar o passado, sem se preocupar com o aspecto moral e psíquico de todo o processo.

Por isso, sua carreira não progredia. Quando encarnara, assumira o compromisso de auxiliar pessoas que necessitassem da terapia de vidas passadas para se reajustarem com elas mesmas. Comprometera-se a aliar seus métodos científicos à amorosidade espiritual, orientando os pacientes a buscarem uma luz em si mesmos. Para tanto, fora encaminhada ao centro espírita, onde obteria os valiosos ensinamentos que poderia passar aos clientes em forma de conselhos e ensinamentos. Se desempenhasse sua tarefa com cuidado e amor, o dinheiro fluiria em sua vida de forma abundante, como retribuição material pelo seu esforço e merecimento. Mas, no momento em que Janaína elegeu o dinheiro como sua única meta, deixando de lado a finalidade do seu serviço, toda a corrente de abundância que poderia envolvê-la se desfez, restando-lhe apenas elos minguados e de pouco valor.

— O que você tem? — indagou Gabriela, notando o acabrunhamento de Eduardo.

— Nada — foi a resposta seca.

Ela não insistiu. Havia alguns dias que Eduardo andava estranho, quase não falava e mal a tocava. Aquilo a estava matando. Por mais que tentasse se interessar pelos seus assuntos, ele não lhe dava nenhuma brecha. Vivia carrancudo e mal-humorado. Não queria mais sair nem ir à praia, nem ao cinema. Ao centro espírita então, nem pensar. Saía para o trabalho e voltava para casa irritado, sem falar nada com ninguém.

Os dois estavam sentados num barzinho comendo uma pizza e bebendo sangria, e Gabriela tentava, a todo custo, interessá-lo em alguma conversa. Mas não havia nada que o prendesse, e tudo o que ela dizia só servia para irritá-lo.

— Por que não vamos para outro lugar? — sugeriu ela em tom sedutor, alisando-lhe as mãos.

— Deixe de ser oferecida, Gabriela! — censurou ele, puxando as mãos com fúria.

Ela sentiu o rubor cobrir-lhe as faces, e lágrimas vieram-lhe aos olhos.

— Oferecida?! — indignou-se. — Até parece que nunca transamos.

— Mas eu não gosto de mulheres que ficam se oferecendo. Gosto de tomar a iniciativa.

— Desde quando você tem essas frescuras?

— Desde que comecei a reparar no seu assanhamento com... — calou-se abruptamente, desviando os olhos de seu rosto.

— Com quem? Vamos, Edu, pode falar. Assanhamento com quem?

— Não interessa.

— Interessa, sim. Já que começou a falar, vá até o fim.

Ele ainda vacilou por alguns minutos, mas o ódio que o consumia falou mais alto. Precisava descarregar a sua frustração sobre alguém. Já fazia um mês que frequentava o consultório de Janaína e, até aquele momento, nada havia acontecido. Só se lembrava de passagens sem importância de sua infância, nada que pudesse ligá-lo à avó. Por mais que se esforçasse, nenhuma lembrança de Tália aparecia. Só as fantasias que sua mente imaginosa criava e ele descartava após alguns instantes de reflexão.

E Gabriela ainda vinha irritá-lo com sua sedução barata. Como é que ela podia pensar naquelas coisas, quando ele se consumia de desejo de se lembrar das vidas que vivera com a avó? Ainda gostava de Gabriela, mas ela estava passando dos limites. Vivia a aborrecê-lo com seus dengos, tentando convencê-lo a transar com ela. Mas ele não queria! Não queria devotar a ela o amor que sentia por Tália.

Olhando para ela, sentiu vontade de fazê-la sofrer. Os espíritos que o cercavam lhe incutiam toda sorte de pensamentos menos dignos a respeito de Gabriela, incitando-o à desconfiança. Já nem sentia mais ciúme de Márcio. O que antes fora ciúme agora se transformara em ódio. Pensou em terminar tudo com ela, mas ainda havia algo em seu coração que os unia. Alguém precisava pagar pelo seu sofrimento, e Gabriela era perfeita. Escutou a sua vozinha irritante a penetrar-lhe os ouvidos como uma flecha e terminou por disparar:

— Quer mesmo saber, Gabi? Não suporto mais o seu assanhamento com Márcio. Há dias venho notando o seu comportamento e o dele. Quantas vezes vocês já transaram?

— Ficou louco, Edu? Eu nunca tive nada com Márcio!

— Duvido muito. Você adora se oferecer para os outros, não é mesmo? E Márcio é um aproveitador. Vai usar você o quanto puder e depois vai descartá-la feito lixo.

Sem acreditar no que ouvia, rosto ardendo em fogo, Gabriela se levantou aos tropeções, derrubando a jarra de sangria sobre a mesa e disparando em direção à saída.

— Cadela! — murmurou Eduardo. — Ainda desperdiça o meu vinho.

Aos prantos, Gabriela saiu para a rua. Eduardo a apanhara em casa, de forma que ela estava sem carro. Não podia nem apanhar um ônibus, porque a condução ali era bem escassa. Com o peito roído pela mágoa, tirou o celular da bolsa e ligou para a casa de Márcio. Ninguém atendeu, e ela tentou o seu celular. Atendeu a caixa postal, e ela deixou um recado desesperado para que ele lhe ligasse. Cinco minutos depois, o rapaz telefonou:

— Gabi? O que houve? Você está com uma voz!

— Oh! Márcio! Foi o Edu! Você não faz ideia das coisas horríveis que ele me disse.

— Vocês brigaram?

— Hã, hã.

— Onde você está?

— Na rua. Você pode vir me buscar?

Por alguns instantes, Márcio hesitou. Estava jantando com uma garota e teve que ir ao banheiro para telefonar. Contudo, não podia deixar de atender a um pedido de Gabriela. A moça com quem estava era linda, e fazia já algum tempo que queria chamá-la para sair. Mas Gabriela era dona do seu coração, e não havia mulher no mundo, por mais bonita que fosse, que o afastasse dela.

— Dê-me o endereço. Em meia hora, estarei aí.

Ela estava perto da praia e foi caminhando para um quiosque conhecido, onde ficaria aguardando-o. Márcio deu uma desculpa esfarrapada para a moça e a levou para casa, rumando em disparada ao encontro de Gabriela. Encontrou-a sentada a uma mesinha, bebendo uma Coca-Cola.

— Oi — cumprimentou ele, sentando-se ao seu lado e notando os seus olhos vermelhos e inchados. — Quer me contar o que houve?

Entre um soluço e outro, Gabriela narrou a Márcio tudo o que se passara entre ela e Edu, desde as insinuações a respeito deles dois, até as coisas horrorosas que lhe dissera.

— Ele enlouqueceu, Márcio. Anda estranho, quase não fala comigo. Por que me tratou desse jeito? O que foi que lhe fiz?

— Eduardo está doente, Gabi. Só ele é que não percebe.

— Doente de quê? Só se for da cabeça.

— Acho que é isso mesmo. No trabalho, anda desligado e confuso, não faz nada direito, e o chefe já está até reclamando.

— Não sei mais o que fazer para ajudá-lo. E depois do que ele me disse hoje, nem sei se ainda quero.

— Ele gosta de você.

— Se gostasse, jamais teria dito aquelas coisas. Ofendeu-me e magoou-me.

— Tente compreender, Gabi. Eduardo está confuso.

— Fiz o máximo que pude, Márcio, mas também tenho meu amor-próprio. Edu passou dos limites.

— É uma pena. Vocês pareciam um casal tão feliz!

— Éramos, até essa tal de Tália entrar em nossa vida. Foi ela quem virou a cabeça dele.

— Você não sabe o que está dizendo. Essa mulher já morreu há mais de cinquenta anos. Como pode culpá-la pelo comportamento de Edu, se ele nem a conheceu?

— Oh! Márcio, tem razão. Já nem sei mais o que digo. Sinto-me tão sozinha e arrasada!

— Não precisa se sentir assim. Lembre-se de que sou seu amigo e estou do seu lado para o que der e vier.

— Aprecio a sua amizade, mas não sei se seria justo me aproveitar dela assim.

— Por quê? Será que eu não sirvo para ser seu amigo?

— Não é isso...

— O que é, então?

Ela estava visivelmente sem graça, mas acabou falando o que pensava:

— Não quero que pense que sou pretensiosa, Márcio, mas já tem algum tempo que noto o seu interesse por mim. Não é verdade?

Agora foi ele quem ficou confuso e envergonhado, como uma criança surpreendida com o pote de biscoitos na mão.

— Gabi, eu... Não dá mais para esconder, não é?

— Acho que nunca deu. E Edu também já notou.

— Eu sei. Pelas coisas que diz, pelo jeito como me olha, é visível o seu ciúme, embora eu nada tenha feito que pudesse desagradá-lo.

— Seu coração fala tão alto que é impossível não ouvir.

— Só posso dizer que lamento, Gabi. Quisera eu poder escolher a mulher por quem me apaixonar. Jamais teria escolhido a namorada do meu melhor amigo.

— Não sou mais namorada dele.

— Isso vai passar, tenho certeza, e vocês vão ficar bem de novo.

— Você é um homem maravilhoso — declarou, afagando sua mão por cima da mesa. — E é por isso que não acho justo me aproveitar de sua amizade, agora que tenho certeza dos seus sentimentos por mim.

— Será que você nunca vai se apaixonar por mim?

— Nunca é um tempo longo demais para se medir. Digamos que, no momento, embora ferida e magoada, meu coração ainda pertence a Edu. Vou fazer de tudo para tentar esquecê-lo, mas não posso me envolver com outro homem por enquanto. Não estaria sendo honesta comigo nem com você.

— Não estou lhe pedindo isso nem vou lhe cobrar nada. Só o que peço é a sua amizade, assim como estou lhe oferecendo a minha.

Ela sorriu e apertou sua mão. Queria muito apaixonar-se por ele, mas não podia mandar no seu coração. Por mais que Eduardo a tivesse magoado, precisava ser honesta consigo mesma e admitir que era ele que amava.

Depois que Gabriela se foi do barzinho, Eduardo pagou a conta e saiu trôpego, resultado da enorme quantidade de vinho que ingerira. Sem que percebesse, sombras cada vez mais espessas se aproximavam dele, deixando-o tonto e confuso. Seus pensamentos embaralhados só pensavam em duas coisas: reencontrar o passado perdido com Tália e vingar-se de Gabriela e Márcio por terem-no traído.

Apanhou o carro e foi para casa, mal enxergando o caminho por onde passava. Por sorte, não provocou nenhum acidente e chegou a salvo. Entrou fazendo ruído e derrubando coisas, indo direto para o quarto. A mãe estava acordada e, ouvindo aquela barulheira, correu para ver o que estava acontecendo.

— Meu filho! — exclamou assustada. — O que foi que houve?

— Nada, mãe — respondeu, a voz pastosa e engrolada. — Quero dormir.

— Você está bêbado.

— Novidade!

— Aconteceu alguma coisa, ah, se aconteceu. Vamos, quero saber o que foi.

— Não foi nada.

— Foi a Gabriela, não foi?

— Não fale no nome daquela vadia na minha frente!

— Eu sabia. Ela andou aprontando, não foi?

Ele começou a balançar a cabeça vigorosamente, de um lado para outro, e foi falando de forma atropelada:

— Ela estava me traindo, mãe, me traindo! A mim, que sempre fiz tudo por ela. E sabe com quem? Com o Márcio. Ela e o Márcio, meu melhor amigo, bem debaixo do meu nariz!

— Eu bem que lhe avisei que essa menina não prestava, mas você não quis me ouvir. E agora, veja só no que deu.

— Ah! Se minha avó estivesse viva...

— O que sua avó tem a ver com isso, menino?

— Ela saberia me consolar, me abraçar, me seduzir...

Não conseguiu terminar a frase, pegando no sono instantaneamente. Diana não compreendia o que ele queria dizer com aquele *me seduzir* e ficou extremamente intrigada. Onde já se viu uma avó seduzindo o neto? Resolveu não ligar. Ele bebera demais e não sabia o que dizia. Tirou-lhe os sapatos e suas calças, deixando-o só de camisa e cuecas. Ligou o aparelho de ar-condicionado, desligou o celular e o telefone. Apagou a luz e fechou a porta, voltando rapidamente para seu quarto.

Assim que fechou a porta do quarto, Tália se aproximou da cama em que Eduardo estava deitado e alisou-lhe os cabelos. Sílvia havia imantado o ambiente, de forma a não permitir o acesso das sombras que o acompanhavam, e ele agora dormia tranquilo.

— Pobre menino! — comentou Tália, com pesar. — Não sabe o que está fazendo.

— Ele foi avisado para não buscar ajuda com Janaína. Apesar de possuir a técnica da terapia de vidas passadas, falta-lhe elevação moral para complementá-la.

— E veja só no que deu. Ficou mais perturbado do que já estava.

— Janaína apenas lhe deu os meios para trazer à tona a fixação que antes já sentia por você. E, assim fazendo, abriu ainda mais as portas para os espíritos menos esclarecidos, que se associaram a ele para sugar-lhe as energias.

— Tudo isso é culpa minha. Jamais devia ter permitido que ele se embrenhasse nessa aventura.

— Você nada podia fazer. Foi decisão dele buscar o passado.

— Talvez, se não tivesse me aproximado, ele acabasse me esquecendo.

— Não se culpe, Tália. A ligação entre vocês foi muito forte.

— Sei disso, Sílvia, e não creio que seja bom para ele descobrir. Não está preparado.

— Você se lembra?

— Lembrei-me numa daquelas sessões da psicóloga. Acho que também eu regredi.

— Se você se lembra, tente ajudá-lo a superar. Se ele insistir, vai acabar se lembrando também e, como você mesma disse, não está preparado para isso.

— Farei o que puder para que ele não sofra.

— Pois então, para começar, junte-se a mim em oração. Vou lhe dar um passe e depois partiremos.

— E aqueles espíritos? Não vão penetrar aqui?

— Por enquanto, o ambiente está protegido.

Fizeram juntas uma breve oração, pedindo equilíbrio e serenidade para Eduardo. Em seguida, após espargir mais fluidos benéficos no ambiente, Sílvia deu a mão a Tália e partiram juntas, deixando Eduardo entregue a seus sonhos e suas lembranças latentes.

# 13

Uma chuvinha miúda começava a cair do céu quando Eduardo deixou o consultório da psicóloga. Coração oprimido, foi andando pela rua como se nada estivesse vendo. Caminhava com pressa, dando passadas pesadas, sem ver aonde ia. Esbarrou em um senhor troncudo, que o encarou com antipatia e resmungou um palavrão. Mas Eduardo não ouvia. Trazia no peito a lembrança da última sessão com Janaína, perguntando-se o que faria agora que descobrira a verdade. Então fora para isso que se esforçara tanto? Fora para se deparar com *aquela* verdade que ele se dedicara a Tália de corpo e alma?

Chegou ao local onde havia estacionado o carro e entrou. Deu partida ao motor e foi guiando até sua casa, correndo feito louco. Entrou com o carro na garagem e saiu a pé, em direção a um bar conhecido seu. Sentou-se sozinho a uma mesa e começou a beber, remoendo as lembranças que praticamente o haviam espancado momentos antes. Quanto mais pensava, mais bebia. Depois de muito tempo, tendo gasto seu último tostão, levantou-se cambaleando e foi para casa.

Entrou sem trocar uma palavra com ninguém e tomou o caminho do quarto, apoiando-se nas paredes para não cair. A mãe dava ordens para o jantar e chamou assustada:

— Eduardo! Aconteceu alguma coisa, meu filho?

Ele não respondeu. Parou e olhou para ela com profunda mágoa. Abaixou os olhos e foi direto para o quarto.

— Mas o que será que deu nesse menino?

A criada deu de ombros e não respondeu. Curiosa, Diana deixou-a sozinha e foi atrás do filho. Bateu várias vezes, mas ele não atendeu. A maçaneta da porta estava trancada, e ela o chamou insistentemente, sem nenhum sinal de sua parte. Encostou o ouvido na porta, e o ruído do chuveiro ao longe informava que ele estava no banho. Não fazia mal. Voltaria mais tarde.

Debaixo do chuveiro, Eduardo deixou que a água batesse com força sobre a sua cabeça, tentando refrescar os pensamentos. Estava confuso e atordoado, e uma raiva intensa ia tomando conta dele. Então fora assim que Tália lhe pagara o seu amor? Tratando-o daquele jeito, levando-o àquela morte horrenda e ingrata? Sempre achara que ele e Tália haviam vivido um amor forte e sincero, daqueles que atravessam os tempos, e agora se encontravam separados por algum motivo que lhe escapava à compreensão. Só não podia esperar... aquilo!

O ódio começou a consumi-lo, e nem percebeu as estranhas sombras que se colavam a ele. Soltos pelo consultório de Janaína, esses espíritos ficavam à espera de alguém a quem pudessem se associar, alimentando-se dos sentimentos difíceis que ali eram liberados. E as vibrações de ódio de Eduardo funcionaram como um ímã, atraindo-os para junto de si e deixando o rapaz cada vez mais confuso e perdido. Eram mais espíritos a perturbá-lo, além dos muitos que já atraíra com o seu ciúme e a bebida.

Enquanto isso, em seu consultório, Janaína meditava sobre o que acontecera. Eduardo saíra dali extremamente transtornado e revoltado. Mudara do amor ao ódio em questão de segundos, e, pior, acusando-a de ser a responsável pelo seu infortúnio. Mas ela não era responsável. Não fora ela quem criara aquela situação. Vira-se como amante daquela atriz famosa em uma vida mais remota e assustara-se ao constatar que estivera envolvido com ela havia menos de cem anos.

Efetivamente, o rapaz não estava preparado para descobrir aquelas verdades. A cena do assassínio fora muito forte, e ela ainda se lembrava dos gritos lancinantes que ele dera ao se ver ingerindo o veneno. Contudo, não havia nada que ela pudesse fazer. Antes do início de cada sessão, alertava-o sobre sua escolha, eximindo-se de qualquer responsabilidade pelo que ele recordasse. As consequências do que via eram problema dele, não dela. Não assumira o papel de psicóloga, propriamente, mas apenas de uma terapeuta que o auxiliava a ver o passado.

Com essa sua atitude, Janaína abria as portas de seu consultório não apenas aos clientes imprevidentes, mas a espíritos ávidos por uma presa que lhes alimentasse os sentimentos menos dignos. Nada disso ela via. Julgava-se isenta de qualquer responsabilidade e nem sequer de longe imaginava que seu consultório servia de morada para aqueles espíritos sombrios. No centro, seu Salomão tentara alertá-la, mas ela nunca lhe dera ouvidos, julgando que ele queria impedir o seu trabalho por pura ignorância. Não conseguia perceber que Salomão apenas buscava fazer com que ela enxergasse o perigo de uma regressão sem um acompanhamento psicológico e espiritual sério. Para ela, o dirigente do centro não a compreendia e, por isso, tinha medo do que ela fazia, achando que mexia com espíritos das trevas ou fazia feitiços.

Todas as vezes que pedira para fazer parte daquele centro, seu Salomão lhe dissera que a condição para que fosse aceita seria estudar mais sobre a vida espiritual e sobre seu próprio ofício, porque, como psicóloga, deveria se preocupar mais com o bem-estar de seus pacientes, evitando fazer com eles experiências perigosas. Deveria se preparar mais para realizar a TVP, a fim de alcançar maturidade e equilíbrio para orientar e confortar os pacientes após as regressões, auxiliando-os a compreender as dificuldades do passado e a transformá-las em algo útil para sua vida futura.

Mas nada disso Janaína queria fazer. Tinha preguiça de estudar e achava que nenhum espírito se intrometeria em seu consultório. Por mais que seu Salomão falasse, não acreditava que os sentimentos difíceis liberados ali funcionassem como ímãs para espíritos em sofrimento, ainda mais para aqueles já ligados aos clientes por algum motivo. Para ela, psicologia e espiritismo possuíam princípios distintos e estanques, e não conseguia perceber que todas as coisas estão interligadas, servindo umas de suporte às outras. Não há na vida compartimentos estanques, porque tudo o que se faz agita as emoções, e as emoções não ficam limitadas a uma só pessoa ou a um só momento de vida.

Nenhum dos pacientes que ajudara a regredir voltara para lhe dizer como se sentia com relação a tudo o que vira. Em geral, continuavam a frequentar as sessões até descobrirem o que queriam, para depois se afastarem para sempre. Alguns ainda prosseguiam por mais algum tempo, mas depois também acabavam sumindo. Em todos os seus quinze anos de profissão, ninguém jamais voltara para reclamar de nada, o que a levava a crer que estava tudo bem. Mas será que estaria mesmo?

Com Eduardo, as coisas pareciam diferentes. Saíra dali transtornado e abalado, como ninguém jamais saíra. Ela ainda tentou fazer com que ele ficasse e se acalmasse um pouco, mas ele não quis lhe dar ouvidos. Pagou a consulta e deixou o consultório chispando fogo, dizendo que fora traído por aquela mulher que amara com paixão e loucura. Janaína ainda pensou em lhe dizer que aquela mulher fora sua avó e estava morta, mas desistiu, com medo de que ele a agredisse. E depois, não era problema dela. Cumprira o trato que fizera com ele. Se quisesse saber mais alguma coisa, que a procurasse. Se não, que não aparecesse mais.

Tália e Sílvia presenciaram tudo sem nada poder fazer. As recordações ainda estavam muito vívidas na mente de Eduardo, e não foi preciso muito esforço para ele se lembrar.

— Ele está me odiando! — indignou-se Tália. — Não fiz nada, e ele me odeia!

— Ele se lembrou apenas de uma parte da história — esclareceu Sílvia. — Não sabe o que aconteceu realmente.

— Mas devia saber. Depois que desencarnou, deve ter visto a verdade.

— Em espírito, ele viu, só que se esqueceu. No momento, pensa que já viu tudo o que havia para ver. Deu-se por satisfeito com essa lembrança dolorosa e interrompeu o tratamento.

— Mas ele só recordou parte da história! Preciso lhe contar o restante. Vou esperar que durma e lhe direi.

— Ele não vai nem ouvir você. Vê as sombras que o acompanham? — Ela assentiu. — Pois elas vão formar uma barreira entre vocês dois, e Eduardo não vai nem perceber a sua presença. Só o que vai sentir é mais e mais ódio.

— Isso não está certo! Eduardo vai ficar obsidiado?

— Vai ficar envolvido pelos afins que atraiu, que só conseguirão incutir-lhe o ódio porque o seu coração já está cheio desse mesmo ódio. Na verdade, eles vão apenas reforçar um sentimento pelo qual Eduardo se deixou envenenar.

— O que posso fazer, Sílvia? Não posso ficar aqui parada e permitir que ele me odeie por algo que eu não fiz.

— Vamos rezar, Tália.

— Não! Rezar só não adianta. Preciso fazer alguma coisa — pensou alguns segundos e acrescentou: — Vou pedir a ajuda de Honório.

Encontraram Honório recostado na cama, lendo um livro. Assim que entraram, ele percebeu a sua presença, embora não soubesse definir o que sentia. Tália se aproximou, e ele pousou o livro sobre o colo, lembrando-se da última vez em que a vira. Ela estava doente e furiosa, gritando com ele e com Cristina por causa de Mauro.

— Eu estou aqui, Honório — sussurrou ela.

Como que ouvindo as suas palavras, Honório respondeu em voz alta:

— Não, Tália, você nunca mais vai voltar para mim.

Honório julgava falar consigo mesmo, ignorando a presença da ex-amante. Enxugou duas discretas lágrimas e jogou o livro para o lado, deitando-se na cama. Estendeu a mão e apagou a luz do abajur, dormindo logo em seguida. Não tardou muito e o corpo fluídico de Honório se desprendeu parcialmente da matéria física, deixando-a plácida sobre a cama. Por uns instantes, ele pareceu confuso, mirando a mulher bonita que tinha diante de si. Olhou para ela, para Sílvia e para seu corpo, sem nada entender.

— Estou sonhando?

— Nem uma coisa, nem outra — respondeu Sílvia. — Você está parcialmente liberto do corpo físico que, nesse momento, se encontra adormecido.

— Quem são vocês? — tornou ele, pouco impressionado com os esclarecimentos de Sílvia.

— Não me reconhece, Honório? — retrucou Tália. — Não sabe mais quem eu sou?

— Você se parece com alguém que conheci há muitos anos e já morreu.

— Quem?

— Tália Uchoa.

— Pois sou eu mesma, Honório! Não se lembra?

Com olhar incrédulo, Honório fitou-a, lembrando-se de que a vira na casa da filha.

— Vi você outro dia... — balbuciou. — Mas não quis acreditar... e continuo não querendo.

— Por quê? Sou eu mesma, vim aqui para vê-lo.

— Tália morreu há mais de cinquenta anos. Seu espírito jamais apareceu para mim.

— Estou aparecendo agora.

— Não acredito. Você é alguém que se parece com ela, mas não pode ser ela. Tália se esqueceu de mim, apesar de todo o amor que lhe devotei.

— Quero que me perdoe, Honório... — calou-se, a voz embargada.

Nesse momento, Sílvia achou que já era hora de intervir:

— Por que não acredita nela, Honório? Tália desencarnou e esteve um tempo reclusa, preparando-se para este momento.

— O que ela quer comigo?

— Pedir a sua ajuda — foi a própria Tália quem respondeu.

— Minha ajuda? Para quê? Não vejo o que possa fazer por você.

— Por mim, não. Por nosso neto.

Aquele *nosso neto* tirou-o de seu torpor, e ele a fitou com menos desconfiança.

— Edu? O que tem ele?

— Está correndo perigo, distanciando-se das verdades da alma.

Ele a olhava curioso, sem saber se acreditava ou não no que ela dizia. No entanto, ela falava que Eduardo estava em perigo, e aquilo já era suficiente para fazê-lo interessar-se.

— O que posso fazer?

— Convença-o a se tratar, a procurar ajuda espiritual.

— Não sei se acredito nessas coisas.

— Está falando comigo, não está?

— Não sei com quem estou falando.

— De qualquer forma, aconselhe-o. Convença-o a buscar ajuda espiritual.

Honório ficou ali parado ao lado da cama, fitando-a com um misto de dúvida e esperança. Queria muito que aquela mulher diante dele fosse mesmo a sua Tália, mas temia estar sendo vítima de algum tipo de alucinação senil. Pensou por alguns minutos, até que tornou a indagar:

— Por que está tão interessada em Eduardo?

— Porque me preocupo com ele. É meu neto.

— Então, você não é mesmo Tália. Tália nunca se preocupou com ninguém.

Sem esperar resposta, Honório deu-lhe as costas, voltou imediatamente para o corpo físico, que estremeceu, e ele abriu os olhos. Esfregou-os vigorosamente e se levantou, caminhando em direção à cozinha. Apanhou um copo de água e sentou-se à mesa, lembrando-se vagamente do sonho que tivera, com alguém que lhe dizia ser Tália. Não podia ser.

Uma coisa, porém, conseguira reter na mente: a súplica de Tália para que ajudasse Eduardo. Sem nem se lembrar da conversa que haviam tido, esse pedido ficara gravado em seu inconsciente, e ele, sem querer, pegou-se pensando no neto, preocupado com o que pudesse estar lhe acontecendo.

Do lado invisível, Sílvia dizia a Tália, magoada com as últimas palavras de Honório:

— Ele não falou sério. Está sob a impressão das lembranças que tinha quando chegamos, de você esbravejando com ele e Cristina. De toda sorte, conseguimos alcançar o nosso objetivo aqui.

Embora frustrada com aquela recepção, Tália sentia-se grata e reconfortada. A preocupação com o neto e o desejo de ajudá-lo haviam ficado gravados na memória de Honório, que já pensava em o procurá-lo. E era isso o que importava.

Eduardo ouviu o telefone na mesinha de cabeceira tocar insistentemente, forçando-o a sair do torpor causado pelo sono e o excesso de bebida da noite anterior. Pegou o fone com fúria e falou em tom rude:

— Alô!

— Edu? É você? Está com a voz diferente.

— Sou eu mesmo. Quem é que está falando?

— É a Gabriela. Está tudo bem com você?

— Gabriela? O que você quer?

— Saber como você está. Você sumiu...

— Eu estou bem. Ocupado, mas bem.

— Ando preocupada com você. Não tem ido à praia nem apareceu mais no centro espírita. Por que não tem me ligado?

— Não tenho mais o que falar com você.

— Edu, por favor... — replicou ela, em tom de quase súplica. — Vamos conversar, esclarecer alguns mal-entendidos.

— Não há nenhum mal-entendido.

— Você está pensando coisas a meu respeito que não são verdadeiras. Não fiz nada...

— Ouça, Gabi, não estou pensando nada — cortou ele, rispidamente. — E depois, o que você faz ou deixa de fazer não é problema meu. Não temos mais nada um com o outro.

Dessa vez, ela não conseguiu se conter e começou a chorar, lutando para não soluçar pelo telefone. Já ia dizer mais alguma coisa quando ouviu um *até logo* frio e breve, e

Eduardo desligou. Gabriela soltou o fone e atirou-se na cama, chorando convulsivamente, magoada com a forma como ele a tratara. A porta do quarto se abriu e Eliane entrou assustada.

— Meu Deus, Gabi, o que foi que aconteceu?

— Foi o Edu, Eliane! Precisava ver o jeito como ele falou comigo ao telefone.

— Edu a está fazendo sofrer, não é verdade? — Ela assentiu. — Você precisa sair um pouco, espairecer. Por que não vamos dar uma volta? Que tal umas compras?

— Não estou com vontade.

— Vamos ao Barrashopping. Não há nada melhor do que umas comprinhas para desanuviar a cabeça.

— Ah! Não tenho ânimo para compras.

— Vamos, Gabi, faça um esforço. Você se esquece um pouco do Edu e se distrai. Eu prometo, você vai ver.

Gabriela forçou um sorriso e acabou aceitando a sugestão da irmã. Não adiantava nada mesmo ficar em casa remoendo as grosserias de Eduardo. Ainda meio contrariada, levantou-se e foi se aprontar, maquiando-se com cuidado para disfarçar os olhos de choro. Vestiu-se rapidamente e saiu.

Do outro lado da linha, Eduardo também soltava o fone, já arrependido pela forma como a havia tratado. Afinal de contas, eles tinham namorado durante muito tempo, e o mínimo que ela merecia era um pouco de consideração. Pensou em ligar de volta, mas as sombras a seu lado fizeram uma pressão em sua cabeça, já enfraquecida por tantos pensamentos comprometedores, e ele atirou longe o fone, sentindo a raiva dominá-lo. Os espíritos lhe sugestionavam toda sorte de ideias tenebrosas, fazendo-o lembrar-se do dia em que vira Gabriela e Márcio na praia, reacendendo o ciúme que sentira então.

Facilmente, Eduardo deixou-se dominar, envenenando seu coração com um ciúme doentio e irracional. Sentiu raiva de Gabriela e Márcio, mais até do que sentia de Tália. A avó, ao menos, estava morta, enquanto a namorada e o amigo o estavam traindo e rindo dele pelas costas. Como é que aquela vagabunda ainda se atrevia a lhe telefonar? Será que não estava satisfeita com a humilhação que o fizera passar?

Pouco depois, o telefone tocou novamente, e ele correu a atendê-lo. Queria que fosse Gabriela, ao mesmo tempo que o irritava a sua insistência. Apertou o botão com fúria e respondeu aos gritos:

— Alô!

— Credo, Eduardo, o que foi que deu em você?

Era o avô, e Eduardo sentiu o corpo relaxar.

— Ah, vovô, como vai? Tudo bem?

— Eu estou bem, e você?

— Eu também.

— Não é o que parece.

— Não? Por quê?

— Você está com uma voz estranha.

— Não é nada. Bebi um pouco mais ontem à noite, nada de mais.

— Não sei não, meu filho, mas eu ando desassossegado, achando que algo com você não vai bem.

— Não se preocupe comigo, vovô, eu estou um pouco cansado, mas vou bem.

— Por que atendeu o telefone com tanta raiva?

— Eu estava com raiva?

— Era o que parecia.

— Não foi nada. Já passou. E você, por que está me ligando?

— Quero falar com você. Acordei com um aperto no peito tão grande! Aconteceu alguma coisa? Foi com a sua avó?

— Não quero falar sobre isso — respondeu o rapaz, com visível irritação.

— Por quê? Antes, era só no que queria falar. O que foi que houve para você se voltar contra sua avó?

— Quem foi que disse que me voltei contra ela?

— O seu jeito de falar já diz tudo.

Ele hesitou por alguns instantes antes de responder:

— Não quero falar sobre isso, vovô. Só o que posso lhe dizer é que Tália foi, para mim, uma grande decepção.

— Como alguém que você nem conheceu pode decepcioná-lo?

— Não quero falar sobre isso, já disse.

— Você devia se cuidar mais, Edu. Está ficando muito rabugento. Desse jeito, quando chegar à minha idade, vai estar insuportável.

Eduardo riu do jeito do avô, esquivando-se de sua insistência, e desligou, não sem antes prometer visitá-lo no dia seguinte. Permaneceu ainda alguns minutos com o telefone na mão, até que ligou novamente para a casa de Gabriela. Foi a mãe quem atendeu e informou-o de que ela havia ido ao shopping com Eliane. Ele agradeceu e desligou. Tentou o celular, mas Gabi não atendeu. Ligou para o de Eliane, que não atendeu também. As duas, envolvidas com as compras e com o burburinho das lojas, não escutaram os celulares tocando, e Eduardo acabou desistindo. Novamente, as sombras se acercaram dele, reacendendo as vibrações de ciúme e despertando o desejo da bebida.

A sugestão do invisível surtiu o efeito desejado, e Eduardo foi para o bar de costume, onde os companheiros de sempre lhe deram as boas-vindas. Tomou um lugar à mesa, de frente para a rua, com a tulipa de chope na mão, e ia bebendo e conversando, rindo das piadas que os amigos contavam. As horas foram se passando, a noite caiu, e Eduardo continuava sentado à mesma mesa, bebendo e beliscando petiscos. Os amigos se revezavam, indo e vindo, sem que ele resolvesse ir embora. Em dado momento, ao erguer o copo, avistou um carro passando lentamente, diminuindo a marcha até parar no sinal, bem defronte a eles. Eduardo levou um choque. Dentro do carro, Gabriela ia sentada, bem-vestida e maquiada, ao lado de um homem que ele deduziu ser o Márcio. Embora não visse o seu rosto, conhecia muito bem o seu carro e não tinha dúvida: Gabi e Márcio continuavam a traí-lo.

Virou o rosto para o lado, tentando ignorá-los, mas uma onda de ciúmes começou a invadi-lo. Ao mesmo tempo que bebia, imaginava-a nos braços do outro. Isto o encheu de ódio. Mas como sentia ódio, se fora ele mesmo quem terminara o namoro com ela? Gabriela estava apenas tentando levar a vida e esquecê-lo, porque fora ele mesmo quem dissera que não a queria mais.

Só que ela o esquecia muito rápido. Ainda pela manhã, telefonara para ele, chorando e quase implorando que a encontrasse. E agora, poucas horas depois, já estava no carro de outro, a caminho, provavelmente, de algum motel. Será que iriam a algum lugar que eles já haviam frequentado? Será que Gabriela teria a cara de pau de levar Márcio aos motéis em que costumavam se amar?

Aquele pensamento o inquietou, e ele perdeu o sossego. Talvez ainda desse tempo de segui-los. Levantou-se apressado, quase derrubando o chope, e correu para a calçada. O sinal abrira, e o carro de Márcio havia sumido no fim da rua. Aonde teriam ido? Pensou em apanhar seu automóvel e segui-los, mas seria perda de tempo. Àquelas horas, provavelmente, já deviam estar chegando a algum motel, e ele não teria mais como encontrá-los.

Voltou para o seu lugar, acabrunhado, e pediu mais um chope. Depois tomou outro, e outro, e outro, até não conseguir mais concatenar os pensamentos. Estava bêbado, ele sabia, mas a sensação que a embriaguez lhe causava era fascinante. De madrugada, esgotado, pagou a conta e saiu cambaleante. Alguns amigos ainda quiseram ajudar, mas ele recusou. Era um homem, não precisava de ninguém. Tropeçou no próprio calcanhar e desabou no chão, machucando o queixo na queda. Depois disso, apagou.

# 14

Com olhos embaciados, Tália acompanhava a decadência do neto, embriagado e atirado sobre a cama, rodeado de sombras cinzentas e pouco amistosas.

— Temos que fazer alguma coisa! — suplicou ela.

— Vamos tentar a mãe — sugeriu Sílvia. — Diana pode ser uma mulher tempestuosa e arrogante, mas ama o filho e quer o seu bem.

Aproximaram-se dela, que fingia ler uma revista de moda no sofá, ao lado do marido, que lia o jornal com uma certa impaciência, consultando o relógio a todo tempo.

— Tem algum compromisso? — perguntou ela em tom mordaz.

— Nenhum — respondeu Douglas. — Por quê?

— Não para de olhar o relógio.

— É que estou com vontade de ir à praia.

— Você nunca vai à praia.

— Por isso mesmo. Hoje estou pensando em ir.

— Sozinho?

— Vou ver se Edu quer ir comigo.

— Eduardo não está bem. Deixe-o dormir.

— O que é que ele tem?

— Bebeu além da conta ontem à noite.

— Bebeu? Você quer dizer que ele chegou aqui bêbado? — Ela assentiu. — Muito bêbado?

— Bom, alguns amigos o trouxeram para casa. Disseram que ele apagou. Mas não vejo motivos para preocupação. Coisas de rapaz, você entende.

— Não entendo, não. Ele sempre foi um rapaz ajuizado e equilibrado. Nunca deu para beber e agora volta para casa de cara cheia. O que será que está acontecendo?

— Acho que é aquela garota, a Gabriela.

— Eles brigaram?

— Parece que sim. Tudo indica que ela o trocou pelo Márcio.

— O quê? Não acredito.

— Pois é o que parece. Eu bem que avisei que ele andava de olho nela.

— Você teve algo a ver com essa história, Diana?

— Eu?! Mas que ideia é essa? Imagine se eu ia me intrometer na vida de meu filho.

— Imagine se não ia...

Enquanto os dois discutiam, Sílvia fez sinal para Tália, chamando-a para perto de Douglas.

— Ele é mais acessível. Um bom médium, ponderado e justo, ainda que não conheça os seus potenciais.

Facilmente, Douglas percebeu a influência de Sílvia, que o induzia a ir ao quarto do filho ver como ele estava passando. Douglas o encontrou ainda dormindo e sentiu uma leve tonteira ao se aproximar dele.

— Ele está péssimo! — reclamou. — Está com cara de bêbado.

— Não precisa exagerar — objetou Diana, que vinha logo atrás. — Ele está apenas dormindo.

— Isso não está certo. Olhe só o jeito dele.

— Não vejo nada de mais. Apenas um rapaz adormecido.

Com o barulho, Eduardo acabou por despertar. Abriu os olhos lentamente, piscando várias vezes, bocejou e viu os pais parados perto dele. Demorou alguns segundos até que compreendesse o que estava se passando. Recostou-se na cama, ainda sonolento e zonzo, esfregou os olhos e disse, com a voz um pouco pastosa:

— Está tudo bem? O que vocês dois estão fazendo aqui?

— Eu é que pergunto, meu filho — era Douglas. — O que é que você anda fazendo da sua vida?

— Eu? Nada. Quero dizer, o de sempre. Por quê? Aconteceu alguma coisa?

— Soube que você chegou bêbado ontem à noite.

— Bêbado? Ah! Aquilo? Não foi nada. Passei um pouco dos limites, é só.

Em quaisquer outras circunstâncias, o episódio teria passado despercebido, tratado apenas como um arroubo da juventude. Quem é que nunca havia tomado um porre na vida? O próprio Douglas já havia bebido umas doses a mais, o que não era motivo de alarde. Por que então o estado de Eduardo lhe causava tantas preocupações? Para qualquer pessoa, inclusive Diana, aquilo não passava de um episódio isolado, sem maiores consequências, resultado de alguma farra de rapazes numa noite de sábado. Para Douglas, era algo a mais.

Na verdade, Sílvia lhe inspirava o perigo a que Eduardo se submetia. Mesmo sem compreender o que se passava com ele, Douglas captava vibrações de baixa intensidade partindo de seu corpo. Não sabia definir o que era aquilo, mas uma apreensão muito grande foi tomando conta de seu íntimo, um indescritível medo de que o filho estivesse se embrenhando por um caminho sem volta.

— Ele precisa da sua ajuda — soprava Sílvia em seu ouvido. — Está sendo vítima de espíritos perturbadores. Não pensa mais sozinho. Seus pensamentos estão sendo compartilhados com criaturas daninhas.

— Você está estranho, Edu. Parece até que está mal acompanhado.

— O quê?! — indignou-se Diana. — Acha que meu filho está endemoninhado?

— Não foi isso o que eu disse. Apenas estou achando-o esquisito.

— Ele está estranho — prosseguia Sílvia. — Está enfraquecido e não consegue dominar-se a si mesmo, de forma a afastar os perturbadores.

— O que posso fazer por ele? — respondeu Douglas mentalmente, julgando que respondia a seus próprios pensamentos.

— Conduza-o no caminho da oração. Procure um centro espírita.

— Você tem rezado, meu filho?

— Rezado, eu? — espantou-se Edu. — Você sabe que eu nunca fui dessas coisas.

— Será que não era bom você ter algum tipo de religião?

— Eduardo é católico — interrompeu Diana. — Fez a primeira comunhão e tudo. Não se lembra?

Douglas não respondeu. Estava confuso com aqueles pensamentos. Ele mesmo nunca fora muito religioso. Por que agora cismara de pensar em oração?

— Levante-se daí, vamos. Está um lindo dia, e não é bom desperdiçar o tempo na cama.

— Ah, pai, hoje é domingo.

— Domingo é dia de missa! — irritou-se Diana, que nunca ia à missa. — Por que não vão à igreja, os dois?

— Isso mesmo — estimulou Sílvia. — Todo templo religioso é sagrado, e toda oração é ouvida por Deus.

— Sua mãe tem razão — concordou Douglas, para espanto de Diana. — Um pouco de oração não faz mal a ninguém.

— Ah, pai, essa não! Desde quando você gosta de missa?

— Se ele não quer ir à missa, leve-o à praia — prosseguia Sílvia. — O mar é grande repositório de energia e vai auxiliar a eliminar aquelas que o estão prejudicando.

— Hum... — fez Douglas. — Por que não vamos à praia?

— Você vai à praia?

— Se você quiser me acompanhar...

Eduardo quis. Subitamente, sentiu-se animado com a perspectiva de poder ir à praia em companhia do pai, algo praticamente inédito em sua vida. Diana não quis ir. Tinha horror de pegar sol, pois temia estragar a pele. Os dois seguiram sozinhos. Levaram uma barraca e duas cadeiras, acomodaram-se na areia e puseram-se a conversar.

— Como vai sua namorada? — indagou Douglas, com cautela.

— Não tenho namorada — respondeu Eduardo de mau humor.

— Não? E a Gabriela? Não vá me dizer que vocês brigaram.

— Nós terminamos, se é o que quer saber. Gabi agora está interessado em outro.

— Que outro?

— O Márcio.

— Não me diga! Ela disse isso a você?

— Não.

— Então, como é que você sabe? Você os viu juntos?

— Não preciso. Só de olhar para eles, dá para adivinhar o que estão fazendo.

— Quer dizer que você agora virou adivinho, é?

Irritado com o rumo que a conversa estava tomando, Eduardo se levantou da cadeira e retrucou, antes de correr para a água:

— Ah, pai, não me amole!

Douglas ficou observando-o entrar na água, pensando no que estaria acontecendo e qual seria a melhor forma de ajudar. Lembrou-se de que havia sugerido uma religião e espantou-se consigo mesmo. Embora acreditasse em Deus, nunca seguira nenhuma religião nem pensara nisso mais a sério. Por que então fora dar essa ideia a Eduardo? Estava perdido em seus pensamentos quando ouviu uma voz que o cumprimentava:

— Como vai, doutor Douglas?

Olhou para a dona da voz e ficou gratamente surpreso ao ver que era Gabriela.

— Olá, menina. Como vai você? Anda sumida lá de casa.

Ela sorriu meio sem jeito e respondeu:

— Tenho andado ocupada. E o Edu? Veio com o senhor?

— Ele está na água.

— Ah...! E ele está bem?

— Por que não lhe pergunta?

Eduardo vinha voltando, sacudindo os cabelos para secá-los um pouco. Viu Gabriela parada junto ao pai e contraiu o rosto, visivelmente contrariado.

— O que você está fazendo aqui? — indagou com azedume.

— Eduardo! — repreendeu o pai. — Isso são modos de tratar a moça? Ainda mais sendo sua namorada.

— Ela não é minha namorada — não esperou resposta, voltando-lhes as costas em seguida. — Vou dar uma caminhada.

Afastou-se a passos rápidos, deixando Gabriela com lágrimas suspensas nos olhos.

— O que está acontecendo entre vocês? — tornou Douglas, mostrando-se interessado.

— Ah, doutor Douglas, o senhor nem queira saber! Eu mesma não sei bem o que dizer.

Ela aceitou o lugar que ele lhe oferecia, na cadeira de Eduardo, e passou a narrar-lhe tudo o que vinha acontecendo com ele desde o dia em que descobrira a ossada da avó. Contou de sua obsessão, do centro espírita e de sua mudança repentina, até a cisma que passara a ter de Márcio.

— Mas você e Márcio não têm nada um com o outro?

— Nadinha. Somos apenas amigos. Ele tem me dado a maior força nessa situação.

— Sei. E por que vocês não contam isso ao Edu?

— E o senhor acha que já não o fizemos? Acontece que Edu é cabeça-dura e não acredita em nós.

— Estranho, muito estranho. Não combina com o temperamento do meu filho.

— Não combinava. Antigamente, Eduardo era alegre e gentil. Agora se tornou carrancudo, mal-humorado e desconfiado.

— Mas você deve ter alguma ideia do que esteja acontecendo, não tem?

Ela olhou para os lados, um pouco sem graça, até que retrucou:

— Quer mesmo saber?

— Se não quisesse, não estaria perguntando.

— Promete que não vai rir nem me chamar de tola?

— É claro que prometo.

— Bom, nós andamos indo ao centro espírita que minha irmã frequenta, porque Edu cismou de ter notícias da avó.

— Como é que é?

— É isso mesmo. Eduardo achou que, indo ao centro, poderia se comunicar com o espírito dela. Acontece que ela não apareceu, e ele foi se frustrando. De repente, desistiu de ir e foi ficando desse jeito esquisito.

— Não aconteceu nada nesse centro que pudesse tê--lo afetado?

— Que eu saiba, não.

— Ninguém que o tenha impressionado ou confundido?

— Não. Todos lá são muito legais... — parou abruptamente. — Só se... mas não, não é possível.

— O que não é possível?

— Acho que não tem nada a ver.

Estimulada por Sílvia, a curiosidade de Douglas ia aumentando cada vez mais, enquanto ela lhe incutia a ideia de que estava no caminho certo.

— Talvez tenha — insistiu ele. — Por que não me conta?

— Bem, doutor Douglas, é que nós conhecemos uma moça que trabalha com TVP. Já ouviu falar em terapia de vidas passadas?

— Já.

— Pois é. Dizem que ela até que é boa nisso, mas é uma pessoa sem muita moral. Por isso, seu Salomão, que é o dirigente de lá, a havia proibido de arranjar clientes nas dependências do centro.

— E você acha que meu filho teve contato com essa mulher?

— Ela o andou cercando lá no centro, mas eles nunca se encontraram fora dali.

— Tem certeza?

Ela hesitou:

— Bem, certeza, certeza, não posso ter. Edu nunca me falou nada a respeito.

— Curioso. Gostaria de conhecer essa mulher, Gabi. Pode me levar a esse centro?

— Posso.

— Em que dia funciona?

— Terça-feira.

— Ótimo. Quero ir lá nessa terça mesmo, se você puder ir.

— É claro que posso! Tudo o que puder fazer para ajudar Eduardo, esteja certo de que farei.

— Sei que você gosta muito dele, e ele, de você. É uma pena estragar esse amor por causa de uma bobagem.

— Oh, doutor Douglas, que bom que o senhor apareceu! Ao senhor, tenho certeza de que ele dará ouvidos.

— É o que espero, minha filha, é o que espero.

Gabriela saiu dali mais animada. O encontro com Douglas fora providencial. Ela nem estava pensando em ir à praia naquele dia, mas, de repente, sentira uma vontade louca de dar um mergulho e tomar um pouco de sol. Ela não sabia, mas a influência benéfica do invisível havia provocado aquele encontro, que nada tinha de casual.

Na terça-feira, Douglas marcou de se encontrar com Gabriela no centro espírita. Anotou o endereço e, meia hora antes de iniciar-se a sessão, ele lá estava, sentado na assistência, aguardando ansioso a chegada da moça. Dez minutos depois, ela entrou em companhia da irmã e foi cumprimentá-lo. Gabriela sentou-se a seu lado, enquanto Eliane seguia para tomar seu lugar junto ao corpo de médiuns.

— Foi difícil encontrar a rua?

— Não. Achei-a com facilidade. E então? A tal moça está aí?

— Infelizmente, doutor Douglas, minha irmã me disse que Janaína não tem aparecido há algum tempo.

— Janaína? É esse o nome dela?

— É, sim. Eliane ficou de ver com seu Salomão se ele tem o endereço do consultório dela.

Embora contrariado, Douglas teve que esperar até o fim da sessão para ter alguma notícia de Janaína. Enquanto esperava, ia ouvindo a palestra de seu Salomão e começou a se interessar. Ele falava coisas bonitas, exortando os presentes a serem mais otimistas e amorosos. Falou do casamento e dos laços de família, levando os ouvintes a refletir sobre a necessidade de amor e compreensão dentro do lar. Aquilo o agradou, e ele ficou tão interessado que nem sentiu o tempo passar. Logo chegou a hora do passe, que ele experimentou pela primeira vez na vida, sentindo imenso bem-estar diante do médium simpático que o atendeu. Ao término da sessão, sentia-se completo e mais feliz, pensando em Diana de maneira um pouco diferente da que estava acostumado a vê-la.

— E então? — perguntou Eliane, que se aproximava deles. — Gostou da sessão, doutor Douglas?

— Fiquei encantado!

Eles sorriram, e Eliane estendeu-lhe um papelzinho.

— É o telefone de Janaína. Ao menos é o último de que seu Salomão tem notícia. Espero que a encontre.

— Irei procurá-la amanhã mesmo.

Saiu agradecido, disposto a telefonar para aquele número e marcar uma consulta. No dia seguinte, logo pela manhã, ligou para o número que seu Salomão lhe dera. Uma moça atendeu, anunciando o consultório da doutora Janaína, e ele quase pulou de alegria. Queria marcar uma consulta para o mais breve possível. A moça disse que havia um horário disponível naquele mesmo dia, às seis horas da tarde, e ele aceitou. Na verdade, Janaína tinha quase todos os horários livres, porque os clientes iam minguando cada vez mais, e até a secretária ela teve que despedir.

Mal contendo a ansiedade, Douglas esperou a hora marcada. Quando chegou ao seu consultório, Janaína o recebeu com um sorriso, fazendo-o entrar diretamente em sua sala.

— Não repare o atendimento — desculpou-se ela. — É que dei férias à secretária e não tive tempo de treinar ninguém para ficar no seu lugar, de forma que tenho que me arranjar sozinha.

— Não se preocupe.

— Sente-se, por favor — esperou até que ele se sentasse, apanhou um caderninho e prosseguiu: — Muito bem, Douglas, o que o trouxe aqui?

— Meu filho — respondeu ele prontamente.

— Está tendo problemas com seu filho?

— Não. Ele é que está com problemas.

— Que tipo de problemas?

— Não sei. É o que espero que a senhora possa me responder.

Janaína pousou o caderninho sobre o joelho e encarou o homem à sua frente. Será que ele ainda não compreendera que ela fazia terapia de vidas passadas? Não era conselheira nem psicóloga, propriamente.

— Acho que você não está bem informado sobre o meu trabalho — continuou ela. — Sou psicóloga, mas trabalho com TVP, ou seja, terapia de vidas passadas...

— Sei muito bem o que a senhora faz, e é justamente por isso que resolvi procurá-la.

— Ah! Muito bem, vamos então fazer sua ficha primeiro.

— Isso não será necessário, doutora Janaína. Na verdade, peço que me perdoe se lhe dei a impressão de que seria um paciente. Não foi para isso que vim.

— Não? Mas você marcou uma consulta...

— Porque precisava muito falar com a senhora. Como disse, meu filho está com problemas, e pensei se a senhora não poderia nos ajudar.

— Quem não está entendendo sou eu, Douglas. Como espera que ajude seu filho se você não quer se tratar?

— Na verdade, pensei se ele não a teria vindo procurar.

— A mim? — Ele assentiu. — Como se chama o seu filho?

— Eduardo Pompeu Leão. Frequentava o centro de seu Salomão, que você também já frequentou.

Ela soltou o bloco nervosamente e se levantou, pondo-se a caminhar de um lado para outro no consultório.

— Fiz o que ele me pediu — justificou-se. — Avisei-o de que a responsabilidade não era minha. Foi ele quem quis saber.

— Quer dizer então que ele esteve aqui?

— Esteve. Faz já alguns meses que sumiu. Isso acontece às vezes, depois que o paciente descobre o que quer.

— O que foi que ele descobriu?

— Não posso dizer. É segredo de profissão.

— Ora, vamos, doutora Janaína, já obtive informações suficientes a seu respeito para saber que a senhora pode ser tudo, menos *profissional*.

Ela mordeu os lábios com raiva e retrucou insegura:

— Não sei o que quer dizer com isso. Meus pacientes são todos maiores de idade e vêm aqui livremente. Que eu saiba, não há nada na minha conduta que possa ser considerado não profissional ou antiético.

— Não estou aqui para julgá-la, doutora. Só o que me interessa é ajudar o meu filho.

— Lamento não poder fazer nada pelo senhor — arrematou ela com frieza, agora emprestando um tom excessivamente formal à voz.

— Pode fazer, sim. Pode me dizer o que foi que ele viu.

— Por que não pergunta a ele?

— Porque ele está confuso e agressivo. Não quer falar com ninguém.

— Se ele não quer lhe dizer, não serei eu a trair sua confiança. Não fui paga para isso.

Douglas olhou para ela com ar de desdém e meteu a mão no bolso, dele retirando a carteira. Abriu-a e começou a contar algumas cédulas. Depois, tirou um maço de notas e colocou-o sobre a mesa, dizendo com desprezo:

— Aqui tem mil reais, doutora. Será que não é o suficiente pela sua confiança?

Ela hesitou um pouco, mas acabou apanhando as cédulas. Sem as contar, guardou-as na gaveta da mesa e se virou para ele:

— Muito bem, doutor Douglas. O que quer saber?

— Tudo. Quero que você me conte o que aconteceu com meu filho.

Com um suspiro profundo, ela narrou tudo o que acontecera a Eduardo desde que ali chegara, culminando com as últimas reminiscências de sua avó. Douglas escutou tudo atentamente e ficou estarrecido com as revelações que ela lhe fizera. Não sabia bem se acreditava em tudo aquilo, mas algo em seu íntimo lhe dizia que era verdade. Havia vida depois da morte, os espíritos sobreviviam à carne e depois retornavam para cumprir aquilo que ainda não tinham conseguido completar.

Saiu do consultório de Janaína completamente transtornado, sem saber bem que atitude tomar com relação a Eduardo. Falar com ele seria um desastre. Com Diana, então, de nada adiantaria. Poderia ir procurar Gabriela novamente e talvez ela lhe indicasse uma solução. A solução estava no centro espírita, uma voz lhe dizia. Era lá que eles poderiam reunir forças e conhecimento suficientes para enfrentar aquela situação.

A sugestão de Sílvia foi bem-aceita por Douglas, que se dispôs a procurar Gabriela e sua irmã o mais rápido possível.

— As coisas agora estão começando a melhorar — disse Tália.

— Graças a Deus, Douglas ouviu nossos conselhos. É um bom médium e tem tudo para explorar seus potenciais. Se resolver se dedicar ao trabalho mediúnico, vai poder ajudar muita gente.

— Será que ele vai conseguir convencer Eduardo a ir?

— Não sei. Talvez o rapaz não lhe dê ouvidos, porque Douglas nunca foi religioso. De toda sorte, ainda temos Honório, e pode ser que seja mais fácil para ele, que já anda mais em contato com o mundo sutil, convencer o neto.

— E nós, Sílvia? O que faremos agora?

— No momento, você precisa repousar. Está muito desgastada energeticamente.

— Tem razão. Os acontecimentos dos últimos meses têm me afetado muito.

— Vamos voltar para nossa cidade. Lá, você terá melhores condições de se refazer.

Num piscar de olhos, estavam de volta a sua cidade astral, e Tália se viu sentada em seu jardim, cercada das flores que espalhavam no ar um perfume suave e doce. Sílvia não a acompanhara, provavelmente presa a seus afazeres. Tália sentou-se no banco de sempre e aspirou aquele aroma delicado e prazeroso, lembrando-se de sua última encarnação na Terra. Tanto tempo havia se passado! Todos aqueles com quem convivera, à exceção de Honório, estavam agora desencarnados. Tinha ainda uma filha que a odiava e um neto que não a compreendia. O que poderia fazer?

Sua vida sempre fora uma mar de turbulências, e ela, uma gotinha perdida naquele oceano de luxo e paixões. Onde estariam os que um dia disseram que a amavam? E Mauro? Por onde andaria? Um dia ele lhe dissera que a amava, mas ela sabia que ele mentira. Mauro fora o único que realmente conquistara o seu amor, mas ela o perdera, ou melhor, ele se fora. Ela muito sofrera com a sua partida e mais ainda porque ele não retornara. Ainda podia ouvir o apito daquele navio, levando-o embora do Rio, para nunca mais voltar à terra natal. Há quanto tempo fora aquilo? Quarenta anos? Cinquenta? Sessenta? Mesmo perdida na esteira dos anos, a dor daquele momento lhe avivava lembranças que jamais conseguiria apagar.

# 15

Quando Amelinha e Mauro desembarcaram no Rio de Janeiro, vinham cheios de sonhos e projetos a realizar. O teatro de revista estava em alta na capital, e as chances da menina eram realmente muito boas.

— Você precisa se acostumar com seu novo nome — orientava Mauro. — De agora em diante, você se chama Tália Uchoa. Não se esqueça disso. A Amelinha que você conhecia ficou lá em São Paulo. Aqui você é Tália, uma atriz glamourosa do teatro de revista. Entendeu?

Amelinha, ou melhor, Tália, limitou-se a assentir. Estava fascinada com a nova cidade, com suas luzes, cores e, principalmente, com o ar irreverente das mulheres.

— É tudo tão bonito, Mauro!

— É, sim. O Rio de Janeiro é diferente de tudo o que você já viu em termos de arte.

— Nunca vi nada...

— Pois, então, vai conhecer o melhor! E veja que chegamos em boa época. O carnaval está próximo e a cidade está em polvorosa.

— Vamos brincar?

— Melhor, minha menina. Vamos nos engajar num bloco qualquer, ou num rancho, para você aparecer bem. Aposto como vai chamar a atenção.

— Bloco? Rancho? Não entendo nada disso.

— E nem precisa. É só arranjar uma fantasia e requebrar do jeito que você sabe.

Dito e feito. No domingo de carnaval, lá ia Tália em sua fantasia de colombina desfilando pela Avenida Central, no que se poderia chamar de projeto de escola de samba. Para garantir a sua segurança, Mauro foi com ela. Acanhada a princípio, Tália quase não se mexia, assustada com os foliões e com a chuva de confetes e lança-perfumes que se espargiam sobre ela. Mas Mauro a incentivava, pegava a sua cintura e rodopiava com ela, envolvendo-a no ritmo frenético da batucada do samba. Ela adorou. Em pouco tempo, foi-se soltando e, de menina tímida e desajeitada, passou a sambista de primeira, requebrando os quadris com graça e sensualidade, despertando a atenção e o interesse dos demais sambistas.

Alguns tentaram se aproximar dela, mas Mauro não permitiu. Visava não apenas à sua incolumidade, mas também a despertar a atenção de algum dono de teatro que estivesse por ali. Durante o trajeto na avenida, Tália parecia não perceber nada além daquela música estonteante e animada. Entregou-se por completo, sentindo-se segura sob a proteção de Mauro, que não desgrudava dela. Tanta beleza e sensualidade não podiam passar despercebidas pela avenida. Não foram poucos os que a notaram. Alguns diretores e donos de teatro logo se interessaram por ela. Enquanto ela sambava, eles se aproximavam, tentando falar-lhe, mas Mauro os impedia, apresentando-se como seu agente e segurança. Choveram convites, e Mauro começou a coletar os cartões que lhe ofereciam.

Ao fim do desfile, Tália estava exausta. Sambara e se divertira como nunca em sua vida. Ciente do efeito que produzia nos olhares masculinos, entregara-se por completo àquela loucura, remexendo-se com uma sensualidade nunca antes vista. Nem de longe lembrava aquela menina feia e gordinha que era alvo das chacotas dos garotos em Limeira.

Possuía agora formas exuberantes de mulher brejeira e dotada de uma sexualidade à flor da pele.

— Você gostou? — perguntou Mauro, satisfeito com o seu desempenho.

— Nossa, Mauro! Nunca me diverti tanto.

Foram para casa, Mauro sentindo os olhares de inveja dos outros homens ao vê-lo passar com Tália pelo braço. Entraram no pequenino quarto de pensão que seu dinheiro conseguira pagar, e ele tirou do bolso os cartõezinhos que coletara.

— O que é isso? — indagou ela, curiosa.

— Isso, minha menina, é a porta para o nosso futuro.

— Como assim?

— São cartões de donos de teatros e diretores de espetáculos de revista, todos interessados em você.

— Sério? Como foi que você conseguiu tudo isso?

— Então você não sabe? — Ela meneou a cabeça. — Você é mesmo muito tontinha, menina. Estava se acabando no samba e nem se deu conta dos olhares de cobiça da rapaziada, não é mesmo?

— Bem, confesso que reparei nos olhares, sim. Mas o que isso tem a ver com os cartões? Foi naquela hora que você os conseguiu?

— Enquanto você se divertia, eu estava trabalhando. Os sujeitos a viram e ficaram enlouquecidos. Todos querem você em seus espetáculos.

Ela soltou um gritinho e deu um pulo de alegria, atirando-se no pescoço de Mauro.

— Conseguimos, Mauro? Vou ser, realmente, atriz?

— Calma, minha menina. Por enquanto, só temos os cartões. É preciso que você se apresente e faça alguns testes para corista.

— Mas que testes? Então eles já não me viram dançar?

— Uma coisa é sambar na avenida. Outra, bem diferente, é dançar num palco, com roupas pequeníssimas e iluminada pela luz dos refletores. Não basta saber rebolar. É preciso ter desenvoltura e intimidade com o palco.

— Você acha que eu dou para isso?

— Não tenho dúvidas! Mas eles ainda não sabem que você é perfeita. Espere só até a verem dançando sozinha no palco.

— Oh! Mauro, você é maravilhoso!

— Faço isso porque gosto de você.

— Mentiroso. Faz isso porque eu sou a sua mina de ouro.

Com um gesto carinhoso, ele a puxou pela mão e a fez sentar-se em seu colo. Alisou seus cabelos sedosos, deu-lhe uma mordida de leve nos lábios e, olhando-a com seriedade, disse em tom solene:

— Vou lhe confessar uma coisa, Tália. Você é minha mina de ouro, é verdade. Mas essa mina em nada me interessaria, não fosse o amor que sinto por você. Sou um homem arrebatado, e não há nada que faça que não seja movido pela paixão. Meus interesses não são mesquinhos. A minha vida é impulsionada pelos sentimentos e, para mim, o que vale é viver intensamente cada minuto que respiro. E é você, Tália, que me estimula a viver, porque por você, o meu coração dispara cada vez que a vê.

Tamanha sinceridade a emocionou, e ela o abraçou com fervor.

— Também o amo muito, Mauro. Acho que, enquanto viver, nunca vou amar outro como amo você.

— Diz isso agora, porque sua vida de glamour mal começou. Mas, depois que você estiver no auge, rica e famosa, vai me esquecer e encontrar um outro à sua altura.

— Nunca! Você é e sempre será o único e verdadeiro amor da minha vida. Ainda que tenha outros amantes, por nenhum deles sentirei o amor que sinto por você.

Ele também se emocionou. Abraçou-a com paixão e levou-a para a cama, amando-a com loucura e ardor.

Tiveram que esperar até Quarta-Feira de Cinzas para começar a se apresentar nos teatros, em busca de uma chance para um show. Engajado naquela vida já em São Paulo, Mauro tinha conhecimento de alguns nomes mais expoentes no ramo e os buscou nos cartões que recebera. Encontrou muitos ali e selecionou os mais conhecidos, guardando o resto sem descartá-los, para o caso de não conseguirem nada nas casas mais renomadas.

Ajudou Tália a se vestir. Escolheu o seu vestido, orientou-a no penteado e na maquiagem, e partiram para as entrevistas, com a recomendação de que não revelasse sua verdadeira idade. Para todos os efeitos, tinha dezoito anos completos.

O primeiro teatro a que chegaram não os agradou. O dono era um português arrogante e devasso, que foi logo oferecendo a Tália um lugar no grupo de coristas em troca de algumas horas de prazer. Mauro quase o esbofeteou e saiu de lá irritado, arrastando Tália pelo braço.

— Quem ele pensa que é? — bufou. — Você é uma dançarina, não uma prostituta.

— Não dá no mesmo?

— Não, não dá! E nunca mais repita isso. Você não é nem nunca será uma prostituta.

Em outro teatro, o resultado também não foi o esperado. O dono estava interessado apenas no corpo de Tália e demonstrou isso com muita naturalidade. O teatro era apenas uma fachada para uma pequena casa de encontros que ele possuía, e Tália seria uma excelente aquisição nesse ramo. Choveriam clientes interessados em sustentá-la e dar-lhe uma vida tranquila. Mauro poderia continuar agenciando seus encontros em troca de uma percentagem razoável para o dono do teatro.

Daquela vez, Mauro não resistiu e acertou violento soco no queixo do homem, que cambaleou e caiu. Os seguranças do teatro, ouvindo a gritaria, acorreram aflitos, mas Mauro conseguiu segurar Tália pelo braço e correr com ela para a rua.

— Mas será possível? — lamentou-se. — Será que não há mais gente decente hoje em dia?

— Será que nesse ramo isso é possível?

— Não desanime. Ainda vamos encontrar alguém que lhe dê o devido valor.

No terceiro teatro que visitaram, Tália foi mais bem acolhida. O diretor do espetáculo estava encantado com ela e pediu que dançasse para ele. Tália fez o que mais sabia. Subiu ao palco e soltou o corpo, remexendo-se daquela forma sensual que só ela conhecia. O homem quase enlouqueceu e queria contratá-la de imediato. Chamou Mauro a um canto e foi logo oferecendo uma quantia exorbitante. Mauro ficou bastante animado, achando que, finalmente, haviam conseguido uma boa chance.

— Só tenho uma exigência a fazer — decretou o homem, subitamente. — Que Tália se encontre comigo uma vez por semana, em meu apartamento no centro da cidade.

— Como é que é? — Mauro estava surpreso. — Não estou entendendo.

— Creio que o senhor compreendeu muito bem. É de praxe que minhas meninas se deitem comigo ao menos uma vez por mês. E não faça essa cara de espanto. Não vai querer me convencer de que essa Tália é virgem, não é mesmo?

Mauro estava abismado. Pensou em acertar aquele homem também, mas já estava começando a ficar cansado daquela história. Virou-lhe as costas e foi chamar a moça, saindo com ela para a rua.

— O que foi que houve? — quis saber ela.

— O de sempre — foi a resposta seca.

Depois disso, foram a uma casa de espetáculos em que Tália teria que trabalhar em trajes sumários, atendendo as mesas dos clientes. Em outra, teria que tirar a roupa em um quarto reservado, longe dos olhares do público e, numa terceira, sua função seria a de uma boneca em exposição e consistiria em ficar parada na frente do teatro para atrair a freguesia.

Tália estava exausta. Aonde ia, o resultado era sempre o mesmo: queriam explorar seu corpo maravilhoso sem lhe dar a chance de mostrar seus dotes artísticos. Mauro não podia concordar com aquilo. Não a tirara do jugo de Anacleto, naquela pensão em São Paulo, para transformá-la em prostituta oficial no Rio de Janeiro. Não. Tália tinha valor. Dançava como ninguém, tinha charme e carisma. Não iria se prestar a servir de objeto para nenhum velho devasso.

Os proprietários de casas de espetáculo que ele julgava grandes, ao que tudo indicava, não eram lá assim tão grandes. Havia outros, realmente famosos, que ele tentara contatar, mas fora barrado logo na porta. Só lhe restavam os teatros menores. Abriu a gaveta em que havia guardado os cartões secundários e folheou-os. Alguns nomes ali eram conhecidos, em outros, nunca ouvira falar. O que poderia fazer? Não lhe restava alternativa senão tentar os teatros e casas noturnas de menor expressão.

Foi o que fizeram. Depois de algumas respostas negativas, finalmente conseguiram uma colocação em um teatro menos conhecido. Mauro gostou do lugar. As moças que trabalhavam ali eram direitas e não possuíam aquele ar vulgar e arrogante de estrelas de segunda categoria. Além disso, Darci, o dono do teatro e diretor do espetáculo, era um homem gentil e muito profissional, interessado apenas em fazer progredir o seu negócio.

Tália também gostou. O teatro não era glamouroso como esperava, mas era onde teria a chance de mostrar suas qualidades profissionais. Não possuía mesas, mas era espaçoso, com um palco razoavelmente grande e lugar para cerca de duzentas pessoas. Podia não ser o ideal, mas era o que tinha para começar.

A noite estava agitada naquele sábado. Desde que começara a trabalhar no teatro de revista, Tália vinha se firmando como a mais nova sensação do momento. Sua fama de sambista atraente e sensual logo se espalhou pela cidade, e a plateia no teatro começou a aumentar, recheada de homens que iam até lá só para ver o seu rebolado.

Com a chegada de Tália, as coisas começaram a mudar para Darci. A moça trazia uma musicalidade que a diferenciava das dançarinas que conhecia, aprendeu a cantar, e a dança parecia sair de seu corpo com naturalidade, como se o seu corpo todo fosse feito para aquilo. Além disso, as ideias de vanguarda de Mauro elevaram-no ao posto de diretor dos espetáculos, e ele passou a atuar não apenas nos shows de Tália, mas nos de todas as outras vedetes.

— Vamos logo com isso — anunciou Darci, apressando Tália no camarote. — Faltam cinco minutos.

— Como está a plateia?

— Casa cheia, meu bem, como sempre.

Em cinco minutos, lá estava ela no palco, para delírio da plateia. Executou o seu número com esmero e maestria, de olhos semicerrados, cantando e dançando como se estivesse nas nuvens e seus pés mal tocassem o chão. Quando Tália se entregava à dança, parecia que nada mais havia no mundo; apenas ela, a melodia e o ritmo. Entregava-se de corpo e alma, e sua beleza exuberante despertava não apenas a atenção dos presentes, mas, principalmente, o desejo de muitos homens.

Tália e Mauro se amavam como loucos, e não havia outro homem que a atraísse, nem mulher que ele desejasse. Ao término do espetáculo, os dois seguiam para casa de mãos dadas, felizes com o rumo que suas vidas estavam tomando. Com o sucesso do seu número, o cachê de Tália aumentou, e Mauro também não ganhava mal como diretor. Afinal, era ele o responsável pela coreografia e o cenário daquele show maravilhoso, que ia elevando o nome de Darci rumo ao ápice do mundo teatral.

— Por que não nos casamos? — perguntou ela numa manhã, após se amarem intensamente.

— Não vai ser bom para os negócios. Vedetes casadas despertam menos interesse, e você ainda é menor.

— Você não gosta mais de mim — queixou-se ela, fazendo beicinho.

— Não é verdade. Amo-a como jamais amei ninguém. E depois, nós podemos não ser casados de papel passado, mas você é minha mulher e eu sou seu marido. Não fazemos tudo o que outros casais fazem?

Ela não respondeu. Fez cara de aborrecida e foi para a cozinha preparar o café.

— Precisamos arranjar uma empregada — falou Mauro, chegando por trás e beijando-a no pescoço.

— Acha que já podemos pagar?

— É claro. Não estamos ricos, mas estamos vivendo bem. Conseguimos alugar este apartamento, que não é assim tão mau e, em breve, estaremos nos mudando para nossa própria casa.

— Será?

— Você vai ver. Vamos juntar mais um pouco e partiremos para uma casa só nossa. Uma casa, não, uma mansão, com piscina e tudo.

— Piscina? Nunca vi um luxo desses.

— Pois vai ver. No momento, porém, estou pensando em algo mais imediato: uma empregada, para que você não tenha que estragar suas unhas com o serviço doméstico. Afinal, você agora é uma atriz, quase famosa, e não deve se ocupar com essas coisas.

— Onde vamos arranjar alguém de confiança?

— O que não falta por aí é gente querendo trabalhar. Porei um anúncio no jornal, e logo aparecerá alguém.

— Estive pensando em outra coisa...

— O quê?

— Lembra-se de Ione?

— O nome não me é estranho...

— Era cozinheira na casa de dona Janete.

— Ah! Ione, isso mesmo, agora me lembro. Por quê? Não vá me dizer que pretende ir buscá-la.

— Eu prometi. Quando saí da casa de Janete, prometi que iria buscá-la assim que estivesse bem.

— Mas, querida, Ione mora lá em São Paulo. Não podemos viajar agora.

— Não, mas eu posso lhe escrever uma carta, enviando-lhe o dinheiro da passagem e o endereço. Aposto como virá.

— É o que quer?

— É, sim. Ione sempre foi minha amiga e me ajudou quando eu mais precisava.

— Será que ainda trabalha lá?

— Não custa nada tentar. Se ainda estiver trabalhando naquela pensão horrorosa, aposto como virá. Ela também não gostava muito de dona Janete.

— Muito bem, seja feita a sua vontade. Escreva-lhe o nosso endereço numa carta, sob nome falso e sem remetente, para saber se ela ainda trabalha lá. Não queremos que dona Janete descubra o nosso endereço, não é? — Ela meneou a cabeça, assustada, pois não havia considerado aquela hipótese. — Depois, se ela responder, enviamos o dinheiro. Que tal?

— Excelente ideia! Farei isso agora mesmo.

Um mês depois, Ione desembarcava no Rio de Janeiro, munida apenas de uma trouxinha de roupas e muitas saudades da amiga. Quando a viu, atirou-se em seus braços, chorando copiosamente. Tália a estreitou com ternura, dando-lhe as boas-vindas à capital federal.

— Você vai amar o Rio de Janeiro! Vou levá-la à praia, ao Corcovado, ao Pão-de-Açúcar...

— Ah! Amelinha, nem acredito que estou aqui. Você cumpriu a sua promessa. Mandou me buscar...

— Só que aqui não sou mais Amelinha, Ione. Como lhe disse na carta, chamo-me Tália Uchoa. É meu nome artístico e é assim que quero ser chamada.

— Tem razão, desculpe. É que ainda não me acostumei. Mas vou chamá-la de dona Tália, que é para impor mais respeito.

— Não precisa do dona, não. Somos amigas, e não é porque agora estou ficando rica que vou ficar besta.

Ambas riram e se abraçaram. Tália chamou um táxi e levou Ione para seu apartamento, mostrando-lhe tudo.

— Por enquanto, você vai ficar aqui — disse, indicando-lhe o quartinho de empregada que ficava ao lado da área de serviço. — Mas não se preocupe. Quando nos mudarmos para uma casa maior, terá seu próprio quarto do lado de dentro, como uma governanta.

— Não precisa tanta coisa, Ame... quero dizer, Tália. Aqui está ótimo.

Tália ajudou Ione a se acomodar e, enquanto ela ia guardando suas poucas roupas no armário, iam conversando:

— Teve notícias da minha família? — indagou Tália com interesse.

— Ouvi dona Janete dizer que a vida da sua mãe anda muito difícil, desde que seu padrasto se entregou à bebida. Parece que nem trabalha mais.

Tália abaixou os olhos, pensativa, lembrando-se da última vez que estivera com o padrasto. Ele estava saindo para procurar emprego, e, já naquela época, andava se entregando ao álcool.

— É por minha causa, não é? — tornou com ar triste.

— Dona Janete diz que sim. Ela e sua mãe disseram que você desgraçou a vida de todo mundo e vai continuar desgraçando a de quem mais cruzar com você.

Aquilo a magoou imensamente. Durante toda a sua vida, não fizera nada para desgraçar a vida de quem quer que fosse, embora muitos houvessem contribuído para desgraçar a dela: a mãe, Elias, seu Chico, Janete, seu Anacleto e tantos outros que a viam como uma perdida. Tália não disse mais nada. Esperou até que Ione terminasse de se ajeitar e deixou-a descansando. Só começaria a trabalhar no dia seguinte.

Mais tarde, foi encontrar-se com Mauro no teatro. Estava acabrunhada e triste, o que despertou a atenção de todos.

— O que você tem? — indagou Mauro, preocupado.

Ela apenas deu de ombros e foi se aprontar para o espetáculo. Desempenhou seu papel como sempre, embora Mauro conseguisse notar seu semblante de tristeza. Depois que o show terminou, voltaram para casa, como sempre faziam.

— Então? — perguntou ele. — Como foi a chegada de Ione?

— Ela já está instalada e bem. Amanhã, começará a trabalhar.

— Alguma notícia ruim de São Paulo? Algo com dona Janete?

— Não, Mauro, na verdade, minha família é que não vai bem.

— Por quê?

Em breves palavras, Tália narrou tudo o que Ione lhe contara.

— Preciso ajudá-los — arrematou.

— Por quê? Por que ajudar quem sempre a prejudicou?

— Raul é meu amigo.

— Mas foi por causa dele que sua mãe expulsou você de casa.

— E tem a minha irmã. Ela não tem nada com isso.

— Você nunca se deu bem com sua irmã. Por que a preocupação agora?

— E minha mãe?

— O que tem ela? Pelo que você me contou, foi a pior de todos.

— É minha mãe — ciciou hesitante, como a se desculpar por aquele fato.

— E daí?

— Por mais que tenha me maltratado, não posso deixá-la passando necessidades. Estou bem de vida agora, não é justo que eles passem privações se eu tenho condições de ajudá-los.

Mauro pensou por alguns momentos, até que considerou:

— Talvez você esteja certa. Logo, vai ser famosa, e não vai ficar nada bem para a sua imagem abandonar a família. As pessoas gostam de estrelas bondosas e generosas, principalmente com os familiares. Com a mãe, então, nem se fala!

— Não é por isso que quero ajudá-los, Mauro.

— Sei disso, mas ninguém mais precisa saber. Podemos usar esse fato em nosso favor, se necessário.

— Acha que minha mãe aceitaria a minha ajuda?

— Você tem dúvidas?

— Não sei. Quando saí de lá a última vez, ela estava com raiva de mim.

— Experimente mandar-lhe dinheiro. Não há raiva que resista a um bom e gordo maço de notas.

— Acho que você tem razão. Farei isso amanhã mesmo.

Ao receber a carta de Tália, Tereza sentiu um misto de alívio e ódio. Alívio porque o dinheiro seria bem-vindo naquela situação de quase penúria em que se encontravam. Ódio porque, se a filha lhe mandara dinheiro, era porque estava bem de vida, ao contrário do que ela desejava. O carimbo no envelope indicava a cidade do Rio de Janeiro, mas ela não colocara o endereço do remetente. Raul, bêbado como sempre, sequer vira a carta ser entregue, e apenas Cristina sabia que a irmã, finalmente, dera notícias.

— Onde você acha que ela está? — perguntou Cristina, lendo a carta e contando o dinheiro.

— No Rio de Janeiro, é o que diz o carimbo dos correios.

— Ela podia ter-nos mandado um endereço qualquer. Não podemos nem responder.

— E o que lhe diríamos? Que estamos quase morrendo de fome?

— Posso trabalhar, mamãe.

— Você ainda nem tem dezesseis anos, e moça de família não trabalha para viver. Pretendo que você faça um bom casamento e nos tire daqui.

Ouviram um barulho nas escadas e se voltaram ao mesmo tempo. Raul vinha chegando, cambaleante como sempre, trazendo sob o braço a garrafa de pinga.

— O que é isso? — perguntou, a voz pastosa.

— Isso o quê?

— Essa carta... De quem é?

— Não é da sua conta — cortou Tereza, ríspida. — Por que não vai trabalhar, em vez de ficar se embebedando pelos cantos?

— Eu quero... — lamentou-se ele, atirando-se no sofá — mas ninguém quer me dar emprego...

— Isso é porque você vive bêbado. Pare de me roubar às escondidas, experimente largar a bebida, e logo o emprego aparece.

— Está enganada, Tereza. Eu tentei, mas ninguém me dá uma chance. Diga a ela, Cristina. Diga a ela que eu tentei...

Penalizada, Cristina se aproximou dele e tentou tirar-lhe a garrafa da mão, mas ele relutou e não deixou que ela a pegasse.

— Solte isso, tio Raul — falou ela, com carinho. — Não vê que só está fazendo mal a você?

Por fim, ele soltou. Cristina tinha um jeito meigo de falar que sempre o convencia. Era como uma filha dedicada cuidando do pai enfermo.

— Não sei o que faço com esse homem — reclamou Tereza. — Não serve para mais nada.

— Não sirvo mais, não é? Antes, você dizia que me amava, mas, agora que estou inválido, você se queixa e quer me abandonar. Você quer me abandonar, Tereza? Quer me deixar na rua da amargura?

Tereza olhou para ele com desdém, enfiou a carta de Tália no bolso do avental e subiu correndo para o quarto. Como ainda tolerava aquele homem? Devia tomar coragem e colocá-lo para fora, mas não conseguia. Apesar de tudo, até mesmo do nojo que o seu insuportável cheiro de álcool lhe causava, não podia se desligar dele. Depois de tudo por que passara, não seria justo que o perdesse. Amor por ele não sentia mais. Era impossível, dado o seu estado de constante embriaguez, que até impotência lhe causara. Mas sentia-se apegada a ele, como se estivessem ligados por algo muito mais poderoso do que o amor.

Ela sabia o que era: o ódio que sentia de Amelinha e a posse que tinha com relação a Raul, fruto do orgulho de não admitir que ele a deixasse por outra. Fora por causa de Amelinha que perdera o seu homem. Mesmo depois que ela se fora, Raul continuara a pensar nela. Depois que sumira da pensão de Janete, então, ele quase enlouquecera. Entregara-se de vez à bebida e fora se tornando abjeto e asqueroso. Aos poucos, foi deixando de lado os hábitos mais comezinhos do ser humano, abrindo mão de se lavar, pentear os cabelos e manter as roupas limpas. Vivia caído pelos cantos, e não raras eram as vezes em que ele voltava para casa carregado pelos companheiros de copo.

Não podia, contudo, largá-lo. Separar-se dele seria como admitir que Amelinha vencera. Seria dar a ela o sabor da vitória, a certeza de que conseguira sobrepujá-la uma vez mais, tomando-lhe o homem que lhe pertencia. E isso ela não podia deixar acontecer. Perdera o interesse por Raul, mas jamais permitiria que ele fosse da filha. Mesmo que Amelinha não o quisesse, ainda assim, não correria o risco de vê-lo solto e livre para rastejar atrás dela, lambendo seus pés feito um cachorrinho. Não. De forma alguma aceitaria que seu homem se tornasse o brinquedinho da filha, ainda que isso lhe custasse a dignidade e a vergonha.

# 16

Mal havia amanhecido, e Tália apareceu na cozinha, estendendo para Ione uma carta recém-selada.

— Será que você podia postar uma carta para mim? — indagou.

— É para sua mãe?

— É sim. O fim do mês se aproxima, e estou certa de que ela fica esperando essa carta com a maior ansiedade do mundo.

— Sua mãe deve estar curiosa para saber sobre você. Até hoje não sabe que você virou atriz.

— Não sou propriamente uma atriz, Ione.

— Não importa o nome que você dê. O fato é que sua mãe não sabe nada a seu respeito. Você escreve para ela e manda dinheiro, mas não lhe conta nada da sua vida e nem tem como saber como anda a vida dela. E se ela já estiver morta e você continuar mandando dinheiro para uma defunta?

— Credo, Ione, que ideia!

— E depois, tem a sua irmã. Só a vi uma vez, quando ela esteve na pensão com sua mãe, depois que você fugiu. Que moça linda! E tão meiga!

— E daí?

— Ela é mais nova do que você, não é?

— É, sim. Está agora com dezessete anos. A idade que eu tinha quando cheguei ao Rio.

— Fico imaginando como uma moça bonita feito ela deve estar desperdiçando a vida ao lado de uma mãe problemática e de um padrasto bêbado.

— O que é que eu posso fazer, Ione? Trazê-la para morar comigo?

— Até que não seria má ideia.

— O quê?! Você só pode estar brincando.

— Não estou, não. Lembro-me de como fiquei feliz quando você mandou me buscar. Para mim, era um sonho poder viver longe daquela pensão e da mesquinhez de dona Janete. Ganhei vida nova, Tália, e sei muito bem o que significa, para uma moça, ter uma vida melhor.

— Você mereceu estar aqui, Ione. É minha amiga.

— E ela é sua irmã.

— Já a estou ajudando. Mando dinheiro para ela todo mês.

— Mandar dinheiro é uma maneira muito fácil de acalmar a consciência. Você não se envolve e pode dizer a si mesma que está fazendo um bem a ela.

— E não estou?

— Está. Mas será que é só disso que ela precisa?

Durante alguns minutos, Tália ficou refletindo sobre a pergunta de Ione. Cristina nunca havia lhe feito nada. Ela sempre fora tão linda, tão pura, tão boa! E ficava se exibindo o tempo todo, como se fosse uma princesa de contos de fadas, e ela, Tália, a eterna Gata Borralheira, sem direitos nem chance de ser feliz.

Tudo aquilo não passava de desculpas. Na verdade, nem Tália sabia por que antipatizava tanto com Cristina. A irmã sempre tentara ajudá-la, o que só a irritava ainda mais. Lembrava-se de quando tivera a segunda pneumonia, logo após ter sido espancada pela mãe em sua única ida a Limeira depois que fora para São Paulo. Cristina cuidara dela com desvelo e amor, dedicando-lhe toda atenção e carinho. Na época, ainda conseguira sentir por ela um pouco de simpatia e gratidão. Mas depois a vida as afastou novamente, e agora ela pensava que a única coisa que ainda tinham em comum era o estupro de que haviam sido vítimas juntas.

— Está escutando o que estou falando, Tália?

— Estou, não precisa gritar.

— E então? Não me diz nada?

Tália se virou para a janela e, olhar perdido, acabou por responder:

— Acho que você tem razão, Ione. Vou viajar a Limeira e ver como estão as coisas por lá. Se Cristina quiser, trago-a para o Rio comigo.

— Assim é que se fala, garota!

— Vou falar com Mauro a respeito, mas tenho certeza de que ele não vai se opor.

— Quer que eu vá com você?

— Não. Quero que fique aqui e cuide de tudo.

— Pode ficar sossegada.

Alguns dias depois, Tália embarcava sozinha para Limeira. Mauro quis acompanhá-la, mas aquilo era algo que ela tinha que fazer sozinha. Não sabia o que encontraria em sua cidade natal e tinha medo de que a mãe fizesse alguma desfeita para ele. Cuidaria de tudo à sua maneira e voltaria para casa logo em seguida, levando Cristina consigo.

Ninguém sabia ainda que ela se transformara em atriz. Chegaria em grande estilo, bem-vestida, maquiada e usando penteado da moda. Na bagagem, levava alguns recortes de jornal e presentes para todos: um vestido novo para Cristina, um xale elegante para a mãe e uma garrafa de licor para Raul. Só depois que comprara os presentes deu-se conta de que não devia dar bebida alcoólica ao padrasto, para não alimentar o seu vício, mas a garrafa já estava comprada e não seria um pouco de licor que agravaria o seu estado.

Chegou a Limeira de surpresa. Desceu na estação de trem e riu satisfeita com os olhares de admiração que lhe endereçavam. Como ainda não havia táxis, foi caminhando em silêncio, admirando as ruas, que continuavam as mesmas. Logo avistou sua casa e sentiu um leve calafrio. Não guardava boas lembranças dali, e voltar para lá, ainda que em boa situação financeira, não estava sendo assim tão fácil.

Tália estava exausta de caminhar carregando a mala e rumou direto para a porta da frente. Atravessou o portãozinho e notou que ele agora rangia, o que não acontecia na época em que ela morava ali, pois tinha as dobradiças sempre lubrificadas. Subiu os degrauzinhos que levavam à pequena varanda da frente e bateu à porta. Demorou alguns minutos até que alguém abrisse, e ela se espantou ao reconhecer, naquele rosto envelhecido que a recebia, o rígido semblante da mãe. Tereza também quase não a reconheceu, vestida naquelas roupas vistosas e elegantes. Pensou tratar-se de alguma moça parecida com Amelinha, só que muito chique e requintada.

— O que deseja? — perguntou Tereza, desconfiada.

— Mãe! — exclamou ela, surpresa com a reação de Tereza. — Não me reconhece?

Aquela voz era inconfundível, e Tereza abriu a boca num assombro mudo. Escancarou a porta, dando-lhe passagem, e ficou vendo-a entrar com seu andar de mulher feita e senhora de si.

— Você está diferente... — conseguiu, enfim, balbuciar.

— Sou outra mulher agora.

Aquele *mulher* espantou Tereza ainda mais. Ao sair dali, Amelinha era apenas uma menina e, mesmo agora, não contava mais de dezenove anos. Contudo, sua aparência e seus gestos haviam abandonado os trejeitos da infância, e ela se portava e falava como uma mulher adulta e experiente.

— Você está muito bem... — continuou ela, começando agora a sentir uma pontinha de inveja. — Arranjou alguém que a sustente?

Tália fuzilou-a com o olhar, mas conseguiu manter a calma. Não fora ali para brigar com a mãe e não precisava mais se indispor com ela. Estava agora por cima da situação e trataria de mostrar-lhe isso.

— Arranjei um emprego que me sustenta e hoje não dependo de ninguém.

— Emprego? Mas que emprego é esse que a deixou... desse jeito?

— Sou uma atriz, mamãe. Apresento-me numa casa de espetáculos e estou começando a ficar conhecida. Quer ver?

Ela assentiu maquinalmente, enquanto Tália se sentava e abria a bolsa, dela retirando os recortes de jornal que levara. Estendeu-os para a mãe, que os apanhou e olhou embasbacada. Neles, a foto da filha se destacava acima dos comentários de seus shows.

— Tália Uchoa? — ela leu. — Mas que nome é esse?

— É o meu nome artístico. Ninguém mais me chama de Amelinha.

Tereza leu todos os recortes e fitou Tália com assombro. Aquilo superava todas as suas expectativas. Desde que a filha sumira da pensão de Janete, ficara especulando sobre o que lhe teria acontecido. Depois, quando começara a lhe mandar dinheiro com cartas lacônicas e nada reveladoras, pensou que ela havia se amasiado com algum político ou comerciante rico lá no Rio de Janeiro. Mas jamais poderia imaginar que ela ingressara no mundo artístico, o que não a excluía, propriamente, do grupo de mulheres que ela considerava ter *vida fácil*.

— Por que resolveu voltar?

— Soube que vocês estão passando muitas privações e quis ajudar.

Tereza engoliu em seco aquela humilhação, lutando contra a vontade de gritar com ela e dar-lhe uns bons bofetões.

— Quem foi que lhe disse isso?

Ela apenas sorriu e respondeu lacônica:

— Tenho amigos em São Paulo.

— Não sei o que andam lhe falando, mas as coisas não são bem assim...

— Tem recebido minhas cartas com o dinheiro? — cortou ela, sem dar atenção a suas palavras.

— Tenho.

— Espero que a tenha ajudado.

— Ajudou... Raul anda passando por uma fase difícil, e Cristina ainda é muito jovem...

— Por falar nisso, onde é que eles estão?

— Raul está pela rua... procurando emprego... e Cristina não tarda a chegar. Foi à mercearia com uma lista de compras que encomendei.

Tália assentiu e levantou-se do sofá, apanhando a mala e a valise que levara.

— Vou descansar um pouco em meu antigo quarto, se não se importa. Vim caminhando da estação até aqui, carregando as malas, e estou exausta.

Sem dizer nada, Tereza ficou vendo-a se afastar, e Tália foi subindo as escadas, tomando a direção do quarto. A casa estava muito diferente, nem parecia a mesma de que a mãe cuidava com tanto capricho. Os móveis estavam surrados e sem brilho, e as paredes amareladas davam mostras de que não viam tinta havia muitos anos. As cortinas haviam sido trocadas por outras de tecido velho e vagabundo, e estavam desfiadas e puídas nas pontas.

No quarto, somente se via a cama de Cristina. A sua havia muito fora vendida para pagar as contas atrasadas. Tália pousou a mala e a valise no chão, perto da antiga cômoda, e sentou-se na cama, quase chorando diante da decadência que invadira seu antigo lar. Recostou-se na cabeceira, sentindo os buracos no colchão, pensando que tomara a decisão certa ao resolver tirar a irmã dali. Ela era muito jovem e tinha a vida toda pela frente, mas não teria vida alguma se a desperdiçasse naquele buraco lúgubre e cheirando a mofo. Apesar do desconforto, estava cansada e sentiu que as pálpebras começavam a pesar. Apanhou o travesseiro e dobrou-o cuidadosamente, ajeitando-o debaixo da cabeça. Deitou-se de lado, admirando a única coisa que parecia viva naquela casa, e adormeceu voltada para o sol que começava a se pôr do lado de fora da janela.

— Amelinha! Amelinha!

Lentamente, Tália abriu os olhos, forçando-os a ver na quase penumbra que se espalhava pelo quarto. Piscou algumas vezes, tentando lembrar-se de onde estava e por que a estavam chamando de Amelinha se ela agora era Tália, uma atriz cobiçada por todos, que começava a ficar famosa.

Pensou que estivesse sonhando com o passado e tornou a fechar os olhos, fingindo que não escutava. Talvez a voz se cansasse e fosse embora. A voz, contudo, não parava de gritar o seu nome de menina, ela foi forçada a arregalar os olhos e, finalmente, fitou com atenção o rosto radiante da moça que lhe sorria.

— Cristina! — exclamou por fim, dando um salto da cama. — Como você cresceu!

Cristina sorriu orgulhosa e abraçou a irmã, que correspondeu ao abraço meio sem jeito.

— Mal pude acreditar quando mamãe me contou! Pensei que você nunca mais fosse voltar aqui.

De forma gentil, Tália se desvencilhou do abraço da irmã e, olhando ao redor, respondeu com um pouco de pressa:

— Na verdade, Cristina, só voltei por você.

— Por mim?! Por quê?

— Quero tirá-la deste lugar. Estou bem agora e tenho condições de lhe dar uma vida melhor.

Era a primeira vez que Tália demonstrava algum interesse por Cristina, e ela se emocionou.

— Você quer me dar uma vida melhor? — repetiu, ainda incrédula.

— Se você quiser...

Aquilo parecia um sonho. É claro que Cristina sonhava em sair daquela cidade sem perspectivas, mas jamais se imaginou morando no Rio de Janeiro.

— Mamãe disse que você agora é atriz.

— Sou dançarina. Trabalho num teatro no Rio.

— O que você faz lá?

— Danço e canto.

— É teatro de revista?

— É, sim.

— Que maravilha, Amelinha! Quer dizer que você agora é famosa?

Tália sorriu da ingenuidade da irmã e respondeu paciente:

— Em primeiro lugar, meu nome agora não é mais Amelinha, é Tália. Tália Uchoa.

— Tália Uchoa? Que nome mais esquisito!

— É um nome artístico. Vá se acostumando com ele. Em segundo lugar, não sou famosa ainda. Estou começando a ficar reconhecida no meio, mas ainda falta muito para a verdadeira fama.

— Você tem seu nome escrito em algum cartaz?

— Não apenas em cartazes, mas também nos jornais. Quer ver?

— Jornais? É claro que quero!

Tália apanhou os mesmos recortes que mostrara à mãe e exibiu-os a Cristina, que os leu sofregamente, demonstrando imensa alegria com os comentários acerca do desempenho da irmã. Vendo a sua genuína alegria, Tália se comoveu. Fora até ali mais por senso de dever do que propriamente por devoção ou amor. Sentia-se responsável pelo bem-estar da família, principalmente da irmã, mas não possuía muitas afinidades com ela. O relacionamento entre ambas sempre fora difícil, e Tália chegou a pensar que não fosse conseguir lidar com ela naturalmente. Mas agora, depois daqueles anos todos, via em Cristina apenas uma mocinha ingênua e sonhadora, e não aquela menina falsa e esnobe que ela julgara um dia ter como irmã.

— Você se transformou em uma moça realmente bonita — observou impressionada.

— Você acha? — Ela assentiu. — Não tanto quanto você.

— Ora, Cristina, você sempre foi bonita.

— Você é que é linda! E agora então, vestida desse jeito elegante, ficou mais linda ainda!

— Tem namorado?

— Não — seu rosto enrubesceu, e ela abaixou os olhos, envergonhada. — Mamãe não deixa.

— Por quê? Você é jovem e linda. Duvido que não tenha ninguém interessado em você.

— Mamãe teme que eu estrague meu futuro. Quer que eu me case com alguém importante.

Aquilo não fazia sentido diante de tudo o que lhes havia acontecido. Cristina podia ser uma menina ingênua, mas já não era mais virgem, e a mãe sabia disso. Não havia, portanto, mais nenhum futuro para estragar.

— Será que ela já se esqueceu...?

— Não! — cortou ela, rispidamente. — Ela não se esqueceu e também não me deixa esquecer.

— Como assim?

— Depois que você se foi, Amelinha...

— Tália. Não se esqueça de me chamar de Tália.

— Muito bem... Tália... Depois que você fugiu da pensão de prima Janete, ela começou a me perseguir, com medo de que eu fizesse feito você. Eu já havia me tornado mocinha, e ela passou a me vigiar constantemente, apavorada com a possibilidade de que eu escolhesse a mesma vida que você.

— Ora essa, mas que graça! — irritou-se Tália. — Será que ela já se esqueceu de que foi ela quem me atirou nessa vida? Depois que o Chico nos violentou, ela passou a me tratar feito uma meretriz, e a você, como uma coitadinha.

— Não se irrite comigo, Ame... quero dizer, Tália. Tive tanta culpa quanto você.

— Ninguém teve culpa de nada. Mas mamãe não devia ter feito o que fez comigo. Você sabia que Janete praticamente me vendeu para um hóspede, seu Anacleto? Fez-me dormir com ele para ganhar dinheiro?

— Prima Janete disse que foi você quem o seduziu...

— Essa é boa! Imagine se eu ia seduzir aquele velho!

— Não se zangue, Ame... Tália. Não acreditei em nenhuma delas.

— Não?

— Nem em Janete, nem em mamãe. Pensa que sou tola? Que não percebi o que mamãe estava fazendo com você?

— Percebeu?

— É lógico. Sempre notei a diferença de tratamento entre nós duas, mas quero que você saiba que nunca aprovei.

— Sei que não.

— Embora você não compreendesse isso na época, nunca fiquei com raiva de você.

— Por que acha que eu não compreendia?

— Pela maneira como me tratava.

Tália sentiu-se envergonhada. De fato, não conseguia gostar da irmã porque ela era a preferida da mãe e sempre a achara, por isso mesmo, arrogante e esnobe. Mas Cristina jamais tripudiara sobre ela como julgara. Ao contrário, tentara ser sua amiga, e ela é que nunca conseguira aceitar sua amizade.

— Não fazia por mal, Cristina — tornou, em tom de desculpa. — Eu era criança também. Tinha ciúmes de você, raiva, porque mamãe não gostava de mim...

— Ela é uma mulher doente, Tália. Você não tem ideia das coisas que tenho passado aqui.

— Que coisas? Você sempre foi a sua preferida.

— Esqueceu-se de tio Raul? Ela enlouqueceu por causa dele.

— Como assim?

— Ninguém me disse nada, mas eu sei que ele se entregou à bebida por sua causa. Ouvi os dois discutindo, e mamãe o acusou de haver dormido com você...

— Isso é mentira! Raul e eu nunca tivemos nada!

— Sei disso, Amelinha, embora mamãe não acredite.

— Tália! Meu nome não é mais Amelinha, é Tália! Pelo amor de Deus, será que é difícil para você entender isso? Amelinha morreu! Morreu e ficou enterrada no passado! Eu sou Tália! Tália, ouviu?

Ela começou a chorar descontrolada, e só então Cristina pôde ter a exata noção do quanto havia sofrido. Por isso deveria ser tão importante, para ela, mudar de nome, porque Amelinha estava associada ao sofrimento, e Tália representava a esperança e o futuro.

— Desculpe-me, Tália, não falei por mal. É que ainda não me acostumei. Vamos, não chore.

Abraçou a irmã com ternura e pousou a cabeça dela sobre seu colo, alisando seus cabelos despenteados.

— Nunca tive nada com Raul — declarou Tália chorando. — Mamãe nunca quis acreditar em mim ou nele, mas nós nunca nem nos beijamos.

— Eu sei e, no fundo, ela também sabe. Mas tio Raul é apaixonado por você, e isso ninguém pode negar.

— E que culpa eu tenho disso? Não fui eu que pedi para ele se apaixonar.

— Mamãe teve que culpar alguém para poder suportar a indiferença do marido. Como o amava muito, jogou toda a culpa em você.

— Devia me amar também. Afinal, sou sua filha.

— Mamãe só amava tio Raul. Mas até isso acabou. Tio Raul agora é um bêbedo e não trabalha. Perdeu o respeito e os amigos, e mamãe mal o tolera. Vive com ele entre o amor e o ódio. Ao mesmo tempo que o repele, apega-se a ele com unhas e dentes.

— Raul está de olho em você?

— Não, não. Ele me trata como se eu fosse sua filha.

— Isso não é ambiente para você, Cristina. Acho que está mesmo na hora de você sair daqui.

— Não sei se mamãe vai permitir.

— Ela não quer para você um futuro melhor?

— Sim, mas acho que não vai aprovar a ideia de eu ir morar com você.

— Porque ela me julga uma perdida? É isso? — Cristina assentiu timidamente. — Pois sou uma perdida com dinheiro. Isso deve fazer alguma diferença.

— Talvez... Nossa situação tem andado bastante ruim. Não fosse o dinheiro que você nos manda, não sei como iríamos nos arranjar.

— Por falar em dinheiro, trouxe uma coisa para você — levantou-se e abriu a mala, dela retirando alguns pacotes meio amassados e estendendo um para Cristina. — Não sei se é do seu agrado.

Era uma caixa grande, embrulhada com papel de seda vermelho, e Cristina apanhou-a com euforia.

— É para mim?

— Já disse que é. Vamos, abra.

Cristina desembrulhou cuidadosamente a caixa e levantou a tampa, puxando um vestido de noite lindíssimo, todo branco e enfeitado de pedrinhas brilhantes.

— Tália! Nunca vi nada tão bonito!

Satisfeita porque a irmã finalmente a havia chamado pelo seu nome artístico, em vez de Amelinha, Tália sorriu e a levou para a frente do espelho, avaliando com ar crítico:

— Você vai ficar deslumbrante nesse vestido.

— Acha mesmo?

— Todos os homens vão cair a seus pés.

— Oh! Tália, nem sei como lhe agradecer.

— Não precisa. E agora vá experimentando o vestido enquanto vou levar o presente que trouxe para mamãe. Comprei algo para Raul também, mas acho melhor não dar.

— O que foi que lhe trouxe?

— Para Raul? Uma garrafa de licor. Sei que não devia, mas, na hora, nem me lembrei do seu vício.

— Acho melhor mesmo você não dar. Mamãe vai ficar muito aborrecida.

— Tem razão.

Guardou a garrafa de volta na mala e saiu à procura da mãe. Mal chegou à escada, ouviu vozes altercadas partindo do andar de baixo, logo deduziu que Raul havia chegado e eles estavam discutindo. Durante alguns segundos, hesitou, sem saber se devia ou não ir ao seu encontro. Um *clique* soou mais atrás; Cristina saiu do quarto e caminhava em sua direção. Nem tivera tempo de experimentar o vestido novo.

— Você também ouviu? — perguntou Tália.

Cristina apenas assentiu. Passou por Tália sem dizer nada e começou a descer os degraus, com a irmã logo atrás.

# 17

Tereza mal conseguia dominar o ódio que naquele momento a invadia. Tinha diante de si um Raul completamente alterado pela bebida, ansioso pelo reencontro com a enteada.

— Você é um bêbedo, devasso! — gritava Tereza. — Mal se aguenta em pé e ainda pensa em fazer sexo com a cadelinha!

— Você está... imaginando coisas... — balbuciou ele, a voz meio engrolada. — Nunca fiz sexo com Amelinha... Nunca...

— Velho idiota! Pensa que ela agora vai querer você? Está mudada, vistosa, elegante. Virou atriz. Pode imaginar quantos homens têm frequentado a sua cama?

— Isso... não me interessa... O fato é que... ela voltou...

— Pensa que voltou por sua causa? Quanto atrevimento! Ela veio para me ver, a mim, que sou a mãe dela! Você não passa de um velho nojento e asqueroso.

Raul passou por ela cambaleante e foi em direção à cozinha. Precisava raciocinar com mais clareza, não entendia bem o que Tereza lhe dizia. A mente, toldada pelo efeito do álcool, não concatenava os pensamentos de forma a lhes dar compreensão. Abriu a torneira da pia e enfiou a cabeça debaixo da bica, deixando que a água fria lhe refrescasse as ideias. A voz de Tereza retumbava em seus ouvidos, e ele tentou fugir, mas não tinha para onde ir. Avistou o bule sobre o fogão e foi servir-se de uma xícara de café frio e sem açúcar, enquanto a mulher continuava a berrar:

— Não o quero andando atrás dela, ouviu? Fique longe dela!

— Deixe-me em paz, Tereza! — conseguiu ele finalmente gritar.

— Deixá-lo em paz, não é? Para quê? Para você ir correndo para os braços dela? Isso é que não. Você pode ser um bêbado idiota e repulsivo, mas ainda é meu marido! Não o quero envolvido com aquela ordinária!

— Ela é sua filha, mulher, sua filha!

— E você é meu marido. Dê-se ao respeito e mantenha-se afastado.

— Por que está fazendo isso comigo, Tereza, por quê? Será que os anos não foram suficientes para você esquecer?

— E você esqueceu? Se a houvesse esquecido, não teria se entregado à bebida e se tornado o porco que você é!

— Deixe-me em paz!

Num gesto impensado, Raul ergueu a mão e desferiu-lhe violenta bofetada na face, fazendo com que ela desabasse no chão com estrondo. Na mesma hora, arrependeu-se e correu para ela, choramingando com seu jeito de beberrão:

— Perdoe-me, Tereza... Perdi a cabeça, não fiz por mal.

— Afaste-se de mim! — vociferou ela, empurrando-o com as mãos. — Ousa bater-me de novo por causa daquela vagabunda?

— Foi sem querer...

— Sem querer, uma conversa! Você me bateu de propósito, porque conheço os seus pensamentos imundos.

— Não é verdade, Tereza, eu perdi a cabeça. Você estava me acusando de algo que eu não fiz, me perseguindo...

— E por isso você me bate, cachorro?

— Não fiz por mal. Por favor, Tereza, acredite em mim. Perdoe-me! Perdoe-me!

Ela já ia responder com mais impropérios quando ouviu uma voz familiar atrás de si:

— Posso saber o que está acontecendo aqui?

Era Tália, que havia chegado à cozinha em companhia da irmã.

— Tio Raul, o senhor bateu na mamãe? — indignou-se Cristina, correndo para ela.

Mas Raul já não a ouvia. Tinha os olhos presos na silhueta esguia e elegante de Tália, que o mirava com um misto de nojo e piedade.

— Amelinha... — balbuciou ele, aproximando-se dela. — Você está tão bonita!

Tália pensou em dizer-lhe que não se chamava mais Amelinha, mas que diferença faria? O estado do padrasto era repugnante, mas ao mesmo tempo lhe despertava piedade, e ela se afastou quando sentiu o seu hálito de bebida.

— Por que foge de mim? — prosseguiu ele, estacando ao perceber o seu ar de repulsa.

— Raul... — ela se esforçou para falar —, por favor, acalme-se.

— Eu estou calmo. Senti sua falta, Amelinha. Soube que você agora é uma atriz famosa. Está casada?

Ela olhou para a mãe de soslaio, notando de imediato o seu ar de reprovação.

— Não — respondeu hesitante —, não estou casada... mas tem alguém em minha vida, se é o que quer saber.

— Um homem? — Ela assentiu. — E ele a trata bem?

— Ele é maravilhoso.

— Saia daqui, Raul! — Ouviram Tereza berrar de repente. — Vá-se embora!

— Não — objetou Tália, penalizada com o estado do padrasto. — Deixe-o ficar. Afinal, vim visitar a família, e ele é parte da família também.

— Ele me bateu — protestou Tereza, o rosto inchado e vermelho, não tanto da bofetada quanto da raiva que sentia. — Isso não é jeito de um marido tratar a esposa.

— Já lhe pedi desculpas! — Rebateu Raul com irritação. — Não aceita porque não quer.

— Pensa que é assim, é? Não sou mulher de ficar apanhando, não, ouviu?

Ante aquela discussão, Tália sentiu vontade de sair correndo dali. Jamais deveria ter voltado. Sem querer, piorara a situação entre eles. As coisas não andavam nada bem, mas a presença dela só servira para acirrar ainda mais os ânimos já exaltados.

— Deixe-o ficar, mãe — insistiu ela. — Não vê que ele não sabe o que faz?

— Vai justificar a sua covardia com a bebida?

— Não o estou justificando, mas não quero que vocês briguem por minha causa. Não foi para isso que vim.

— Ah! Não foi mesmo — retrucou Tereza. — E já que comentou, gostaria de saber por que veio. Por mim é que não foi. Será que não foi para provocar Raul?

Tália engoliu aquela acusação e quis lhe falar de sua intenção de levar a irmã para morar com ela no Rio de Janeiro, mas Cristina interveio em tom conciliador:

— Tália lhe trouxe um presente, mamãe.

— Tália? — resmungou Raul. — Mas quem, diabos, é Tália?

— Sou eu, Raul — respondeu ela, calmamente. — Esse é o meu nome artístico, e é por ele que gostaria de ser chamada agora.

— Mas...

— Mostre à mamãe o presente que lhe trouxe — sugeriu Cristina, tentando desfazer o clima de mal-estar.

Sem nenhuma vontade, Tália entregou à mãe o pacote, que ela atirou para o lado sem nem mesmo o olhar. Foi Cristina quem o desembrulhou e revirou nas mãos o xale.

— É muito bonito, mamãe — elogiou a moça, forçando a mãe a olhar. — Tália tem muito bom gosto.

— Se é o que de melhor o dinheiro dela pode comprar...

— Ah! E ela me deu um vestido maravilhoso! Você precisa ver!

— Como ela é generosa! E para Raul? O que foi que lhe trouxe? Vai lhe dar algo de presente além de... — não concluiu a frase, engolindo em seco a raiva que inundava o seu coração.

O tom de ironia e ódio de Tereza causou imensa indignação e raiva em Tália, que teria virado as costas e ido embora naquele momento, não fosse o olhar de expectativa de Cristina e a postura derrotada de Raul.

— Não precisa se preocupar com isso, Amelinha — objetou Raul. — Sabe que não ligo para presentes.

Antes que ela pudesse dizer alguma coisa, a mãe prosseguiu com o seu sarcasmo:

— É claro que ela não lhe trouxe nada, velho idiota. Quem se preocuparia com um bêbado inútil feito você?

Aquilo já era demais. Tereza não precisava humilhá-lo daquele jeito.

— Na verdade, Raul, trouxe-lhe um presente, sim — afirmou Tália, encarando a mãe com ar de desafio.

Raul parecia aniquilado e não disse nada, mas Tália virou as costas e foi direto ao quarto, voltando em seguida com o embrulho da garrafa nas mãos. Ainda ouviu a voz insegura de Cristina tentando protestar, mas não lhe deu ouvidos. Segurou a mão de Raul e nela depositou a garrafa, acrescentando com preocupação:

— Tome cuidado. Não é para beber feito água.

Ele desembrulhou o pacote mecanicamente e, ao revelar o seu conteúdo, apertou a garrafa de licor contra o peito, já sentindo a boca salivar.

— Ora, vejam só! — desdenhou Tereza. — Então é isso que ela tem para lhe dar? Que presente melhor para um bêbado do que álcool para alimentar o seu vício?

— É um licor, mãe — defendeu-se Tália. — Um licor fino. Não é para se embebedar, mas para saborear em ocasiões especiais.

— Todas as ocasiões são especiais para ele, não é, Raul? Todo dia é dia de degustar uma boa dose de pinga!

— Mamãe, Tália comprou a bebida sem nem se dar conta... — esclareceu Cristina.

— Não precisa me defender! — objetou Tália, já sentindo a antiga rivalidade assomar novamente. — Comprei o licor porque queria dar a Raul algo de que ele gostasse, e não é culpa minha se ele não sabe impor seus limites.

— Por que foi que veio aqui, Amelinha? — tornou a mãe com fúria. — Por que quer desgraçar ainda mais a nossa vida? Veio rir de nós, trazendo-nos presentes caros e de nenhuma utilidade para a nossa miséria? Ou será que quer destruir de vez a vida de Raul, para se vingar porque ele não me abandonou e a seguiu?

— Você é doente, mãe. E me dá nojo.

— Se é assim, não deveria ter vindo.

— Tem razão. Jamais deveria ter voltado aqui.

— Pois vá-se embora! Ninguém a chamou, você não tinha nem motivos para vir. Volte para sua vida de libertina lá no Rio de Janeiro.

Tália chegou a girar o corpo na direção da escada. Queria apanhar a sua mala e sumir dali. Mas o olhar de súplica de Cristina a deteve, e ela se endireitou e ajeitou a saia. Não podia abandonar a irmã depois da promessa que lhe fizera, da esperança que lhe dera de seguir com ela para uma vida melhor.

— Ouça, mamãe — falou ela com vagar, esforçando-se para parecer mais comedida. — Não vim aqui para brigar nem tive intenção de ofendê-la, nem a ninguém. Vim com um propósito específico e não gostaria de partir antes de concluí-lo.

— Mas que propósito? — tornou Tereza desconfiada, fitando Raul pelo canto do olho.

— Na verdade, gostaria de levar Cristina comigo.

— Levar Cristina? — repetiu ela, entre incrédula e atônita. — Para o Rio de Janeiro?

— Sim, para o Rio de Janeiro. Para onde mais haveria de ser?

— Isso é algum tipo de piada? Pois, se for, é de muito mau gosto.

— Não é nenhuma piada. Cristina vai gostar de morar no Rio e...

— De jeito nenhum! Jamais vou permitir que minha filha parta para aquele antro de perdição!

— O Rio não é nenhum antro de perdição. É a capital do país e é onde estão as melhores chances de trabalho.

— Só se for para gente feito você, que não tem vergonha na cara e fica exibindo as pernas para um monte de homens devassos.

Tália engoliu a ofensa e prosseguiu, esforçando-se ao máximo para não gritar com Tereza novamente:

— Está enganada, mãe. Posso dar uma vida melhor a Cristina...

— Vida melhor? Como a que você levou em São Paulo?

— Não compare as coisas! — rebateu Tália com raiva. — Só porque você me vendeu para dona Janete não significa que vou fazer o mesmo com minha irmã!

— Eu não a vendi para ninguém. Você foi para uma casa de família, mas preferiu se perder a levar uma vida honesta, com um trabalho digno.

— Trabalho digno? Dona Janete me fazia trabalhar sem descanso e nem me pagava salário! E ainda me atirou para aquele velho nojento que era o seu Anacleto.

— Foi você quem se entregou a ele porque quis, por dinheiro. E depois fugiu com aquele boêmio. Pensa que Janete não me contou?

— Está bem, mãe, não vou discutir. Se é no que quer acreditar, acredite, eu não me importo. Só o que lhe peço é que me deixe levar Cristina comigo.

— Por favor, mamãe, deixe-me ir — implorou Cristina. — Tália vai cuidar de mim.

— Ela não soube nem cuidar dela direito. Como é que vai cuidar de você?

— Ao que me consta, me saí muito bem sozinha.

— Mas a que preço!

— Pare de fazer teatro, mamãe, não é você a atriz aqui. Não precisa mais encenar essa preocupação excessiva. Todos nós sabemos o quanto você se importa com Cristina, mas, por favor, deixe-me levá-la comigo.

— Jamais! Cristina é menor de idade e só sai desta casa com a minha permissão.

— Deixe a menina ir... — balbuciou Raul, que até então se mantivera calado. — É o que ela quer. Não desconte nela a sua frustração e deixe-a ser feliz.

— Não se meta nisso, Raul! — vociferou Tereza, sentindo o ódio recrudescer com a intervenção do marido. — Cristina é minha filha. Sou eu quem vai decidir o seu futuro. Só eu sei o que é melhor para ela!

— Por que está fazendo isso, mamãe? — questionou Tália desanimada. — Só porque me odeia, não precisa descontar em Cristina.

— Não estou descontando em ninguém, muito menos em Cristina. Acontece que você não é o que se pode chamar de uma educadora apropriada.

— E você por acaso é? Qual foi a educação que nos deu? A mim, particularmente? Mandou-me para uma velha decadente que só quis me ensinar a ser mulher da vida.

— Atrevida! Sou sua mãe, você não tem o direito de falar assim comigo.

— Agora se lembra de que é minha mãe, não é? Quer que eu a respeite, mas se esquece de que sou sua filha e é seu dever me respeitar também.

— Filha? Mas que filha? Não preciso de uma filha feito você.

— Ah! Não? Vamos ver se vai continuar pensando assim quando eu parar de lhe enviar dinheiro.

— Você seria bem capaz disso, não é? Seria capaz de enriquecer e matar a mãe e a irmã de fome. Pois eu não preciso do seu dinheiro, ouviu? Posso trabalhar e sustentar esta família!

— Pense bem no que está dizendo, mãe — objetou Cristina. — A senhora já se esqueceu como as coisas estavam difíceis para nós antes de Tália nos ajudar?

— Isso não é motivo para ela me insultar! Se é para me ofender dessa maneira, prefiro que me deixe morrer à míngua!

— Você é muito mal-agradecida, mãe. Mas não faz mal, eu não me importo. Desde que deixe Cristina ir comigo, continuarei a lhe mandar dinheiro, como se nada tivesse acontecido.

— Pensa que pode me comprar com o seu dinheiro sujo, pensa? Nada disso! Cristina não sai daqui nem por todo ouro do mundo.

— Egoísta como sempre, não é, mamãe? Duvido muito que essa sua relutância em deixar Cristina ir tenha algo a ver com preocupação. Você tem é medo de ficar sozinha e quer que ela permaneça ao seu lado eternamente, ainda que tenha que sacrificar a sua felicidade!

As palavras de Tália, de certa forma, fizeram efeito em Tereza, que se calou e a encarou com fúria. Foi Cristina quem falou:

— Por favor... Tália, não diga mais nada. Não quero que você e mamãe se desentendam de novo, ainda mais por minha causa. Deixe isso para lá. Agradeço o que está tentando fazer por mim, mas não vale a pena. Eu vou ficar. É o que mamãe quer, e eu tenho que obedecer.

Tereza inflou o peito e continuou a olhá-la, dessa vez com ar de triunfo. Puxou Cristina para seu lado e, com a mão pousada em seu ombro, arrematou com frieza:

— Vá embora, Amelinha. Aqui não é o seu lugar, e você jamais deveria ter voltado a esta casa.

A mãe vencera, ela sabia. Não tinha mais argumentos para tentar convencê-la nem pretendia mais sacrificar o sossego de Cristina e Raul. Com os olhos úmidos, lutando para não chorar na frente de Tereza, Tália concluiu com pesar:

— Você tem razão, eu não devia ter voltado. Hoje mesmo parto para o Rio e pretendo nunca mais pôr os pés nesta casa enquanto viver. Só lamento não poder levar Cristina comigo.

— Sua irmã vai ter uma vida decente, coisa que você não soube ter.

— É isso mesmo. Dê-lhe a vida que deseja para ela. Só espero que isso não a faça infeliz.

Rodou nos calcanhares e saiu, sentindo o calor das lágrimas que agora começavam a escorrer.

Depois que a porta se fechou, Tereza voltou para dentro com o ódio ardendo em seus olhos. Se pudesse, mataria a filha. Ela fora até sua casa só para humilhá-la e mostrar a sua superioridade. Mas ela não era nada. Podia se fazer de importante para os homens da capital, mas, para Tereza, ela não passava de uma prostituta de luxo.

Olhou para Cristina, que permanecia sentada no sofá, os olhos baixos e úmidos, tentando disfarçar a decepção.

— Você não tem motivos para ficar triste — aborreceu-se Tereza. — Fiz-lhe um favor em não deixá-la ir. Acabaria se tornando uma ordinária feito sua irmã.

— Tália não é ordinária... — rebateu.

— Tália... Até o nome soa como o de uma vagabunda. Se fosse decente, não mudaria de nome.

— Ela agora é uma artista, mãe. E artistas usam nomes assim.

— Artista, sei... De qualquer forma, soa melhor do que prostituta.

— Não é verdade! Tália não é prostituta.

— Não se iluda, minha filha, é o que todas as atrizes são. E você, dê-se por feliz por ter uma mãe que se importa com você e a livrou desse destino. Você é linda e vai se casar com um bom rapaz que vai tirá-la dessa vida e lhe dar outra muito melhor. Você vai ver. — Fez uma breve pausa, olhou ao redor e indagou com desdém: — E Raul, onde está?

— Acho que foi para o quarto.

Tereza começou a subir a escada e, sem se voltar, ordenou à filha que fosse para a cama. Alcançou o quarto e, sem fazer barulho, empurrou a porta e entrou. Para sua surpresa, Raul estava debruçado sobre a escrivaninha, escrevendo o que parecia ser uma carta. Um pouco mais atrás, na mesinha de cabeceira, a garrafa de licor jazia intocada.

Aquela cena provocou um ódio incontrolável em Tereza. Pelos suspiros que ele exalava, ela nem precisava ler a carta para saber que Raul escrevia a Amelinha. O que será que dizia? Contar-lhe-ia de sua louca paixão, da sombra de homem em que se transformara depois de sua partida? Tereza sentiu ímpetos de agredi-lo pelas costas. Seria bem feito, depois de todas as humilhações por que a fizera passar. Ainda sentia na face a ardência do tapa que ele lhe dera havia pouco. Não fora propriamente dolorido, mas a dor da humilhação não passaria jamais.

Se tivesse uma faca, Tereza certamente a cravaria nele. Contudo, nada tinha em mãos, e não havia por perto nenhum objeto que servisse a seus propósitos. E depois, pensou, não queria ir para a cadeia por causa daquela ordinária. Mas como seria bom se Raul morresse! Tereza já não podia mais suportar a loucura que era o amor que ele sempre sentira pela filha. Com o passar dos anos e a ausência de Amelinha, aquela paixão acabara por consumi-lo, levando-o à derrocada física e moral. Raul hoje era um bêbedo vagabundo e asqueroso, e tudo por causa da filha.

Já ia tornar a sair quando ele amassou o papel que escrevera e atirou-o no chão, choramingando feito um covarde:

— Não posso! Não tenho coragem!

Raul levantou-se de um salto, e Tereza, assustada, recuou pelo corredor, indo esconder-se no quarto de Cristina.

— Mamãe! — assustou-se a menina, já deitada na cama, tentando dormir. — O que foi que houve?

— Nada... — balbuciou ela, o coração aos pulos. — Durma...

Tereza espiou pela porta entreaberta, mas Raul já havia descido as escadas aos tropeções. Cuidadosamente, saiu do quarto, ao mesmo tempo que ouvia a porta da frente bater. Ele havia saído. Mais que depressa, voltou para seu quarto e apanhou o papel amassado no chão. Desdobrou-o avidamente e leu:

*Minha querida Amelinha,*

*A vida sem você tem sido um suplício. Desde sua partida, não passa um dia sequer em que não pense em você e sinta, em meus sonhos despertos, o calor de seu corpo e de seus beijos. Isso está me levando à loucura... Sinto imensa culpa por não poder amar sua mãe, mas é a você que eu amo. Sempre amei. Assim que entrei nesta casa, apaixonei-me por você. Você era ainda uma menina, linda aos meus olhos, e não pude deixar de sentir o que senti. Por que não me casei com você? Sei que é loucura, mas quantas vezes não desejei que você estivesse no lugar de sua mãe, só para poder tê-la em meus braços e em meu leito?*

*Não posso mais suportar. Entre viver essa meia-vida e não viver, prefiro não viver. Não quero que você se sinta culpada pelo que vou fazer, mas é que já não aguento mais. Sua mãe também não está feliz e quer fazer sua irmã infeliz também. Isso não é justo. Não quero mais essa culpa. Não quero ainda ser responsável pela infelicidade de Cristina.*

*Peça a sua mãe que me perdoe. Tentei amá-la como devia, mas não pude, e não será ela a última pessoa em quem estarei pensando no derradeiro instante de minha vida. Sei que Tereza vai me odiar ainda mais pelo que vou fazer, mas é a única saída. Para mim, para ela, para você...*

*Fico imaginando como será deixar de existir... Em breve saberei. Levarei como última lembrança a imagem da Amelinha criança que eu sempre protegi e amei.*

*Amo você mais do que a própria vida, e é por não poder ter o seu amor que não me julgo no direito de viver.*

*Adeus.*

*Raul.*

A cada linha, o ódio consumia mais e mais pedaços do coração de Tereza. Ao terminar de ler a carta toda, parecia que um ácido lhe queimava as entranhas. Então o idiota do Raul deixava uma confissão escrita de sua leviana paixão por Amelinha. Mas como era estúpido! Covarde, para não dizer coisa pior. Choramingava porque não tinha nem coragem de se matar!

Tereza tornou a amassar a carta e já ia rasgá-la quando uma ideia brotou em sua mente desvairada. Naquele momento, o ódio lhe inspirou o crime. Atirou o papel amassado de volta ao lugar onde o havia apanhado, deu uma olhada rápida na garrafa de licor e desceu correndo para a cozinha. Abriu a despensa com sofreguidão e apanhou uma cadeira, revirando a prateleira do alto, onde guardava os produtos de limpeza e outras substâncias perigosas. Na ponta dos pés, sem nem enxergar onde remexia, sentiu que seus dedos tocavam uma superfície lisa e fria, percebendo que era um vidro. Esticando-se o mais que podia, puxou para fora o vidro e virou-o nas mãos. A palavra "Veneno" apareceu nítida e alarmante, e ela apertou o frasco entre os dedos. Era daquilo mesmo que precisava.

Desceu da cadeira e fechou a porta da despensa, voltando para o quarto com um saca-rolha e o vidro bem apertado nas mãos. Entrou e fechou a porta, olhando novamente para ele. Era veneno para ratos, e ela sabia que podia ser fatal. Apanhou a garrafa de licor na mesinha de cabeceira, descolou o lacre de papel e tirou a rolha com cuidado para que não se esfacelasse. A rolha cedeu com facilidade, e ela destampou o frasco de veneno. Levou-o às narinas e sentiu o seu cheiro forte, mas duvidou que Raul percebesse alguma coisa. Além do aroma e do sabor açucarados do licor, voltaria mais bêbado do que quando partira e não sentiria nada. Só o prazer do álcool descendo por sua garganta.

Olhando para o vidro de veneno, hesitou ainda por alguns instantes. Vira alguns ratos se contorcendo sob seu efeito e imaginou o quanto aquela morte podia ser dolorosa. Será que teria coragem de assistir às contorções do corpo de Raul e deixá-lo morrer naquela agonia? Sua mão se conteve por alguns instantes, durante os quais ela refletia. E se, após ministrado o remédio, ela se arrependesse? Teria tempo de salvar-lhe a vida? Não, não podia se arrepender. A polícia iria desconfiar, fazer perguntas e logo descobriria que fora ela quem misturara o veneno ao licor. Não podia correr aquele risco. Ou despejava o veneno, ou o levava de volta para a despensa.

A carta continuava jogada a um canto, o que reavivou todo o seu ódio. Deixar Raul viver significava permitir que ele continuasse amando Amelinha, e isso ela não podia mais tolerar. Tinha a carta de suicídio assinada por ele, e ninguém colocaria em dúvida a sua inocência. O frasco de veneno ao lado do licor mostraria que ele, deliberadamente, o havia ingerido, e ela sairia ilesa. Ninguém iria desconfiar. Nem Amelinha. Pena que não podia acusá-la. Se tentasse fazer com que ela parecesse haver assassinado o padrasto, alguém poderia começar a investigar e acabaria descobrindo a verdade. Não. O melhor seria vingar-se daquela maneira. Mataria Raul, não sem antes lhe impingir uma tortura moral, e deixaria que Amelinha se sentisse culpada por sua morte, uma culpa que carregaria pelo resto de sua vida. Seria perfeito!

Sem mais dúvidas, despejou o conteúdo do frasco na garrafa de licor e a agitou bem, tornando a ajustar a rosca no gargalo. Escondeu o frasco de veneno e o saca-rolha, trocou de roupa e deitou-se na cama, para esperar Raul voltar. Por volta das três da madrugada, ele apareceu, mais bêbado do que nunca, fazendo o maior estardalhaço para subir. Tereza sentiu o coração disparar, com medo de que Cristina acordasse com aquela barulheira. Mas a menina, que havia ido dormir mais tarde do que o habitual, ferrara no sono e não ouvira nada.

Raul entrou no quarto cambaleante, vendo tudo rodar à sua volta. Já nem se lembrava mais da carta que havia escrito e atirara a um canto. Saíra desatinado pela rua até o primeiro bar que encontrou aberto e só voltara para casa depois que todos os bares haviam fechado.

— Onde esteve? — perguntou Tereza, demonstrando uma animosidade excessiva.

— Por aí — foi a resposta seca.

— Bebendo, como sempre.

— E... daí...?

— Quando é que vai deixar essa vida?

— Não me amole, Tereza...

— Você não se cansa de ficar por aí se embebedando? Não tem vergonha? Não tem consideração por mim?

Era preciso provocá-lo um pouco para que ele voltasse a pensar no álcool, o que não foi nada difícil.

— Deixe-me em paz... — tornou ele, a voz engrolada e pastosa.

Já ia se virando para sair novamente quando viu a garrafa de licor, propositalmente colocada em posição que chamasse a sua atenção. A passos incertos, passou a mão nela e por pouco não a deixou cair, quase levando Tereza ao pânico. Se ele quebrasse aquela garrafa, todo o plano iria por água abaixo.

Raul levou a garrafa aos dentes e facilmente arrancou a rolha, nem percebendo que o lacre já havia sido rompido, e a rolha, recolocada. Entornou o líquido na boca com avidez, e ele desceu queimando por sua garganta. O gosto era estranho, mas Raul não desconfiou de nada e tomou outro gole longo, que desceu queimando ainda mais que o primeiro. Subitamente, uma pontada no ventre fez com que ele levasse as mãos ao estômago. Num primeiro momento, achou que já havia bebido demais. As náuseas o fizeram pensar que iria vomitar, mas nada aconteceu. O estômago agora parecia queimar, e ele dobrou o corpo sobre si mesmo, apertando a barriga com mais força.

Antes que ele pudesse dizer qualquer coisa, Tereza adiantou-se, indagando com fingida surpresa:

— O que está acontecendo, Raul? Não se sente bem?

— Não sei... — balbuciou ele. — Sinto uma queimação...

— Você já bebeu demais. Dê-me essa garrafa.

Tereza tomou-lhe a garrafa das mãos e cheirou-a, fazendo cara de nojo e espanto.

— Isso tem cheiro de veneno de rato! — exclamou, afastando-a rapidamente do nariz.

— O quê? Co... como...?

— Meu Deus, Raul! Amelinha o envenenou!

— Isso... não é possível...

A dor agora era insuportável, e ele foi dobrando o corpo cada vez mais, até se ajoelhar, para, em seguida, deixar-se tombar no chão, de lado, contorcendo-se horrivelmente. Parecia que uma fogueira fora acesa em seu estômago, corroendo-lhe a carne e fazendo o sangue borbulhar.

— O que... está... acontecendo...? — conseguiu ainda articular.

Depois disso, não conseguiu dizer mais nada. Sentia uma dor terrível, os músculos do abdome se contraindo todos ao mesmo tempo. O ar começou a lhe faltar, a garganta seca o impedia de respirar. Parecia que todo o seu corpo se agitava em convulsões, enquanto a dor se alastrava pelo ventre.

— Ela envenenou você! — Ainda ouviu Tereza gritar. — Amelinha envenenou você! Foi ela! Deu-lhe de presente uma bebida envenenada. E é essa a mulher que você diz amar!

Foi ela, Raul! Ela envenenou você! Assassina! Amelinha é a assassina! Assassina...!

Raul já não ouvia mais nada. Tereza continuava a gritar, mas um torpor indescritível começou a tomar conta dele. A dor foi cedendo lugar a um formigamento, e todo o seu corpo foi sendo tomado por uma dormência de morte. Em breve, seus ouvidos ensurdeceram, os olhos perderam o brilho e os músculos se distenderam numa rigidez prematura. Raul estava morto. Levava consigo a lembrança de Amelinha, nas palavras de Tereza, acusando-a de assassina.

De posse do bilhete de suicídio, a polícia encerrou o caso sem maiores indagações. Estava claro que o homem, por não poder mais suportar a paixão pela enteada, dera cabo da própria vida. Todos acreditaram naquela versão, inclusive Cristina e a própria Tália, que não podia deixar de se sentir culpada. Se não tivesse partido daquele jeito, talvez aquilo não houvesse acontecido.

Como Tália ainda estava na cidade, hospedada no único hotel então existente, não foi difícil localizá-la. Ela assistiu ao sepultamento com pesar, sem trocar uma palavra sequer com a mãe ou a irmã. Depois que o caixão baixou à cova, voltou para o hotel, apanhou as malas e deixou a cidade de Limeira, aonde pretendia nunca mais retornar.

Intimamente, Tereza se regozijava. Conseguira a sua vingança. Não sentia nem uma pontinha de arrependimento, e ver Raul morrer, ao contrário do que a princípio imaginara, causou-lhe indescritível prazer. A tortura mental que lhe infligira nos instantes finais de sua vida a deixou quase inebriada com o seu poder. Raul morrera achando que Amelinha o matara. Se questionara ou não o porquê daquele crime, era algo que ela jamais descobriria e não tinha muita importância. O que importava era que ele ouvira as suas acusações e registrara na mente, em seus derradeiros momentos de vida, que Amelinha o envenenara propositadamente.

Ninguém sabia disso. Nem Cristina, que nada presenciara. Ferrada no sono, só despertou no dia seguinte, para encontrar a mãe na sala, de camisola, deitada no sofá. Tereza lhe dissera que adormecera esperando Raul, mas que não o vira chegar. Levantou-se sonolenta, espreguiçou-se e subiu para o quarto, onde sabia que ele jazia morto, com o frasco de veneno ao lado da garrafa caída e a carta de confissão atirada mais além.

A encenação de Tereza foi comovente. Chorou, esperneou, disse que não acreditava que aquilo tivesse acontecido a ela. Até Cristina se emocionou com tanto desespero. Mesmo Tália, que não acreditava no seu amor, não pôde deixar de se sentir penalizada. Os parentes e amigos foram unânimes em dizer que ela sempre fora o sustento daquela família e aturara de Raul muito mais do que qualquer mulher poderia suportar. E tudo por amor a ele.

Tália voltou para o Rio de Janeiro com o coração partido e amargurado, torturada pelas acusações que Tereza lhe dirigia. Mauro e Ione tentavam consolá-la de todas as maneiras, dizendo que ela não podia ser responsabilizada pelo ato impensado de Raul, mas ela se sentia culpada por ter provocado o seu amor. Aos poucos, Tália foi se acostumando com a fatalidade, embora a mágoa daqueles dias permanecesse impressa em seu coração por muitos anos adiante.

— Pare de pensar nos mortos — disse Ione certa vez. — É com os vivos que precisa se preocupar.

— Que vivos?

— Sua irmã, por exemplo.

— Cristina é coisa do passado. Minha mãe foi categórica: não vai deixá-la vir morar comigo nunca. Ainda mais depois do que aconteceu.

— Pode ser. Mas ela deve estar sofrendo muito, ainda mais com a mãe que tem.

— Não posso fazer nada.

— Por que não lhe escreve uma carta?

— Para quê? Para lhe mandar mais dinheiro? Não, Ione, não farei mais isso. Ela e minha mãe que arrumem outro trouxa para sustentá-las.

— Você está transferindo para sua irmã a mágoa que sente de sua mãe. Cristina não tem nada com isso.

— Tem razão, Ione. Mas é que minha mãe não se cansa de me agredir.

— Sua mãe, não sua irmã. Vamos, Tália, escreva para ela. Dê-lhe o seu endereço. Aposto que, se você pedir, ela não contará a sua mãe e ficará muito satisfeita de poder se corresponder com você.

Tália acabou ouvindo os conselhos de Ione e, daquele dia em diante, ela e Cristina passaram a manter correspondência regular. Até que, cerca de dois anos depois, Tália recebeu uma carta em que a irmã lhe dizia que a mãe estava doente e precisava se tratar na capital, que era onde ficavam os melhores hospitais e médicos. Tália refletiu muito em tudo o que Cristina dissera. Por mais que detestasse a mãe, não podia deixá-la morrer à míngua. Afinal, era sua mãe e era graças a ela que estava viva, ainda que fosse essa a única coisa que lhe devesse. Tália acabou por ceder. Escreveu outra carta, oferecendo ajuda, e Cristina respondeu, aceitando.

Ficou combinado que as duas se mudariam para o Rio de Janeiro. Tália era agora uma pessoa influente e muito rica, comprou uma casa para elas, não muito próximo da sua. Poderia cuidar da mãe sem envolvê-la em sua vida. Tereza aceitou a contragosto. Embora detestasse a filha, seu estado de saúde inspirava cuidados, e ela tinha medo de morrer. Por mais que dissesse a si mesma que não sentia remorso pelo que fizera, temia encontrar Raul na outra vida.

Depois de desencarnar, Raul não se demonstrou um espírito renitente nem empedernido. Passou alguns anos no astral inferior, mas logo foi resgatado, submetendo-se a um tratamento intensivo para desintoxicação dos efeitos deletérios do álcool. Não demonstrava intenção de se vingar de Tereza, mas sentia ainda muita raiva pelo que ela lhe fizera. Ele não queria morrer. Escrevera aquele bilhete num momento de desvario, mas não pretendia levar a cabo o seu intento.

Tereza desconhecia esses fatos, mas, mesmo assim, tinha medo de que o *fantasma* de Raul a estivesse esperando do outro lado, e pretendia retardar a sua morte o máximo que pudesse. Com o tratamento, começou a melhorar. Sofria de reumatismo e diabetes, mas a medicação e os cuidados adequados colocaram tudo sob controle, e ela pôde levar uma vida mais tranquila, principalmente porque Tália não deixava que lhe faltasse nada.

Aos pouquinhos, tudo foi retornando à normalidade. Mesmo próxima, Tália não permitia que a mãe interferisse em sua vida, e Tereza, por sua vez, preferia mesmo manter distância. Não conseguia sentir-se grata pelo que a filha fazia, achava mesmo que era sua obrigação, mas procurava não entrar em embates com ela. Tália a ajudava porque era seu dever de filha, e ela não via motivos para lhe demonstrar gratidão.

# 18

Por essa época, os espetáculos de Tália começaram a ganhar repercussão internacional, e ela chegou a viajar várias vezes para se apresentar em países como a Argentina e a França. Sempre que podia, Mauro a acompanhava, mas havia algo nele que a estava deixando deveras intrigada. Ele continuava caloroso como sempre, embora demonstrasse um quê de tristeza no olhar que ela não compreendia nem conseguia definir. Não raras eram as vezes em que ele evitava os compromissos sociais, deixando que ela comparecesse sozinha a jantares e festas.

Sua desculpa era sempre o cansaço, porque ninguém se esforçava tanto para o sucesso de Tália quanto ele. Darci praticamente colocara o teatro em suas mãos, consumindo-lhe tempo e forças muito além de sua capacidade. Mauro se alimentava pouco e quase não dormia. Trabalhava incessantemente para que os espetáculos fossem sempre admirados, e Tália, mais e mais reconhecida.

Tália foi ficando famosa e cada vez mais rica. Os homens a idolatravam e as mulheres a invejavam, mas ela não se deixava impressionar por nada disso. Tinha muitos fãs que viviam a assediá-la, fazendo-lhe convites para jantares e oferecendo-lhe fortunas em troca de atenção, coisas que sempre recusava. Seu amor por Mauro permanecia intocado, e nada nem ninguém poderia se sobrepor ao que sentia por ele. Tudo parecia correr bem, e eles começavam a falar em casamento, até que veio a guerra na Europa...

As notícias da guerra causavam espanto a todos. A Europa enfrentava as forças inimigas com coragem e ousadia, e uma vitória dos Aliados era esperada para pôr fim àquele combate sangrento. Vários navios brasileiros haviam sido afundados em águas brasileiras e internacionais, e o Brasil acabou por declarar guerra ao Eixo em 1942.

Os espetáculos de Tália tinham então grande repercussão, fazendo referência, por vezes, a episódios de guerra. Ela agora começava a experimentar uma beleza mais madura e definida, que ainda continuava a impressionar homens e mulheres. Choviam convites para espetáculos e até para apresentações em festas da alta sociedade. Tália fazia apresentações particulares em clubes só para homens e festas reservadas. Com isso, sua fortuna ia aumentando, e ela começou a sentir necessidade de alguém que a ajudasse a administrar sua vida.

— Acho que sua irmã é a melhor solução — sugeriu Mauro.

— Cristina? Não sei. Isso é trabalho para quem entende do assunto.

— Pois acho que Cristina daria uma ótima secretária e é alguém em quem podemos confiar.

— Você acha?

— É claro. Veja bem: Cristina é de confiança, jamais iria nos enganar ou trair. Podemos deixar tudo por conta dela. Ela pode cuidar de toda a sua parte financeira, agendar seus compromissos, datilografar sua correspondência...

— O que você acha, Ione? — indagou ela à amiga, que vinha entrando na sala.

— Do quê?

— De contratar Cristina como minha secretária particular?

— Excelente ideia! Ela é uma moça inteligente e fina, pode ajudar muito você. Sem contar que não a inveja nem quer tomar o seu lugar.

— Viu, Tália? — tornou Mauro. — Até Ione concorda comigo.

Tália pensou por alguns minutos, mas já estava decidida. Embora ela e a irmã não fossem propriamente amigas íntimas, Cristina era uma boa pessoa e sempre fizera tudo para ajudar. Já estava com vinte e quatro anos e só ficava em casa cuidando da mãe doente.

— Será que minha mãe não vai se opor? — disse Tália, mais para si mesma do que para os outros. — Depois que ficou doente, não larga Cristina para nada.

— Você pode colocar uma enfermeira para ela — aventou Mauro.

— É uma possibilidade.

— Olhe, Tália — acrescentou Ione —, sua irmã é uma moça muito bonita e já está passando da idade de se casar. Não é justo o que sua mãe está fazendo com ela.

— É verdade — concordou Mauro. — Cristina é uma bela mulher e está sozinha até hoje porque sua mãe não lhe dá chance de conhecer ninguém. Vai ser bom para ela ter um pouco de liberdade.

Eles tinham razão. A mãe sempre dissera que esperava para Cristina um bom casamento, mas nunca lhe permitira se aproximar de nenhum rapaz. Principalmente depois que Raul morrera, ela fazia as mais variadas chantagens para atrair a atenção e a piedade de Cristina. Com medo de que algo de ruim lhe acontecesse, Cristina acabava sempre cedendo e permanecia ao seu lado, deixando de viver a própria vida.

— Sabem de uma coisa? Vocês estão cobertos de razão. Vai ser bom para Cristina desgrudar um pouco de mamãe. Terá chances de conhecer um bom rapaz e ainda ganhará o seu próprio dinheiro.

— E será ótimo para você também, não se esqueça — completou Mauro.

— Sim, será.

No mesmo dia, Tália foi ao encontro de Cristina. A irmã estava sentada com a mãe no jardim, ajudando-a com um bordado, quando ela chegou. A criada que Tália contratara para auxiliar no serviço doméstico levou-a até elas e se retirou. Quando Cristina a viu chegar, soltou sua parte no bordado e levantou-se para abraçá-la:

— Tália, mas que surpresa! Há quanto tempo não vem nos ver.

Tália correspondeu ao seu abraço e olhou para a mãe, que nem levantou os olhos do bordado.

— Como está passando, mamãe? — perguntou ela, tentando parecer cordial.

— Como Deus quer.

— Você me parece muito bem-disposta.

Ela não respondeu e continuou o que estava fazendo, mas Cristina, tomando o braço de Tália, fez com que ela se sentasse no banco, a seu lado.

— Diga-me, Tália, o que foi que a trouxe aqui? Não se trata apenas de uma visita, suponho.

— Imagine se sua irmã ia se dar o trabalho de parar sua vida para vir nos visitar! — retrucou Tereza, com ar de mofa. — Sua irmã é uma mulher muito ocupada, Cristina, não tem tempo a perder.

Procurando não dar atenção a suas ironias, Tália não respondeu. Virou-se para a irmã e falou pausadamente:

— Vim aqui, especialmente, para falar com você, Cristina. Gostaria de lhe fazer um convite.

— Um convite? O que é? Uma festa?

— Não, não se trata de festa. Trata-se da sua vida. Eu andei pensando... Você já é uma mulher e está presa aqui...

— Sua irmã não está presa aqui! — rebateu Tereza, agora furiosa. — Ela é livre para ir aonde bem entender. O que acontece é que o Rio de Janeiro é uma cidade muito perigosa para uma mocinha.

— Cristina não é mais nenhuma mocinha — protestou Tália, lutando para não se descontrolar. — É uma mulher agora, bonita e inteligente, e está desperdiçando a vida, trancada nesta casa.

— Ela gosta de cuidar de mim. E não está trancada. Pode sair a hora que quiser.

— Ouça, mãe, não vim aqui para discutir com você. Vim para falar com Cristina, e gostaria de falar na sua frente, para que ela não tenha que repetir tudo depois. O fato é que vim até aqui para lhe oferecer um emprego.

— Um emprego? — indignou-se Tereza. — De quê? De corista no seu teatro? Nada disso! Bem sei que tipo de emprego pode haver onde você trabalha.

— Por favor, mamãe! — zangou-se Cristina. — Está ofendendo Tália e falando do que não sabe. Deixe-a terminar o que veio dizer.

Tália lançou-lhe um olhar agradecido e continuou:

— Como eu ia dizendo, vim lhe oferecer um emprego. É para trabalhar comigo, como minha secretária particular. — O espanto no olhar de Cristina foi tão genuíno que Tália achou que havia dito algum absurdo. — Veja bem, Cristina, não me leve a mal. Eu só pensei que você talvez gostasse de ter o seu próprio dinheiro e, mais do que isso, ter uma vida social. Como é que pensa em arranjar um marido se não sai de casa? Mas, se você não quer, não faz mal... posso arrumar outra pessoa...

— Não, não! — cortou Cristina, agora conseguindo dominar o espanto. — Estou encantada! Trabalhar com você é tudo com que poderia sonhar.

— Você quer dizer que aceita?

Ela olhou para a mãe, que observava a cena com o ódio transbordando no olhar, e hesitou uns instantes:

— E quanto a mamãe? Ela não pode ficar sozinha, e a empregada não dá conta.

— Vou pagar uma enfermeira para cuidar dela. Não vai lhe faltar nada.

Podia-se perceber claramente o entusiasmo de Cristina. Ela se dividia entre o desejo de aceitar aquela oferta maravilhosa e o medo que sentia de que a mãe não aprovasse.

— Cristina! — berrou Tereza, notando a sua hesitação. — Não vá me dizer que você vai aceitar esse trabalho indecente!

— O que há de indecente em secretariar uma atriz? — replicou Tália, agora bastante irritada. — Indecente, para mim, é uma mãe velha que não se importa de ver a filha perdendo a juventude e só pensa em si. Será que não lhe ocorreu, mamãe, que a sua vida está no fim, mas Cristina ainda tem muito que viver?

— No fim? Por quê? Pretende me matar como matou seu padrasto?

— Eu não o matei! — vociferou Tália, levantando-se de um salto. — Não é culpa minha se ele se suicidou.

— Você viu o bilhete! Ele se suicidou por sua causa! Porque você o enfeitiçou com esse seu jeito de... meretriz!

Por pouco Tália não a esbofeteou. Foi preciso reunir todas as forças de que era capaz para conseguir se conter.

— Não tenho mais o que fazer aqui — respondeu ela com frieza. — Cristina, o convite está feito. Pense bem e depois me dê uma resposta. Mas cuidado: pense com a sua cabeça, faça o que é do seu desejo. Não deixe que mamãe a convença a viver numa sepultura.

Deu as costas e saiu apressada. Não podia aguentar nem mais um minuto a presença da mãe. Por que ela tinha que ser tão insuportável? Por que a odiava tanto? Cristina ficou vendo-a se afastar, remoendo o desagrado com as palavras da mãe. Depois que ela desapareceu, virou-se para Tereza e, com ar decidido e aborrecido, declarou:

— Mamãe, sempre fiz tudo pela senhora, o que me pediu e até o que não pediu, porque está doente e sozinha. Mas Tália tem razão. Não é justo que eu deixe de viver a minha vida para que a senhora viva a sua.

— Filha ingrata! Depois de tudo o que lhe fiz, como pode voltar-me as costas?

— A senhora está sendo teatral, mamãe. Tália disse que vai pagar alguém para cuidar da senhora, nada vai lhe faltar. E depois, não vou me mudar. Vou trabalhar e, quando terminar, volto para casa.

— Você vai me deixar. Vai encontrar um homem e vai se perder, como sua irmã.

— Não diga bobagens, mãe. Não vou me perder. E depois, já não sou mais uma garotinha. A maioria das moças na minha idade já está casada.

— Mas você ainda pode arranjar um bom partido. Não se deixe enganar pelas facilidades que Amelinha oferece.

— Ela não está me oferecendo facilidade alguma. Ofereceu-me trabalho. A sua mente distorcida é que está colocando intenções escusas onde só existem bons propósitos. E depois, ela tem razão: como posso me casar se não saio de casa, não vou a lugar algum?

— Deus coloca a pessoa certa no nosso caminho, minha filha. Não precisa sair correndo atrás de ninguém.

— Pode até ser. Mas como descobrir que a pessoa certa está no meu caminho se eu não sigo caminho nenhum? O fato, mamãe, é que a senhora, lá no fundo, não quer que eu me case porque tem medo de ficar sozinha. Mas isso não vai acontecer. Garanto-lhe que, enquanto viver, não deixarei de lhe dar assistência.

— Diz isso agora. Depois que conhecer um homem que lhe virar a cabeça, nem vai mais lembrar que eu existo.

— Não é verdade. Não sou uma pessoa egoísta nem mal-agradecida.

Tereza percebia, nitidamente, que estava perdendo terreno para a filha. Ela parecia mesmo decidida a aceitar o emprego que Tália lhe oferecia, o que significava que começaria a sair mais e, provavelmente, em breve conheceria alguém. Ela era bonita e inteligente, não lhe faltariam pretendentes. Mais um pouco e se casaria, deixando a casa e ela. Não adiantava gritar nem discutir. Ela estava começando a perder a autoridade sobre a filha, que já não era mais criança e saíra de seu controle.

— Por favor, Cristina, não aceite esse trabalho — ela quase implorou, deixando que as lágrimas lhe umedecessem os olhos. — Vou ficar abandonada e só. O que será de mim com uma enfermeira estranha e fria? Ninguém vai cuidar de mim como você.

— A senhora está exagerando. Até parece que é inválida. A enfermeira será mais uma dama de companhia, assim como eu estou sendo.

— Por favor... Não pense só em você, pense um pouquinho em mim.

— Estou pensando em nós duas, e é por isso que vou aceitar o emprego.

— Não faça isso, eu lhe imploro.

— Não adianta, mãe. Já está decidido. Quer a senhora aprove ou não, vou trabalhar com Tália.

— Maldita Amelinha! — vociferou ela, atirando ao chão o bordado. — Tirou-me o marido e a felicidade. Quer tirar-me também a filha!

— Ela também é sua filha, por mais que a senhora não goste e nunca se lembre disso.

Cristina apanhou do chão o bordado que ela atirara, passou a mão para limpá-lo e tornou a colocá-lo no colo de Tereza. Gentilmente, acariciou-lhe o rosto, deu-lhe um beijo suave e entrou em casa. Tomou banho, vestiu-se e saiu ao encontro de Tália, disposta a iniciar uma nova vida, a se transformar em mulher.

Em uma semana, Cristina já havia aprendido todo o serviço. Familiarizara-se com a conta bancária, a correspondência, a agenda, os compromissos. Como era inteligente e caprichosa, logo colocou a vida da irmã em dia, deixando-a satisfeita, sem que tivesse que se preocupar com nada. Tinha duas pessoas de confiança trabalhando para ela: Ione, que cuidava da casa, e Cristina, que cuidava de sua vida pessoal. Agora podia dedicar-se à dança com muito mais tranquilidade, sem se deter nos afazeres que a vida diária lhe impunha.

Tália partiu para o teatro mais satisfeita do que nunca naquela noite de sábado, mas notou algo estranho ao chegar. Darci, dono da casa noturna, estava acabrunhado e arredio. Mal a cumprimentou, evitando encará-la de frente.

— O que foi que houve, Darci? — perguntou ela, tentando puxar assunto.

— Nada. Depois do espetáculo, falaremos.

Tudo transcorreu normalmente, como sempre. Tália dançou como nunca, e os aplausos se derramaram sobre ela, com uma chuva de flores. Depois que todos se foram, ela se juntou a Mauro e ao resto da companhia, para esperar Darci. Estavam todos ali presentes, desde as estrelas do espetáculo até os rapazes da bilheteria.

— O que será que está acontecendo? — indagou uma corista.

— Não sei — respondeu outra. — Será que vamos todos ter aumento?

— Vai ver, seu Darci foi convocado para a guerra — gracejou um rapazinho de óculos.

— Por que não esperamos para ver? — tornou Mauro, irritado com aquela conversa.

— Você sabe o que é? — sussurrou Tália ao ouvido dele.

Nesse momento, Darci entrou em companhia de outro homem bonito, elegante, discreto, usando uns óculos fininhos, que lhe emprestavam um ar maduro e intelectual, o tipo do *gentleman*.

— O motivo de eu ter reunido todos aqui — começou Darci, sem nem cumprimentar os presentes — é para anunciar que, a partir de hoje, vocês terão um novo patrão. Trata-se do senhor Honório Passos Pompeu, aqui presente, novo dono do teatro...

Com um gesto de mãos, Darci apresentou Honório, que deu um passo adiante e cumprimentou a todos com um sorriso espontâneo.

— Boa noite — falou ele, com uma voz suave e, ao mesmo tempo, firme e segura. — Darci já me apresentou, por isso, não vou ficar me repetindo. Sei que, para muitos de vocês, será difícil conviver com um novo patrão. Mas quero que saibam que estou disposto a trabalhar pelo melhor, e as modificações que pretendo empreender não prejudicarão nenhum de vocês.

— O que o senhor quer dizer com isso? — perguntou uma dançarina mais ousada.

— Quero dizer que não pretendo despedir ninguém, a não ser aqueles que não se adaptem ao meu ritmo de trabalho.

— E que ritmo é esse?

Ele estendeu os braços e deu de ombros.

— Pretendo renovar o espetáculo, e todos vocês passarão por mudanças. Aquilo a que estão acostumados, podem esquecer. Tenho ideia de fazer um espetáculo no nível daqueles exibidos na Europa, onde a nossa estrela, eu sei, já teve oportunidade de se apresentar.

Disse isso e apontou para Tália, que o observava em silêncio, sem saber o que pensar. Mudanças no ritmo do espetáculo poderiam implicar muitas coisas, principalmente a despedida de Mauro. Ela balançou a cabeça, pigarreou e ergueu a mão, perguntando em seguida:

— Senhor Honório, por favor. Um espetáculo como os exibidos na Europa requer um coreógrafo familiarizado com os padrões europeus. Tem alguém assim em mente?

— Você não entendeu, minha cara. Quando digo Europa, estou me referindo à qualidade do espetáculo, à organização, ao vestuário, à orquestração e iluminação. Mas a coreografia há de ser sempre a nossa. Somos nós que temos o melhor samba, as melhores modinhas, a melhor música e, consequentemente, o bailado mais exuberante, do qual a senhorita é a nossa mais ilustre representante.

Seu jeito de falar agradou Tália, que sorriu embevecida.

— O senhor quer dizer com isso que eu, particularmente, não serei atingido pelas suas mudanças? — era Mauro quem perguntava.

— Exatamente. Sei, por Darci, que o senhor é excelente coreógrafo e não pretendo me desfazer de seus serviços. Ao contrário, espero que possamos trabalhar juntos.

— E quanto a nós? — tornou uma corista.

— Como eu disse, vocês não precisam se preocupar com nada. Não pretendo despedir ninguém, seja em que função estiver. Se eu obtiver colaboração, todos podem contar com seus empregos.

Durante o resto da madrugada, continuaram conversando, fazendo perguntas que Honório ia respondendo de forma desembaraçada e cativante. Ao fim da reunião, já havia conquistado a simpatia de praticamente todos os empregados. Já estava quase amanhecendo quando se despediram, e Tália seguiu para casa em companhia de Mauro, agora em seu automóvel importado.

— Por que não me contou? — indagou Tália.

— Contar o quê?

— Você sabia que Darci tinha vendido o teatro. Por que não me disse nada?

— Eu não sabia. Tinha esperanças de que isso não acontecesse.

— Mas você sabia que ele pretendia vender?

— Darci está mal de dinheiro. Coloca a culpa na guerra, mas eu sei que é porque ele gasta tudo o que tem em jogatinas. Endividou-se até a alma e agora não tem como pagar o que deve. Eu ainda tentei contemporizar, dizendo que a féria dos espetáculos daria para cobrir suas dívidas, mas toda ela já estava comprometida com os credores. Até nossos salários corriam o risco de ser cortados, e ele disse que ia hipotecar o teatro para evitar a falência. Hoje, porém, apareceu aqui com esse Honório e, quando disse que queria conversar conosco, eu já imaginava o que iria acontecer.

Ela suspirou e olhou pela janela do automóvel.

— Você não gostou de Honório, não foi?

— Não é que não tenha gostado. Há algo nele que não me agrada.

— Ele é um cavalheiro. Viu como falou de mim?

— Você está impressionada porque ele a cortejou, só isso.

— Ele não me cortejou! Elogiou o meu talento.

— Ele está de olho em você, como todo mundo. Só espero que você não se deixe atrair pelo seu tipo galante e conquistador.

— Você está com ciúmes.

— Estou, sim. Não gostei do modo como ele falou de você.

— Ele não disse nada que você já não tenha ouvido de outros.

— Não foi o que ele falou, mas a maneira como falou. Senti o seu interesse.

— Interesse que você, ultimamente, não tem demonstrado...

Mauro pisou no freio e o automóvel parou bruscamente.

— O que foi que disse?

— É isso mesmo, Mauro. Tenho notado a sua distância.

— Isso não é justo. Trabalho duro para poder lhe dar uma vida confortável.

— Você sabe que não preciso disso. O que ganho é suficiente para nós dois.

— Sou homem, sempre trabalhei para ganhar o meu sustento. Não posso agora viver à sua custa. Quando eu a conheci, você era uma menina assustada e indefesa, precisava de mim. Eu descobri a sua beleza e ajudei a revelar o seu talento. Acreditei e investi em você, ensinei-lhe tudo o que você sabe. E você aprendeu muito bem, porque está no seu sangue, você nasceu para isso. Hoje você ganha muito dinheiro e não precisa mais de mim.

— Não preciso? E o amor, onde é que fica, Mauro? Não percebe que preciso de você mais do que qualquer outra coisa no mundo?

Ele deu um sorriso irônico e rebateu com desdém:

— Será que precisa mesmo? Ou será que está presa ao passado, à gratidão que sente pelo que fiz por você?

— Como pode dizer uma coisa dessas? Eu o amo!

— Tenho medo de ter me transformado mais em pai do que em amante para você.

Com a ponta dos dedos, ela cerrou os seus lábios, impedindo-o de falar, e retrucou em tom de súplica:

— Case-se comigo.

— Não sei se isso é o melhor para nós.

— Eu amo você.

— Não sei...

— A não ser que você não me ame.

— Não diga isso nunca mais! Pois se tudo o que fiz e faço é por amor a você!

— Se é verdade, então case-se comigo...

Não havia como negar que Mauro amava Tália profundamente e, apesar de temer que o amor dela fosse algo passageiro ou ilusório, ele não tinha como recusar. Estava irremediavelmente preso a ela, e seus olhos encheram-se de lágrimas quando a tomou nos braços e, em vez de responder, perguntou entre o gracejo e a ternura:

— Quantos filhos você quer ter?

— Oh! Mauro! Isso quer dizer que você quer se casar comigo? Você quer, não quer?

Ele apenas assentiu e a beijou, mas ela se esquivou eufórica e começou a divagar:

— Faremos um casamento em grande estilo! Já estou até vendo as notícias: "Tália Uchoa e Mauro Sodré em enlace matrimonial coberto de glória e pompa". Vai ser maravilhoso!

— Faz questão de que seja assim?

— Por quê? — decepcionou-se ela. — Você não quer?

A vontade de Mauro era lhe dizer que não queria nada daquilo, só uma cerimônia pequena e íntima, com apenas alguns poucos convidados, mas Tália estava radiante com a possibilidade de brilhar novamente nos jornais. Aquilo não tinha a menor importância para ele, mas Mauro não tinha coragem de estragar a sua felicidade. Não era justo pedir que ela abrisse mão do brilho a que tinha direito só por causa de suas cismas e do complexo de inferioridade que sentia com relação a ela, complexo que ela nem suspeitava existir.

Incapaz de negar o que ela pedia, Mauro afagou o seu rosto e respondeu com uma tristeza que ela, envolvida pela felicidade do momento, não conseguiu perceber:

— Está bem, Tália, faremos como você quer.

Como Cristina não costumava ir ao teatro, eram poucos os amigos de Tália que ela já vira, sendo que alguns só conhecia por telefone. Era o caso de Honório, com quem ela nunca se encontrara pessoalmente. No dia da festa de noivado de Tália e Mauro, ele foi um dos primeiros a chegar e foi recebido por ela, que fazia as vezes de anfitriã, enquanto a irmã terminava de se aprontar. Tália tencionava entrar no salão quando a festa já estivesse iniciada, a fim de causar efeito nos convidados.

— Boa noite, senhor Honório — cumprimentou ela, lendo seu nome no convite. — Finalmente nos conhecemos.

— Você só pode ser Cristina, irmã de nossa estrela — respondeu ele, beijando de leve a sua mão. — Estou realmente encantado.

— Obrigada. Tália fala muito bem do senhor.

— Por que não deixamos o senhor de lado? — Ela sorriu do seu jeito galante e o introduziu no salão praticamente vazio. — Vejo que cheguei cedo. É um dos meus defeitos, Cristina, ser pontual, seja em que ocasião for.

— Não creio que pontualidade seja defeito. Para mim, é uma qualidade admirável.

— Não tão admirável quanto a sua beleza.

Ela corou violentamente. Não estava acostumada a receber elogios assim tão diretos.

— Está sendo gentil... — gaguejou.

— Estou sendo sincero. Espero que não se aborreça nem me ache muito atrevido, mas ouso dizer que você e sua irmã são as mulheres mais bonitas que já conheci em minha vida. Sua irmã já tem dono. Mas você...

Ela corou mais ainda, assustada com a sua ousadia. Honório era um homem muito atraente, fino e elegante, mas não era nada conservador. Filho único de um magnata da indústria cafeeira, herdou as indústrias e, com elas, uma grande fortuna, que se dispôs a gastar com algo que lhe desse prazer. Deixou a indústria nas mãos de um primo muito mais interessado nos negócios do que ele jamais seria e passou a dedicar-se exclusivamente às artes. Comprou galerias, montou uma livraria e uma escola de música, comprou um teatro. Investia em tudo que fosse artístico e, como era inteligente, empreendedor e dotado de excelente visão dos negócios, soube multiplicar o dinheiro que investiu, obtendo retorno certo com uma atividade que era puro prazer.

Despido de preconceitos e avesso às convenções sociais, Honório se entendia bem com todo tipo de gente, desde os mais humildes até os mais poderosos. Bastava que fossem pessoas interessantes para que ele entabulasse uma conversa agradável e cativante. Acima de tudo, amava as mulheres e a boa música, não perdia nenhuma festa, às quais ia sempre acompanhado de alguma beldade.

No noivado de Tália, foi diferente. Até então, nenhuma mulher o havia impressionado tanto quanto sua estrela favorita, mas agora conhecia Cristina. Olhando para o seu rosto, pôde notar algumas semelhanças entre ela e Tália, embora não fossem propriamente parecidas.

— Ora, ora, se não é o nosso querido chefinho que já chegou. — Ele ouviu uma voz dizer atrás de si.

Ao se virar, Honório encontrou um Mauro sorridente e descontraído, radiante de tanta felicidade.

— Boa noite, Mauro — cumprimentou ele, polidamente. — Linda casa, a sua.

— Minha e de Tália — a inclusão da noiva foi proposital, uma forma de dizer ao outro que Tália e ele, havia muito, já estavam comprometidos. — Seja bem-vindo! Vejo que já conheceu a minha futura cunhada, Cristina.

— Seria impossível não conhecer. Uma moça assim tão linda logo me chamou a atenção, e você sabe como me comporto diante de mulheres bonitas.

— O senhor Honório é muito galante — observou Cristina, ainda ruborizada, tentando se acostumar ao seu jeito despojado.

— Cuidado com ele, Cristina. Nosso chefe é famoso por cortejar mulheres bonitas.

— Creio que você não está lhe fazendo justiça, Mauro. Todas as mulheres perdem o brilho se comparadas à beleza de Cristina.

Era verdade que Honório achava Cristina uma mulher muito bonita, contudo, não era propriamente para ela que endereçava tantos elogios. De forma inconsciente, ao exaltar sua beleza, era para Tália que falava, declarando para Cristina tudo aquilo que tinha vontade de dizer à sua irmã.

— Muito bem, meu amigo — contrapôs Mauro, que não pôde deixar de sorrir. — Lembre-se apenas de que Cristina é irmã de Tália, vai ser minha cunhada e, portanto, minha irmã também.

— Não se preocupe, meu caro, porque não pretendo lhe tirar nenhum pedaço.

Todos riram, e Mauro foi recepcionar os outros convidados, já que Cristina se encontrava presa ao magnetismo de Honório. Seria até bom que ele se aproximasse dela. Mauro não precisaria mais se preocupar com o seu interesse por Tália, e ele seria um bom partido para Cristina. Seria excelente ideia juntar aqueles dois.

Quando a festa já ia em meio, Tália resolveu aparecer, deslumbrante em seu vestido de seda marfim e brincos de brilhantes. Quando surgiu descendo as escadas, os convidados emudeceram, boquiabertos ante a sua beleza estonteante. Ela foi descendo devagarzinho, olhando para todos e sorrindo sedutoramente. Os convidados começaram a bater palmas, e Honório, tentando conter a admiração, ouviu Cristina dizer baixinho:

— Essa minha irmã... Parece até cena de fita americana.

— Está com ciúmes de sua irmã, minha querida? — ele soprou ao seu ouvido.

— Não. Ao contrário, acho-a exuberante e corajosa. Uma mulher para admirar e respeitar.

Tália chegou ao pé da escada e logo foi envolvida pelos convidados, que se apinhavam para dar-lhe parabéns. Ela estendeu a mão para Mauro, que a abraçou e a beijou longamente na boca.

— Senhoras e senhores — disse ele —, minha noiva dispensa maiores apresentações. Sejam bem-vindos à nossa casa e aproveitem a festa.

Durante o resto da noite, Honório não largou Cristina um minuto sequer. Sentia-se atraído por ela como se ela fosse Tália, e nenhum dos dois percebia isso.

— Notou como nosso chefe se interessou por sua irmã? — Perguntou Mauro a Tália.

Tália não havia notado. Estava ocupada em controlar a mãe, para que ela não dissesse nada desagradável a ninguém, e nem teve tempo de reparar em Cristina.

— O que foi que disse?

— Honório. Não tira os olhos de Cristina. Aliás, nem os olhos, nem as mãos. Dançou com ela a noite inteira.

Foi só então que Tália reparou nos dois, dançando juntinhos no meio do salão. Aquela visão não a agradou, embora soubesse que deveria se sentir satisfeita por ver a irmã encontrar um admirador que estivesse à sua altura. Algo, porém, não caiu bem em seu sentimento. Não sabia se era ciúme, inveja ou despeito. Achava que Honório era seu admirador incondicional, e vê-lo todo derretido nos braços da irmã lhe causou estranha comoção.

— Isso não está certo — recriminou ela. — Honório não é para Cristina.

— Por que não? — surpreendeu-se Mauro. — É rico, charmoso, bem relacionado. O que mais ela poderia desejar?

— E mulherengo. Sua fama é de todos conhecida.

— Não exagere, Tália. Honório é mulherengo porque ainda não encontrou mulher que lhe ponha cabresto. Quem sabe Cristina não seja essa mulher?

— Que jeito mais vulgar de falar, Mauro...

Sem que eles percebessem, Tereza havia se aproximado por trás e escutara parte do que diziam, intrometendo-se na conversa:

— Quem é aquele que está dançando com sua irmã?

Não fosse a intervenção de Mauro, Tália teria lhe gritado um desaforo.

— Aquele é Honório Passos Pompeu, dona Tereza, o dono do teatro em que trabalhamos.

— *Humpf*... — fez ela baixinho. — Mais um vagabundo.

— Mamãe, por que tem que ser tão desagradável? Por acaso o conhece para falar desse jeito?

— Tenha calma, Tália. Sua mãe está apenas preocupada com Cristina, não é isso, dona Tereza?

Ela não respondeu. Não gostava de Mauro. Sabia que fora ele o responsável pela fuga de Tália da pensão de Janete em São Paulo, o que já o transformava num quase marginal. E depois, eles viviam juntos naquela casa, em pecado carnal, como se casados fossem.

— Eu bem que avisei a ela que acabaria tendo o mesmo destino de Amelinha.

— Tália, mamãe, Tália! — exaltou-se ela. — Por que é tão difícil para você me chamar pelo meu nome?

Tereza deu de ombros e foi sentar-se numa poltrona mais perto do salão de danças para observar melhor o homem com quem Cristina estava dançando. Mauro ficou vendo-a se afastar e segurou Tália pelos ombros.

— Procure se acalmar, querida. Hoje é um dia especial para nós. Não deixe que sua mãe estrague isso.

— Não sei por que fui convidá-la. Ela é desagradável e ofende nossos convidados. Seria melhor se não tivesse vindo.

— Mas ela está aqui e temos que lidar com isso. Vou pedir a Ione que fique de olho nela e cuide para que não destrate ninguém.

— Obrigada.

Enquanto Mauro saía ao encontro de Ione, Tália ficou vendo a irmã e Honório dançarem, rindo do que diziam um ao outro. Não conseguia compreender por que a visão dos dois juntos não a agradava. Procurou Mauro com os olhos e encontrou-o falando com Ione, dando-lhe instruções a respeito de Tereza. Sentiu imensa ternura por ele e um forte desejo de estreitá-lo. Olhou novamente para Honório e teve a mesma sensação de desagrado, virando-se de novo para Mauro. O que sentia ao vê-lo era diferente. Só Mauro fazia seu coração disparar, enchia seu corpo e sua alma de felicidade, causava-lhe imenso desejo de estar com ele e amá-lo para sempre. Fosse o que fosse que Honório provocasse nela, não era amor.

Enquanto isso, Cristina ia se deixando envolver mais e mais pelo charme de Honório. Ele era uma pessoa cativante e divertida, e tudo o que dizia lhe causava graça. De tão distraída, nem notou que a mãe a vigiava a distância e Tália a observava discretamente. Só o que lhe importava era a sensação prazerosa que a proximidade de Honório lhe causava.

# 19

Sob a direção de Honório, os espetáculos de Tália ganharam ainda maior repercussão do que já possuíam. As transformações pelas quais o teatro e o elenco passaram foram muitas: Honório renovou o guarda-roupa das coristas, fez alterações em penteados e maquiagens, contratou novos músicos para trabalhar em arranjos mais modernos, colocou mocinhas vendendo cigarros, bem ao estilo americano, e inovou a plateia, introduzindo mesas em lugar de cadeiras de auditório. O teatro passou a ser uma verdadeira casa de espetáculos, onde as pessoas podiam assistir a um bom show, beber e comer à vontade, sem aquele formalismo dos teatros tradicionais.

Para Mauro, contudo, as coisas eram diferentes. Embora Honório não estivesse muito satisfeito com os passos de dança que ele criava, não se atreveu a desfazer-se dele, com medo de desagradar sua estrela favorita. Sabia que Tália romperia o contrato com ele se despedisse Mauro e optou por conservá-lo no teatro, embora procurasse mantê-lo informado sobre todas as novidades no mundo dos espetáculos, dando opiniões e fazendo sugestões baseadas no que havia visto em outras casas de sucesso.

Por mais que detestasse aquelas interferências, Mauro era muito cauteloso no trato com Honório. Não que temesse ser despedido ou substituído por outro coreógrafo mais talentoso. O que não queria era afastar-se de Tália, embora se sentisse incomodado pelo fato de estar vivendo à sua sombra, como ele mesmo sempre dizia. Silenciou para não perdê-la, mas vivia insatisfeito com a sua vida, longe da realização profissional com que um dia sonhara.

Até que, numa tarde chuvosa do verão de 1944, a vida de Mauro se modificou. Ele teve a triste notícia de que estava sendo convocado a servir na Força Expedicionária Brasileira, devendo apresentar-se imediatamente para treinamento e posterior embarque para a Itália.

— Não pode ser verdade! — lastimava Tália, entre o desespero e a raiva. — Não podem convocá-lo assim desse jeito. Nós vamos nos casar!

— O Exército não quer saber disso, minha querida — objetou Mauro, tentando ser forte para dar-lhe ânimo. — Mas não se preocupe. Vá continuando com os preparativos. Em breve estarei de volta, e você vai se casar com um herói.

— Não quero me casar com nenhum herói. Quero você do jeito que é, mas vivo. Não é justo. Essa guerra não é nossa, estamos bem longe do conflito. Por que é que você tem que ir?

— Porque o governo me convocou. Não posso me recusar.

— Mas é perigoso...

— Nem tanto. Vou só dar uns tirinhos e depois volto. Você não acha que eu vou morrer por lá, acha?

— Não, claro que não — objetou ela acabrunhada. — Tenho certeza de que você vai voltar. Mas ficar longe de você todo esse tempo... e no meio de um conflito tão cruel! Vou morrer de preocupação e medo.

— Pois não deve. Confie em mim, logo essa guerra acabará e eu voltarei para você.

— Promete?

— Prometo.

Tália esboçou um sorriso forçado, aninhando-se em seus braços, os olhos úmidos de medo. Não podia sequer imaginar que Mauro corresse o risco de perecer naquele conflito. Para ela, a guerra era quase uma abstração, e não parecia viável que alguém tão próximo fosse perder a vida naquele país longínquo, lutando por pessoas que nem conhecia, em uma terra à qual não pertencia. Tudo parecia um pesadelo, mas ela estava segura de que, no fim da guerra, Mauro voltaria ileso para os seus braços, e eles poderiam então se casar. A morte, apesar de tudo, soava como uma fantasia distante, da qual Mauro e seu mundo não faziam parte.

No dia da partida, Tália levou Mauro ao porto, acompanhada de Cristina, Ione e Honório, que, em função de sua miopia, não fora convocado para a batalha. Depois de muitos abraços e beijos, Mauro conseguiu afastar-se de Tália um pouco e puxou Honório pelo braço.

— Gostaria de lhe pedir uma coisa — começou ele, olhando de soslaio para Tália.

— O que quiser, meu amigo.

— Cuide de Tália por mim. Enquanto eu estiver fora, cuide para que não lhe falte nada. E se algo me acontecer... — calou-se, como se antevisse um futuro funesto.

— Nada vai lhe acontecer — encorajou o outro.

— Ouça, Honório, eu estou partindo para uma guerra! Não vou viajar a negócios nem a passeio. Tália parece ainda não ter se dado conta da situação, mas eu sei os riscos que corro. Voltar e não voltar são alternativas percentualmente idênticas.

— Não diga isso, Mauro. Você está temeroso, eu sei, mas tenho certeza de que vai voltar são e salvo.

— Não sei. Algo em meu coração me diz que estou partindo para encontrar o meu destino. Se isso acontecer... Se isso acontecer, por favor, não saia do lado de Tália. Sei o quanto você gosta dela e sei também que você não lhe é de todo indiferente.

— Mas que bobagem, Mauro, Tália o ama.

— Jamais duvidei disso, mas ela pode vir a amar você também. Se eu não voltar, por favor, cuide para que isso aconteça. Se a ama de verdade, procure fazê-la feliz.

— Você não devia falar assim. Pode dar azar.

— Não acredito em sorte nem em azar. Creio apenas no destino. E o meu, acho que já está traçado.

Voltou os olhos para o navio que estava ancorado no cais e olhou para o mar em seguida, como que a indicar que seu destino seria levado através das águas por aquela embarcação.

— Quisera eu que nada disso estivesse acontecendo — comentou Honório.

— Mas está. É a realidade, e não podemos fugir a ela.

— Se eu pudesse fazer alguma coisa...

— Você pode: prometa-me que vai cuidar de Tália. Ainda que se case com Cristina, prometa-me que vai cuidar dela. Se me prometer, poderei partir tranquilo e confiante para enfrentar o meu destino.

Honório fitou-o com os olhos embaciados, sentindo profunda admiração por aquele homem que, até então, invejava em silêncio por possuir a única coisa que ele desejava: a mulher de seus sonhos.

— Se é assim, vá em paz, meu amigo — falou emocionado, estendendo-lhe a mão num gesto amistoso. — Cuidarei de Tália e a defenderei com a própria vida, se necessário.

Também emocionado, Mauro tomou a mão que ele lhe oferecia, puxando-o em seguida e o envolvendo num abraço comovente.

— Obrigado — sussurrou, tentando conter as lágrimas. — Jamais vou esquecer esse gesto.

— Posso saber o que os rapazes estão fazendo aqui, escondidos? — indagou Tália, que finalmente os encontrara no meio da multidão.

— Nada — respondeu Mauro, enxugando os olhos discretamente. — Estava me despedindo de Honório.

Embora não soubesse definir, Tália sentiu uma pontada no coração, um pressentimento de que algo na conversa daqueles dois fora mais do que uma simples despedida.

Não teve tempo de indagar nada a Mauro. Era hora de embarcar, e ele foi convidado a subir a rampa de acesso ao navio. Despediu-se de todos e demorou-se muito no abraço de Tália, como se aquela fosse a última vez em que a teria em seus braços.

— Você vai voltar logo — disse ela, confiante. — Tenho certeza.

Para que ela não o visse chorar, Mauro beijou-lhe os cabelos, apanhou sua bolsa e começou a subir a rampa, o coração disparado, lamentando muito mais a perda da amada do que da própria vida. Da amurada, acenou em despedida e continuou acenando até que o *General Mann* cruzou a barra e sumiu de vista, levando consigo 6 mil homens para um futuro incerto e desconhecido, que se iniciaria ao desembarcarem no porto de Nápoles.

Começou, então, para Tália, a agonia da espera. Tinha como certo que Mauro voltaria a qualquer momento e, todos os dias, conferia a caixa do correio, a fim de verificar se ele lhe enviara alguma correspondência. Toda vez que recebia uma carta de Mauro, seu coração disparava de alegria e respirava aliviada, sabendo que ele estava vivo e bem.

Buscando atender ao pedido de Mauro, todas as noites, Honório jantava em casa de Tália, ficando visível o seu interesse por ela. Tália ia se acostumando com aquelas visitas e nem percebeu que Cristina, depois que Mauro se foi, passou a jantar com ela também, para poder desfrutar um pouco mais da companhia de Honório.

O tempo foi passando, e nada de Mauro retornar. Já fazia quase um ano que partira quando, subitamente, cessaram as cartas que lhe escrevia. Tália quase se desesperou. Tinha certeza de que ele voltaria com vida, mas a falta de correspondência começava a lhe tirar as esperanças. No Exército, não conseguira nenhuma informação. O nome de Mauro não estava em nenhuma lista de mortos, sendo considerado, até então, desaparecido.

— Isso não é assim tão ruim — consolava Cristina. — Ele pode ter sido ferido...

— Pode até estar sendo cuidado por alguém — aventou Ione. — Quem sabe uma mulher piedosa não o encontrou e cuidou dele?

— Mas, se é assim, por que ele não me escreve?

— Ora, Tália, o correio, na guerra, não deve ser assim tão eficiente — rebateu Ione.

— E depois, ele pode estar impedido de escrever — acrescentou Cristina. — Vamos esperar notícias. Um dia, alguém vai ter que nos dizer o que aconteceu.

Mas esse dia nunca chegava. Por mais que Honório se esforçasse para ajudar e tentar localizar o paradeiro de Mauro, a resposta era sempre a mesma: desaparecido em combate.

— Não podemos perder as esperanças — estimulava Ione. — A guerra ainda não terminou.

— Ele pode até estar preso — imaginou Cristina.

— Ele prometeu que ia voltar — choramingou Tália. — Mauro nunca deixou de cumprir uma promessa.

— Tenha calma, querida. Vamos ser pacientes.

O tempo continuou a passar, e novas listas de mortos eram divulgadas pelo governo, mas o nome de Mauro nunca se encontrava entre eles. Os dias iam se sucedendo, e as esperanças de Tália começaram a perecer. Parecia-lhe mesmo impossível ter notícias de Mauro. Corria o ano de 1945, e a guerra já estava praticamente no fim. Com a rendição da Alemanha e a libertação definitiva da Europa, as esperanças de Tália voltaram a crescer. Vários prisioneiros foram resgatados dos inúmeros campos de concentração, talvez Mauro estivesse entre eles. Não foi isso, porém, o que aconteceu. Tália esperou ainda um pouco mais, certa de que ele talvez estivesse sob a proteção da resistência e pudesse, enfim, ser localizado. A espera foi inútil, e Mauro continuava desaparecido.

Finalmente, quando os americanos bombardearam as cidades japonesas de Hiroshima e Nagasaki, encerrando de vez o conflito, Mauro foi oficialmente dado como desaparecido, e cessaram os esforços para encontrá-lo, vivo ou morto. Estavam encerrados os sonhos de Tália. A guerra lhe ceifara a única oportunidade que tivera de ser feliz. Mauro era o homem que amava. Sentia que, depois dele, jamais poderia amar outro.

Sozinha em seu quarto, com a carta de pesar oficial do governo brasileiro em mãos, Tália chorou muito. Apanhou o retrato de Mauro em cima da mesinha e, agarrada a ele, fez a si mesma o juramento que cumpriria pelo resto de sua vida:

— Ninguém, Mauro, ninguém, por mais que eu viva, e sofra, e me sinta só, ninguém, eu juro, jamais irá tomar o seu lugar. Você foi e ainda será o meu único e verdadeiro amor. Se não posso tê-lo em vida, esperarei para estar em seus braços depois da minha morte. Nunca mais amarei outro como amei você. Eu juro!

Agarrou-se novamente ao retrato e chorou em desespero, como se quisesse fazer da lembrança de Mauro uma parte de seu coração.

Sentado em seu escritório, Honório pensava na melhor maneira de ajudar Tália, atendendo à promessa que fizera a Mauro, naquele dia, no porto, quando este se encontrava prestes a embarcar rumo à Itália. Sentia-se responsável por ela, achava que devia fazer algo para aplacar a sua dor. Deralhe uns dias de folga no trabalho, colocando uma das coristas secundárias em seu lugar. Embora a moça não estivesse à sua altura e os fregueses estivessem reclamando, era o mínimo que podia fazer por ela. Tália precisava de um tempo só para si, para se acostumar àquela perda e encontrar a melhor maneira de sobreviver sem uma parte de seu coração.

Mas não era propriamente a promessa que fizera a Mauro que o impulsionava a ajudá-la. Ele mesmo não podia parar de pensar em Tália. Apaixonara-se por ela desde o primeiro instante em que a vira. Apaixonara-se pela sua beleza, pelo seu corpo, pelo seu trabalho sensual e carismático. Acima de tudo, apaixonara-se por algo de puro e genuíno que havia dentro dela e ele não conseguia explicar. Por isso, doía vê-la sofrer.

Dando uma tragada longa em seu charuto, apanhou o telefone em cima da mesa e discou o número da casa dela. Foi Ione quem atendeu, e ele pediu para falar com Tália.

— Olhe, seu Honório, foi bom o senhor ter ligado. Tália está que é uma tristeza só, e não há nada que a faça sair daquele quarto. Já tentei de tudo, mas não há jeito. Cristina está lá com ela nesse momento, fazendo-lhe companhia, mas ela não quer nem conversar.

Ele fez silêncio durante alguns minutos, até que tornou a perguntar:

— Será que eu poderia falar com Cristina?

— Só um minuto, vou chamá-la.

Depois de algum tempo, Cristina atendeu o telefone:

— Alô, Honório, como vai?

— Vou bem, Cristina, e você?

— Não posso estar muito bem, vendo minha irmã nessa tristeza. Ela precisa reagir.

— É sobre isso que gostaria de falar com você. Será que não poderíamos nos encontrar?

— Quando?

— Pode ser agora? Posso passar aí e apanhá-la para almoçar. O que você acha?

O coração de Cristina disparou só de pensar que iria se encontrar com ele novamente. Embora estivesse interessada em ajudar a irmã, rever Honório seria maravilhoso. Desde que o conhecera, não parava de pensar nele um minuto sequer.

Cristina estava certa de que Honório sentia-se atraído por ela também. Notara o seu interesse na festa de noivado da irmã. Ele fora gentil e atencioso, e ela tinha certeza de que ele só não lhe fizera a corte em respeito a Tália. Mauro também lhe dissera que tinha fama de mulherengo, mas ela não se importava. Se o seu interesse por ela fosse sincero, ele deixaria de lado as outras mulheres e centraria nela a sua atenção.

Honório jamais lhe revelara seus sentimentos, talvez devido à pressão de Mauro, tentando proteger a futura cunhada, pensava Cristina. Mas agora, com o seu desaparecimento, Honório sentia-se mais à vontade para procurá-la, e a saúde de sua irmã, ainda que lhe inspirasse preocupações e cuidados, não deixava de ser um pretexto para falar com ela e convidá-la para sair.

— Acho que seria uma ótima ideia — respondeu ela, tentando não parecer ansiosa demais. — Estarei pronta em meia hora.

Em exatos trinta minutos, Honório estava parando o carro no portão da casa de Tália. Pouco depois, Cristina apareceu. Era uma moça realmente bonita. Honório não entendia por que ainda não havia se casado. Tália mencionara algo sobre a mãe possessiva, mas ele não conhecia Tereza e não imaginava como poderia ela impedir a felicidade da filha.

Antes que ela chegasse perto do automóvel, ele já havia saído e estava abrindo a porta para ela. Beijou-a de leve na face, o que lhe causou um rubor passageiro, e a ajudou a sentar-se. Em seguida, sentou-se ao volante e deu partida ao motor, dirigindo-se a um restaurante próximo. No trajeto, trocou apenas algumas poucas palavras sobre a saúde de Tália. Foi só depois de pedirem o almoço que começaram realmente a conversar.

"Ele agora está tentando encontrar a melhor maneira de dizer que me ama", pensou Cristina, certa de que ele a chamara ali para se declarar. "Já cumpriu o seu papel de patrão e amigo, interessando-se pela saúde de Tália, e agora vai confessar que me ama."

— Você sabe o quanto me preocupo com sua irmã — disse ele, alheio aos sonhos de Cristina. — Mais do que qualquer um possa imaginar.

— Sei disso — falou ela, mal escondendo a decepção. Ainda não era agora, ele precisava de um pouco mais de tempo.

— Não, você não sabe. Ninguém sabe o quanto gosto de Tália.

— É natural — prosseguiu ela, começando a sentir uma pontada de ciúme pela forma como ele se referia à irmã. — Afinal, Tália é sua maior estrela.

— Não é por isso... Você não sabe... ninguém sabe... Fiz uma promessa a Mauro. Prometi-lhe que, se algo lhe acontecesse, cuidaria de Tália pessoalmente.

"Uma promessa! Então era isso", pensou. Não havia motivos para ciúmes. Honório estava preso a um compromisso de honra, o que era muito louvável.

— E agora, não sei o que fazer para ajudar.

— Você não deve se culpar, Honório. Acho mesmo que não há muito a fazer. Tália vai acabar se recuperando, você vai ver. É jovem, linda, rica e talentosa. Não vão lhe faltar namorados.

— Mas ela amava Mauro. Não sei se haverá lugar para outro em sua vida.

— Como pode ter certeza? Talvez ela conheça alguém carinhoso, que a ame tanto quanto Mauro a amou.

— Você acha?

— É claro. E depois, Tália não é o tipo de mulher que viva sozinha. Ela é muito... fogosa, se é que me entende.

Ele entendia. E isso era mais um motivo de preocupação. Depois que a tristeza passasse e ela se acostumasse à ausência de Mauro, talvez fosse procurar consolo nos braços de outro homem. De outro, não dele.

— Será que ela dará chance a outro?

— É claro que sim.

Cristina voltou a se impacientar com a insistência de Honório. Ele não parava de falar em Tália e não parecia que iria se declarar.

— Cristina... — prosseguiu ele, meio acanhado. — Você sabe o quanto a considero, não sabe?

— Sei.

— Aprecio a sua amizade, e foi por isso que a chamei aqui hoje, para conversarmos. Há algo que está me sufocando há bastante tempo, e sinto que não poderei mais silenciar a respeito disso.

— Pode dizer, Honório. Estou preparada para ouvir, abra o seu coração.

— Bem, o problema é exatamente esse: o meu coração. Estou apaixonado... — calou-se, um tanto envergonhado com aquela revelação.

Ela sentiu o coração disparar e retrucou com meiguice:

— Eu já sabia, Honório. Desde a festa de noivado de minha irmã, pude perceber...

— Você já sabia? — Ela assentiu. — É tão visível assim?

— Talvez não para os outros. Mas de mim, que sou mulher e sensível a essas coisas, foi impossível esconder.

— Acha que Tália também já percebeu?

— Ela nunca me disse nada — tornou ela, amuada porque ele introduzira a irmã novamente na conversa. — Embora eu note uma certa apreensão em seu olhar.

— Ela não me aprova — falou desapontado.

— Tenho certeza de que não é isso. Ela apenas fica preocupada, por causa da sua fama de mulherengo.

— Isso é porque eu ainda não encontrei a mulher que me arrebatou o coração. Quero dizer, até esse momento...

Cristina pensou que seu coração fosse sair pela boca. Era agora! Ele ia, finalmente, declarar-se. Em seus devaneios, ela nem se dava conta de que Honório falava de seu amor por Tália, e ele, cego pela paixão que sentia por esta, não percebia que Cristina interpretava as suas palavras como se endereçadas a ela.

— Agora você está apaixonado — falou Cristina calmamente, aproximando seu rosto do dele —, e todas as outras mulheres perderam o sentido para você, não é mesmo?

— Fico feliz que você me entenda — disse ele, mal reparando na aproximação dela, tamanha era a sua concentração em Tália.

— Por que não se declara de uma vez? Não faria bem ao seu coração?

— Tenho medo de ser incompreendido ou rejeitado.

— Isso não vai acontecer.

— Afinal, fiz uma promessa a Mauro. Você não acha que seria traição se, em vez de cuidar da mulher dele, declarasse o meu amor a ela?

— Declarar o seu amor... por Tália? — repetiu ela atônita, mal crendo no que ouvia.

Alheio à sua surpresa e ao seu desapontamento, Honório prosseguiu abrindo seu coração:

— Desde que a conheci, senti que Tália era a mulher da minha vida. Mas ela estava apaixonada por Mauro, ia se casar com ele. E depois, tem aquela promessa. Prometi cuidar dela, e é exatamente o que pretendo fazer: cuidar dela até o fim de meus dias, se preciso for. Pretendo me casar com ela.

Será que ela vai me aceitar? Diga-me, Cristina, você que a conhece: acha que eu tenho alguma chance?

— Não... não sei... — ela conseguiu balbuciar, lutando para não chorar nem gritar.

— Foi você mesma quem disse que ela já percebeu os meus sentimentos. E, se teme pelo fato de eu ter muitas mulheres, é porque tem algum interesse em mim. Senão, nem se importaria com isso. Mas ela não precisa se preocupar. Amo-a profunda e sinceramente, e pretendo viver só com ela e para ela. Estarei cumprindo a promessa que fiz a Mauro, ao mesmo tempo que serei o homem mais feliz do mundo.

Ele continuava falando de seu amor por Tália, mas Cristina já não o escutava mais. Sentia uma ardência no coração, como se a cada palavra de Honório, um pedacinho dele fosse se queimando, atirando seus sonhos nas cinzas da desilusão. Estava certa de que ele a chamara ali para declarar o seu amor. Nunca se enganara tanto. Honório estava realmente apaixonado, mas não era por ela. Apaixonara-se irremediavelmente por Tália, e ela nada mais representava do que uma amiga leal e sincera, para quem ele podia confiar os seus maiores segredos.

Daquele momento em diante, não conseguiu mais falar. Ouvia o que ele dizia como se escutasse algo a distância, como se pegasse partes de uma conversa entre duas pessoas estranhas, que nada tinham a ver com ela. Os pratos foram servidos, e ela foi comendo maquinalmente, engolindo a frustração e o orgulho a cada garfada, tentando não deixar transparecer a sua dor, o seu engano.

— Cristina? — Honório a chamava, libertando sua dor da clausura do pensamento. — Está me escutando?

Ela meneou a cabeça e deu um sorriso forçado, os olhos brilhantes de lágrimas retidas, prestes a derramar.

— Está se sentindo bem? — prosseguiu ele.

— Eu estou bem — conseguiu articular.

— Seus olhos parecem úmidos. Você está chorando!

— Não estou chorando. Estou emocionada, é só.

Ele não disse nada. Foi só naquele momento, vendo a tristeza estampada no rosto de Cristina, que percebeu como fora insensível e mesquinho. Pelo seu ar de desapontamento, compreendeu tudo. Cristina pensava que ele a amava e a convidara para sair a fim de declarar o seu amor. Como não percebera isso antes? Será que estava tão cego por Tália a ponto de não notar que Cristina o amava? Como fora estúpido! E fora justamente a ela que resolvera confidenciar sua louca paixão por Tália.

— Cristina... — disse baixinho, coberto de vergonha —, sinto muito.

— Não! — fez ela, parando-o com um gesto de mãos. — Não diga nada.

— Mas você... eu não sabia...

— Não há o que saber — prosseguiu ela, erguendo a cabeça e encarando-o de frente. — Você disse que está apaixonado por Tália, não precisa se desculpar. Só não me peça para ajudá-lo a conquistar o seu coração, porque isso não sou capaz de fazer.

Nem conseguiu terminar a refeição. Atirou o guardanapo sobre a mesa e levantou-se trêmula, deixando o restaurante a passos rápidos. Honório chamou o garçom às pressas e retirou algumas notas do bolso, jogando-as sobre a mesa e correndo atrás de Cristina, chegando à rua bem a tempo de vê-la entrar num táxi e desaparecer na primeira curva.

Em vez de ir para a casa da irmã, Cristina seguiu direto para sua casa. Não conseguiria encará-la depois daquilo. Tampouco queria se encontrar com Honório novamente. Depois daquela tarde, achava mesmo que jamais conseguiria encará-lo de novo. Sentia-se triste e envergonhada ao mesmo tempo, ferida em seu orgulho e em sua vaidade de mulher. Entrou em casa feito um furacão, correndo direto para o quarto. A mãe escutava uma novela de rádio na sala e espantou-se com sua entrada intempestiva e estrondosa. Desligou o aparelho e foi atrás dela, mas a porta do quarto estava trancada.

— Abra essa porta, Cristina — ordenou.

— Deixe-me em paz! — gritou ela lá de dentro, entre soluços angustiados.

— Sou sua mãe e exijo que me deixe entrar. Quero saber o que aconteceu.

— Não aconteceu nada. Será que não tenho o direito de ficar sozinha?

— Abra já essa porta, menina! — exigiu colérica, torcendo a maçaneta várias vezes. — Estou mandando!

O comando de Tereza era muito forte para que Cristina resistisse, e ela acabou cedendo. Abriu a porta devagar e voltou para a cama, afundando o rosto no travesseiro.

— Quero saber o que foi que houve — prosseguiu Tereza, sentando-se ao lado dela.

— Não houve nada.

— Ninguém fica nesse estado por nada. Aconteceu alguma coisa.

— Não foi nada, já disse.

— Brigou com sua irmã? Aquela vagabunda lhe fez alguma outra desfeita?

Lá vinha a mãe com suas costumeiras ofensas a Tália, mas ela não se sentia com forças para levantar a voz em sua defesa, como sempre fazia.

— Tália não me fez nada. Está doente.

— Está doente, sei! Ela está triste porque perdeu o amante, e agora nenhum homem decente vai querer saber mais dela. Só os vadios que costumam frequentar aquele antro de perdição.

— Você não sabe o que diz, mamãe.

— Sei muito bem o que digo. Sua irmã não presta, e é bem feito que aquele vagabundo do noivo tenha morrido na guerra. Onde já se viu um homem, em vez de trabalhar, ficar inventando passos para um monte de ordinárias dançarem?

— Como pode ser tão cruel e insensível? Como pode falar assim da filha que a sustenta e lhe dá tudo?

— Não faz mais do que a obrigação dela. Se não fosse eu, ela não tinha nascido.

— E se não fosse ela, a senhora já teria morrido. Será que não pode mostrar um pouco mais de gratidão?

Tereza levantou a mão para bater nela, mas parou em meio. Tinha medo de que Cristina fosse embora e a deixasse sozinha, por isso, preferia não abusar.

— Vou relevar o que você disse porque sei que está nervosa. Mas que isso não se repita, ouviu, Cristina? Ainda sou sua mãe e exijo respeito.

— Será que posso ficar sozinha agora?

— Não vai me contar o que aconteceu?

— Não aconteceu nada.

Aquilo cheirava a homem. Só podia ser. Cristina andava mesmo estranha, parecia caminhar nas nuvens. Na certa, apaixonara-se por algum tipo suspeito que se aproveitara dela e depois a largara.

— Você não andou fazendo nada de errado, andou? — indagou Tereza, cautelosa.

— Como o quê, mamãe?

— Você sabe.

— E se tivesse feito?

— Você é quem sabe. Se quiser estragar a sua honra e acabar com as suas chances de arranjar um bom casamento, isso é com você.

— Mas que honra, mãe? Esqueceu-se do que me aconteceu na infância? Será que não se lembra do que Tália e eu passamos nas mãos daquele tarado?

— Isso foi há muito tempo.

— Mas aconteceu! Foi ele quem nos deflorou, a mim e a Tália. Não somos mais virgens, mamãe, nem ela, nem eu! Não tenho mais honra para defender, não tenho mais do que me preservar.

— Você ainda é uma moça decente.

— Exatamente, mamãe, somos decentes, Tália e eu. Não é por causa do que nos aconteceu que viramos prostitutas.

— Sua irmã virou, e é o que estou tentando evitar que aconteça com você.

— Já não sou mais criança. Na minha idade, os homens não se preocupam mais com isso.

— Você é que pensa.

— Deixe de bobagens, mamãe! E pare de me atormentar. A senhora não manda mais em mim.

— Você é minha filha, e sou responsável pelo que acontece a você.

— Caso tenha se esquecido, eu sou maior de idade, trabalho e ganho o meu próprio dinheiro. É você quem vive sob a minha responsabilidade e de Tália agora.

— Ótimo. Mais uma para me jogar favores na cara.

— Não estou lhe jogando nada na cara. Só o que quero é que me respeite e me deixe viver a minha vida.

— Não a estou impedindo de viver a sua vida. Quero apenas protegê-la, mas você parece não entender isso.

— Entendo e agradeço, mas não precisa.

Irritada com aquela conversa, Cristina atravessou o quarto e foi trancar-se no banheiro, sem dizer mais nada. Pensou que a mãe fosse novamente atrás dela, mas isso não aconteceu. Tereza se retirou, refletindo em tudo o que a filha dissera, tentando imaginar o que seria da sua vida se Cristina se casasse e fosse embora. Não podia deixar aquilo acontecer. No passado, sonhara para ela um grande casamento, mas agora não podia mais se dar o direito de sonhar com bobagens. Tinha que ser prática. Cristina era a única que ainda se importava com ela e a obedecia. Sem ela, ficaria sozinha, e Tália bem seria capaz de interná-la em algum asilo.

# 20

Enquanto isso, Honório remoía o seu arrependimento. Fora precipitado e insensível, fizera Cristina sofrer. De volta ao seu escritório, ficou andando de um lado para outro, tentando imaginar a melhor forma de se desculpar. Qualquer palavra que dissesse poderia piorar a situação, mas tinha que fazer alguma coisa. Não podia simplesmente casar-se com Tália, passando por cima dos sentimentos de uma mulher tão maravilhosa e doce como Cristina. Ela não merecia.

De qualquer forma, tinha que se desculpar. Ela saíra do restaurante transtornada e aflita. Como poderia encará-la depois de tudo o que dissera? Ele a levara a crer que estava apaixonado por ela, deixara que se enchesse de esperanças para, no fim, revelar-lhe sua paixão pela irmã. É claro que ela estava desapontada e até mesmo com raiva, e ele não podia fingir que nada acontecera. Não amava Cristina, mas ela era uma pessoa importante para ele, e só não se casava com ela porque estava apaixonado por Tália.

Pensou em ligar para ela, mas só então percebeu que não tinha o seu número. Eles nunca haviam se falado por telefone, a não ser quando ela atendia em casa de Tália, que era onde passava a maior parte do tempo. Sequer sabia onde ela morava. Cristina não devia ter ido para a casa de Tália, mas era o único lugar que ele conhecia onde poderia encontrá-la. Foi diretamente para lá.

Ao chegar, Ione lhe informou que Cristina não voltara desde a hora do almoço, e Tália estava sozinha em seu quarto. Na mesma hora, sentiu imenso desejo de vê-la, de falar com ela nem que fosse por um minuto apenas. Bateu de leve na porta e esperou até que ela o mandasse entrar.

— Honório! — surpreendeu-se. — O que faz aqui a essas horas?

Ela estava linda naquele *néglígé* branco, contrastando com sua tez morena e os cabelos negros derramados por cima do ombro. Aproximou-se dele, o corpo exuberante movendo-se numa sensualidade natural por debaixo da transparência do *néglígé*, enchendo-o de desejo. Envolvido pelo encanto de Tália, Honório rapidamente esqueceu-se do principal motivo que o levara até ali.

— Tália... — balbuciou. — Você está deslumbrante.

Ela deu um sorriso encantador e foi sentar-se numa poltrona, cruzando as pernas com graça e exibindo, parcialmente, as coxas bem torneadas.

— Só um bom amigo para ver beleza onde só há dor — disse ela com pesar, sem nem se dar conta de como o seduzia.

— Não fale assim, Tália. A dor vai passar.

— E a beleza também...

— Por que não sai um pouco desse quarto? Está fazendo uma tarde muito bonita.

— Sei o que está tentando fazer por mim e não pretendo ser aquela mulher depressiva que se queixa de tudo e não vê graça em nada. No momento, é mesmo como me sinto, mas vocês estão enganados se pensam que vou ficar assim para o resto da vida. Isso tudo vai passar, a dor sempre passa, porque o tempo é o seu maior inimigo, ou amigo, não sei bem. Mas, por enquanto, o que quero mesmo é ficar imaginando como seria a minha vida com Mauro se ele não tivesse morrido. Quando considerar satisfeitos os meus sonhos, vou voltar para o mundo.

— Seus fãs a aguardam ansiosamente. Sabe disso, não sabe?

— Diga-lhes que não me esqueçam, que vou voltar. Eu só preciso de um pouco mais de tempo. A ferida é profunda e custa a cicatrizar.

— Está certo, garota. Vou fazer como me pede. Mas, por favor, não se demore. Todos os seus admiradores e eu estamos morrendo de saudade.

Ela sorriu novamente, dessa vez com um pouco mais de energia.

— Vá agora, por favor. Preciso pensar.

Tália voltou a atenção para o jardim lá embaixo, e Honório precisou de todas as suas forças para não abraçá-la, não beijar seu pescoço, não cheirar seus cabelos. Conseguiu se controlar e saiu em silêncio. Já estava na porta da rua quando subitamente se lembrou de Cristina, e logo o seu coração se anuviou. Movido pelo remorso, foi procurar Ione na cozinha.

— Seu Honório! — assustou-se ela. — Quis me pregar uma peça, foi?

— Desculpe-me, Ione, não quis assustá-la. Gostaria de lhe pedir um favor.

— Pois não, pode pedir.

— Será que você não poderia me dar o telefone e o endereço de Maria Cristina? Preciso falar com ela, mas não tenho o seu número, nem sei onde encontrá-la.

— É pra já.

Ione correu a anotar o endereço e o telefone de Cristina, entregando o papel nas mãos de Honório.

— Obrigado.

Ao telefonar para ela naquela noite, Honório ficou sabendo por que Tália dizia que a mãe era uma mulher possessiva. Tereza crivou-o de tantas perguntas que ele quase desistiu de falar com Cristina. Quem ele era, o que fazia, onde vivia, de onde conhecia sua filha, o que queria com ela. Honório já estava ficando embaraçado quando, por sorte, Cristina puxou o fone da mão da mãe e atendeu:

— Alô? Honório, é você?

— Ufa! — ela o ouviu suspirar. — Nunca pensei que fosse preciso passar por um interrogatório antes de conseguir falar com você.

— Peço que perdoe à minha mãe — pediu ela, fuzilando a mãe com o olhar. — Ela não faz por mal.

— Não tem importância. Escute, será que podemos nos encontrar?

— Para quê?

— Gostaria de me desculpar com você pelo ocorrido hoje, no almoço.

Ela abafou o bocal do fone com a mão e sussurrou para a mãe:

— Será que a senhora pode me dar licença? É particular — depois que a mãe saiu, voltou a falar baixinho: — Você não tem do que se desculpar. Não me fez nada.

— Mesmo assim. O que ocorreu foi um terrível mal-entendido.

— Já disse que não tem do que se desculpar. As coisas estavam muito claras, eu é que não consegui enxergar.

— Não. Eu é que não tive sensibilidade suficiente para perceber que você...

— Por favor, Honório, não vamos mais remexer nesse assunto. Acho melhor deixarmos tudo como está. Senão, vai ficar muito mais difícil para mim.

— Cristina... sinto muito...

— Não sinta. Só gostaria de lhe pedir que não tocasse mais nesse assunto.

— Por quê?

— Preciso mesmo responder a essa pergunta? Ou será que está sendo insensível de novo?

— Não. Perdoe-me.

— Adeus, Honório. E, por favor, não diga nada disso a Tália. Ela já está sofrendo demais. Não quero que se sinta mal por minha causa.

— Não lhe direi nada, fique sossegada.

— Obrigada.

Desligou e, por algum tempo, permaneceu com a mão parada sobre o fone, lutando contra o desejo de chorar. Mas a mãe, que ficara tentando escutar a conversa, percebendo que ela desligara, voltou correndo para a sala, indagando com uma curiosidade quase doentia:

— Quem é esse tal de Honório?

— Não interessa, mãe. E, por favor, não se meta.

— Honório... Já ouvi falar nesse nome. Não é o dono do teatro onde Amelinha trabalha?

— É ele mesmo.

— O que ele queria? Vocês estão saindo juntos? Está apaixonada por ele? Mas é claro que está. Bem se vê, pelo jeito como ficou. Ora, Cristina, francamente!

— Mamãe — falou ela, os dentes rilhando, tentando não se descontrolar —, conviver com a senhora está se tornando insuportável. Já não estou aguentando mais.

Antes que Tereza pudesse responder, Cristina rodou nos calcanhares e saiu para a rua, sentindo no rosto o vento frio da noite. Daria tudo para conseguir um pouco de paz e privacidade, mas a mãe estava disposta a infernizar a sua vida enquanto vivesse. Precisava de liberdade, mas em companhia de Tereza, Cristina jamais poderia ser livre.

Com os olhos voltados para o horizonte, Tália pensava em sua dor. Os últimos meses haviam se passado quase como num sonho, pois a ausência de Mauro parecia algo irreal. Era como se lhe tivessem arrancado uma perna ou um braço: embora já não os possuísse, podia ainda senti-los. A dor, porém, foi aos poucos diminuindo, e ela começou a sentir falta do rebuliço do teatro, das luzes dos refletores, do assédio dos homens ao final de cada show. Ainda que a saudade no peito fosse muito forte, começou a tornar-se suportável, e ela pensou que já era hora de sair do casulo e tornar a abrir as asas para o mundo.

Em menos de uma hora apresentava-se no escritório de Honório. Sorriu para a secretária e balançou a cabeça, indicando-lhe que não queria ser anunciada. A moça sorriu de volta, e Tália abriu a porta sem bater, caminhando para dentro com a mesma graça e desenvoltura de sempre.

— Tália! — exclamou Honório, surpreso. — Este, sim, é um dia especial. Pensei que nunca mais você fosse pisar no teatro novamente.

— Como dizem por aí — respondeu ela, oferecendo--lhe a face para que ele a beijasse —, a vida continua. E chegou a hora de eu retomar a minha.

— Fico feliz que pense assim. Seus admiradores já não aguentam mais a sua ausência, e confesso que já estava começando a ter prejuízo.

— Como assim?

— Ora, Tália, você é que é a estrela do show. Sem a sua presença, o espetáculo não é o mesmo e, por mais que as outras meninas tentem, nenhuma delas jamais conseguiu se igualar a você.

Tália sorriu satisfeita. Gostava de ser especial, tinha consciência do seu talento e do efeito que produzia sobre os homens.

— Pois pode anunciar a minha volta.

— Farei isso imediatamente! Hoje é segunda-feira, se você se dedicar aos ensaios, no sábado poderemos estrear um novo espetáculo.

— Não acha que é muito pouco tempo para eu me preparar?

— Ora, o que é isso, minha querida? Você é uma dançarina nata. É só subir no palco e deixar a natureza agir, que seu corpo faz o resto. — Ela fez um gesto de dúvida, e ele riu largamente. — Mesmo assim, não se preocupe, tenho um novo coreógrafo. Venha, vou apresentá-la a ele.

Honório sempre desejou contratar um novo coreógrafo e só não o fizera antes em consideração a Tália, para não tirar de Mauro o único emprego que possuía, na única coisa que realmente sabia fazer. Ela não pôde esconder a tristeza, que Honório logo reparou.

— Ele não é tão bom quanto Mauro foi... — começou a dizer.

— Não precisa se justificar — cortou ela, enxugando os olhos. — Você fez o que devia fazer. Como podia continuar com as apresentações sem um bom coreógrafo?

Ele não disse nada. Apanhou-a pela mão e foi apresentá-la ao rapaz. Logo começaram os ensaios, e Tália se dedicava a eles de corpo e alma. Pouco depois, Cristina também apareceu, avisada por Ione de que a irmã estaria no teatro. Entrou satisfeita e cumprimentou Honório com um aceno de cabeça, que ele correspondeu meio acanhado.

— Finalmente! — disse ela, tentando parecer o mais natural possível. — Fiquei muito feliz quando Ione me disse que Tália havia vindo para cá.

— E eu, então! Ela entrou no meu escritório sem se anunciar. Pode imaginar a minha surpresa? Sua irmã tem a dança no sangue. Isso é para poucas.

Cristina suspirou e olhou para ele com uma certa amargura. Foi quando Tália a viu e interrompeu o ensaio por uns instantes.

— Olá, Cristina — falou ela, aproximando-se com passos cadenciados pela música.

— Você está ótima, Tália. Fico feliz por estar de volta.

— Eu também. Bem, vamos ao que interessa. Preciso que você faça algumas coisas para mim hoje.

Rapidamente, deu instruções a Cristina, que saiu em seguida, para alívio de Honório. Embora gostasse muito dela, sentia-se mal pelo que a fizera passar e não conseguira ainda se perdoar por haver sido tão insensível. Depois que ela se foi, Tália voltou ao ensaio, sem nem se dar conta do clima de mal-estar que havia entre os dois.

Conforme o programado, Tália estreou naquele sábado, lotando a casa de espetáculos de Honório. Os homens faziam fila para entrar, todos queriam ver a sua estrela preferida de volta aos palcos após aquela prolongada ausência de quase quatro meses. O show fez um sucesso ainda maior do que fazia quando sob a direção de Mauro, e até mesmo Tália teve que reconhecer que o novo coreógrafo se saíra muito bem. Ao término de seu número, Tália sentou-se a uma mesa reservada, em companhia de Honório e de Cristina.

— O que vocês acharam? — perguntou ela, olhando ao redor.

— Você ainda pergunta? — tornou Honório. — Foi sensacional!

— E você, Cristina, o que achou?

— Concordo com Honório. Você esteve deslumbrante e maravilhosa, como sempre.

Tália sorriu satisfeita e apanhou o drinque que o garçom havia colocado à sua frente. Levou-o aos lábios num gesto genuinamente sensual e levantou os olhos lentamente, fixando-os em Honório, que a observava com olhos brilhantes. Ele estava fascinado por ela, sem conseguir desviar a atenção de sua boca vermelha e carnuda. Tália percebeu isso e continuou a fixá-lo, passando a língua pelos lábios ao final de cada gole. Na mesma hora, todos os sentidos de Honório se aguçaram, e ele, instintivamente, pousou a mão sobre a dela, que tamborilava em cima da mesa. Ela cessou o tamborilar e virou a palma da mão, que ele segurou com força.

Logicamente, aqueles gestos não passaram despercebidos a Cristina, que começou a ficar constrangida, sentindo-se demais ali naquela mesa. Uma pontadinha de ciúme foi espetando-a aos poucos, e ela olhou para Honório com raiva, mas este parecia nem perceber, tamanho o seu envolvimento com Tália naquele instante.

— Acho que já está na hora de eu ir embora — anunciou Cristina, a voz trêmula de raiva e ciúme. — Já está ficando tarde, e mamãe deve estar preocupada.

— Chame o motorista para levá-la — disse Tália, sem desviar os olhos de Honório.

Cristina levantou-se apressada, tomando o cuidado de não derrubar nada, louca de vontade de sair correndo dali. Honório nem se despediu dela. Estava tão absorvido pela sedução de Tália que parecia mesmo que Cristina não existia.

— Por que não saímos daqui? — sugeriu Tália, assim que Cristina se afastou. — Para comemorarmos o sucesso do espetáculo.

— Só nós dois?

— Só nós dois.

Na mesma hora, Honório se levantou e, tomando-a pela mão, foi com ela para seu carro. Entraram, e ele seguiu para sua casa. Tália não queria dormir com ninguém no quarto e na cama que fora dela e de Mauro, e pediu para que não fossem para lá.

Naquela noite, amaram-se feito loucos. Apesar de sair com outras mulheres, era em Tália que Honório pensava todas as vezes que se deitava com elas, e Tália, represada por tanto tempo, deu livre curso ao desejo, entregando-se à paixão. Os dois estavam felizes, embora de maneiras diferentes. Tália preenchia um pouco o vazio que Mauro deixara, e Honório tinha nos braços a única mulher por quem já sentira amor em toda a sua vida.

— Minha querida — falou ele, emocionado —, não sabe o quanto esperei por esse dia.

— Por quê?

— Você não sabe? — Ela balançou a cabeça. — Não sabe que a amo?

Tália estava debruçada sobre o seu peito e olhou-o de forma séria.

— Por favor, Honório — retrucou —, não me ame.

Aquilo o chocou.

— Por que não? Seria impossível não a amar.

— Não quero que você sofra.

— Por que eu sofreria? Você agora é uma mulher livre, e nós podemos assumir um compromisso público e formal.

— Não quero compromisso com ninguém. Ninguém vai ocupar o lugar de Mauro em minha vida.

— Não acha que está exagerando? Sei o quanto você amou Mauro e ainda ama. Mas ele está morto, não vai mais voltar. Não é justo que queira se enterrar junto com ele. — Ela começou a chorar de mansinho, e ele prosseguiu: — Perdoe-me se estou sendo duro com você, mas é que não acho justo que você se feche para a vida assim, desse jeito. Você é ainda muito jovem para se entregar a esse tipo de desilusão.

— Aí é que está, Honório, não é desilusão. É mesmo uma falta de sentimento. Fazer sexo com você foi ótimo, você é um grande amigo, e eu gosto muito de você. Não estou lutando comigo mesma para não ficar com você nem sendo depressiva a ponto de me tornar pessimista e achar que nunca mais vou amar de novo. Mas isso é algo que sinto. Não é uma vontade, é um sentimento.

— Mas você pode estar enganada!

— O tempo dirá, Honório.

— Esperemos a resposta do tempo, então.

— Não me incomodo de esperar e até torço para que seja assim como você diz. Só que o meu coração está me dizendo outra coisa...

— Você não tem como prever o futuro. Hoje a dor ainda é grande, mas amanhã poderá desaparecer.

Tália silenciou. Não queria discutir com Honório, porque ele bem podia estar certo, e talvez aquela resistência em amar novamente fosse apenas um reflexo da falta que Mauro lhe fazia. Seria por isso que lutaria. Não queria mesmo passar o resto da vida cultuando a imagem de um fantasma cujo cadáver nem chegara a ver.

Apesar de suas atividades não serem muito desgastantes, Cristina sempre voltava para casa com desânimo e ar cansado. O romance entre Honório e Tália parecia progredir, e ela sofria em silêncio. Como sempre, Tereza percebia a sua tristeza, mas já não perguntava tanto, porque Cristina se esquivava e respondia com evasivas. Quando ela entrou, a mãe a observou discretamente e esperou até que ela começasse a subir as escadas para dizer, tentando aparentar desinteresse:

— Chegou uma carta para você. Está em cima da cômoda do seu quarto.

— Obrigada.

Se fosse em outros tempos, Tereza teria aberto a sua correspondência, mas agora, com medo de ser abandonada, não se atrevia a desrespeitar os direitos da filha.

— Não tem remetente — comentou Tereza. — De quem será?

Sem muito interesse, Cristina rasgou o envelope e desdobrou o papel, arregalando os olhos de espanto.

— É de uma amiga lá de Limeira — apressou-se em dizer, para cortar logo a curiosidade da mãe.

— Que amiga?

— A Cássia. Lembra-se dela? Era amiga de Tália.

— O que ela quer?

Após um silêncio de dúvida quase imperceptível, Cristina respondeu hesitante:

— Dizer que o Chico reapareceu...

— O quê?! Como alguém se atreve a escrever para você para dar notícias daquele canalha criminoso? Ele devia era estar preso! Eu devia chamar a polícia! Onde já se viu...?

Sem dar atenção à aparente indignação da mãe, Cristina fechou a porta do quarto e foi sentar-se em sua cama, com a carta nas mãos. Leu-a toda, diversas vezes, e lembranças pipocaram em sua mente. Terminou a leitura, dobrou a carta, guardou-a na gaveta da penteadeira, com suas joias, e trancou-a a chave. Em seguida, atirou-se entre os travesseiros e chorou.

Durante quase toda a noite, Cristina não conseguiu dormir, pensando na surpreendente notícia contida naquela carta. Ao amanhecer, partiu para a casa de Tália. Como naquele dia não havia ensaio, as duas combinaram de ir juntas às compras. Tália se queixava das roupas velhas e queria renovar o guarda-roupa.

— Chegou cedo. Ainda nem estou pronta.

— Não faz mal, eu espero — tornou Cristina, pensando se deveria ou não lhe contar da carta que recebera.

Achou melhor não dizer nada. Aquela notícia só serviria para atirar Tália em novo estado de depressão.

— Vamos? — Tália chamou, afastando aquela preocupação da mente da irmã.

A manhã de compras foi muito divertida e, quando voltaram, na hora do almoço, Ione já as esperava com uma caprichada refeição.

— Assim não vale, Ione — queixou-se Tália. — Você quer que eu fique gorda?

— Você nunca vai ser gorda. Ah! Já ia me esquecendo. Seu Honório ligou.

Sentaram-se para comer, e Tália nem percebeu o brilho que passou no olhar de Cristina.

— Como vai o namoro entre você e Honório? — sondou ela.

— Namoro? Isso é coisa de garotinhas.

— Vocês estão saindo juntos há bastante tempo. Não vá me dizer que não é sério.

— Nada pode ser sério depois de Mauro, mas, se você quer saber se eu gosto dele, sim, gosto dele.

Cristina sentiu uma pontada no coração, todavia conseguiu disfarçar.

— Mas não o ama.

— Não, não o amo.

— Ele, porém, está apaixonado por você.

— Sim, está. Ao menos, foi o que me disse.

Cada vez que ela falava isso, o coração de Cristina se oprimia, e ela tudo fazia para que a irmã nada percebesse.

— Acho mesmo que vocês formam um lindo casal.

— Escute aqui, Cristina, por que você, em vez de ficar tentando me casar com Honório, não pensa em arranjar alguém?

— Não aparece ninguém por quem me interesse.

— Isso não é verdade. Vejo como os homens a olham. Você é que não lhes dá a menor importância.

— São todos fúteis e tolos. Não quero um tolo por marido.

— Minha querida, quem foi que disse que você precisa se casar? Você tem idade suficiente para cuidar da própria vida. Você me entende?

Ela entendia.

— Está sugerindo que eu arranje um amante?

— Estou sugerindo que você saia com alguém. O que tem a perder, Cristina? Esqueceu-se de que é como eu?

— Mamãe diz que ninguém vai me querer...

— Não acredite nas idiotices que mamãe diz. Você e eu perdemos a inocência ainda na infância, só que eu me adaptei a isso, e você, não. Vive como se ainda fosse virgem, com medo de se perder. Você já é uma mulher e, cá entre nós, não tão jovem assim. Do que tem medo?

— Não sei.

— Só porque você sofreu com o que Chico lhe fez não quer dizer que não aconteceu. Eu, melhor do que mamãe ou qualquer outra pessoa, posso muito bem entender o que você sente, porque eu também senti, e ainda pior. Minha prima Janete me transformou numa prostituta, com a conivência de mamãe, mesmo assim conheci Mauro e fui feliz com ele. Mauro jamais se importou com o que Chico ou seu Anacleto me fizeram. O seu amor foi maior do que todas as dores, e eu não tive medo de me entregar a ele. Mauro foi o homem da minha vida, e eu fui a mulher da vida dele, independentemente do que Chico me fez.

Aquela conversa estava lhe fazendo incrível mal, e Cristina tentava não se lembrar da carta que recebera.

— Sou diferente de você, Tália. Você é mais vivida, mais extrovertida, mais espontânea.

— Engraçado, não é, Cristina? Quando nós éramos crianças, eu costumava ser o *patinho feio* da história, e você sempre foi o lindo cisne. Era alegre, jovial, comunicativa. O que aconteceu para você ficar assim?

— Não sei. Acho que nada. É que mamãe...

— Mamãe, mamãe! Por que é que sempre tenho que ouvir falar em mamãe? Deixe que eu mesma responda: mamãe fez de você uma mulher triste e amargurada. Transformou-a, da menina alegre que era, nessa moça medrosa e insegura. Não deixe que ela faça isso com você, Cristina. Eu não permiti que ela me convencesse de que eu era uma prostituta. Não deixe que ela a convença de que você não é ninguém.

— Mas eu vivo com ela, Tália.

— Quer vir morar aqui comigo?

— Como? E ela?

— Pode muito bem viver sozinha.

— Mas ela é uma pessoa doente.

— Podemos colocá-la num asilo.

— Você não faria isso! Não teria coragem.

— Por que não? Ela não fez pior comigo? Por que haveria de me importar com ela?

— Porque você tem um coração. Ela, não.

Aquelas palavras mexeram com Tália. Cristina tinha razão. Por mais que sentisse ódio pelo que a mãe lhe fizera, por mais que dissesse que não gostava dela e não se dessem bem, tinha uma índole generosa e não poderia abandoná-la à própria sorte.

— Mesmo assim, você podia sair com alguns rapazes. Sei de uma dúzia de homens que dariam tudo para ter um programa com você.

— E o que eu faria?

— Quer um conselho? — Ela assentiu. — Durma com eles. Você vai gostar.

— Não posso — sussurrou amedrontada. — Não sei se conseguiria permitir que alguém me tocasse.

— Você ficou foi com trauma do Chico. Mas nem todos os homens são feito ele. Se você conhecer um homem carinhoso, vai ver como é bom estar entre braços másculos e vai gostar de ser bajulada e adorada por ele.

Nesse instante, a porta se abriu e Honório apareceu. Olhou para as duas, meio constrangido com a presença de Cristina, mas entrou mesmo assim.

— Como vão as minhas meninas preferidas?

Deu um beijo nos lábios de Tália, que se virou para Cristina e comentou sorrindo:

— O que foi que eu disse?

Cristina limitou-se a assentir, evitando olhar para Honório, que indagou curioso:

— Perdi alguma coisa? Do que é que vocês estavam falando?

— Eu estava dizendo a Cristina que ela deveria arranjar um namorado. O que você acha?

— Concordo plenamente com você. Uma mulher linda feito Cristina não deveria ficar escondendo tanta beleza do mundo. Por que não experimenta a vida artística? Posso arrumar uma colocação para você no show de Tália.

— Eu?! Deus me livre! Não nasci para isso, Honório. E depois, gosto do que faço. Gosto de secretariar minha irmã.

— Muito bem, muito bem. Não está mais aqui quem falou. Eu só pensei em ajudar.

— Ajude encontrando alguém à sua altura — pediu Tália. — Quero que Cristina seja feliz.

— Bom — arrematou Cristina —, é ótimo conversar com vocês, mas tenho coisas a fazer. Preciso ir ao banco e depois à costureira. Se não me apressar, não terei tempo.

Levantou-se e sumiu pelo corredor, deixando Tália e Honório a sós. Presenciar as cenas de amor entre os dois era extremamente doloroso, e ela faria o possível e o impossível para se poupar daquele sofrimento.

# 21

O tempo cura a dor das lembranças, e Tália foi-se acostumando à ausência de Mauro e à companhia de Honório. Ele era um homem interessante e agradável, e ela apreciava os momentos que passavam juntos. Embora não conseguisse amá-lo, tinha por ele um carinho especial, o que não a impedia de reparar nos outros homens que a cercavam.

Era dia de espetáculo, que, como sempre, transcorreu maravilhosamente bem, com a plateia levada ao delírio pelo requebrado natural e sedutor de Tália. Ela dançava em roupas pequeníssimas, agitando-se freneticamente no compasso do samba, brilhando sob as luzes multicoloridas dos refletores. A casa estava lotada, e Tália reparou em um homem sentado a uma mesa na primeira fila. Era elegante, fino e de um louro quase branco, com translúcidos olhos azuis. Provavelmente um estrangeiro, o que era comum em seus shows. Muitos europeus e americanos se deliciavam com a sensualidade das vedetes, e Tália já fora, inclusive, assediada por vários deles. Nunca lhes dera muita importância, mas algo naquele homem lhe chamou a atenção.

À medida que dançava, procurava se posicionar bem defronte a sua mesa, requebrando de maneira mais provocante do que de costume. O homem foi à loucura. Batia palmas e gritava o seu nome a plenos pulmões, quase saltando da mesa para o palco. Não fossem os seguranças, provavelmente era o que teria feito.

Depois do espetáculo, Tália recebeu um bilhete no camarim. Estava escrito num português terrível, mas ela compreendeu que ele a convidava para sua mesa. Resolveu aceitar. Honório não iria gostar, mas era seu dever tratar bem os fregueses. Sentou-se à mesa com ele, ignorando os olhares de Honório, que a chamavam para junto de si.

Por cerca de meia hora, engatilharam uma conversa lacônica, cheia de *yes* e *no*, porque Tália falava muito pouco inglês, e o homem quase nada entendia de português. Depois de muitas risadas, conseguiram se compreender pelo olhar, e ele a levou para seu quarto de hotel.

Honório assistia a tudo com impaciência, sem nada poder fazer. Um escândalo provocado por ele seria a ruína do seu negócio e, além do mais, Tália não iria gostar. Por medo de perdê-la, engoliu o ódio e assistiu aos seus gracejos em silêncio, assim como silenciou quando ambos passaram por ele, e Tália mal lhe dirigiu o olhar.

Não conseguiu nem aguentar o resto da noite e foi para a casa de Tália. Como imaginava, ela não estava lá, e ele foi direto para o bar. Apanhou uma garrafa de uísque e foi sentar-se numa poltrona, bebendo tudo em menos de uma hora. A cada segundo, olhava para o relógio, mas era como se ele não tivesse se mexido. As horas iam se passando, e nada de Tália aparecer. Cansado de esperar, e amortecido pela bebida, acabou por adormecer.

Quando acordou, na manhã seguinte, o sol já ia alto, e ele sentiu o corpo todo moído. Levantou-se do sofá, espreguiçou-se e olhou ao redor. A casa estava vazia, o único ruído que se ouvia vinha da cozinha, onde Ione preparava o almoço. Seguiu para lá ainda tonto, sentindo a cabeça doer e rodar, e sentou-se à mesa.

— Seu Honório! — exclamou Ione. — Que susto o senhor me deu! Não sabia que estava aí.

— Dormi no sofá, Ione. Estou todo dolorido.

— Eu nem vi o senhor.

— Tália já voltou?

Ela percebeu que os dois não haviam saído juntos e, pela cara de Honório, quase adivinhou o que havia acontecido, mas não fez nenhum comentário.

— Está lá no quarto.

— A que horas ela chegou?

— Isso eu não sei, seu Honório. Acho melhor o senhor perguntar a ela. Quer um gole de café?

Bem lentamente, ele bebeu o café que ela colocou à sua frente, sentindo que a dor de cabeça começava a diminuir.

— Obrigado — disse, levantando-se um pouco mais refeito.

Foi direto para o quarto dela e abriu a porta. Tália dormia serenamente, a roupa da noite anterior atirada sobre uma poltrona. Honório se aproximou da cama e ficou a mirá-la. Como era linda! Linda e rebelde. Fez menção de acordá-la e exigir-lhe satisfações, mas precisava esfriar a cabeça. Não queria discutir com ela, com medo de perdê-la. Deu-lhe as costas e foi tomar banho, deixando que a água fria e forte do chuveiro lhe batesse na nuca e nas costas. Depois de lavar-se, enxugou-se calmamente e voltou para a cama, só de toalha. Sentou-se do outro lado e alisou os cabelos de Tália, que se remexeu com um gemido.

— Tália — sussurrou ao seu ouvido. — Acorde, vamos, já é dia claro. Tália!

— Hum...? — fez ela, virando-se para o outro lado.

— Acorde, Tália, vamos conversar. Vai ficar aí o dia todo?

— Deixe-me dormir — queixou-se ela, colocando a mão sobre os olhos. — Estou cansada.

Aquilo foi irritando-o. Ele queria falar com ela, mas ela, exausta da noite anterior, nem se dava conta da sua presença.

— Vamos, Tália, hora de acordar! — falou mais alto.

— Não quero... quero dormir...

— Você já dormiu demais. Agora chega. Vamos, levante-se!

— Quer parar de gritar no meu ouvido? — esbravejou ela, finalmente. — Se você não está com sono, vá embora, mas deixe-me dormir.

— Eu falei para você se levantar! — fremiu ele irritado, arrancando-lhe as cobertas e escancarando as janelas.

— Ei! O que foi que deu em você?

— Acorde, Tália, quero falar com você!

— Hum! Está bem, está bem! O que é?

— Você ainda pergunta? Não sabe do que se trata?

— Honório! — espantou-se, como se só então percebesse a sua presença ali. — Mas o que foi que houve, meu Deus?

— Você não sabe mesmo, não é?

— Saber o quê? Aconteceu alguma coisa?

— Não se faça de cínica, Tália! Passa a noite fora e ainda vem com gracinhas? Onde é que você esteve?

Ela o olhou com frieza e respondeu em tom glacial:

— Isso não é da sua conta. Sou livre para ir aonde quiser.

— Você tem um compromisso comigo. Tenho o direito de saber.

— Meu compromisso com você é profissional, e não há nada no nosso contrato que me obrigue a lhe dar satisfações.

— Você é minha mulher — rosnou ele entre os dentes, segurando-a firme pelo braço.

— Solte-me! — gritou ela, puxando o braço e levantando-se da cama. — Você não tem o direito de encostar a mão em mim! Não é meu marido e, mesmo que fosse, não é meu dono.

Honório passou as mãos pelos cabelos, sentindo a perturbação que as palavras dela lhe causavam.

— Perdoe-me, Tália, não queria machucá-la. É que estou feito louco. Desde ontem... — calou-se, encarando-a com uma interrogação no olhar.

— Ficou assim porque quis. Eu não pedi para você me esperar nem para vir para cá.

— Por que saiu do teatro daquele jeito, sem falar comigo?

— Desde quando preciso da sua permissão para sair?

— Não é isso. Mas você podia ao menos ter-se despedido, dizer aonde ia...

— Dizer aonde ia? Queria que lhe dissesse que estava indo para o quarto de hotel do inglês para dormir com ele? Era isso que queria que lhe contasse, Honório?

Ele ficou chocado. Jamais poderia imaginar que Tália confessasse que dormira com outro homem de forma tão aberta e direta.

— Você... você... dormiu com ele?

— Foi o que você ouviu.

— Mas por quê? — ele estava estupefato.

— Porque eu quis, porque me deu vontade.

— Mas... mas... e eu? E nós?

— Você não queria que eu o levasse, queria?

— Não acredito que esteja ouvindo isso. Você sai com um estranho, passa a noite com ele e ainda confessa tudo?

— Não foi você quem perguntou? Se não queria realmente saber, não perguntasse.

— Não entendo você, Tália. Nós parecíamos estar bem, pensei que você estivesse feliz, que gostasse de mim.

— Mas eu estou feliz e gosto de você!

— Então, por que teve que dormir com outro?

— Porque eu quis, já disse.

— Não consigo entender. Pensei que você me amasse.

— Nunca disse que o amava. Falei que gostava de você e gosto. Continuo gostando do mesmo jeito. Só que senti vontade de dormir com o estrangeiro e fui. Só isso.

— Só isso? Você me traiu!

— Se você quiser entender assim...

— Ah! Não? Como chama isso então?

— Não chamo de nada. Ouça, Honório, eu até entendo que você esteja chateado e decepcionado. Nós estávamos realmente nos dando bem, mas você não é o único em minha vida. Você não é Mauro. Só ele conseguia conter o meu amor e o meu desejo.

— Já sei, já sei! Não precisa repetir o quanto você o amava.

— Perdoe-me se não correspondo ao seu amor, mas eu nunca o enganei.

— Como espera que eu aceite isso, Tália?

— Não estou lhe pedindo para aceitar nada. Eu apenas saí com o homem porque tive vontade. Foi com ele, como poderia ser com qualquer outro.

— Por que não comigo?

— Porque ele estava lá e chamou a minha atenção. Porque era alguém que eu não conhecia, era algo novo em minha vida.

— Você está buscando em outros o que perdeu. Ele também não é Mauro.

— Sinto muito se o magoei, Honório. Deus sabe o quanto gosto de você. Mas nunca lhe prometi nada, nunca disse que seria sua.

— Mas foi o que pensei. Pensei que tínhamos um compromisso.

— Lamento se o levei a pensar assim. Você é meu amigo especial, e não gostaria de perder a sua amizade. Mas não tente me dominar ou me prender. Ninguém poderá me possuir.

— Já entendi, Tália, eu não sou Mauro. Só a ele você pertencia. Já estou ficando cansado de ouvir isso, de escutar você me comparando a ele o tempo todo. Amo-a profundamente, mas não sei se estou disposto a me humilhar para recolher as suas migalhas. Posso não ser tão bom quanto Mauro, mas com certeza sou melhor do que o seu estrangeiro ou qualquer um com quem você venha a dividir a cama por uma noite. Porque sou seu amigo, sou sincero e leal.

— Sei disso, Honório, e valorizo muito a sua amizade. Mas não posso me prender a você do jeito que você deseja.

— Se é assim, nada mais tenho a fazer aqui. É melhor ir embora. Não posso ficar e ver você sumir com outro. Não posso ficar esperando você terminar de fazer amor com outro para voltar para mim. Também tenho a minha dignidade — olhou-a com ar magoado e finalizou: — Quando quiser, sabe onde me encontrar.

Não havia mais o que dizer. Honório soltou a toalha e apanhou suas roupas, vestindo-as desajeitadamente. Em seguida, sem dizer palavra, rodou nos calcanhares e saiu.

Por algum tempo, Tália e Honório só se encontravam nos dias em que ela ia ao teatro, e nenhum dos dois tocou mais naquele assunto. Ele sentia imensa saudade dela, mas não conseguia se aproximar, ferido em seu orgulho e em sua dignidade. Ela, por sua vez, por mais que desejasse estar com ele, não se atrevia a lhe pedir nada, com medo da sua reação.

Os compromissos sociais também eram muitos, e era comum que se encontrassem em festas e jantares, quando então mal se falavam. Cristina sabia que eles haviam se desentendido e, embora não concordasse com a atitude da irmã, sentia uma certa euforia vendo os dois separados, alimentando a esperança de conquistar Honório.

— Você e Tália continuam brigados — comentou ela com Honório, vendo a irmã numa roda, cercada de admiradores.

— O que você esperava?

— Ainda é por causa do inglês?

— Acha que é pouco?

— Tália está magoada. Diz que você não a compreende.

— Eu não a compreendo? Ora, Cristina, francamente!

— Não fique com raiva de Tália. Ela é assim mesmo.

— Não estou com raiva. Estou apenas triste. Você sabe o quanto a amo.

Em dado momento, os olhos de Honório cruzaram-se com os de Tália, e ela os desviou, encarando o homem a sua frente.

— Não gostaria de sair daqui? — convidou com ar sedutor, saindo de braços dados com o rapaz.

Na outra semana, ao término da apresentação, Honório viu-a deixar o teatro em companhia de um rapazinho de seus dezenove anos, ainda com espinhas no rosto, e sentiu-se realmente enciumado. Ela possuía domínio sobre todos os homens, jovens ou velhos, mas sair com um garoto já era demais. No entanto, Tália não ligava para isso. Fazia o que tinha vontade e com quem a interessasse.

Depois que todos se foram do teatro, Honório foi sentar-se sozinho em seu escritório. Estava amargurado e triste, queria não se importar com o que Tália fazia, mas não conseguia. O amor que tinha por ela superava a sua razão e, por mais que tentasse não demonstrar, sentia-se desmoronar por dentro.

Mais uma vez, logo que o show terminou, Tália se vestiu e saiu em companhia de outro homem, de trinta e poucos anos, forte, bonitão, o típico *playboy* carioca, rico, que não trabalhava e desperdiçava os anos nas areias da praia de Copacabana.

— Devia deixar de pensar em Tália — ponderou Cristina, logo que ela saiu.

— Tália é maior de idade e solteira. Pode fazer o que bem entender.

— Você já viu os comentários sobre ela? A imprensa a chama de libertina.

— Se Tália não se importa com eles, não sou eu que vou me importar.

Por instantes, uma onda de ternura aqueceu o coração de Honório, que só então se deu conta da mulher linda e maravilhosa que possuía diante de si.

— Vamos sair daqui — pediu ele, pousando a mão sobre a dela.

— Aonde quer ir?

— A algum lugar em que possamos conversar.

— Conversar?

— Podemos jantar também, se você quiser.

— Será que não sirvo para mais nada? Você só se lembra de mim quando quer chorar suas mágoas?

Ele se assustou com aquele desabafo repentino e voltou atrás em seu pedido. Estava sendo egoísta, pensando apenas em seu bem-estar, certo de que Cristina sempre estaria ao seu lado, atendendo a todos os seus pedidos. Mas ela era mulher e também devia sentir-se humilhada e rejeitada, tendo que ouvir o homem que amava falar o tempo todo de outra mulher.

— Você está certa, Cristina — concordou ele, com um certo pesar. — Venha, vou levá-la para casa.

Não era aquilo que ela pretendia, mas achou melhor não questionar. Apanhou a bolsa e falou, com olhos úmidos e magoados:

— Vamos.

O som da campainha soava estridente aos ouvidos de Honório, que mal conseguia abrir os olhos, tamanho o cansaço que sentia. Depois que deixara Cristina em casa, partira direto para o seu apartamento e se atirara na cama. Olhou o relógio da mesinha de cabeceira e espantou-se com a hora. Eram quase seis e meia, e ele havia praticamente acabado de se deitar. Quem poderia estar tocando a campainha de sua casa àquela hora?

Muito contrariado, levantou-se da cama e saiu aos tropeções para a sala. Morava sozinho, e a empregada só chegava por volta das oito horas. Além disso, ela possuía a chave da cozinha e não precisaria tocar daquela forma tão desesperada. A campainha soava estridente, e ele acabou berrando, irritado:

— Já vai, já vai! Será que não pode esperar?

Abriu a porta pronto para dar uma bronca em quem quer que fosse, mas parou a meio. Em pé à sua porta, com o rosto inchado e vermelho, Tália chorava, apertando as mãos nervosamente.

— Meu Deus! — exclamou ele, estarrecido. — O que foi que houve com você?

Ela passou para o lado de dentro, levando a mão à roxidão que se espalhara por toda a sua face, e conseguiu dizer entre soluços:

— Ele me bateu...

— Quem? Quem foi que lhe bateu?

— Maurício...

— Mas quem é Maurício? Maurício de quê?

— Não sei... Só sei que se chama Maurício. Levou-me para um quarto de hotel. Nós fizemos amor, parecia estar tudo bem. De repente ele ficou feito louco e começou a me bater...

— Canalha! Precisamos ir à polícia.

— Não! O que quer que lhes diga, Honório? Eu nem sei quem era o homem. Só sei que se chamava Maurício, se é que esse era o seu verdadeiro nome. E depois, como é que vou explicar o que estava fazendo com ele naquele hotel?

Ela começou a chorar descontrolada, e Honório a abraçou.

— Sh...! Calma, Tália, não fique assim. Vou cuidar de você.

Levou-a até o banheiro e, com cuidado, limpou o seu rosto e colocou um pouco de gelo.

— Não posso me apresentar assim, Honório. Todos vão saber o que me aconteceu.

— Vou lhe dar uma semana de folga. Deve ser o suficiente para esse hematoma sumir.

— Mas e o espetáculo? E os fãs?

— As meninas podem cuidar disso. Digo que você está doente, e todos vão entender. Todo mundo adora você.

— Oh! Honório! Você é tão bom para mim.

Lentamente, ele virou o rosto dela para ele e, olhando fundo em seus olhos, declarou:

— Isso é porque eu amo você.

Beijou-a de leve nos lábios, e ela se deixou beijar. Sentia o rosto arder e a honra despedaçada.

— Ele me bateu com força... Foi como seu Anacleto... pior... foi como o Chico... Pensei que nunca mais fosse passar por isso outra vez.

Embora Honório não compreendesse bem o que ela dizia, deduziu que ela já havia apanhado de outros homens antes, talvez antes de conhecer Mauro. De qualquer forma, não convinha lhe fazer perguntas naquele momento. Ela precisava de apoio e carinho, não de um interrogatório.

— Esqueça isso, minha querida. Eu estou aqui e não vou deixar que nada de mau lhe aconteça.

Ela se abraçou a ele com um quase desespero, e Honório foi afagando os seus cabelos, até que ela dormiu. Gentilmente, acomodou-a na cama e deitou-se ao seu lado, acariciando a sua cabeça com ternura. Como a amava! Depois que ela surgira, todas as outras mulheres haviam perdido a importância para ele. De vez em quando, saía com alguma desconhecida só para saciar a fome de sexo, mas não queria nada além disso. Com Tália, era diferente. Ele e amava e faria de tudo para que ela o amasse também.

Recuperada da surra, Tália voltou a desfilar pelas rodas sociais em companhia de Honório, e os comentários maldosos a respeito de sua vida amorosa esfriaram um pouco. Ele passava os dias em sua companhia e praticamente se mudara para a casa dela, o que deixara Cristina desapontada e triste.

Naquele dia, a agenda de Tália estava lotada, inclusive com uma entrevista para uma revista famosa. A entrevista foi tranquila, e os repórteres pararam de especular sobre a vida sentimental de Tália quando ela lhes disse que tinha um compromisso sério com Honório. Ela falou com muitas pessoas e recebeu inúmeros convites, até para trabalhar no cinema.

— Você acha que eu devia aceitar? — indagou ela a Cristina.

— Acho que sim. É uma ótima oportunidade para você se tornar ainda mais conhecida do que já é.

Alguns acertos depois, mais um tempo para os ensaios, algumas aulas de atuação, e Tália já estava pronta para estrear no cinema. Era uma fita carnavalesca e açucarada, que a crítica chamava pejorativamente de chanchada, e, apesar de Tália não estrelar no papel principal, fez enorme sucesso com o seu jeitinho sensual e despojado. Sua fama então foi crescendo. O número de seus admiradores quase triplicou, e uma multidão delirante a perseguia sempre que era reconhecida.

Foi numa das muitas festas que frequentava que ela retomou sua vida desregrada. Por um instante, quando dançava com um dos atores do filme, deixou-se levar pelo desejo e saiu com ele, sem que Honório percebesse. Apenas Cristina a viu sair e, embora tentasse chamá-la à razão, Tália, como sempre, não lhe deu ouvidos.

— Cadê a Tália? — perguntou Honório a Cristina, depois de tê-la procurado por toda a festa.

— Saiu — foi a resposta seca.

— Saiu?!

Cristina apenas abaixou a cabeça e assentiu. Sentia vergonha pela irmã e uma certa raiva pelo que ela fazia a Honório. Não entendia como alguém podia fazer aquelas coisas com um homem maravilhoso feito ele. Se Cristina estivesse no lugar de Tália, jamais o trataria daquele jeito. Honório tampouco falou qualquer coisa. Nem precisava. Também ele sabia o que ela fora fazer. Com profunda tristeza no olhar, deu um beijo no rosto de Cristina e saiu.

— Vai me deixar aqui sozinha? — perguntou ela, correndo atrás dele.

— Não — respondeu ele, hesitante. — Tem razão, Cristina, seria uma descortesia. Você veio conosco e é minha obrigação levá-la para casa.

Saíram e, enquanto Honório dirigia, Cristina ia pensando no que lhe dizer. Ele nada falava, mas sua tristeza e sua decepção eram visíveis. Sentiu vontade de abraçá-lo, de confortá-lo, de dizer-lhe que ela estava ali pertinho, pronta para ser dele. Bastava que ele a quisesse.

Em breve, chegaram ao portão da casa de Cristina, e Honório freou o automóvel.

— Está entregue — falou, mas ela não se mexeu. — Algum problema?

— Honório, eu... — ela se encheu de coragem e, finalmente, disse o que havia muito sentia vontade de dizer: — Não quero ir para casa. Gostaria de passar a noite com você.

— Sua mãe não a espera? — retrucou ele, mais para ter o que dizer do que propriamente pensando em Tereza.

— Não sou mais criança. Posso cuidar de mim e fazer o que bem entendo.

Ela se aproximou dele mansamente e pousou-lhe um beijo apaixonado nos lábios, que Honório não conseguiu ignorar. Puxou-a com força e beijou-a com sofreguidão, envolvendo-a num abraço caloroso e cheio de desejo. Deu partida no motor novamente e seguiu direto para sua casa.

Para Cristina, foi maravilhoso, algo com que jamais poderia sonhar, muito diferente do que a mãe dizia ou do que

Chico lhe fizera. Depois de se amarem, ela se apertou a ele e começou a chorar de mansinho.

— O que foi que houve? — perguntou ele. — Fiz algo que a desagradou?

— Você não fez nada de errado. É que foi tão maravilhoso! Nunca senti nada parecido.

Ele a estreitou com ternura e os dois permaneceram abraçados por muito tempo. Durante o resto da noite, ficaram a conversar, e Cristina lhe contou tudo o que lhes acontecera na infância, a ela e a Tália, chorando muito a cada palavra. Honório ouviu em silêncio, lembrando-se de que Tália, ao apanhar daquele *playboy*, mencionara o nome Chico, que ele julgou ser um antigo amante. Ao final da narrativa, ele estava emocionado e beijou-a com carinho.

— Pobre menina. Creio que, para você, foi mais difícil de superar do que para Tália.

— Tália é mais forte do que eu.

Ele beijou a sua cabeça e respondeu com carinho:

— Não é verdade. Você é apenas mais sensível.

— Oh! Honório, você é tão maravilhoso! Não sei como Tália pode pensar em trocá-lo por outro.

— Vamos contar a ela sobre nós?

— Não sei... — ela hesitou. — Talvez seja melhor esperarmos um pouco. Tália é possessiva, não sei se iria gostar.

Foi um alívio para Honório. Contar a Tália podia ser a atitude mais correta, mas ele temia que ela rompesse com ele para sempre, fosse por ciúme ou posse, fosse para deixar o caminho livre para Cristina. O medo de perdê-la fez com que ele se calasse, e Honório apenas aquiesceu em silêncio.

# 22

Conforme o esperado, Tália não apareceu no dia seguinte nem no outro. Surgiu apenas no próximo, porque tinha ensaio no teatro e não podia faltar. Cristina não estava com ela, e Tália entrou apressada, trocou de roupa e subiu ao palco, pronta para ensaiar. Durante todo o tempo, não disse nada a Honório que não se referisse ao seu número.

Uma semana depois, rompido o namoro com o ator, Tália já circulava pelas rodas sociais de braços com Honório novamente, para angústia de Cristina. Podia até ser que Honório não aprovasse a sua própria atitude, mas a reação passiva de Cristina, que parecia ficar à espera de que ele voltasse para ela, serviu de estímulo para que ele deixasse que os fatos se explicassem por si mesmos. Não era preciso dizer nada nem Cristina precisava ouvir para saber o que acontecia.

No mês seguinte, Tália se encantou por um jogador de tênis paulista e, enquanto conversavam sobre sua terra natal, logo descobriram muitas afinidades, passando a sair juntos desde então. Para afogar sua mágoa, Honório acabou voltando para Cristina, dando início a um relacionamento secreto e conflitante, interrompido sempre que Tália brigava com seu novo amante e retornava para ele. Aos poucos, aquela situação foi assumindo ares de normalidade, e ambos se acostumaram à vida dupla de Honório, que ora estava com Cristina, ora com Tália, sem que esta jamais percebesse nada.

Apenas Tereza desconfiava de algo. Havia muito suspeitava de um relacionamento secreto de Cristina, embora não fizesse ideia de quem poderia ser o seu amante. Estava certa de que só podia ser um homem casado, pois a filha nunca o levara para conhecê-la e se recusava a dizer o seu nome ou onde morava.

— Com quem você está saindo? — indagou Tereza a Cristina, vendo-a se arrumar defronte ao espelho.

— Uma amiga.

— Por que ela não entra para me cumprimentar?

— Ela é muito ocupada.

— É um homem casado?

— Não. É uma amiga, já disse.

— Você está dormindo com ele?

— Não durmo com amigas.

— Que amiga, qual nada! Aposto como é um homem. E é casado.

— Por que não se mete com a sua vida, mamãe?

— E aposto como sua irmã está acobertando essa pouca-vergonha.

Cristina terminou de se aprontar quando o telefone tocou lá embaixo, e ela correu para atender.

— Alô?

— Cristina? — era Honório, falando aos sussurros. — Tenho que falar rápido. Não vou poder passar aí. Tália me chamou, ela está deprimida... Estou em sua casa. Ela está vindo, tenho que desligar. Adeus.

Cristina recolocou o fone no gancho e correu para o quarto, trancando a porta e atirando-se na cama para chorar, sem dar importância aos gritos da mãe, que exigia saber o que acontecera. Para Tereza, aquilo só vinha a reforçar suas desconfianças. Somente homens casados cancelavam um encontro na última hora, para atender às exigências domésticas e não despertar a atenção das esposas. Cristina, contudo, não ligava para as suspeitas da mãe. Ela estava muito longe da verdade, mas, se descobrisse, não perderia a oportunidade de ir correndo contar a Tália, só para ver a sua cara de surpresa e raiva.

Enquanto isso, Tália acabava de preparar dois drinques e estendia um para Honório, que o pegou e começou a beber. Ele conseguira desligar o telefone antes que ela voltasse ao quarto, de forma que ela não o escutara falar com Cristina. Rompera com o tenista e voltara para ele.

Mas a volta não foi duradoura. Logo ela se interessou por um rico fazendeiro da Bahia, em férias no Rio de Janeiro para se recuperar de um desquite traumático, que custara quase metade de sua fortuna. O romance durou pouco. Em uma festa de aniversário, Tália conheceu um diplomata austríaco e teve um caso passageiro com ele. Pouco depois, já estava nos braços de um jogador de futebol e, em seguida, encantou-se por um jovem carteiro, cujos atributos físicos a haviam impressionado sobremaneira certa vez, quando ele deixava a correspondência em sua caixa de correios.

Foi em meio a esse romance que ela descobriu algo que a deixou aterrorizada: estava grávida. Pelo tempo de gestação, a criança não podia ser do carteiro nem do jogador de futebol. Muito menos do diplomata ou do fazendeiro. Quem sabe, do tenista? Mas não, era de Honório. A gravidez já ia avançada, e o tempo de gestação coincidia com a época em que estivera com Honório pela última vez. Aquilo a deixou mais transtornada do que nunca. Ainda se lembrava do filhinho que tivera em Limeira e lhe fora arrancado sem que ela sequer tivesse chance de vê-lo. Desde aquele dia, jurara a si mesma que jamais tornaria a ser mãe.

Resolveu viajar. Sem dizer a ninguém aonde ia, comprou uma passagem de ônibus e seguiu para Minas Gerais. Queria encontrar um lugar bem tranquilo, onde pudesse pensar. Desceu na rodoviária de Belo Horizonte e foi para um hotel. Comprou um mapa e foi olhando as cidadezinhas, até que encontrou uma que lhe pareceu adequada, sendo quase uma vila. Depois de muito custo, conseguiu chegar lá. Era perfeita: pequena e afastada da civilização. Por ali, ninguém a conhecia. Não havia teatro de revista e muito menos cinema.

Utilizando-se de seu verdadeiro nome, comprou um pequeno chalé num sítio distante, só voltando ao Rio depois de dois meses de solidão.

— Graças a Deus, Tália! — exclamou Ione, vendo-a parada no batente da porta, com duas malas e uma barriga que já começava a se avolumar. — E... minha Nossa Senhora! Você está grávida!

— Ajude-me aqui, Ione — pediu ela, empurrando uma das malas para dentro. — Depois você reza.

Ione a ajudou a levar a bagagem para cima, espantada com o ventre intumescido de Tália. Ajudou-a a desfazer as malas e preparou-lhe um banho quente. Quando ela desceu, Ione já havia posto a mesa com um lanche saboroso e nutritivo.

— Venha, sente-se aqui para comer. Foi o melhor que pude arranjar, porque, desde que você viajou, não faço muitas coisas gostosas.

— Está ótimo, Ione, obrigada.

Ela se sentou e começou a devorar o café feito às pressas, o pão e o bolo comprados na padaria naquela hora.

— Posso saber onde foi que você esteve? Ficou fora por quase dois meses.

— Descobri um lugar secreto. Um lugar tranquilo, aonde posso ir para descansar e pensar.

— Pensar em quê?

— Na minha vida, sei lá.

— Olhe, Tália, tenho sido sua amiga por muitos anos, não tenho? Desde que nós morávamos naquela maldita pensão de dona Janete.

— É verdade.

— Por isso, sinto-me no direito de lhe dizer uma coisa.

— O que é?

— Não adianta você dormir com tudo quanto é homem que conhece, porque nenhum deles vai ser igual ao Mauro. Você só vai se frustrar.

— Não consigo me apegar a mais ninguém, Ione. Só a ele.

— Acontece que ele morreu. E seu Honório é um homem muito bom, que a ama de verdade.

— Gosto de Honório, mas ele não é o homem da minha vida.

— E essa criança? — Perguntou Ione, apontando para a barriga de Tália.

— É um bebê.

— Isso, eu estou vendo. Mas... de quem é?

— Não imagina?

— É de seu Honório? — Ela assentiu. — Eu sabia! Só podia ser. Ele vai ficar radiante quando souber.

— Vamos ver.

— Por que não aproveitam e se casam? O bebê vai precisar de uma família decente.

— Calma, Ione, uma coisa de cada vez. Casamento não faz parte dos meus planos. Ele também não é Mauro.

— Quando vai lhe contar?

— Hoje mesmo. Vou subir para descansar e, mais tarde, telefono a ele e peço que venha até aqui.

Honório quase desmaiou quando ouviu a voz dela ao telefone. Havia acabado de entrar e combinara de buscar Cristina em sua casa, de forma que teve que ligar para ela desmarcando tudo. Não podia lhe dizer que Tália havia voltado, porque ela lhe pedira para não falar com ninguém por enquanto, então, precisou inventar uma desculpa para não ir.

Quando viu Tália parada no meio do quarto, levou um susto. Jamais poderia esperar encontrá-la naquele estado, com aquela barriga de cinco meses de gestação. Sentiu um ódio indizível naquele momento, julgando que o filho fosse de qualquer um dos vagabundos com quem ela dormira. Jamais poderia supor que fosse dele.

— Mas o que significa isso, Tália?

— Estou grávida, não está vendo?

— Isso já foi longe demais! — explodiu ele, liberando toda raiva que sentira de si mesmo ao longo daqueles anos, por ter-se submetido às traições de Tália. — Tenho feito tudo por você, tudo! Aceitei as suas traições, cuidei de você, nunca questionei os seus romances.

— E daí?

— E daí? Será que não foi o suficiente aceitar as suas migalhas, ouvir as piadinhas dos colegas todas as vezes que aparecia com você, logo após você ter rompido mais um de seus casinhos infames? Ter suportado a humilhação de ser abandonado sempre que aparecia um *playboy* vagabundo e galante? Isso não bastou? Não bastou eu ter perdido o orgulho, a dignidade, meus brios de homem? Fiz tudo o que você quis porque a amo. Mas agora você foi longe demais. Isso está acima das minhas forças. Não me peça para aceitá-la de volta assim nesse estado. Não, carregando no ventre o filho de outro homem!

Aquilo foi inesperado. Nunca passou pela cabeça de Tália que Honório pudesse pensar que o filho que ela esperava fosse de outro.

— Honório, escute-me... — ela tentou argumentar.

Queria lhe dizer que o filho era dele, pedir-lhe que esquecesse o passado e criassem juntos aquela criança, mas Honório não parava de falar. Ele estava descontrolado, tomado de fúria, e ela escutava atônita as barbaridades que ele dizia:

— Ordinária! Vagabunda! O que você pensa que sou? Seu capacho? Uma marionete, que você pode manipular como bem entende? Pois sou um homem, ouviu? Chega! Estou cansado de ser um joguete em suas mãos, de ter que atender aos seus caprichos! A partir de hoje, não tenho mais nada com a sua vida. Esqueça-me! Finja que eu nunca existi! Volte para os seus amantes e leve com você o seu filho bastardo!

— Saia daqui! — conseguiu ela, finalmente, gritar. — Saia da minha casa, seu monstro, animal!

Tomada pela ira, Tália atirou-se sobre ele e começou a bater-lhe e arranhar-lhe as faces. Honório apenas se defendeu. Conseguiu imobilizá-la e atirou-a cuidadosamente sobre a cama.

— Vou sair. E pretendo nunca mais pisar nesta casa. Vou poupar a mim mesmo o desgosto de assistir ao nascimento desse bastardinho indesejado.

Com passos rápidos, Honório desceu as escadas, pulando os degraus de par em par. Do andar de baixo, Ione escutara tudo, aturdida com o desenrolar dos fatos.

— Seu Honório — chamou ela, assim que ele passou feito uma bala.

Ele nem lhe deu ouvidos. Seguiu em frente, alucinado, e saiu batendo a porta. Com medo do que pudesse ter acontecido, ela subiu correndo para o quarto de Tália e a encontrou na cama, chorando descontrolada.

— Tália! Tália! Pelo amor de Deus, o que foi que aconteceu? — ela não respondia. — Você está bem? Ele lhe fez algum mal? Ele bateu em você? Por Deus, Tália, fale comigo!

— Ele... — soluçou ela — ele nem me deu chance de falar, Ione. Começou a esbravejar e a berrar imprecações. Humilhou-me, ofendeu-me. Nem pude lhe dizer que o filho é dele.

— Precisamos chamá-lo de volta. Esclarecer essa situação.

— Não! Nunca! Jamais, enquanto eu viver, Honório saberá que esse filho é dele.

— Mas Tália, isso não é direito.

— E o que ele fez comigo é direito?

— Seu Honório está com raiva. Você sempre o traiu e depois voltou para os braços dele, para ele ficar com as sobras. Quando foi embora, você estava tendo caso com outro homem. Não acha natural que ele pense que o filho não é dele?

— Por que ele não me deu chance de explicar, Ione? Eu teria lhe dito que era dele.

— Ele está com raiva. Ao ver o seu estado, ficou fora de si. Mas isso passa. Se você o procurar, tudo vai se esclarecer.

— Já disse que não. Honório nunca saberá que é o pai dessa criança.

— Mas, Tália...

— Não, Ione, mil vezes não! E você tem que me prometer que jamais lhe revelará a verdade. Nem a ele, nem a ninguém.

— Eu? Não posso fazer isso.

— Pode e vai. O filho é meu, ninguém tem o direito de se meter na minha vida. Nem você. Vamos, prometa.

— Não posso, Tália, não é certo.

— Prometa!

— Nem para Cristina?

— Nem para Cristina.

Ione suspirou profundamente e fixou os olhos na barriga de Tália, sentindo imenso pesar naquele momento.

— O que vai dizer a seu filho quando ele perguntar quem é o pai dele?

— Que pode ser qualquer um.

— Você não teria coragem.

— Isso não vem ao caso. Quero apenas que me prometa: não vai contar nada a Honório, nem a Cristina, nem a ninguém. Prometa, vamos. Prometa!

— Está bem, está bem! Se é o que quer...

— Diga: eu prometo.

— Eu prometo. Pronto, está satisfeita?

— Estou. Confio em você. E agora, por favor, ligue para Cristina e a avise que voltei. Quero falar com ela ainda hoje, se possível. Preciso pensar no meu futuro e no do bebê.

Por mais que Cristina insistisse, Tália jamais lhe revelou quem era o pai daquela criança. Nem a ela, nem a ninguém. Ione também manteve a palavra e, mesmo quando a menina nasceu, permaneceu em silêncio, olhando a pequenina Diana, que se agitava nos braços da mãe.

— Ela não é linda?! — afirmou Tália, mais do que perguntou.

— É uma beleza. Tem os olhos do pai.

Tália lançou-lhe um olhar severo, e Ione se calou. Não queria que Cristina e Tereza, que também estavam presentes na maternidade, soubessem de nada.

— Quem é o pai dessa infeliz? — indagou Tereza, torcendo o nariz para a criança. — Aposto como é algum de seus amiguinhos bêbados e desempregados.

— Mamãe! — berrou Cristina, em tom de censura. — Será que não pode ser agradável ao menos uma vez na vida? É a sua neta que está ali.

— Deixe, Cristina — objetou Tália. — Ela não consegue evitar ser desagradável porque essa é a essência de sua alma. Por isso é que ninguém gosta dela.

Antes que Tália pudesse continuar e perguntar por que ela fora até ali, Tereza deu-lhe as costas e saiu para o corredor, dizendo para Cristina:

— Vou esperar lá embaixo, onde tem um jardim.

— Não ligue para ela — disse Cristina, depois que a mãe se fora.

— Eu não ligo. Só não gostaria que ela tivesse vindo.

— Eu não queria que viesse, mas ela insistiu.

— Está bem, deixe para lá. Afinal, o que importa é essa coisinha linda que está aqui.

Durante muito tempo, as três mulheres ficaram observando a menina, e Tália rezava para que ela não se parecesse com o pai. Desde a briga que tiveram, ele não aparecera mais, e ela estava sem trabalhar desde então. Com a barriga se avolumando, não havia lugar para ela no palco, e ninguém também queria contratá-la para fazer filmes, apesar de ter recebido uma série de convites para depois do parto.

Quando Diana completou seis meses, Tália voltou ao trabalho. Não aguentava mais ficar em casa e sentia falta do rebuliço do mundo artístico em que se enfronhara. Aceitou o convite para um filme, que fez enorme sucesso, e começou a se distanciar do teatro. Honório via com tristeza aquela separação, mas não sabia como contornar a situação. Dissera-lhe coisas horríveis num momento de raiva; deixara-se levar pelo ciúme, despejando sobre ela a frustração acumulada ao longo de tantos anos.

Mas agora, com a cabeça fria, conseguia raciocinar com mais clareza. Ainda que aquela criança não fosse sua filha, era um serzinho inocente que nada sabia dos desvarios da mãe. E bem poderia ser dele, poderia ser de qualquer um. Aquilo não lhe importava. Amava Tália tão intensamente que seria capaz de cuidar dela e da filha, ainda que fosse filha de outro homem.

Precisava contar-lhe isso, mas não via como. Depois das coisas horríveis que lhe dissera, não sabia como voltar atrás. Desculpar-se seria o melhor caminho, e resolveu falar com ela. Precisava saber o que ela pensava, o que sentia, se o rejeitaria e o expulsaria de sua casa. Tomou uma decisão: se Tália o rejeitasse, ele daria um novo rumo à sua vida e se casaria com Cristina. Senão, aceitaria cuidar da filha que ela tivera com outro homem, fazendo o que pudesse para ser um bom pai.

Ao chegar a sua casa, foi avisado por Ione que ela ainda não havia voltado da gravação de seu novo filme. Embora Tália houvesse dado ordens expressas para que ela não o deixasse entrar, Ione não foi capaz de obedecer-lhe. Estava diante do homem que era o pai da pequena Diana, e ele parecia estar em sofrimento. Sua ida até ali só podia significar uma coisa: ele estava disposto a se desculpar e voltar para Tália. Se era assim, merecia uma segunda chance, e Diana tinha direito à presença do pai.

Tália voltou antes do almoço e, assim que Ione abriu a porta, logo notou que havia algo errado.

— O que foi que aconteceu?

— Desculpe-me, Tália — declarou Ione. — Sei que não devia, eram ordens suas, mas... você tem uma visita.

Mal terminou de dizer isso, correu para a cozinha, e Tália foi direto para a sala de estar. Honório estava sentado no sofá, tendo nos braços a pequena Diana. Aquela cena a chocou e emocionou ao mesmo tempo, e ela não sabia se gritava para que ele largasse a menina ou se chorava por ver a filha no colo do pai.

— Psiu! — fez ele, logo que a viu parada na porta. — Não faça barulho. Ela está dormindo.

Tália se aproximou e passou a mão na cabecinha de Diana, que dormia placidamente no colo de Honório, como se soubesse que podia se sentir segura nos braços do pai. Por vários minutos, permaneceram assim, admirando a criança, as mãos de Honório tocando as de Tália junto ao corpo da filha. Aqueles momentos foram cruciais para Tália. Os três ali, próximos, davam-lhe a impressão de uma família, e ela sentiu o coração disparar ao fitar os olhos emocionados de Honório. Havia tanta emoção em seus gestos, que ela chegou a pensar que Ione tinha lhe contado a verdade.

Depois de algum tempo, gentilmente, ela retirou a menina das mãos de Honório e saiu com ela, para entregá-la aos cuidados de Ione. A moça estava na cozinha, sentada à mesa, choramingando.

— O que foi que você disse a ele? — indagou Tália, bem baixinho para não acordar Diana.

— Nada. Ele pediu para esperá-la e perguntou-me se podia ver a menina.

— E você deixou...

— É o pai dela.

— Mas ele não sabe! — zangou-se, aos sussurros. — A menos que você tenha lhe contado.

— Devia era se preocupar com a saúde, em vez de ficar fazendo guerra ao moço — rebateu Ione, também sussurrando. — Está com cara de doente.

— Não mude de assunto, Ione.

— Já disse que não falei nada.

Tália sabia que Ione estava dizendo a verdade. Ajeitou o bebê nos braços dela e voltou para a sala. Ela e Honório tinham muito que conversar. Depois do que ele lhe dissera, Tália pensou que, se o encontrasse de novo, reagiria com agressividade e rispidez, gritaria impropérios e o humilharia, reduzindo-o a nada. Mas estranhamente, vê-lo com Diana nos braços retirou-lhe toda a vontade de maltratá-lo. Ele lhe dissera coisas horríveis, era verdade, mas, afinal de contas, fora ela quem dera os motivos, entregando-se a qualquer homem para depois voltar para os seus braços.

Lentamente, aproximou-se e parou diante dele, olhando-o com um misto de ternura e respeito. Ele sentiu a mesma coisa, porque seu coração disparou, e começou a dizer com a voz embargada:

— Tália, eu... vim aqui para me desculpar. Sei que lhe disse coisas horríveis, mas tente entender. Ninguém a ama como eu, e foi difícil ver você voltar, trazendo no ventre o filho de outro, o filho que eu gostaria que fosse meu — fez um breve silêncio e tomou fôlego antes de continuar: — Mas isso não importa. Amo você mesmo assim e quero cuidar de você e da menina, ainda que não seja minha filha. Nem sei se ela é minha... mas prometo tratá-la como se fosse e, se você me aceitar, vou transformar o impossível em possível para vê-las felizes.

Não conseguiu terminar. As lágrimas toldavam-lhe a visão e os soluços presos engasgavam a sua fala. Respirou fundo novamente e ia tentar continuar, mas Tália não permitiu. Colocou um dedo sobre seus lábios e foi deslizando-o lentamente pelo seu queixo, até que lhe deu um beijo apaixonado.

— Não precisa dizer mais nada — murmurou ela, colando o corpo ao dele. — Apenas me ame novamente...

Ele a ergueu no colo e subiu com ela para o quarto. Amaram-se como se o mundo não fosse viver um novo amanhã. Foi maravilhoso para ambos. Para Honório, porque a amava mais do que a própria vida. Para Tália, porque sentia a segurança da sua presença. Precisava contar-lhe a verdade e teria feito isso naquele momento se, um pouco resfriada, não tivesse adormecido em seus braços.

Apesar da emoção e do desejo de estar com ela, Honório tinha assuntos pendentes a resolver. Aproveitou que ela dormia, beijou o seu rosto e saiu, informando Ione que voltaria para jantar. Disse que pretendia pegar algumas coisas em sua casa, mas a verdade é que precisava conversar com Cristina, ser honesto e romper com ela de vez, agora que ele e Tália iriam se acertar.

Honório convidou Cristina para um drinque e, pelo tom de sua voz ao telefone, ela bem podia imaginar o que iria lhe dizer. Com a mágoa estampada no olhar, ela se vestia em frente ao espelho. Queria ir e não queria. Pensou em inventar um desculpa só para evitar aquele encontro e, consequentemente, o rompimento de sua relação, mas sabia que estaria apenas protelando um fim que já era inevitável.

Estava tão voltada para seus próprios pensamentos que nem ouviu a mãe entrar em seu quarto.

— Vai sair? — perguntou ela, para puxar assunto.

— É o que parece — respondeu Cristina, de mau humor.

— Com a amiga misteriosa?

— Não é da sua conta.

— Aprendeu a ser malcriada com a sua irmã, não foi?

Cristina pousou a escova sobre a penteadeira e voltou-se para ela:

— Mamãe, por que não torce para que Tália e eu sejamos felizes? O que a senhora lucra com a nossa infelicidade?

— Torço por você, não por ela. Foi por causa de Amelinha que você se envolveu com esse homem casado.

— Não me envolvi com homem casado nenhum! Será possível?

De tão aborrecida, Cristina apanhou a bolsa no armário e nem se lembrou de trancar a gaveta da penteadeira, onde costumava guardar suas joias e a correspondência, mantendo-a fora do alcance da mãe. Tereza não se moveu. Ficou ouvindo os passos da filha se afastando pelo corredor e ouviu a porta da frente bater com estrondo.

Quando se levantou para sair, Tereza deu de cara com a gaveta entreaberta, que Cristina se esquecera de trancar. Uma excitação doentia foi invadindo o seu coração e a sua mente, e ela riu, maldosa. Não podia perder a chance de bisbilhotar as coisas da filha e encontrar algo que saciasse a sua curiosidade sobre o misterioso homem casado com quem ela andava se encontrando. Não sabia nem ao certo o que procurar, mas começou a remexer a gaveta, até que achou um maço de cartas atadas com uma fita de cetim azul, que ela desamarrou com pressa, em busca de uma carta de amor.

Foi quando reparou num envelope cor de creme, sem remetente, e olhou o carimbo do correio. Levou um susto. Como pudera se esquecer daquela carta que Cristina recebera, cerca de dois anos atrás, trazendo notícias do Chico? Lembrava-se de que, na época, havia estranhado a sua procedência, que ela observara pelo selo e o carimbo apostos no envelope. Mas Cristina dissera que era de uma amiga de Limeira, e ela deduzira que a moça não morava mais lá e lhe mandava notícias de sua nova cidade.

Tereza leu a carta avidamente, sentindo um prazer mórbido a cada linha. Terminada a leitura, apoiou-a no colo e mirou-se no espelho, deixando escapar um sorriso mordaz. Como fora tola na época! E como estava satisfeita agora.

Pensara descobrir os segredos de Cristina, mas acabou se deparando com uma arma poderosa com a qual poderia destruir a felicidade de Amelinha.

# 23

Honório levou Cristina a sua casa e serviu-lhe um drinque, apanhando outro para si. Tomou alguns goles do uísque e estalou a língua, observando a moça pelo canto do olho. Cristina bebericava o seu martíni em silêncio, aguardando que ele tomasse a iniciativa de falar. Passados alguns minutos, muito pouco à vontade, Honório começou a dizer:

— Eu lamento muito, Cristina. Não queria que as coisas terminassem assim, mas não posso viver sem Tália.

— Você voltou para ela?

— Sim. A vida sem ela não vale a pena.

— E eu, Honório? Será que não conto nada para você? O que vivemos não teve nenhum significado?

— Significou muito. Você foi a melhor amiga que um homem poderia ter.

— Amiga... É só o que sou para você? Uma amiga tola e apaixonada, sempre disponível para ouvir as suas lamúrias e aplacar a sua dor e a sua fome de sexo? Quem quer uma amiga mais conveniente do que essa? Entrega-se ao amante sem reclamar, ouve seus queixumes por causa de outra mulher e depois pode ser descartada sem cobranças ou queixas.

— Não é nada disso... eu... gosto de você, Cristina, gosto muito. Não fosse por Tália...

— Já sei! Não fosse por Tália, nós poderíamos ter nos casado. Isso não serve de consolo.

— Perdoe-me, Cristina, não foi minha intenção que isso acontecesse. Sempre amei Tália, nunca escondi isso de você.

— Tem razão, você nunca me escondeu nada. Eu é que quis enganar a mim mesma.

— Não se trata disso. Tália tem uma filha agora, precisa de mim.

— Sim, Diana é uma menina linda e maravilhosa, mas você já se perguntou quem é o pai dela?

— Isso não importa...

— Não mesmo?

Ele a olhou desconfiado e retrucou:

— Você sabe quem é?

— Não. Tália nunca me contou. Acho que jamais contou a alguém.

Aquela conversa já estava lhe fazendo mal, e Honório queria acabar logo com aquilo. Achou melhor não prolongar mais o assunto, porque nada que dissesse poderia apagar a mágoa que Cristina sentia naquele momento.

— Sinto muito, Cristina... — balbuciou, envergonhado. — Lamento se a decepcionei. Mas...

— Não se lamente — cortou ela, levantando-se endurecida e pousando o copo de martíni sobre a mesa. — Não se lamente por suas escolhas, porque eu, apesar de tudo, jamais me lamentei pelas minhas.

Honório fechou os olhos, para não ser obrigado a encarar o seu olhar acusador. Quando tornou a abri-los, Cristina não estava mais ali. Partira numa nuvem de silêncio.

Depois que terminou de ler a carta, Tereza a recolocou no envelope, amarrou novamente o maço com a fita e o guardou de volta na gaveta da cômoda. Correu a seu quarto e se vestiu apressada. O que tinha a fazer não podia esperar nem mais um minuto. Chegou à casa de Tália pouco antes do jantar, para surpresa da filha.

— Mamãe! — exclamou Tália com desagrado. — O que faz aqui?

— Tenho algo muito importante a lhe mostrar.

— Francamente, mamãe, não vejo o que você possa ter que me interesse. A não ser a distância, é claro.

— Isso, fale com sua mãe como se fosse sua inimiga.

— E não é isso que você faz questão de ser? Não me infernizou a vida inteira e, quando pode, me inferniza ainda mais? O que quer? Mais dinheiro?

— Filha ingrata! Eu agora tenho uma neta. É meu direito visitá-la.

— Desde quando você se interessa por Diana?

— Desde que você é a mãe dela e não tem condições de criá-la.

— Essa é boa! Mas que disparate! Vir a minha casa para me insultar e fazer exigências. Ora essa, francamente! E quer saber? Vá embora. Estou esperando alguém.

— Não se preocupe com isso, Amelinha. Não vim porque quis. Vim apenas para lhe mostrar isto.

Antes que Tália pudesse repetir que não tinha interesse em nada que a mãe pudesse lhe mostrar, Tereza já havia lhe estendido o envelope que furtara da gaveta de Cristina. Instintivamente, Tália apanhou a carta e leu o nome da irmã.

— Isso não me pertence — disse, secamente. — Está endereçado a Cristina. É a ela que tem que entregar.

— Não lhe pertence, mas lhe diz respeito — retrucou Tereza com ar maldoso, aproximando-se da filha e apontando, com o dedo ressequido, o carimbo aposto no selo. — Isto não lhe sugere nada?

Tália voltou os olhos novamente para o envelope e leu no carimbo, sobre o selo italiano: Nápoles. Olhou novamente para a mãe, com uma indagação no olhar, tentando entender o que significava tudo aquilo. Tereza sorriu intimamente. A filha estava começando a juntar as coisas, embora não estivesse ainda em condições de avaliar o que significava. Mesmo sem entender, o instinto levou Tália a abrir o envelope cuidadosamente, e, sem pressa, começou a ler:

*Nápoles, 25 de maio de 1949.*

*Querida Cristina,*

*É com grande pesar que lhe escrevo esta carta; para você, e não para Tália, como gostaria. Sei que ela jamais entenderia por que tomei a decisão que tomei, mas a vida me impulsionou a isso e não tive escolha.*

*Fui ferido na guerra e, durante algum tempo, vaguei sem memória, até que fui recolhido por uma mulher de extraordinária bondade, que cuidou dos meus ferimentos até que eu me refizesse e estivesse em condições de me lembrar do que ocorrera. Logo que recuperei a memória, quis me apresentar novamente ao meu regimento, mas a dedicação de Giannina (este é o nome dela) foi me mantendo preso ao seu lado. Tive medo de cair nas mãos dos alemães, e ela sugeriu que eu ficasse escondido ali, em sua casa, até que a guerra terminasse.*

*Pois bem. Com o fim da guerra, pensei em voltar, mas, a essa altura, meu envolvimento com Giannina já havia superado o desejo de rever o Brasil. Durante muito tempo, fiquei dividido entre o amor que sentira por Tália e o que agora sinto por Giannina. Tália se transformou numa grande estrela, rica e talentosa, e creio que eu passei a segundo plano em sua vida, vivendo à sua sombra, aceitando os favores dos outros só por causa de minha ligação com ela. Pensa que não sei que Honório só me manteve no teatro em consideração a ela?*

*Com Giannina, tudo foi diferente. Ela é uma moça doce e perdeu os pais na guerra, ficando com uma fazenda e dois irmãos pequenos para cuidar. Fui auxiliando-a nessa tarefa, até que me senti útil. Por isso, com o fim da guerra, comecei a adiar a minha volta e fui ficando. Imagino que meu nome deva constar de alguma lista de desaparecidos, porque, obviamente, meu corpo jamais foi encontrado. Imagino também como deve ter sido difícil para Tália aceitar a minha "morte". Mas ela é uma mulher forte, com uma carreira brilhante, e independente. Não precisa de mim como Giannina precisa, como as crianças precisam.*

*Depois de muito pensar e sofrer, e me torturar, e me culpar, decidi que o melhor para todos nós seria que eu continuassse aqui. Libertaria Tália do fardo de ter que me carregar pelo resto da vida e teria a oportunidade de fazer outra mulher feliz. Alguém que realmente precisa e depende de mim. Antes de partir, pedi a Honório que cuidasse dela e é o que espero que ele esteja fazendo.*

*Peço que me perdoe se, depois de todos esses anos, reapareci qual um fantasma para lhe relatar esses acontecimentos tristes, mas não posso mais viver com o remorso de deixar que todos pensem que morri. Achei que ao menos você, que sempre foi uma pessoa boa e confiável, deveria saber a verdade. Sei que estou sendo covarde e não tenho o direito de lhe pedir nada, mas não gostaria que você contasse isso a Tália. Ela iria sofrer ainda mais do que tenho certeza que já sofreu, e em vão. Haja o que houver, não vou mais voltar. Não é por outro motivo que escrevo sem declinar o endereço do remetente, para que ninguém sofra tentando me encontrar.*

*Só o que me resta agora é pedir perdão pela minha covardia, a minha traição, a minha falta de valor. Sempre que Tália falar de mim, procure dissuadi-la da imagem de perfeição que ela construiu a meu respeito. Faça-a ver que eu sou um ser humano falível e sujeito a erros como todo mundo, talvez até muito mais do que outros. De qualquer forma, confesso que a amei loucamente, e talvez ainda ame, embora não mereça o seu amor.*

*Mais uma vez, peço perdão pelo que fiz: a você, a Tália, a Deus. Perdão a mim mesmo por ter sido fraco e indigno do amor de sua irmã. Hoje posso dizer que sou um homem feliz, embora triste, porque essa culpa me atormenta dia após dia, lembrando-me o covarde que fui e sou até hoje.*

*Não guarde rancor de mim e lembre-se de mim em suas orações.*

*Novamente lhe peço: não diga nada a Tália nem a ninguém.*

*Sinceramente,*
*Mauro*

Ao terminar a leitura, Tália fitou a mãe com visível confusão no olhar, tentando não acreditar no que lia. Em questão de segundos, sentiu a vista embaçar, e Tereza foi se distanciando de seu campo de visão. A sala toda pareceu rodar, e aquele papel queimava em suas mãos. Um calor sufocante a invadiu, e sua garganta começou a sufocar. Levou a mão ao pescoço e olhou para a mãe mais uma vez, mal a reconhecendo por detrás da vista turvada de lágrimas. Quis gritar, mas sua voz não mais lhe pertencia, e ela fechou os olhos, sentindo que um leve torpor ia tomando conta de todo o seu corpo. Não viu nem se lembrou de mais nada. Desmaiou.

Com ar exultante, Tereza parou ao lado dela e ficou olhando o seu corpo tombado no chão. Ela respirava com dificuldade, e Tereza foi para a cozinha, onde Ione terminava de preparar o jantar. A seu lado, no carrinho, Diana dormia tranquilamente. Tereza olhou a neta com desdém e, virando-se para Ione, falou com azedume:

— Acho melhor ir ver sua patroa. Ela não está se sentindo bem.

Na mesma hora, Ione largou a colher de pau dentro da panela, deu uma olhada rápida no carrinho, certificando-se de que Diana dormia, e correu para a sala. Encontrou Tália caída no chão, tendo ao lado um pedaço de papel meio amarelado. Com muita dificuldade, conseguiu erguê-la e deitá-la no sofá. Experimentou-lhe a testa: estava ardendo em febre. Mais que depressa, correu ao telefone e discou o número do médico.

Meia hora depois, ela já estava em sua cama, medicada e descansando.

— O que ela tem, doutor?

— Ela está com febre muito alta, e a respiração está falha. Creio que seja uma gripe muito forte, que inspira cuidados.

— Meu Deus do céu! Eu bem que percebi e a avisei, mas Tália não me deu importância. E olha que ela já teve duas pneumonias.

— Mais um motivo para se cuidar. Não quero que ela saia para nada nem que se levante da cama. Recomendo repouso absoluto. Qualquer coisa, é só me chamar.

— Obrigada, doutor.

Depois que ele saiu, Ione foi sentar-se numa poltrona perto da cama de Tália, acomodando Diana no bercinho ao lado. Na mesinha de cabeceira, colocou a carta que encontrara caída, mas não lera, sem desconfiar de que estava ali o motivo da enfermidade da amiga. Honório chegou por volta das dez horas e estranhou o silêncio que imperava na casa. Levou sua mala para cima e, ao abrir a porta do quarto, espantou-se com o que via.

— Mas o que foi que houve aqui?

— Não sei, seu Honório — foi a resposta de Ione, que se levantou sussurrando. — Já chamei o doutor, e ele a examinou e medicou. Disse que ela está com uma gripe muito forte e devemos tomar cuidado. Ela já teve duas pneumonias! Eu disse que ela estava com cara de doente e devia se cuidar, mas ela não quis me ouvir. O senhor sabe como Tália é teimosa, não escuta ninguém. Brinca com a saúde...

— Está bem, Ione — cortou ele. — Obrigado.

— Ah! E também achei esse papel aí, caído no chão ao lado dela. Acho que foi dona Tereza que o deixou cair.

— Dona Tereza esteve aqui?

Ione assentiu, apontando a mesinha, e Honório apanhou a carta, reconhecendo-a de imediato. Cristina a havia mostrado a ele, pedindo sua opinião sobre se deveria ou não revelar a Tália. Juntos, decidiram que o melhor seria respeitar a vontade de Mauro e não dizer nada. Honório pensou que Cristina a houvesse destruído, mas, pelo visto, ela a guardara em lugar não muito seguro, pois Tereza a encontrara e fora correndo mostrá-la à filha, num gesto cruel e vingativo, que só serviu para deixá-la doente.

— Pode deixar que cuido dela agora — disse ele a Ione. — E acho melhor levar Diana daqui. Não sabemos se o que ela tem pode ser prejudicial ao bebê.

Ione saiu do quarto levando Diana, e Honório sentou-se ao lado de Tália, acariciando seus cabelos. Dentro em breve, ela despertou. A muito custo, conseguiu fixar os olhos nele e, aos poucos, foi se lembrando de tudo.

— Honório... — balbuciou ela. — Você não sabe o que aconteceu! Mauro... Mauro... ele está vivo! Está na Itália, em Nápoles... vivendo com outra mulher.

Começou a chorar convulsivamente, e Honório a estreitou de encontro ao peito.

— Não pense nisso, minha querida — procurou consolar. — Mauro escolheu o caminho dele.

— Ele me enganou... — tornou em lágrimas. — Deixou que eu sofresse esses anos todos sem motivo. Como eu sofri por Mauro! Você sabe, Honório. Você, mais do que ninguém, sabe o quanto sofri por ele.

— Eu sei, meu amor, mas procure esquecer.

— Nunca vou poder esquecer. Os homens que conheci, os amantes que tive, o mal que fiz a você... Tudo isso porque jamais consegui aceitar o fato de que Mauro havia morrido e não pude arrancá-lo do meu coração. E, durante todo esse tempo, ele estava vivo. Vivo! Como pôde ser tão egoísta e indiferente? Como pôde esquecer assim o nosso amor?

— Não pense mais nisso, Tália, não lhe fará bem.

— Eu o amava! Por que ele fez isso comigo, Honório, por quê? Eu teria dado tudo por ele, tudo! Por que ele teve que me trair e me abandonar desse jeito?

— Eu não sei. Cada pessoa tem os seus motivos. Ele também deve ter tido os dele.

— Mas não foi justo! Ele foi mesquinho, egoísta. Só pensou nos seus sentimentos.

— Acho melhor esquecer isso, Tália. Mauro está longe, nem sabemos onde. E não vai mais voltar.

— Se eu pudesse... Mauro... minha loucura... e agora... minha filha... Honório... a Itália... a guerra terminou...

Tália começava a falar coisas sem nexo, e Honório continuou alisando os seus cabelos, tentando fazer com que ela se aquietasse. Ainda sob o efeito dos remédios, aos pouquinhos, ela foi se acalmando, até que adormeceu. Novamente, Honório sentiu o calor que emanava de seu corpo e deduziu que ela ainda devia estar com muita febre. Apanhou o telefone e ligou para a casa de Cristina, que logo atendeu:

— Alô?

— Cristina? É Honório. Tália já sabe de Mauro. Sua mãe esteve aqui hoje e lhe contou tudo. Venha assim que puder. Ela está muito doente.

Um choque percorreu a espinha de Cristina, que desligou o telefone, espantada. Como a mãe conseguira aquela carta? Será que vasculhara a sua gaveta? Sim, só podia ser isso. Cristina saíra e deixara a gaveta aberta, e Tereza não perderia a oportunidade de bisbilhotar as suas coisas. Sua vontade era de confrontar a mãe, mas estava preocupada com a irmã. Apesar de doente, Tália lhe cobraria uma explicação sobre o motivo pelo qual ela não lhe mostrara aquela carta quando a recebera. O que poderia lhe dizer?

Durante dois dias, Tália permaneceu presa ao leito, com febre alta e respiração ofegante, além de uma tosse seca, que não cedia. O médico ficou deveras preocupado, pensando em interná-la, ainda mais porque ela já havia sofrido duas pneumonias extremamente graves. A internação, contudo, não foi necessária. Após quase uma semana, a febre cedeu, e Tália começou a dar sinais visíveis de melhora. Honório, Cristina e Ione não saíam do seu lado, e apenas Tereza parecia regozijar-se com o mal que lhe causara.

— Não sente remorso pelo que fez, mamãe? — indagou Cristina, logo depois do ocorrido, mal contendo a raiva.

— Você é que devia se sentir culpada por lhe esconder a verdade. Eu só quis ajudar.

— Tália pode até morrer. Como vai se sentir se isso acontecer?

Tereza conteve o ímpeto de dizer: "satisfeita", e não respondeu, dando de ombros e se afastando.

Quando Tália despertou, Ione tratou logo de preparar-lhe uma refeição nutritiva e fortificante, pois ela estava muito fraca e pálida. Tália tomou toda a sopa de legumes que Ione lhe oferecera e se sentia um pouco mais fortalecida. Já conseguia falar. Esperou até que Cristina e Honório estivessem juntos no quarto, encarou-os em dúvida e começou a questionar, não sem esconder sua raiva e indignação:

— Por que não me contou?

— Eu não podia — sussurrou Cristina, envergonhada feito uma criança surpreendida em sua arte. — Mauro me pediu...

— Mauro lhe pediu? E desde quando você faz o que Mauro manda?

— Não se trata de mandar. Eu só achei que revelar a verdade não lhe traria nenhum benefício.

— Eu não teria perdido o meu tempo chorando a sua morte. Mas que morte? Enquanto eu estava aqui, sofrendo feito louca, sentindo que o mundo havia despencado sobre a minha cabeça, ele estava lá, de férias permanentes em Nápoles, refestelando-se na cama de uma vadia italiana!

— Não fale assim, Tália. A moça salvou-lhe a vida.

— Pois devia tê-lo deixado morrer! Preferia que ele estivesse morto a vê-lo nos braços de outra mulher.

— Tália! Que horror! Não diga uma coisa dessas, você pode se arrepender.

— A única coisa de que me arrependo foi de ter perdido o meu tempo chorando por aquele ingrato.

— Por que não deixamos isso para lá? Mauro se foi, não vai mais voltar.

— Sim, ele se foi. Foi-se porque era mesmo um covarde! Não soube conviver com o meu sucesso. Como se eu estivesse lhe cobrando alguma coisa, como se isso fosse importante para mim — parou abruptamente e apontou o dedo para Cristina, rilhando os dentes: — E você...! Você compactuou com ele, deu cobertura a essa sem-vergonhice.

— Eu? Mas que disparate! Só soube disso anos depois.

— E deveria ter-me contado. Deveria ter-me mostrado aquela maldita carta!

— Para quê, Tália? Para fazê-la sofrer ainda mais?

— Ao contrário. Para acabar com o meu sofrimento, para tirar-me da ilusão. Sofri durante anos pela morte de um homem que está vivo e feliz ao lado de outra mulher. Acha isso justo?

Um clarão penetrou pela janela, e Tália aproximou-se, os olhos fixos nos relâmpagos que caíam ao longe. Trovões começaram a espocar a distância, e logo desabou uma chuva torrencial, com ventos fortes sacudindo as venezianas. Tália ficou olhando a chuva batendo no vidro e sentiu imensa tristeza, ao mesmo tempo que um ódio desmesurado foi crescendo dentro dela.

— Tália — interrompeu Honório que até então mantivera-se calado —, você é que está sendo injusta com a sua irmã. Ela só quis protegê-la.

— Você também sabia dessa história?

A pergunta o tomou de surpresa. Quando Cristina lhe mostrara a carta, ele não imaginara o que faria se Tália descobrisse a seu respeito e lhe cobrasse a verdade não revelada. Não queria se envolver naquilo, queria mesmo nunca ter posto os olhos naquele maldito papel. Mas Cristina lhe mostrara, e agora Tália lhe cobrava uma atitude, uma resposta convincente sobre o motivo que o levara a não lhe falar de sua existência.

— Tália — começou ele, tentando escolher as palavras —, gostaria que você entendesse...

— Você sabia! — afirmou ela, ante a sua reação evasiva. — Esse tempo todo, você sabia e me ocultou a verdade.

— Tália, nós só estávamos tentando protegê-la — ponderou Cristina, quase em desespero. — Não era para você saber da existência dessa carta.

— Se não era para eu saber, por que então você não a destruiu? Por que a deixou intacta, para cair nas mãos de mamãe e servir-lhe de arma para me atingir?

— Não era isso que eu queria... Jamais poderia imaginar que ela...

— Saiam daqui — ciciou ela, o ódio preso nos dentes trincados. — Saiam daqui, os dois! — berrou, por fim.

— Tália, escute — Cristina insistia.

— Vão embora! Saiam da minha casa, seus traidores, falsos, hipócritas!

— Acalme-se, Tália — falou Honório, tentando segurá-la.

— Não me toque! Jamais se atreva a colocar as mãos em mim outra vez! Odeio vocês, odeio! Saiam daqui!

A gritaria foi tão grande que atraiu a atenção de Ione, que estava no quarto ao lado, fazendo Diana adormecer. Ela veio correndo para ver o que estava acontecendo e se surpreendeu com a aparência de Tália. A palidez de antes cedera lugar a um rubro de ódio tão intenso que Ione se assustou.

— Meu Deus, Tália, o que foi que aconteceu? — indignou-se ela, aproximando-se da amiga.

— Mande-os sair! Os dois! Tire-os daqui, Ione, faça-os ir embora!

Ela olhou para Cristina e para Honório, atônita, ainda sem entender o que havia acontecido.

— Acho melhor vocês irem embora — balbuciou ela, sem saber bem o que fazer. — Tália está nervosa...

— Saiam, saiam! — continuava Tália a gritar, as mãos apertando os ouvidos, como se não quisesse mais escutar nada que viesse deles.

Certos de que a presença deles ali só serviria para irritá-la ainda mais, Cristina e Honório fizeram a sua vontade e saíram. Tália espumava, de tanto ódio. Seu amante e sua irmã, as duas pessoas em quem ela mais confiava, davam-lhe friamente uma punhalada pelas costas, causando-lhe uma dor da qual nunca poderia se curar.

— O que foi que houve, Tália? — indagou Ione espantada, logo depois que eles saíram.

— Eles me traíram, Ione. Você sabia?

Ione meneou a cabeça, e Tália se agarrou a ela, deixando que as lágrimas lhe lavassem a alma, enquanto os soluços sacudiam seu corpo debilitado. Ione sentiu o calor que partia dela e colocou a mão em sua testa.

— Você está com febre de novo. Venha deitar-se.

Mas Tália se desvencilhou e correu para o armário. Apanhou a mala e, ao acaso, foi colocando umas roupas dentro dela.

— O que está fazendo? — prosseguiu Ione, perplexa. — Aonde pensa que vai?

— Preciso sair... Não posso mais ficar nessa casa. Sinto-me sufocada.

— Mas você está doente. E está chovendo torrencialmente.

— Chuva não mata ninguém.

— Mata, sim. Ainda mais no estado em que você está.

Ione aproximou-se, tentando impedi-la de arrumar a mala.

— Deixe-me, Ione! — gritou colérica. — Não se meta na minha vida!

Terminou de jogar as coisas dentro da mala e empurrou Ione para o lado bruscamente. A moça caiu no chão e fitou Tália terrivelmente assustada. Jamais a vira com tanto ódio nem nunca fora tratada com tamanha agressividade. Tália olhou-a, hesitando entre o arrependimento por tê-la empurrado e o desejo de sumir dali.

— Sinto muito — lamentou-se e saiu.

Nem parou para ver a filha. Passou a mão na mala e desceu as escadas como uma bala, saindo para a rua feito louca. A chuva atingiu-a em cheio, e um arrepio lhe percorreu o corpo quente de febre. Estava frio, e ela começou a tremer. Foi caminhando debaixo daquele temporal, até que um táxi parou adiante para que um passageiro saltasse. Ela correu o máximo que pôde, gritando e agitando os braços. O motorista a viu pelo espelho e aguardou. Tália entrou apressada, molhando o estofado do automóvel.

— Para onde, madame? — perguntou ele meio contrariado, vendo o estrago que ela estava fazendo em seu banco.

— Para a rodoviária.

Seguiram em silêncio até a estação. A chuva havia diminuído um pouco, e ela, apesar do enorme cansaço, conseguiu saltar com relativa facilidade e caminhar até o guichê, onde comprou uma passagem para Belo Horizonte. Estava tão ensopada e despenteada, que ninguém a reconheceu. Apanhou o bilhete e ainda teve que esperar quase uma hora até que o ônibus partisse.

Em Belo Horizonte, o tempo não estava melhor. Parecia mesmo que chovia mais ali do que no Rio de Janeiro. Tália saltou do ônibus e apanhou outro até o vilarejo. De lá, conseguiu uma carona na caminhonete de um fazendeiro, que a conduziu até a estradinha que levava ao sítio, de onde ela seguiu a pé embaixo da chuva e arrastando a mala na lama.

Quando finalmente conseguiu chegar, estava exausta, ardendo em febre e com uma tosse rouca e insistente. Tália subiu a pequenina escada que levava ao andar de cima do chalé e atirou-se na cama, vestida e molhada como estava.

Na mesma hora, caiu num sono profundo. Teve sonhos estranhos, com Mauro e uma mulher loura e linda, que lhe dizia:

— Este é o meu homem, Tália. Lembra-lhe alguém?

Depois Mauro se transformou na mãe, e ela revia Tereza parada em sua sala, estendendo-lhe a carta e dizendo:

— Você não tomou o meu homem? Pois encontrou alguém que lhe tomasse o seu. É bem feito.

Em seguida, Cristina lhe apareceu, coberta por um véu esbranquiçado e chorando, agarrada a um caixão. Nele, o rosto de Mauro surgiu lívido e cadavérico, para depois se transformar no dela própria, envolto numa espécie de névoa cinzenta.

— Não, não! — ela gritava no sonho.

— Você escolheu o seu destino, Tália — Honório lhe dizia, abraçando Cristina. — E selou também o nosso.

Honório beijou Cristina no rosto, e ela, ainda no caixão, continuava gritando que não, tentando se levantar, sem conseguir. Acordou apavorada, engasgando de tanto tossir. Sentiu um gosto estranho na boca e correu para o banheiro, cuspindo sangue. Olhou ao redor, procurando ajuda, mas estava sozinha naquele sítio longínquo, onde ninguém sabia de seu paradeiro.

— Amanhã devo estar melhor — disse para si mesma, voltando a se deitar e cobrindo-se até o pescoço.

Dormiu a noite toda, sonhando as coisas mais estranhas. Quando amanheceu, a febre ainda não havia cedido, e ela sentiu uma dor lancinante no peito. Estaria de novo com pneumonia? Ou a febre teria evoluído para algo pior? Resolveu não pensar naquilo. Fosse o que fosse, acabaria depois do repouso. Tornou a adormecer e dormiu o dia inteiro, só se levantando de vez em quando para ir ao banheiro e beber água.

Sentia muita sede, mas descer as escadas era algo penoso e extremamente cansativo, e ela levou uma moringa com água para o quarto. Mas, após algum tempo, a moringa secou, e a fadiga extrema a impediu de descer novamente, de forma que deixou de beber água. Permaneceu deitada, procurando respirar mansamente para que o peito não doesse muito. Depois de algum tempo, um leve torpor começou a espalhar-se pelo seu corpo, e suas pálpebras mal conseguiam se levantar. O sono se aprofundava cada vez mais, e ela passou a ter menos momentos de consciência. Abria os olhos de vez em quando, para tornar a fechá-los logo em seguida, porque até esse esforço estava se tornando penoso demais para ela suportar. Até que, na manhã do terceiro dia, seus olhos não se abriram mais.

# 24

Tália abriu os olhos no mundo espiritual, sentindo o rosto úmido pelas lágrimas que por ele desciam. Olhou ao redor e reconheceu o quarto branco da pequenina casa com jardim que ocupava na cidade astral em que vivia. Aquelas lembranças eram tão dolorosas que ela, voluntariamente, optara por não mais tê-las. Mas não podia apagar sua vida para sempre, porque aqueles fatos realmente tinham acontecido, e não havia meios de fugir à realidade do que vivera.

Estava assim chorando e refletindo quando ouviu uma leve batida na porta, e Sílvia entrou com um sorriso confortador:

— E então, minha querida? — perguntou ela, abraçando Tália com carinho. — Sente-se melhor?

— Estou muito triste.

— Por isso vim até você. Senti em meu coração a tristeza que emana do seu.

— Não queria que as coisas tivessem acontecido daquele jeito.

— Foi o jeito que você escolheu. Desistiu da vida porque não pôde suportar suas próprias escolhas.

— Por quê, Sílvia? Por que não pude ser feliz?

— Quer se lembrar de sua vida anterior?

— No momento, não. Estou ainda muito abalada para enfrentar uma outra realidade que deve ter sido bem mais dura do que esta.

— Você é quem sabe. Não se apresse, faça as coisas do seu jeito e a seu tempo. Mas lembrar-se de sua encarnação anterior vai ajudá-la a compreender os sofrimentos desta.

Tália enxugou os olhos e apertou a mão de Sílvia.

— O que aconteceu depois, Sílvia? Depois que eu morri?

— Você não sabe? — ela meneou a cabeça. — Bem, durante muito tempo, Honório e Cristina empenharam-se em encontrá-la. Contrataram os melhores detetives da época, checaram hospitais, aeroportos, o necrotério e tudo o mais que você possa imaginar. Ficaram desesperados. Mas você havia se enfurnado naquele sítio, que comprara usando seu verdadeiro nome, e nenhum detetive do mundo pensaria em procurá-la num vilarejo esquecido no interior de Minas Gerais. Você sempre foi uma mulher glamourosa, amante das festas e dos eventos sociais, e nunca passou pela cabeça de ninguém que você tivesse se retirado para um lugar reservado e desconhecido. Por outro lado, a população local jamais ouvira falar em Maria Amélia Silveira Matos, e mesmo Tália não era muito conhecida por lá.

— Mas eles não me encontraram. O que foi que passou pela cabeça deles então?

— Que você havia abandonado tudo. Ninguém pensou que você estivesse morta, porque o seu corpo não apareceu em lugar nenhum. Pensaram até que você havia partido para a Itália em busca de Mauro, mas seu nome não constava das listas de embarque de navios ou aviões. Seu passaporte, ademais, continuava na gaveta em que você o guardara, logo, todos deduziram que você não saíra do país.

— Eu estava morta, e eles desistiram de me encontrar...

— Depois de muito tempo, continuaram com suas vidas. A pequena Diana precisava de cuidados, e Cristina se desvelava para tomar conta dela, com a ajuda de Honório. Até que, um dia, vendo a dedicação de ambos, Ione achou que não era justo esconder-lhes a verdade e, quebrando a promessa que lhe fizera, contou aos dois que Honório era o pai da menina.

Embora não estivesse surpresa, Tália não pôde conter um comentário de protesto:

— Ela não podia ter feito isso. Confiei-lhe o meu segredo, e ela me traiu.

— O que você queria? Que Diana crescesse órfã?

Em seu íntimo, Tália sabia que Sílvia estava com a razão e Ione não tinha outra opção a não ser contar a verdade, de forma que deixou o orgulho de lado e soltou os braços ao longo do corpo, retrucando com resignação:

— Você tem razão, Sílvia, como sempre. Eu é que não devia ter-me deixado levar pela raiva e me afastado daquela maneira — Tália respirou fundo e continuou, num sussurro: — E depois?

— Você nem pode imaginar a felicidade que Honório sentiu. Ele e Cristina resolveram se casar, e Diana passou a ser criada por eles, como filha verdadeira de sua irmã.

— Cristina não teve outros filhos?

— Não. Dedicou-se exclusivamente a Diana. Infelizmente, porém, sua mãe foi viver com eles. Depois do tempo necessário para declarar você ausente, eles venderam a sua casa, e Cristina e a menina se mudaram para a casa de Honório. Só que Tereza foi junto, e você pode imaginar a influência que ela teve sobre Diana.

— Quer dizer que foi minha mãe quem a colocou contra mim.

— Exatamente. Tereza imprimiu em Diana uma imagem tão negativa de você que nem Honório, nem Cristina conseguiram desfazer.

— Pensei que Cristina ainda a ajudasse a alimentar essa imagem. Afinal, pelo que pude perceber, ela sempre foi apaixonada por Honório.

— Engano seu, minha querida. Cristina é uma alma nobre e sempre foi sua amiga. Ao contrário do que você pensa, ela só fez falar bem de você para Diana, mas, como eu disse, a imagem negativa que Tereza lhe passou foi muito forte. Ainda mais porque ela possuía um argumento incontestável:

você a havia abandonado e, provavelmente, estava feliz vivendo ao lado de outro homem. Era impossível esconder-lhe os seus excessos em termos sexuais, e Tereza relatou à neta todas as suas aventuras com os homens, o que contribuiu para que Diana visse em você a imagem da libertina, cujo exemplo jamais deveria ser seguido. O sentimento de rejeição, aliado à vergonha de ter uma mãe *vagabunda*, como Tereza dizia, alimentou o ódio que ela sente de você até hoje, mas não surgiu apenas nessa vida.

— E Eduardo?

— Se tudo correr bem, esperamos que ele possa recebê-la como filha, mais tarde.

— Eu? Filha de meu neto?

— Ele não é propriamente seu neto. Os espíritos não se ligam por laços de sangue, embora o amor que deles aflore permaneça para sempre.

— Filha de Eduardo...

— É apenas uma sugestão, que você não precisa seguir se não quiser. Mas pense nisso. Seria uma excelente oportunidade para você e para ele principalmente. Não gostaria de ajudá-lo?

— Gostaria, é claro. Ainda mais porque sei quem ele foi e o quanto sofreu nas mãos de minha mãe.

— Ele não sofreu nas mãos de ninguém, senão nas de si mesmo. Ele e Tereza têm muitas coisas a acertar, mas nessa vida não será possível. Sua mãe precisa ainda amadurecer antes de voltar.

— Por falar nisso, onde ela está?

— Infelizmente, sua mãe desencarnou com o coração cheio de ódio e ressentimentos, tanto de você quanto de Raul. Não se encontra numa situação muito boa nesse momento, embora esteja pronta para ser resgatada.

— Resgatada? Por quê? Ela está no astral inferior?

— Exatamente. Desde que tudo isso começou, com a descoberta de seu corpo por Eduardo, parece que Tereza também sentiu e passou a pensar em vocês insistentemente. Está com medo e cansada do sofrimento que ela mesma se impôs.

— Por quê? Ela foi escravizada?

— Escravizada por suas próprias culpas. Mas, antes de irmos ao seu encontro, gostaria que você fosse comigo a outro lugar. Há algumas pessoas que gostaria que você encontrasse.

Tália hesitou por alguns instantes. Sílvia a levaria direto ao encontro com o passado, e ela não sabia se estava preparada para se defrontar com aqueles que, um dia, compuseram o cenário da triste peça que fora a sua vida.

— Imagino aonde vai me levar, Sílvia. Contudo, há algo que preciso saber, antes de mais nada. Algo que durante muito tempo me atormentou, embora eu procurasse não tocar no assunto.

— Diga o que é.

— O filho que eu tive e abandonei. Onde está?

— Refere-se à criança, fruto do estupro que você sofreu?

— Sim. O que foi feito dele?

— Compreenda que ali, você foi somente um instrumento. Aquela criança era um espírito muito empedernido que pediu, desesperadamente, uma oportunidade para reencarnar.

— Pediu para ser fruto de um estupro? Para ser rejeitado e abandonado pela mãe? Por que alguém faria isso?

— Você não faz ideia da quantidade de espíritos que suplicam por uma nova oportunidade. Alguns estão tão desesperados para voltar à vida na carne que aceitam as formas mais violentas e degradantes, aos olhos do mundo, de renascer. Digo aos olhos do mundo porque para nós, espíritos desencarnados conscientes das dificuldades e necessidades de muitos seres reencarnantes, é honroso e digno de respeito o desprendimento de mulheres que cedem o seu corpo para auxiliar os mais empedernidos, que não encontram pais amorosos que os queiram receber. Por isso, todo nascimento é sagrado, ainda que pareça, a princípio, provir de um gesto vil e odioso como o estupro.

— E quem o criou? — perguntou Tália, admirada.

— Ninguém. Ele viveu num orfanato, sozinho, como era de seu desejo.

— Oh! Sinto que fiz muito mal em tê-lo abandonado.

— Você não lhe fez mal algum. Ao contrário, fez-lhe tremendo bem. Não fosse por você, ele, muito provavelmente, não teria conseguido a oportunidade que teve. Ninguém estava disposto a aceitá-lo como filho, porque foi um espírito muito odiado no passado, e as pessoas com quem conviveu não estavam ainda prontas para assumir nenhuma responsabilidade por ele. Não se esqueça de que Deus não dá a ninguém fardo maior do que seus ombros possam suportar. Por isso, seus companheiros de jornadas passadas foram respeitados e ninguém lhes impôs a obrigatoriedade de receber um inimigo. Mas ele estava firme no propósito de voltar ao mundo e se regenerar. Você foi muito corajosa, emprestando-lhe o corpo para que ele fosse gerado.

— E ele conseguiu?

— Digamos que avançou alguns passos em sua escalada de evolução.

— Fico feliz... Apesar de tudo, Sílvia, ele foi meu filho.

— Quer vê-lo?

— Ele está vivo?

— Sim, está. Casou-se e hoje já é avô.

— Gostaria de conhecê-lo, se possível.

No mesmo instante, Sílvia e Tália se transportaram para uma casa simples, onde parecia ser um subúrbio da cidade de São Paulo. Sentado em uma cadeira de balanço, um velhinho de seus setenta e poucos anos contava histórias a um menino de cerca de cinco.

— É ele? — indagou Tália, emocionada.

— Sim. Ele é funcionário público aposentado e, embora tenha auferido renda de algumas propinas e subornos, não é de todo mau. Foi irresponsável e inconsequente, mas conseguiu, ao menos, manter-se dentro de um padrão de razoável retidão de caráter, dentro daquilo que se esperava dele. Pode parecer estranho, sabendo-se que ele foi um tanto quanto corrupto, mas, em vista do que foi anteriormente, pode-se dizer que evoluiu em muitas coisas, e seria exigir demais que alguém tão comprometido se recuperasse de todos os seus desequilíbrios em apenas uma vida.

Tália aproximou-se dele e fitou o seu rosto enrugado, admirando ainda a criança em seu colo. Eram pessoas de quem nada sabia e com quem jamais se relacionara, mas sentiu-se grata por ter, de alguma forma, contribuído para o seu progresso. Ele não lhe registrou a presença, embora a criança houvesse percebido algo estranho no ar.

— Vamos embora, Sílvia. Já vi o bastante e não quero perturbar o menino.

Em um piscar de olhos, já estavam de volta à casa de Tália, que sentiu como se lhe tirassem enorme peso dos ombros.

— Sinta-se gratificada por isso, Tália. Foi um gesto muito nobre o que teve para com aquele espírito desconhecido e estranho para você.

Ela sorriu satisfeita, sentindo a alma fortalecida pela elevação que só as atitudes dignas são capazes de gerar.

— E agora? — indagou. — Para onde é que vamos?

— Vamos a uma reunião onde nos esperam.

Novamente, com a velocidade de um pensamento, viram-se em uma ampla sala redonda, rodeada por uma bancada coberta de flores brancas. Uma suave luz azul se derramava do alto e, no centro, alguns espíritos conversavam. Quando se aproximaram, todos se voltaram para elas, e Tália ficou olhando-os, tentando imaginar quem seriam. Alguns espíritos as cumprimentaram e se afastaram, permanecendo apenas duas senhoras banhadas pela luz azul.

— Não nos reconhece? — falou uma delas, estendendo as mãos para Tália.

— É porque ela não nos viu envelhecer — observou a outra, aproximando-se também.

Na mesma hora, as feições de ambas se transformaram, e elas reassumiram a forma que tinham quando jovens, como da última vez em que Tália as vira.

— Cristina! Ione!

Trêmula de emoção, Tália atirou-se nos braços das duas, e elas permaneceram enlaçadas por alguns instantes, deixando que a emoção fluísse de um a outro coração.

— Não acredito! — prosseguiu Tália. — Depois de tanto tempo...

— O tempo aqui não passa de uma ilusão, minha querida — observou Cristina. — Para nós, foi ontem a última vez que nos vimos.

— Perdoem-me — falou Tália, a voz embargada. — Não fui justa com vocês, principalmente com você, Cristina, a irmã que sempre me amou e eu jamais pude compreender.

— Isso não é verdade. Ajudou-me quando eu mais precisei.

— E você, Ione? Não sabe o quanto me arrependi daquele empurrão que lhe dei.

— Aquilo? Não foi nada.

— Você sempre foi minha amiga.

— Fui não. Sou. Sempre fomos, Cristina e eu.

— É verdade — concordou Cristina. — Desde que desencarnamos, sempre perguntamos por você. Mas sabíamos que você não queria contato com o passado e respeitamos a sua vontade, embora muito quiséssemos reencontrá-la.

— Sílvia dizia que você logo sairia de seu retiro e viria nos procurar — completou Ione. — E ela tinha razão.

— Fico muito feliz em vê-las — disse Tália. — Há tantas coisas que temos para conversar! Quero saber como foi depois que eu desencarnei. Minha filha, meu neto, tudo.

— Com calma, nós lhe contaremos — tranquilizou Cristina.

— Faz muito tempo que estão aqui? — quis saber Tália.

— Estou aqui há nove anos — esclareceu Ione. — E Cristina, há seis.

Tália sorriu satisfeita e abraçou-as novamente.

— Mas que alegria ver vocês de novo! — exclamou. — Não sei o que deu em mim para ficar tanto tempo escondida de todo mundo.

— Você sempre foi um espírito arredio, Tália. Amadureceu a seu tempo, como todos nós.

As três estavam realmente felizes. Sentaram-se e passaram o resto do dia falando sobre os velhos tempos, e Tália se admirava com as coisas que Cristina e Ione iam lhe narrando. Ao cair da noite, despediram-se, com promessas de se reencontrarem mais vezes para conversar. Eram como amigas que se haviam separado na juventude e se reencontravam anos depois, cheias de saudades e confissões a revelar.

Depois desse encontro benfazejo, Tália resolveu procurar novamente o neto. Sentia-se responsável por ele e queria muito ajudá-lo. Encontrou-o sentado diante de seu chefe, que o advertia severamente:

— Você sabe o quanto admiro o seu trabalho, Eduardo, mas, francamente, não sei o que está acontecendo.

— Não está acontecendo nada.

— Você anda relaxado, relapso, chega sempre tarde e deixa o serviço pela metade. Está com algum problema que não queira me contar?

— Problema nenhum. Eu apenas ando meio cansado, é só.

— Quer tirar uns dias de licença?

— Eu posso?

— Tudo se resolve. Você e Márcio são os meus melhores economistas. Não posso prescindir de nenhum dos dois. — O nome *Márcio* encheu-o de ódio, que o chefe logo percebeu. — Está acontecendo alguma coisa entre vocês dois?

— Entre mim e Márcio? Não, nada.

O chefe apenas balançou a cabeça, sem dizer nada. Não queria se meter nos problemas pessoais de seus empregados, mas também não podia permitir que isso interferisse no desenvolvimento da empresa. Por isso, achou melhor dar uma semana de folga a Eduardo, para que ele descansasse. Se, quando voltasse, continuasse daquele jeito, chamaria novamente a sua atenção e, se de todo ele não se modificasse, não veria outro jeito senão dispensá-lo. Não era isso que queria, mas não podia correr o risco de comprometer o bom nome de sua empresa.

Quando ele saiu da sala do chefe, estava espumando de raiva. Tudo por culpa de Márcio! Apanhou o paletó e saiu. Ganhara uns dias de folga e pretendia aproveitá-los da melhor forma possível. Parou num bar na esquina, sentou-se a uma mesa de frente para a rua e começou a beber. A seu lado, sombras escuras o abraçavam, sorvendo a essência do álcool que ele ingeria. Quanto mais bebia, mais liberava seus sentimentos de ódio e ciúme, pensando no quanto seria prazeroso acertar um soco na cara de Márcio. Os espíritos ao seu redor se compraziam com essas ideias, incutindo-lhe outras ainda menos dignas, soprando absurdos sobre o relacionamento de Márcio e Gabriela.

"Aqueles safados!", — pensou. "Traindo-me descaradamente. Mas isso não vai ficar assim. Eles vão ver só uma coisa, ah, se vão!"

Quanto mais dava vazão a esses pensamentos, mais os espíritos se satisfaziam, rindo e gargalhando, abraçados a ele. Como Eduardo escolhera um bar perto do trabalho, não tardou muito até que Márcio surgisse em seu campo de visão, indo em direção a um restaurante do outro lado da rua. Enquanto esperava para atravessar, Márcio avistou Eduardo no bar e sentiu um impulso de ir ao seu encontro. Corria o risco de ser destratado, mas Márcio estava muito preocupado com o amigo. Ouvira o chefe dizer que, se ele não se emendasse, seria mandado embora, o que o deixara alarmado. Por isso, mesmo sabendo do risco que corria, mudou de caminho e aproximou-se da mesa de Eduardo.

— Oi, Edu — cumprimentou. — Posso sentar-me com você?

— Não. Esse lugar está ocupado.

Embora Márcio não visse ninguém, havia, efetivamente, três espíritos sentados nas cadeiras ao redor da mesa, que soltaram uma gargalhada estridente ao ouvir a desculpa de Eduardo.

— Tudo bem, Edu, você é quem sabe. Gostaria apenas de alertá-lo: o chefe está muito aborrecido com você. Trate de melhorar a conduta ou você vai ser mandado embora.

— É isso mesmo que você quer, não é? Já me roubou a garota. Quer agora também o meu lugar na empresa.

— Não lhe roubei garota alguma e não preciso do seu lugar. Estou bem posicionado na empresa, ocupo o mesmo cargo que você. Não tenho motivos para cobiçar o que é seu.

— Mentira! Sabe que sou melhor do que você e terei uma promoção em breve. E é isso o que você quer, não é? Ser promovido no meu lugar.

— Do jeito que você vai, a única promoção que vai conseguir é para desempregado.

Eduardo não aguentou mais. Deu um salto da cadeira e acertou Márcio na boca, que cambaleou e caiu por cima da mesa de trás. Na mesma hora, as pessoas acorreram, e os dois foram separados.

— Cachorro! — vociferou Eduardo. — Ainda se atreve a vir aqui para me provocar e insultar!

— Estava apenas tentando ajudá-lo — retrucou Márcio, passando a mão pelos lábios feridos. — Mas, agora, quero que você se dane. Quer se destruir? Pois que se destrua, não é problema meu.

Virou as costas e saiu, pensando na justificativa que apresentaria no trabalho para explicar aquele corte nos lábios. Se dissesse que Eduardo o acertara, o chefe ficaria ainda mais furioso e poderia até despedi-lo na mesma hora. Achou melhor não voltar à empresa. Apanhou o celular e ligou, avisando que tinha um assunto urgente para resolver.

Enquanto isso, Eduardo remoía o seu ódio, lamentando não tê-lo espancado até que desmaiasse. Irritado, pagou a conta e saiu, já cambaleante. Entrou no carro aos tropeções e foi para casa, dirigindo de forma temerária e irresponsável, só não causando nenhum acidente porque os espíritos que o acompanhavam não tinham interesse em vê-lo morto ou limitado pela cama do hospital. Queriam-no saudável e livre para que pudessem continuar se beneficiando de suas vibrações de ódio e, sobretudo, da bebida que ele inadvertidamente e sem saber lhes oferecia.

Em casa, Diana levou um susto quando o viu entrar, bêbado, àquela hora do dia.

— O que foi que houve com você? — indagou perplexa, amparando-o para que ele não desabasse no meio do corredor. — Foi despedido?

— Não. O chefe me deu uma semana de licença.

— Por quê?

Ele a olhou confuso, tentando enquadrá-la em seu campo de visão, e respondeu com voz pastosa:

— Sei lá... Vai ver, está a fim de mim...

— Eduardo, isso não é brincadeira! Por que o chefe lhe daria uma licença se você nem doente está? — Apertou as sobrancelhas e prosseguiu com desconfiança: — Ou será que está e não quer me dizer? É isso, meu filho? Você está doente? Não andou se metendo em nada de ruim, não é? Quero dizer, não tem se drogado nem nada, tem?

— Não... Pode me fazer um favor, mamãe? — Ela assentiu. — Não me amole.

A fala dela o estava irritando, e Eduardo entrou no quarto, batendo a porta com fúria. Diana ficou parada no corredor, sem saber o que fazer. Pensou em telefonar para o marido, mas não queria ter que aturar o seu ar de superioridade, como se lhe dissesse com o olhar: *Viu? Eu não lhe falei?*

Não foi preciso que Diana contasse nada a Douglas. Tália e Sílvia já haviam ido ao seu encontro, e Sílvia tratou de lhe inspirar a sugestão de que procurasse o centro espírita novamente. Douglas consultou o calendário sobre a mesa: era quinta-feira e naquele dia, não havia sessão. Mesmo assim, resolveu tentar. Ligou para a casa de Gabriela e conseguiu falar com sua irmã.

— Sei que hoje não é dia de sessão — disse ele em tom de desculpa —, mas sinto que preciso fazer alguma coisa por Eduardo. Ele não está nada bem.

— Vou ver o que posso fazer, doutor Douglas — prometeu Eliane. — Vou tentar falar com seu Salomão e já lhe retorno a ligação.

Meia hora depois, ligou de volta, e Douglas atendeu rapidamente.

— Consegui encontrá-lo ainda no trabalho — ela foi logo dizendo. — Ele disse para o senhor levar Eduardo lá hoje à noite, que ele irá atendê-lo.

— Levar Eduardo? Como conseguirei isso?

— Acha que ele vai se recusar a ir?

— Tenho certeza.

— Então vai ser um pouco mais difícil ajudá-lo. De qualquer forma, seu Salomão já previu essa possibilidade e pediu que o senhor fosse, mesmo assim. Ele vai contatar alguns médiuns e vamos fazer uma irradiação especial para ele.

— Você estará lá?

— Sem dúvida.

— Obrigado, Eliane. Você é uma boa moça.

Vinte minutos antes da hora aprazada, Douglas já havia chegado ao centro. As portas estavam fechadas, e ele teve que esperar cerca de quinze minutos até que Salomão aparecesse.

— Boa noite, seu Salomão — cumprimentou Douglas, quando o viu abrir o portão. — Obrigado por me receber.

— Não precisa me agradecer. Sinto-me responsável pelo que aconteceu a seu filho. Devia ter ficado de olho em Janaína.

— O senhor não tem culpa de nada. Não pode se responsabilizar pelo que os outros fazem.

— De qualquer forma, quero ajudar o seu filho. E hoje percebo que Janaína também precisa de ajuda. Talvez, se eu tivesse permitido que ela ingressasse no corpo mediúnico, ela tivesse melhorado com a doutrina e modificado seu comportamento. Talvez até estivesse ajudando as pessoas com sua terapia de vidas passadas, encaminhando-as inclusive para o tratamento espiritual necessário. Mas, da forma como agi, apenas provoquei a sua raiva e a deixei presa na ignorância, quando é meu dever esclarecer as pessoas sobre as verdades do espírito. Por isso, não se iluda, doutor Douglas. Também tenho minha parcela de responsabilidade nesse caso. Cabia a mim, que tenho mais conhecimento espiritual, orientá-la no caminho do bem, e não mandá-la embora, como se estivesse extirpando uma erva daninha de meu intocável jardim. Tomei o caminho mais fácil, meu amigo, que nem sempre é o mais acertado.

Douglas apenas assentiu e entrou no centro. Pouco depois, alguns outros médiuns apareceram, inclusive Eliane, que vinha acompanhada de Gabriela. Sentaram-se todos ao redor da mesa, e Salomão iniciou a sessão com uma prece de auxílio. Em seguida, pediu a Douglas que escrevesse o nome e o endereço de Eduardo e o colocasse no centro da mesa.

— Agora, doutor Douglas — disse Salomão —, quero que o senhor mentalize o rapaz. Procure não pensar em mais nada. Concentre-se apenas nele.

A concentração é algo realmente difícil, mas Douglas conseguiu, mesmo com algumas interferências, fixar o pensamento na figura do filho. Todos os médiuns permaneciam em silêncio, e nada acontecia ao redor da mesa.

Em casa, porém, o assunto era outro. Eduardo de repente sentiu um estranho calafrio percorrer-lhe a espinha, e uma inexplicável sonolência se apoderou dele. Estava se preparando para sair e tomar mais alguns drinques com os amigos, mas o sono o dominou por completo, e acabou se deitando na cama para descansar por uns poucos minutinhos. Em breve, adormeceu, permanecendo seu corpo fluídico adormecido junto com ao corpo físico.

Os espíritos a seu lado não entenderam nada. Estavam todos animados com a perspectiva de mais uma noite de bebedeiras e ficaram furiosos com a inoportuna sonolência de Eduardo.

— Isso lá são horas de dormir, rapaz? — reclamou um deles, bastante irritado. — Levante-se daí, vamos! Estamos com sede.

Uma gargalhada geral ecoou pelo ambiente, até que todos se calaram assustados. Do lado da janela, uma luz esbranquiçada começava a penetrar. Deu uma volta pelo ambiente e terminou pairando sobre a cama de Eduardo, para depois envolver todo o seu corpo com um brilho cada vez mais intenso e radiante.

— Que diabos é isso? — indagou outro espírito, entre surpreso e estarrecido.

A luz continuava envolvendo o corpo de Eduardo, até que começou a se irradiar por todo o quarto, atingindo o peito de alguns espíritos como um jato de luz cristalina. Os espíritos sentiram como um choque elétrico, e muitos saíram correndo, disparando pelas paredes, apavorados com o banho de luz a que eram submetidos involuntariamente. Os poucos que permaneceram, devagar, começaram a perceber a entrada de alguns espíritos armados, que deles foram se aproximando com ar pouco amistoso. Ao lado de Eduardo, um espírito manipulava a luz que se derramava sobre ele, embora invisível aos olhos dos seres das sombras.

— O que vocês querem? — indagou o que parecia ser o chefe.

— Temos ordens de levá-lo — respondeu um dos visitantes.

— Para onde?

— Você vai ver.

— E se eu não quiser ir?

— Então, teremos que amarrá-lo.

— Por que eu?

— Você não é o líder aqui?

— Como é que você sabe disso?

— Olhe, companheiro, sei tão pouco quanto você. Nós apenas recebemos e cumprimos ordens. É a nossa maneira de nos quitarmos com o mundo.

— A quem vocês obedecem?

— Àqueles que nos são superiores. Espíritos iluminados que nos incumbem das tarefas mais árduas e difíceis. Então? Como é que é? Vai nos acompanhar voluntariamente ou teremos que levá-lo amarrado?

Fez um gesto para os outros espíritos que o seguiam, e o líder percebeu que todos portavam armas e cordas. Os outros aliados das trevas, vendo a superioridade dos que chegavam, acabaram por debandar, deixando o chefe sozinho com eles.

— Está certo, companheiro. Não precisa usar de violência, não. Vou segui-los na santa paz.

Em uma fração de segundos, estavam todos no centro, e o espírito se assustou ao reconhecer Douglas e Gabriela ali entre eles. Só então percebeu o que estava acontecendo e quem era o mandante daquele *sequestro*. Os dois espíritos se entreolharam, e o guarda fez sinal para que o das sombras se aproximasse.

— O que está esperando?

— O quê? Não sei, não compreendo.

— Está se fazendo de tonto, é? Não sabe para que veio aqui?

Ao redor, alguns outros espíritos os observavam com olhar bondoso, inclusive os mentores da casa, que aguardavam que o guarda cumprisse o seu dever.

— Não estou entendendo...

O guarda não esperou muito. Agarrou o outro pela lapela e, a um olhar do mentor de Salomão, levou-o para perto de um dos médiuns, colando-o a ele.

— Agora fale, desembuche.

O espírito assustou-se ao sentir-se incorporado no médium, compartilhando com ele um corpo denso que há muito não experimentava. A sensação lhe foi agradável, e ele mexeu os dedos, satisfeito com o resultado: os dedos do médium como que obedeciam ao seu comando. Experimentou abrir a boca, e o médium correspondeu, para espanto seu, articulando as palavras que ele tencionava dizer:

— Boa noite — e calou-se, muito admirado ao ouvir a voz do médium falando juntamente com ele.

— Boa noite, meu amigo — respondeu Salomão. — Seja bem-vindo.

— Isso é brincadeira, é? — revidou o espírito, agora mais confiante e animado. — Como posso ser bem-vindo num lugar como esse?

— Aqui são bem-vindos todos os que necessitam de auxílio, e você, sem dúvida, precisa de muito.

— É?! — tornou com sarcasmo. — Pois olhe que nem eu sabia.

— Há muitas coisas que você não sabe, e outras que pode nos dizer.

— Não creio que nada do que eu saiba possa interessá-los.

— Engano seu. Você está liderando uma perturbação em casa de um amigo nosso que aqui está — apontou para Douglas e prosseguiu: — Por que está perturbando aquele rapaz? O que você e seus comparsas desejam com o menino Eduardo?

— Nada.

— Isso não é verdade. Vocês o estão assediando há vários meses. Por quê?

— Por quê? — ele olhou de soslaio para o guarda, parado atrás dele com ar rígido, e achou melhor responder. — Porque a mãe dele pediu.

— A mãe dele não lhe pediria para prejudicar o filho.

— Não, prejudicar, não! Ela queria afastar aquela moça da vida dele. Foi o que eu fiz.

— Fez mais do que isso.

— A coisa saiu do meu controle. O menino andou se metendo com gente da pesada, e outros espíritos foram se juntando a nós. Não pude evitar.

— Pode afastar-se dele.

— Poder, até posso. E vou, se vocês prometerem não me incomodar. Mas, quanto aos outros, nada posso fazer.

— Se você o deixar, muitos o seguirão.

— Talvez...

— E nós poderemos agir com um pouco mais de facilidade.

— Tudo bem. Se é o que vocês querem, prometo que me afasto e convenço os que me seguem a se afastarem também. É só isso? Acabou?

— Não. Interesso-me também pelo seu bem-estar.

— Olhe, moço, eu agradeço, mas ando bem. Não estou interessado em mudar de lado, se é o que quer dizer.

— Não deseja desfrutar da paz que só os espíritos que vivem na luz podem sentir?

— Não estou preparado para isso, certo? Um outro dia, quem sabe?

Salomão não insistiu. Sabia quando devia e quando não era conveniente utilizar-se da doutrina para resgatar espíritos das sombras. Aquele espírito, pelo que podia perceber, não era propriamente mau. Parecia mais alguém perdido pelo mundo, desorientado e irresponsável, seduzido pelos prazeres que a treva podia lhe dar. Não era chegado ainda o seu momento de abandonar aquele mundo e se dedicar a uma vida de orações e trabalho. Tudo precisava vir a seu tempo.

— Se é assim que deseja — arrematou Salomão —, não ocuparei mais o seu tempo. Quero apenas poder contar com a sua promessa de que vai deixar a cabeceira de Eduardo.

— Ah! Eu prometo. Já estava mesmo ficando cansado dele. Agora, quero que vocês também me prometam que não vão mais me chatear e não vão mais mandar esses gorilas para me impressionar.

— Tem a nossa palavra. No entanto, quando sentir necessidade ou vontade, basta uma pequena oração para que o atendamos. Lembre-se de que hoje conquistou novos amigos que se interessam por você.

O espírito ficou emocionado com a sinceridade na voz de Salomão. Era a primeira vez, desde que desencarnara, que ouvia alguém dizer que era seu amigo.

— Olhe, agradeço muito o seu interesse. Muito mesmo. Estou tocado com as suas palavras, mas, por ora, não me sinto digno da amizade que me oferecem. De toda sorte, a promessa está feita, e eu não vou mais perturbar o rapaz. Confio também na sua palavra e sei que não vão tentar me prender nem me forçar a uma conversão. Posso ir agora?

— Vá em paz, e que a luz de Deus esteja sempre a seu lado e dentro de você.

O médium abriu os olhos lentamente. Lembrava-se de tudo o que havia acontecido e estava satisfeito com o resultado alcançado.

— Sente-se bem, Daniel? — perguntou Salomão, e o rapaz assentiu. — Muito bem. Tivemos uma grande vitória hoje. Melhor do que a esperada. O espírito que aqui esteve parece ser o chefe da malta que acompanha seu filho, doutor Douglas, e está disposto a colaborar. Se ele sair do lado do rapaz, tenho certeza de que muitos o seguirão.

Douglas pigarreou e falou meio espantado:

— Perdão, seu Salomão. Disse que ele é o chefe da malta. Quer dizer que há outros?

— É o que parece.

— Mas por quê?

— Não o ouviu dizer que estava atendendo a um pedido?

— Sim...

Douglas não sabia o que pensar. Compreendia que fora Diana quem evocara a presença daqueles espíritos, o que acabou facilitando o acesso de muitos outros.

— Mas por que isso aconteceu? — era Gabriela. — Edu sempre foi um bom rapaz. Será justo que fique à mercê de espíritos dessa natureza, que o fazem beber e se tornar agressivo?

— Esses espíritos só estão com ele porque ele já traz em si o germe da embriaguez e da agressividade. Foi isso que os atraiu.

— Não é justo... — continuou ela. — Dona Diana fez isso para nos afastar.

— Não pense assim, minha querida — esclareceu Salomão. — Se eles conseguiram, é porque alguma coisa entre vocês abriu uma brecha para que eles pudessem agir. Do contrário, eles não conseguiriam obter nenhum sucesso.

— E agora?

— Vamos rezar e continuar fazendo irradiações para o lar de Eduardo. Se estiver nos planos para vocês, tenha certeza de que acabarão fazendo as pazes e reatando o namoro.

Terminaram a sessão com uma bonita oração, e Douglas saiu do centro sentindo o peito mais leve. Confiava em Salomão e se tornara crédulo com relação às coisas do invisível. Resolveu se instruir a respeito do assunto e comprou vários livros espíritas. Era hora de começar a aprender.

Ao chegar a casa, Diana estava recostada na cama, vendo um programa na televisão. Ela ficou observando-o entrar no banheiro e abrir o chuveiro, e desligou o aparelho, entrando atrás dele.

— Onde você esteve? — indagou, tentando controlar a irritação.

— Fui tomar um chope com amigos.

Não era verdade, e ela sabia. Douglas nunca fora de beber depois do trabalho, mas, se tivesse resolvido sair para beber naquela noite, Diana sentiria o cheiro do álcool, ainda que longínquo, e nada sentiu. Olhou-o desconfiada, pensando se ele não teria saído com alguma mulher, mas não fez nenhuma pergunta, porque o orgulho não lhe permitia demonstrações de ciúme. Voltou para a cama em silêncio e tornou a ligar a televisão, fingindo prestar atenção ao programa enquanto uma desconfiança cega começava a se alastrar por sua mente.

# 25

Em sua casa, Janaína também sentia os reflexos daquela irradiação feita para Eduardo. Ela andava amargurada, intimamente se culpando pelo que acontecera ao rapaz. Embora nada soubesse sobre os problemas pelos quais ele vinha passando, principalmente com a bebida, Janaína não podia se esquecer de como ele ficara transtornado com aquela regressão, além de se lembrar da visita que seu pai lhe fizera. Por mais que dissesse a si mesma que não era responsável por nada daquilo, no fundo sabia que deveria ter-lhe prestado assistência, dando-lhe apoio psicológico e espiritual.

O espírito que fora até sua casa lhe sugerira que voltasse ao centro espírita, mas ela se sentia envergonhada. Sabia que a irmã da namorada do rapaz integrava o corpo mediúnico e, àquela altura, provavelmente, todo o centro já estava a par do ocorrido. Como poderia encarar Salomão novamente e dizer-lhe que estava errada a respeito de seus métodos? Uma voz em seu íntimo lhe dizia que estava enganada, que Salomão a receberia com amor e cuidaria de ajudá-la, mas ela já fora recusada várias vezes e levara muitas reprimendas por causa de seus métodos de trabalho.

Quanto a Eduardo, sua melhora foi visível. Ele não despertou mais naquela noite, só acordou no dia seguinte, um pouco mais alegre e sem vontade de beber. Ainda sentia o bem-estar causado pela limpeza espiritual em seu quarto, onde se encontrava protegido. Tomou um banho gelado e vestiu uma roupa confortável, saindo para tomar café.

— Olá! — alegrou-se Diana ao vê-lo. — Como se sente hoje? Melhor?

— Estou bem, mãe, não precisa se preocupar.

— Mas eu me preocupo. E então? Não vai me contar o que aconteceu ontem?

— Não aconteceu nada. Eu ando muito cansado, e o patrão resolveu me dar uma semana de folga, para descansar. É o que dá ser bom profissional.

— Tem certeza?

— Absoluta.

Deu um beijo no seu rosto e foi tomar café, mas Diana o chamou de volta.

— O seu avô telefonou, mas eu não quis acordá-lo. Disse que você prometeu visitá-lo no domingo e não apareceu.

— Ih! Não é que eu me esqueci?

— Por que não aproveita a folga e vai até a casa dele? Sabe como seu avô se sente sozinho.

— Farei isso, mamãe.

Depois do café, Eduardo foi visitar o avô, que descansava sob uma árvore, no jardim. Ele ouviu os passos do neto e abriu os olhos, dando largo sorriso ao vê-lo.

— Até que enfim, hein? Pensei que tivesse se esquecido do velho.

Eduardo lhe deu um beijo amoroso e o abraçou com carinho. A seu lado, Tália os abraçou também.

— Diga a ele que não fui eu que o matei — ela soprou ao ouvido de Honório.

Honório não entendeu o que ela disse, mas captou-lhe a presença e, inesperadamente, puxou assunto com Eduardo:

— E as investigações sobre sua avó, como é que andam?

Eduardo franziu o cenho e respondeu acabrunhado:

— Não quero falar sobre isso.

— Você parece mudado. Antes, ficava interessado em qualquer coisa que dissesse respeito a ela. Por que agora não quer mais falar sobre ela?

— Descobri a verdade sobre o seu passado.

— Que verdade?

— Não quero falar sobre isso, vovô. Há coisas que é melhor não saber. Não lhe fará bem.

— Duvido que haja alguma coisa a respeito de sua avó que eu não conheça.

— Não sabia daquele sítio em Minas.

Tentando fazer com que Honório lhe revelasse o que conhecia da verdade, Tália insistiu uma vez mais:

— Lembra-se do que lhe contei sobre a morte de Raul? Pois então, conte a ele.

— Aquele sítio foi uma surpresa de sua avó, mas a vida dela, eu sempre conheci. Você sabia que ela foi estuprada aos treze anos de idade? Ela e sua tia-avó Cristina?

— Estuprada? — era visível a sua indignação. — Mas como? Por que nunca me contou?

— Porque não interessava. Era uma parte dolorosa da vida de Tália que você não precisava saber. Só lhe interessavam os anos de glamour, de fama, de luxo. Antes de ela se tornar uma estrela, teve uma vida muito sofrida. Tália foi uma mulher de muita coragem e fibra. Não fosse por isso, não teria chegado aonde chegou.

Aquelas reminiscências causaram o impacto esperado em Eduardo, que, movido pela curiosidade, começou a se interessar pelo assunto.

— Você pouco me contou sobre a vida dela em São Paulo. Disse apenas que ela nasceu em Limeira e foi para a capital morar com uma prima. De lá, veio para o Rio, onde alcançou sucesso e fama. Depois teve uma filha, a sua filha, minha mãe, e sumiu no mundo.

— É verdade.

— Depois disso, só o que sei são as histórias do seu sucesso, do seu amor à liberdade e à fama, dos seus casos amorosos que escandalizaram a sociedade conservadora da época.

— Ela não ligava para o que os outros diziam. Gostava mesmo de estar nos jornais, de chocar a opinião pública.

— Você só a conheceu nessa época, não foi?

— Quando eu a conheci, ela já era uma grande estrela e se tornou ainda maior sob os meus cuidados.

— Mas e sua vida antes disso? O que sabe dela?

— Tália não gostava muito de falar sobre o passado, mas Cristina me revelou muitas coisas depois que ela sumiu.

— Você conheceu a sua família? Sua mãe, seu... padrasto?

— Conheci apenas sua mãe e sua irmã, com quem me casei. Quanto ao padrasto, ele morreu antes.

— Como? Como ele morreu?

— Suicidou-se.

— Isso foi o que ela lhe contou, não foi?

— Quem me contou foi Cristina. Sua avó não costumava tocar nesses assuntos.

Ele terminou a frase com ar meio sonhador, e Eduardo silenciou.

— Não tinha motivo nenhum para matar Raul — Tália soprou ao seu ouvido. — Gostava dele, sempre foi meu amigo.

— Por que ele se suicidou? — indagou Eduardo, repentinamente.

— Por quê? Porque estava apaixonado por ela. Deixou tudo em um bilhete.

Eduardo se lembrava do bilhete, mas fingiu nada saber.

— Quem guardou esse bilhete?

— Acho que ninguém. Isso foi há muitos anos, meu filho. Nada disso tem mais importância.

Era engano seu, mas Eduardo não podia lhe dizer. Tália se aproveitara do bilhete que Raul lhe escrevera para forjar um suicídio, quando, na verdade, fora ela quem o matara. Mas por quê? Por que fizera aquilo? Só podia ser por maldade ou para vingar-se da mãe, ou para apagar a vergonha que ele levara para sua família.

Ao pensar naquele assassínio, Eduardo olhou para o avô e engoliu em seco. Ele não sabia de nada, não tinha como saber. Não conhecera Raul como ele, Eduardo, conhecera.

A regressão com Janaína levara-o de volta àquele ano de 1934, quando ainda vivia no corpo de Raul. Aos poucos, fora readquirindo a memória e lembrou-se de detalhes importantes, dos momentos em que ardia em febre e desejo, numa ânsia louca e desenfreada pelo corpo de Amelinha. Até seu nome de batismo ecoava em seus ouvidos. A todo instante, ouvia seus próprios pensamentos evocando seu nome, baixinho, numa súplica silenciosa pelo seu amor. Lembrava-se de passagens fugidias, de ter cuidado dela quando tivera pneumonia, de algo relacionado a uma gravidez.

Tivera ainda recordações de sua bisavó, Tereza, que chegara a conhecer nessa vida, embora, enquanto Eduardo, pouco ou nada se lembrasse dela. Mas sabia que Tereza perseguira a então Amelinha, e ele, Raul, sempre a defendera. Lembrou-se de uma Tereza sufocante, roída de ciúmes e ódio da filha. Com a partida de Amelinha, ele ficara desempregado, entregue à bebida e ao desespero, o que aumentara ainda mais a ira da mulher.

Por fim, lembrou-se com nitidez de seu último dia naquela vida. Tinha consciência do bilhete suicida, que ele amassara e jogara no chão, sem coragem de se matar. Via e revia aquela cena horrenda, em que ele apanhava uma garrafa de licor fino e entornava garganta abaixo, experimentando o gosto adocicado e ardente da bebida, com uma dor lancinante no estômago e nas vísceras. Sentiu a dor do veneno a corroê-lo por dentro, a vista se tornando turva, à medida que a consciência ia-lhe fugindo, deixando-lhe na memória apenas as palavras nefastas de Tereza:

— Amelinha envenenou você! Foi ela! Deu-lhe uma bebida envenenada. E é essa a mulher que você diz amar! Foi ela! Envenenou você! Assassina! Amelinha é a assassina! Assassina...!

Tão duras palavras tiveram o efeito de desligá-lo da realidade. A lembrança foi tão dolorosa que ele imediatamente voltou ao presente, transtornado com aquela revelação. Como, então, a mulher que ele amara fora também a sua assassina? A voz esganiçada de Tereza ainda repercutia em sua cabeça, e ele não quis ouvir mais nada. A morte fora dolorosa, e essa era a sua última lembrança. Achava que não havia nada além daí que pudesse apagar a dor e a decepção daquele momento.

— Não fui eu — Tália sussurrou ao seu ouvido novamente. — Você tem que se lembrar do resto. Precisa recordar sua vida no astral. Verá que não fui eu.

Eduardo estava confuso. Percebia a presença de Tália, embora não soubesse identificar sua natureza.

— Você está bem, Edu? — era o avô, que já o havia chamado três vezes, sem que ele respondesse.

— Hein? O quê? Ah...! Estou bem, vovô, não se preocupe. Acho que já vou andando. Está ficando tarde.

Levantou-se e deu um beijo no avô, não se importando com os seus protestos e o seu pedido para que ficasse. Precisava de um gole. A raiva voltava a consumi-lo, e só uma boa dose de uísque poderia entorpecer aquele sentimento.

— Não é possível! — gritava Tália, quase desesperada. — Ele tem que me ouvir! Precisa recordar o resto. Por que parou no momento de seu desenlace? Por que não segue adiante com suas lembranças?

— Não adianta se desesperar, Tália — falou Sílvia, com brandura. — Para ele, a lembrança do momento de sua morte foi suficiente. Se tivesse ido além, recordando sua vida em espírito, saberia que você não foi culpada, mas sim Tereza, que lhe ministrou a dose fatal. Eduardo, contudo, deu-se por satisfeito apenas com a lembrança de parte do que viveu e nem sequer imagina que possa haver algo além do que viu.

— Não posso deixá-lo sair assim, Sílvia! Ele vai se embebedar novamente.

— Eduardo já traz, de sua última encarnação, uma forte tendência ao vício, acostumado a resolver seus problemas com a bebida. Precisamos de muita força espiritual para livrá-lo desse mesmo destino.

— O que podemos fazer? Não posso ficar parada, vendo meu neto se afundar na bebida e no desgosto.

— As coisas estão seguindo o rumo certo. Se tudo correr bem, Eduardo vai conseguir se lembrar do restante de sua tragédia pessoal e libertar você desse sentimento daninho.

— Mas quando? Como?

— Estou certa de que ele encontrará um jeito. Confie, Tália, e tudo dará certo.

Com extremo carinho, Sílvia envolveu Tália num abraço amoroso e confortador, até que a voz de Honório se fez ouvir:

— Tália, você está aí?

— Estou aqui, meu querido — respondeu ela emocionada, acariciando seu rosto.

— Devo estar ficando caduco. Onde já se viu falar com o ar pensando que falo com um fantasma? Diana tinha razão...

Para Honório, a sensação da presença de Tália só podia significar duas coisas: ou estava sofrendo de senilidade avançada, ou aquilo era um prenúncio de morte. Das duas alternativas, a última lhe parecia a melhor. Fora um homem ativo, determinado e cheio de vigor. Assistir a sua própria decadência era muito doloroso, e ele preferia não ter que ser obrigado a isso. Sentia medo da velhice, que lhe embaralhava a mente. Mas não tinha medo da morte.

Quanto mais pensava em Eduardo, mais culpada Janaína se sentia pelo que lhe havia acontecido. Sem nada perceber, os mentores espirituais do centro haviam-se acercado dela, tentando incutir-lhe o desejo de voltar à casa espírita em busca de auxílio. Mas o medo e o orgulho acabavam por paralisá-la, e ela não se decidia a ir.

No consultório, as coisas não haviam terminado nada bem. Ela não se sentia mais em condições de fazer aquele tipo de terapia, temerosa de que mais alguém enveredasse pelo mesmo caminho que Eduardo. Além do mais, os clientes haviam desaparecido, e ela nem dinheiro tinha para colocar um pequeno anúncio no jornal. Aos poucos, suas economias foram minguando, e ela foi forçada a fechar o consultório devendo dois meses de aluguel.

Teve também que trocar o apartamento na Tijuca por um conjugado no subúrbio, dando-se por satisfeita de ainda ter um teto decente para morar. Herdara aquele imóvel dos pais, mas fora obrigada a desfazer-se dele em troca de impostos e condomínio mais baratos. Tinha que pensar em como iria sobreviver dali para a frente, pois não se julgava mais capaz de exercer a psicologia, com medo, inclusive, de ter a sua licença cassada. De qualquer forma, o fato de ter nível superior deveria valer alguma coisa na hora de arranjar um novo emprego.

Comprou o jornal e abriu os classificados, em busca de algo que lhe servisse. Marcou alguns anúncios, arrumou-se com apuro e saiu. Tomou o ônibus e foi para o centro da cidade, onde faria algumas inscrições. Na Avenida Rio Branco, seguiu o caminho do primeiro emprego que iria ver: recepcionista em um consultório psiquiátrico. Foi caminhando devagar e triste, nem se importando com os esbarrões que levava na pressa dos transeuntes. Até que, inadvertidamente, num momento em que se distraía olhando os números nos edifícios, deu um encontrão com um homem alto que vinha apressado em outra direção.

Com o impacto, Janaína quase caiu no chão, derrubando a pequenina pasta de elástico em que guardara os anúncios do jornal.

— Meu Deus! — Disse o homem, assustado. — Minhas desculpas, moça. Machucou-se?

Quando ela levantou o rosto, o homem levou um susto, assim como Janaína, que exclamou perplexa:

— Doutor Douglas!

— Janaína! — Surpreendeu-se ele, pensando que aquela era a última pessoa que esperava encontrar naquele momento.

— Eu é que peço desculpas... Estava distraída, não o vi...

Enquanto falava, ia se afastando, mas Douglas a segurou pelo braço.

— Calma, não precisa fugir de mim.

— Não é isso... É que estou atrasada.

— Tem hora marcada no médico? — Ela meneou a cabeça. — Dentista? — Nova negativa. — Pode me dizer, então, aonde vai?

Ela sentia-se extremamente envergonhada por estar sendo forçada a conversar, justamente com aquele homem e, mais ainda, por se ver obrigada a confessar que estava sem trabalho.

— Escute, doutor Douglas — continuou ela, em tom quase inaudível —, lamento pelo que aconteceu a seu filho...

Nesse ponto, não resistiu mais. Ocultou o rosto entre as mãos e desatou a chorar, tentando sair correndo dali. Douglas não permitiu. Segurou-a pelo braço novamente e, olhando ao redor, disse com uma certa autoridade:

— Há um bar ali do outro lado da rua. Vamos nos sentar e conversar.

Janaína deixou-se conduzir passivamente, resignada com o fato de que, muito provavelmente, estava prestes a ouvir um novo sermão ou, quem sabe, algum tipo de ameaça pelo que fizera ao rapaz. No bar, Douglas pediu dois cafés e ficou olhando para Janaína, percebendo o leve rubor que subia pelas suas faces. Lembrava-se das palavras de Salomão, que se sentia responsável por não tê-la ajudado, e pensou se não caberia a ele, naquele momento, tentar alguma forma de auxílio. Só não sabia como começar. Não sentia mais nenhuma raiva pelo que ela fizera, certo de que fora Eduardo quem buscara se embrenhar naquela situação.

— Por favor, doutor Douglas — começou ela a falar —, já estou pagando pelo meu erro. Será que dá para o senhor não me afundar ainda mais?

Ele a olhou admirado e tornou com pesar:

— Sinto muito se lhe causei essa impressão. Quem sou eu para dizer que você errou ou que deve pagar pelo seu erro? Não estou aqui para julgá-la nem tenho esse direito. Só o que quero é ajudar.

— Ajudar? A mim?

— Você não sabe, Janaína, mas tenho estado em contato com seu Salomão, lá do centro espírita. Está lembrada dele, não está? — Ela assentiu, sem o encarar. — Pois bem: seu Salomão está tentando me ajudar com Eduardo. Desde que ele fez aquela regressão, deu para beber e anda intragável, distribuindo desaforos e dando fora em todo mundo. Está se destruindo.

— Sinto muito. Jamais imaginei ou desejei algo assim. Por favor, acredite em mim.

— Eu acredito. Sei que você fez o que fez por irresponsabilidade, não por maldade. — Ela contraiu o rosto, mas não disse nada, e ele prosseguiu: — Contudo, as consequências para o meu filho foram desastrosas. Não estou querendo acusá-la, estou apenas narrando o que aconteceu.

— O que quer de mim, exatamente, doutor Douglas?

— Na verdade, nem eu sei. Sinto apenas que não foi o acaso que fez com que nos encontrássemos hoje.

— Como assim?

— Seu Salomão está preocupado com você...

— Preocupado comigo?

— Sim, de verdade. Quer muito ajudá-la, mas não conseguiu mais contato com você. Os telefones que ele tem não estão mais respondendo.

— Eu me mudei... e fechei o consultório.

— Fechou? Por quê?

— O senhor já deve saber por quê.

— Entendo.

— Não entende, não. O senhor nem faz ideia de como é difícil para mim admitir que fracassei em minha profissão. Estudei longos anos para me tornar... nada.

— Não precisa ser assim, Janaína. Você pode se dedicar a sua profissão, mas de outro modo, com uma outra visão.

— Não creio que seja mais capaz. Eu... me sinto culpada pelo que aconteceu a seu filho. Devia ter-lhe dado a ajuda necessária.

— Se reconhece isso, por que não passa a fazer diferente?

Ela o fitou durante longos segundos, até que abaixou a cabeça, envergonhada, e quase sussurrou:

— Porque estou arruinada. Os clientes se foram, o dinheiro sumiu. Tive que vender o meu apartamento e alugar um outro mais barato. Entreguei as chaves do consultório devendo dois meses de aluguel... — engoliu em seco e calou-se, os olhos marejados de lágrimas.

— Tudo isso só por causa do que aconteceu a Eduardo?

— O senhor não sabe o que a culpa é capaz de nos fazer. Eu não desejava o mal do rapaz. Pensei que o estivesse ajudando... Não, não é verdade. Estou tentando me enganar novamente. A verdade mesmo é que seu filho me pagou muito bem por aquela TVP, e eu, seduzida pelo dinheiro, fiz o que ele me pediu sem medir as consequências.

— Eduardo também é responsável. Foi ao seu consultório porque quis.

— Eu o adverti de que não podia ajudá-lo com a parte psicológica da terapia. Não tenho paciência para ficar escutando o problema dos outros.

— Se não tem paciência, por que quis ser psicóloga?

— Pensei que fosse me encher de dinheiro. Tem gente por aí cobrando uma fortuna por uma consulta.

— Provavelmente bons profissionais, que desempenham a sua tarefa com responsabilidade e ética.

— Bem diferente de mim, não é?

— Não sei, Janaína, não estou aqui para julgá-la. Como disse, seu Salomão gostaria muito de ajudá-la, e, quando eu a vi, não pude correr o risco de deixar que escapasse.

— Seu Salomão... Desculpe-me a franqueza, doutor Douglas, mas seu Salomão nunca esteve nem aí para mim. Por que se importaria agora?

— Assim como você, ele também refletiu e percebeu onde falhou.

— Acho que isso é um pouco tarde.

— Nunca é tarde, Janaína. Por que não vai procurá-lo?

— Eu? De jeito nenhum!

— Por quê? Está com raiva dele?

— Não, raiva, não. Decepção, talvez.

— Talvez seja orgulho. Não quer procurá-lo só porque ele não fez o que você quis, não é?

— E se for? Não tenho o direito de me sentir magoada?

— É claro que tem. Mas será que vale a pena deixar que a mágoa estrague a sua vida?

— O senhor está exagerando.

— Será? Olhe bem para você e me diga: você está bem? Está feliz? — Ela não respondeu. — Pois então, deixe de ser orgulhosa e vá procurá-lo. Afinal, aquilo lá é um centro espírita, uma casa de caridade, e não creio que alguém vá bater a porta na sua cara.

— Como já me fizeram outras vezes?

— Que eu saiba, ninguém nunca fechou a porta para você. Apenas não a quiseram como integrante do corpo mediúnico. Mas você nunca foi impedida de entrar ou deixou de ser atendida, deixou?

— Não.

— Pois então? Por que não procura seu Salomão e conversa com ele? Ele, melhor do que ninguém, vai poder lhe dizer o que sente.

— Não sei, não.

— Deixe de ser tola e orgulhosa. Orgulho não vai levá-la a lugar algum. Reconheça que precisa de ajuda e aceite a que ele lhe oferece. Aposto como vai se sentir melhor depois. Pense nisso.

Janaína refletiu durante alguns minutos. Precisava mesmo de ajuda, não apenas financeira, mas, e principalmente, de ajuda espiritual. Sentia o peito oprimido e chorava todas as vezes que imaginava Eduardo entregue ao ódio e consumindo a vida no álcool e na desilusão. Era espantoso que a ajuda partisse justo de Douglas, que ela pensava odiá-la. Isto a comoveu. E por que não? Não era ela um ser humano também? Nem melhor, nem pior do que outros, mas um ser humano com seus defeitos, seus erros, seus tropeços e suas desilusões. Por que não podia admitir que falhara, perdoar-se e ter uma nova chance? Será que não tinha esse direito?

— Muito bem, doutor Douglas, prometo pensar no assunto — estendeu a mão para ele, que a apertou com afabilidade. — Agora, tenho que ir. Como disse, não estou mais exercendo a psicologia e vim aqui em busca de um novo emprego. As coisas não estão fáceis para mim, mas, pelo menos, não tenho o costume de furtar.

Ele sorriu compreensivo e se levantou junto com ela. Deixou uma nota sobre a mesa e acompanhou-a até a rua. Apanhou algumas cédulas na carteira e enfiou na mão dela.

— Fique com isso, para ajudar nas despesas.

— Não posso aceitar! Não estou ainda a ponto de mendigar.

— Está sendo orgulhosa novamente. Diga apenas que está recebendo uma parte da ajuda de que necessita, para o caso de encontrar alguma dificuldade em arranjar emprego.

Com as notas presas entre os dedos, Janaína sentiu que lágrimas lhe vinham aos olhos e falou comovida:

— O senhor tem razão, doutor Douglas, não tenho motivo para ser orgulhosa. Obrigada.

Ele apenas balançou a cabeça e sorriu compreensivo. Janaína estava muito mudada, perdera um pouco o ar de arrogância que tinha quando a conhecera. As dificuldades da vida a estavam modificando, e ele se sentia feliz por poder ajudar. Ficou vendo-a se afastar, até que ela sumiu numa esquina e então retomou o caminho do escritório. Tinha perdido parte de uma reunião importante, mas sentia o coração desafogado, tranquilo ante a certeza de que tomara a atitude certa.

Toda a animação e confiança que Janaína sentira ao falar com Douglas esvaneceu na primeira dificuldade que encontrou. Achar emprego não foi assim tão fácil, e ela se deixou levar pelo desânimo e pela descrença. Já não sentia mais vontade de ir ao centro, nem mesmo sabia por que prometera pensar nessa hipótese. Decididamente, era melhor não ir. Estava cansada e abatida, sem forças nem vontade de se ajudar. O centro ficaria para depois. Ou para nunca mais.

# 26

Depois da sessão de cinema, Gabriela e Márcio foram a um restaurante para jantar, e os pensamentos da moça encontravam-se fixos em Eduardo.

— Você tem visto o Edu? — indagou ela, tentando não parecer excessivamente ansiosa.

— O chefe prorrogou a licença dele por mais uma semana.

— Por quê?

— Porque eu pedi. Edu não está bem, e sei que, se voltar a trabalhar, vai acabar perdendo o emprego. Precisei acumular o meu serviço e o dele. Foi só assim que o chefe concordou em prorrogar a licença.

— Eduardo devia saber disso.

— Para quê? Para me jogar na cara que estou fazendo isso só para humilhá-lo? Não, Gabi, não precisa. Faço isso porque gosto dele, e nada mais.

— Você é amigo dele de verdade, não é?

— E você vai ser sempre a sua namorada...

— Você sabe que, se Edu me quiser de volta, voltarei para ele, não sabe?

— Sei... e fico feliz por isso. Apesar de amá-la, não a quero presa a mim. Quero que você seja feliz. E Edu também, porque ele é e sempre foi o meu melhor amigo, ainda que não me considere mais assim.

Os olhos dela encheram-se de lágrimas, e ela apertou a mão de Márcio por cima da mesa.

— Você é uma pessoa muito especial.

Depois que foram para casa, Gabriela ficou pensando por que as coisas não podiam ser diferentes. Se ela amasse Márcio em vez de Eduardo, tudo estaria resolvido. Sentiu imensa saudade dele naquele momento e pensou em lhe telefonar, mas desistiu. Já era muito tarde, e era capaz que ele a tratasse mal, o que a deixaria frustrada e amargurada.

Inesperadamente, o telefone tocou, e ela atendeu mecanicamente, pensando como seria maravilhoso se Eduardo resolvesse ligar para ela. E qual não foi o seu espanto ao ouvir, justamente, a sua voz do outro lado da linha:

— Gabi? Tudo bem? — De tão espantada, ela não conseguiu responder de imediato, e ele teve que repetir: — Tudo bem, Gabi? Sou eu, o Eduardo.

— Edu... Desculpe-me... Sei que é você.

— E aí, menina, como é que você está?

— Bem, e você?

— Mais ou menos. — Silêncio. — Estou com saudades...

— De mim? Você está com saudades de mim?

— Faz tempo que não nos falamos.

Gabriela sentiu vontade de perguntar: “Por que você me abandonou?”, mas não queria falar nada que pudesse aborrecê-lo e fazer com que desligasse.

— Por que não vem até aqui e conversamos?

— Hoje não vai dar, Gabi. Liguei mesmo para saber como você está e para dizer que estou com saudades.

— Se está com saudades, por que não vem me ver?

— Não sei se é isso que quero.

— Se não quer, por que me telefonou?

— Tem razão. Desculpe-me, não devia ter ligado. Até logo.

— Não! Eduardo, não, espere!

Um clique do outro lado, seguido de um sinal de ocupado, fez com que ela percebesse que ele havia desligado. Indignada, discou o número do quarto dele, mas o sinal de ocupado continuava. O celular estava fora de área. Ligou para a casa dele, mas Diana atendeu, e Gabriela desligou em seguida. Não queria que Diana reconhecesse a sua voz. Pousou o fone na base vagarosamente e começou a chorar de mansinho.

Em seu quarto, Eduardo permanecia sentado na cama, segurando nas mãos o fone ligado. Assim que desligara, ligara-o novamente, para impedir que Gabriela conseguisse lhe telefonar. Se bem a conhecia, ela tentaria falar com ele de novo, e não era isso que ele queria. Nem sabia bem por que a procurara. Apenas sentiu uma saudade repentina e deixou-se envolver pela lembrança de seus momentos juntos, da felicidade que os invadia com uma simples troca de olhar. No entanto, precipitara-se ao telefonar-lhe. Gabriela estava agora envolvida com Márcio e já nem devia mais pensar nele.

A seu lado, como sempre, Sílvia e Tália acompanhavam seus pensamentos. Por mais que quisessem ajudar, Eduardo se mostrava resistente a qualquer ajuda proveniente da avó, o que tornava difícil uma aproximação entre ambos. No plano astral ou no centro espírita, Eduardo não estava ainda pronto para recebê-la. Tudo era uma questão de tempo, e Tália procurou se acalmar, aplacando também o ódio no coração do neto.

Toda terça-feira, Douglas ia ao centro espírita em companhia de Gabriela e Eliane, e já se acostumara àquele ambiente agradável e reconfortante. Sempre que voltava para casa, Diana lhe perguntava onde estivera, e a única coisa que lhe desagradava era ter que mentir, mas sabia que ela o infernizaria tanto que acabaria lhe tirando o prazer de frequentar o centro.

O que Douglas não sabia era que Diana jamais acreditara nas desculpas que ele lhe dava. Aquela história de beber com amigos não a convencia, e ela começou a desconfiar de outra mulher. Só uma amante poderia afastar o homem de seu lar e, embora Douglas não estivesse diferente nem indiferente a ela, não havia outra explicação para aquelas ausências regulares, às terças-feiras.

Douglas nada sabia sobre as desconfianças da mulher. Continuava indo ao centro regularmente, envolvido pela seriedade dos trabalhos, ainda mais porque, ao término de todas as sessões, faziam quinze minutos de irradiação especial para Eduardo e Janaína. Salomão insistira em incluir a moça nas orações desde que Douglas lhe dissera que a encontrara no centro da cidade e ela vinha passando por dificuldades financeiras. Essas irradiações aos poucos foram desmanchando as cascas espirituais mais densas que se haviam instalado no ambiente que circundava Eduardo, e mesmo os espíritos mais empedernidos que o acompanhavam, muitas vezes, sentiam-se reconfortados com tanta vibração de amor.

Eduardo voltou a trabalhar e já conseguia se concentrar no que fazia, embora continuasse um pouco arredio e avesso à conversa dos amigos. Sempre que via Márcio, sentia um aperto no coração, como se a sua consciência lhe dissesse que agira mal com ele. Mas, de repente, uma voz interior lhe dizia que Márcio lhe roubara a namorada, e ele sufocava o desejo que sentia de se reaproximar do amigo e voltava àquela indiferença com que costumava tratá-lo.

— É preciso afastá-lo da bebida — disse Sílvia, vendo-o dirigir-se a um bar após o trabalho.

— Como poderemos fazer isso? — preocupou-se Tália. — Ele não nos ouve.

— A nós, não. Mas tem alguém que ele vai ouvir. Venha, siga-me.

Sem dizer nada, Tália a acompanhou. Mais abaixo, na rua, Gabriela vinha caminhando, voltando da faculdade. Sílvia se colocou a seu lado, com Tália do outro.

— Será que você não está com vontade de tomar um refrigerante?

Naquele momento, a imagem de uma Coca-Cola geladinha surgiu na mente de Gabriela, que logo sentiu o desejo de beber uma. Sem nem pensar, entrou no primeiro bar que viu e dirigiu-se ao balcão, onde pediu o refrigerante. Um pouco mais além, Eduardo bebia o seu primeiro chope e viu quando ela entrou. Na mesma hora, seu coração disparou. Tentou desviar o olhar, mas não conseguiu. Ela estava linda como sempre, e ele ficou vendo-a beber o refrigerante, sentindo o coração palpitar, e uma vontade louca de falar com ela foi tomando conta dele. Estava em dúvida, pensando se deveria ou não se aproximar, imaginando se ela não teria marcado um encontro ali com Márcio. Olhou ao redor, mas não viu o rapaz. Tornou a olhar para o balcão, e lá estava Gabriela sozinha, como se o estivesse esperando. Tomou uma decisão: iria falar com ela, ainda que fosse pela última vez.

Pousou a tulipa de chope sobre a mesa e foi lentamente em sua direção. Ela quase engasgou ao vê-lo se aproximar. Ficou parada, com o copo na mão, até que ele se acercou dela e sorriu.

— Oi, Gabi. Faz tempo que não a vejo.

— É verdade... — gaguejou ela. — Muito tempo...

— Como é que você está?

— Bem.

— Não quer se sentar comigo?

Ela assentiu, e ele pegou a garrafa de cima do balcão, exibindo-a para o atendente e indicando que a colocasse em sua conta. Fez com que Gabriela se sentasse e sentou-se ao seu lado, pousando a garrafa sobre a mesa e encarando-a com olhar doce, que fez com que ela estremecesse por dentro.

— Você está muito bem, Edu. O que tem feito?

— Trabalhado. E você?

— O de sempre.

— E o Márcio, como vai?

— Não sei, diga-me você. Você o vê mais do que eu.

— Só o encontro no trabalho, e quase não nos falamos.

— Pois eu só o vejo esporadicamente, quando vamos a um cinema ou restaurante.

— Vocês não estão mais namorando?

— Nós nunca estivemos.

— Ora, vamos, Gabi, não precisa mais esconder isso de mim. Já faz muito tempo que nós terminamos.

— Quer que eu invente ou minta só para satisfazer você? Estou dizendo que Márcio e eu nunca namoramos.

— Mas eu os vi juntos várias vezes.

— E daí? Somos amigos.

— E nós, Gabi, somos amigos também?

— Gostaria de pensar que sim.

— Pois eu gostaria que você dissesse que não.

— Não quer ser meu amigo? — retrucou ela confusa, sentindo o rosto em chamas.

— É difícil para mim aceitar apenas a sua amizade.

— Foi você quem quis assim, Eduardo. Aliás, pensei que nem a minha amizade você quisesse mais.

— Gabi, eu... sei que andei estranho, confuso... Nem sei por que fiquei tão confuso de repente. Fiquei vendo você e Márcio juntos e senti ciúmes...

— Você continua sendo injusto comigo e com Márcio. Ele sempre foi meu amigo. E seu também, muito mais do que meu.

— Gostaria de poder acreditar nisso.

— Pois pode acreditar. Além de nunca se aproximar de mim por causa da amizade de vocês, sabia que você só não foi mandado embora do emprego porque ele intercedeu a seu favor?

— Até parece... Meu chefe me concedeu uma licença.

— Que teria se transformado em dispensa se Márcio não houvesse impedido. Foi ele quem convenceu o chefe de que você estava passando por uma fase difícil e assumiu as suas funções, além das dele, para que você não fosse mandado embora. E olhe que ele nem ganhou mais por isso.

— Você está falando sério?

— Não tenho motivos para mentir.

Eduardo ficou alguns instantes pensando no que ouvira e concluiu que Márcio seria capaz de tudo pela sua amizade. Só ele, tomado por uma cegueira insana, é que não conseguira enxergar. Mas não estava ali para falar de Márcio. Iria se desculpar com ele depois. Estava feliz por reencontrar Gabriela e sentia o coração aos pulos só de estar diante dela.

Deixando-se levar pela emoção, fixou nela os olhos apaixonados e falou com uma certa ansiedade:

— Eu amo você.

A revelação a pegou de surpresa, e ela não conseguiu articular nenhuma palavra. Ficou parada, os lábios entreabertos num espanto mudo, olhando para ele com ternura.

— Quer que eu repita? — prosseguiu ele. — Eu amo você, Gabi, amo muito.

Lentamente, foi aproximando o seu rosto ao dela, até que seus lábios se uniram num beijo terno e apaixonado.

— Eduardo...

— Será que você pode me perdoar? Fui egoísta, mesquinho e cruel, e não há desculpa para o que fiz. Mas você acreditaria se eu lhe dissesse que nem eu mesmo sei por que agi daquela maneira?

— Isso não importa. O que importa é que já passou, e você conseguiu enxergar a realidade.

— Você me ama?

— Como sempre amei e amarei.

— Eu também, Gabi.

— Deus, parece um sonho! Estou aqui com você, de novo, como éramos antes. Será que posso acreditar nisso?

— É nisso que tem que acreditar. Sei que a fiz sofrer muito, mas estou disposto a dar o melhor de mim para fazer você esquecer.

— Edu, você acreditaria se eu lhe dissesse que, durante o tempo em que estivemos afastados, permaneci ligada a você, participando de todo um processo para fazer você se libertar da confusão em que estava embrenhado?

— Como assim?

— Lembra-se do centro espírita que minha irmã frequenta?

Ele desviou os olhos, acabrunhado, lembrando-se de Janaína, e respondeu mal-humorado:

— É claro.

— Pois eu agora o frequento também. Eu e seu pai.

— Meu pai? Como assim? Você quer dizer que meu pai tem frequentado as sessões do centro espírita? Não acredito!

— Pois pode acreditar. Fomos nós que insistimos e fizemos um trabalho de irradiação a distância, para que você pudesse se libertar dos espíritos perturbadores que se aliaram a você.

— Espíritos perturbadores? Não compreendo.

Rapidamente, Gabriela contou-lhe tudo o que acontecera nos últimos meses, só omitindo a revelação de que os espíritos estavam a seu lado por influência de sua mãe. Ele ficou indignado, oscilando entre a crença e a descrença. O que Gabriela lhe dizia não parecia nada impossível. Sentia mesmo uma força estranha atuando sobre ele, impelindo-o a agir rispidamente e, sobretudo, levando-o à bebida. Seria possível?

— É muito importante que você pare de beber, Edu — tornou ela, apontando para a tulipa de chope que ele bebera até a metade. — A bebida está facilitando o acesso de espíritos menos esclarecidos, que não têm interesse em vê-lo parar, para não perderem a fonte que alimenta o seu vício.

Eduardo lembrou-se da regressão que fizera com Janaína, onde se vira, várias vezes, entregue ao álcool, bêbado, caído na sarjeta, a vida desgraçada pelo vício. Não pretendia repetir aquela sina. Fitou o chope por alguns instantes e sentiu a boca salivar, mas voltou a atenção para Gabriela e afastou a tulipa, deixando-se envolver pela afeição que emanava dela.

— Preciso compartilhar algo com você — replicou ele, olhando-a gravemente.

— O que é?

— É sobre Janaína.

— Sabemos de Janaína. Seu pai a procurou e acabou descobrindo o que aconteceu.

— Ele a procurou?

— Ela precisa de ajuda. Sabia que está mal de vida?

— Não me surpreende, fazendo o que ela faz.

— Não é justo culpá-la nesse momento. Você fez a TVP porque quis, e ela avisou que não poderia ajudá-lo depois.

— Tem razão, Gabriela, fiz porque quis. Só não esperava encontrar o que encontrei.

— O quê? O que foi que você descobriu que o chocou tanto? É sobre sua avó, não é? — Ele assentiu. — O que foi? Seja o que for, Edu, sabe que pode confiar em mim.

— Sei disso e quero lhe contar tudo.

Eduardo narrou-lhe em minúcias tudo o que havia recordado sobre sua vida passada, deixando Gabriela estarrecida com aqueles fatos.

— Minha avó era uma assassina — finalizou ele. — Fui apaixonado por ela, e ela me matou friamente.

— Jesus! Por que será que ela fez isso?

— É o que me falta descobrir, embora não tenha mais vontade nem ânimo para me envolver com essas coisas de vidas passadas novamente.

— Por que não volta a frequentar o centro? Quem sabe sua avó não nos deixa uma mensagem?

— Não sei se ainda quero me comunicar com ela.

— Ainda que não se comunique, não acha que o centro só lhe fará bem? Você gostava, não se lembra?

— Tem razão...

— E as irradiações que fizemos o ajudaram muito.

— Bom... se é como você diz...

— Vamos, Edu, por favor! Seu pai vai morrer de felicidade.

— Hum... Vou pensar. Não estou prometendo nada.

Já era um começo, ou melhor, um recomeço. Antes daquelas interferências, Eduardo gostava muito de ir ao centro, mas depois de tudo que acontecera, tornara-se um tanto descrente. Ao reencontrar Gabriela, contudo, ficara em dúvida. Suas palavras haviam alcançado o seu coração, principalmente porque ela lhe dissera que faziam reuniões para orar por ele. De repente, sentiu uma alegria imensa a dominar-lhe a alma, como se uma nuvem pesada e escura se dissipasse diante de seus olhos, descortinando um céu azul e límpido, tão próximo que ele poderia até tocá-lo.

Estava uma tarde muito bonita, Honório sentia-se sozinho em casa, incomodado por não poder dividir com ninguém a beleza daquele dia. As duas únicas mulheres a quem amara haviam partido de sua vida, restando apenas a filha, o que não era pouco. Apesar das esquisitices de Diana, ela sempre se demonstrara uma filha preocupada e carinhosa, cobrindo-o de atenções, por vezes até excessivas. Fazia já algum tempo que ele não ia a sua casa, o que lhe pareceu uma boa ideia. Poderia rever a filha e conversar com o neto.

A seu lado, Tália exultava. Seria essencial que Honório se encontrasse com Eduardo, ainda mais depois de sua reconciliação com Gabriela. Precisava convencê-lo a ir ao centro espírita, e essa tarefa caberia ao avô.

Diana ficou felicíssima com a visita do pai. Havia tempos insistia para que ele se mudasse para seu apartamento, mas ele era teimoso e preferia morar sozinho naquele casarão repleto de lembranças. Honório ficaria para dormir. Andava se sentindo amargurado e sozinho, e a companhia da família era algo muito valioso para ele dispensar no fim da vida.

Estava sentado na sala com Diana quando Eduardo entrou sorridente e alegre, sem sinais de bebida. Sua alegria ao ver o avô foi imensa, e ele correu a abraçá-lo e beijá-lo.

— Vovô! Mas isso é que é surpresa boa!

— Estava com saudades de você e de sua mãe.

— Fico feliz que tenha vindo. Você sabe como todos nós o adoramos.

Diana olhava para o filho desconfiada, notando sua excessiva alegria, mesmo diante da presença do avô.

— Você está bem? — indagou ela.

— Estou ótimo. Por quê?

— Não sei. Parece alegre demais...

— Você queria que eu estivesse triste?

— Não é isso. É que, nos últimos tempos, você tem andado estranho, arredio.

— Nos últimos tempos, meu avô não tem vindo me visitar.

— Tem certeza de que não é nada?

— Que diferença faz? — interrompeu Honório. — Se Eduardo está feliz, que importa o motivo?

— Você está sempre o defendendo, papai. Mesmo quando ele faz alguma besteira.

— E que besteira ele pode ter feito além de ser jovem e aproveitar a juventude? Você está cismada à toa, Diana.

— Gostaria de ter a sua certeza...

— Ora, quer mesmo saber, mamãe? — tornou Eduardo, piscando para o avô. — É que fiz as pazes com o amor da minha vida.

Aquilo chocou Diana. Amor da sua vida só podia ser Gabriela. Não era possível que, depois de tudo, os dois houvessem se reconciliado.

— Vocês voltaram? — indagou ela, mal contendo a surpresa e o desagrado.

— Mais apaixonados do que nunca.

— Que maravilha! — elogiou Honório. — Sempre achei que Gabriela fosse a moça ideal para você.

— Pare com isso, papai! — censurou Diana. — Você não sabe o que está dizendo.

— Não fale com meu avô assim, mãe. Ele, melhor do que ninguém, sabe o que diz. E agora, se me dão licença, vou tomar um banho. Você vai ficar para o jantar, não vai, vovô?

— Seu avô vai dormir aqui hoje — esclareceu Diana. — Já era hora de parar de bancar o solteirão e dar mais atenção à família.

Honório sorriu para Eduardo, que o abraçou e se dirigiu ao quarto, com imensa felicidade a invadir-lhe o peito. Tudo o que mais queria era poder estar com Gabriela novamente. Como fora tolo e estúpido, rejeitando-a por tanto tempo e por tão pouco. Ela lhe jurara que nunca tivera nada com Márcio, e ele acreditava nela, imaginando o que lhe passara pela cabeça para duvidar de seu amor. Sem falar em Márcio, que sempre fora seu amigo e o ajudara em segredo. No dia seguinte se desculparia e tudo voltaria a ser como antes.

Por volta das oito horas, Douglas entrou em casa e logo notou o ar de preocupação de Diana. Procurou fingir que nada percebera e beijou-a de leve nos lábios. Em seguida, virou-se para o sogro e cumprimentou com jovialidade:

— Que bom que veio nos visitar, Honório! Diana morre de preocupação por sua causa.

— Ela é muito exagerada, mas, de qualquer forma, fico feliz por ter uma família tão boa como essa para me confortar no fim da vida. Vocês são tudo o que me resta...

— Sabe que é sempre bem-vindo aqui. Tenho-lhe muita admiração.

— Sei disso e agradeço. Também o admiro muito, Douglas, porque não é qualquer um que teria a paciência que você tem com a minha filha.

— Papai! — Protestou Diana, mas ele já não a ouvia.

— Vou lá dentro conversar com meu neto.

Depois que ele se afastou, Diana voltou-se para o marido e falou com irritação:

— Você precisa fazer alguma coisa pelo seu filho. Ele não está bem.

— Andou bebendo de novo?

— Aí é que está. Entrou em casa satisfeito da vida, só faltava saltitar e, pelo que deu para perceber, estava sóbrio.

— Então você deveria estar feliz. Não vejo por que a preocupação.

— É que ele reatou o namoro com aquela menina!

— Com Gabriela? — Ela aquiesceu entre os dentes. — Não me diga! Fico muito satisfeito.

— Pois eu, não. Ela não serve para ele.

— Por que não, posso saber?

— Ela é vulgar e atrevida. Vive se esfregando no Márcio.

— Mentira! Gabriela é uma boa moça e nunca se interessou por Márcio.

— Isso é o que ela diz...

— E você mesma disse que Eduardo não bebeu hoje.

— É o que parece.

— Pois então, deveria estar feliz. Nosso filho estava enveredando por um caminho difícil e sem volta, mas, se parou de beber de repente, então só o que temos a fazer é agradecer à pessoa que o ajudou a largar esse vício.

— Primeiro: meu filho não é viciado. Segundo: quem foi que disse que ela o ajudou?

— Nem precisa dizer. Você bem sabe o que as pessoas são capazes de fazer em nome do amor.

— Não sei de nada. Só o que sei é que não gosto dessa moça...

Enquanto a discussão prosseguia na sala, Honório entrou no quarto de Eduardo, encontrando-o vestido e bem-disposto.

— Fico muito feliz em vê-lo assim, Eduardo.

— O amor tem dessas coisas, vô.

— Conte-me como foi isso. O que foi que aconteceu para você voltar com a Gabriela?

— Não sei, vovô. De repente, comecei a sentir falta dela. Hoje, por acaso, encontrei-a num bar e senti um impulso irresistível de me aproximar. Chamei-a para se sentar comigo, e ela aceitou. Nós começamos a conversar e acabamos voltando.

— Que notícia maravilhosa! Você sabe que gosto muito de Gabriela.

— Eu sei. Você foi um dos que me deu a maior força para voltar com ela.

— Que bom! Não tinha motivo para você ficar cismado com a moça.

— Aquilo foi bobeira minha. Só agora percebo o quanto fui ciumento e imaturo.

— Ah! Mas que bom! E o que aconteceu para você chegar a essa conclusão?

— Não sei. Talvez ela mesma seja a responsável por isso. Ela e meu pai. Sabia que eles estão frequentando um centro espírita juntos?

— Gabriela e seu pai? Não me diga!

— Pois é. Andaram fazendo umas irradiações para mim, talvez seja por isso que, de uns tempos para cá, eu venha me sentindo tão bem.

— Quem diria, hein? Logo seu pai, que nunca acreditou em nada. Isso, sim é que é mudança!

— E você, vovô, acredita nessas coisas?

— Não sei dizer, Edu. Logo que sua avó morreu, fiquei tentando me convencer de que havia vida além da morte, esperando que ela aparecesse para mim, mas eu nunca a vi. Depois, frustrado, deixei de acreditar nisso, mas confesso que agora não estou bem certo. Tenho passado por umas coisas...

— Que coisas?

— Não vai rir se eu lhe contar?

— É claro que não.

— Bem, começou no dia do almoço aqui na sua casa, lembra? Naquele em que Gabriela e Márcio vieram, e você ficou com ciúmes porque eles foram à praia sozinhos. — Ele se lembrava bem e apenas assentiu. — Pois é. Naquele dia, você sabe que vi sua avó por um momento?

— O quê?

— É verdade, ou pelo menos, pensei ter visto. Foi rápido, mas muito forte e real. E senti a presença dela a meu lado também.

— Por que não nos disse nada?

— Eu disse, mas sua mãe me chamou de caduco e, a partir de então, resolvi me calar. Não quero que todos digam que estou senil.

— Eu jamais diria uma coisa dessas de você, vovô. Não de você.

— Pois é. O fato é que a vi, mas não é só. Sonhei com ela outro dia e tenho sentido a sua presença constante ao meu lado. Será que ela veio me buscar?

— Não diga isso.

— Não dizem por aí que nossos entes queridos se aproximam quando estamos perto de morrer? Então, vai ver que a minha hora está chegando, e ela veio me buscar. De qualquer forma, não me importaria de partir desta vida com ela.

— Mas isso não faz sentido. Você mesmo disse que ela nunca apareceu para você.

— Não compreendo essas coisas, meu filho, mas sinto a presença dela como sinto a sua. Acho que deve haver um mundo invisível, afinal.

Eduardo permaneceu alguns instantes pensativo. O que o avô dizia não parecia tão sem sentido assim.

— Sabe, vovô, eu andava fascinado com a história da minha avó e, quando descobri o que ela me fez, senti muita raiva dela e de mim mesmo.

— O que ela fez a você? Como assim? Sua avó não pode ter-lhe feito nada. Ela morreu muito antes de você nascer.

— Mas eu descobri que nós fomos muito próximos... na minha última encarnação. Acredita nisso?

— Não sei, nunca pensei nessas coisas.

— Pois eu lhe digo que é verdade. Fiz uma regressão e descobri que nós vivemos na mesma época.

— Como assim?

Novamente, Eduardo contou a história que havia contado horas antes a Gabriela. Honório ouviu tudo atentamente, surpreendendo-se com aquela revelação.

— Quer dizer que você foi o padrasto de sua avó? — retrucou Honório, com ar cético. — Sinto muito, Eduardo, mas não sei se acredito nisso. Acho muito estranho pensar em você como aquele homem do passado, que se matou por causa de uma paixão insana pela sua avó.

— Eu me lembrei, vô. Revi cenas com riqueza de detalhes. Como eu podia saber de todas aquelas coisas?

— Você nem sabe se elas são reais. Podem ter sido fruto da sua imaginação.

— Você mesmo falou de um bilhete suicida que Raul teria escrito minutos antes de morrer.

— E daí?

— E daí que eu me lembrei desse bilhete. Lembrei-me de tê-lo escrito e de tê-lo atirado longe, sem coragem de me matar. Depois disso, lembrei-me do momento em que ingeri o veneno e das últimas palavras de Tereza, acusando Tália de haver me matado. Como eu poderia saber disso?

Durante alguns minutos, Honório permaneceu olhando para ele, pensando se acreditava ou não naquela história. Realmente, lembrar-se do bilhete suicida era algo revelador, mas ele não conseguia acreditar que Tália houvesse matado Raul. Eduardo não percebia, mas ela se encontrava praticamente colada a ele, gritando-lhe que jamais o mataria e sempre gostara dele. Mas ele não lhe dava ouvidos, bloqueando o acesso dela a sua mente. Tália tentou então Honório. Aproximou-se dele, colocou a mão em sua testa e disse com firmeza:

— Não fui eu, Honório. Não tinha motivos para matar Raul. Quem o matou foi...

— Não! — interrompeu Sílvia. — Não temos o direito de fazer acusações, ainda que verdadeiras e bem fundamentadas. Deixe-o descobrir a verdade por si mesmo.

Embora Tália tivesse se calado, seu pensamento foi captado por Honório, que começou a conjeturar:

— Quer saber, Eduardo? Estou achando essa história muito esquisita. Tália não tinha motivos para matar o padrasto. Agora, Tereza...

Tália olhou para Sílvia, assustada, e esta lhe fez um gesto pedindo silêncio e para não interferir.

— O que quer dizer com isso? — questionou Eduardo, surpreso.

— Todos sabiam que Tereza odiava a filha. Quem lhe garante que não foi ela que colocou o veneno naquela garrafa, e não Tália?

— Eu saberia.

— Digamos que seja verdade que você... bem... que você foi Raul em sua última encarnação. Vamos supor que a tal regressão o levou realmente a uma vida passada. Você mesmo disse que sua última lembrança foi a de Tereza acusando Tália de assassina. Mas você não pôde se lembrar do que aconteceu minutos antes disso, porque Raul não viu quem envenenou o licor. Muito bem. Levando em consideração que existe vida depois da morte, o que aconteceu em seguida? Se é como você diz, sua vida não acabou com o envenenamento, e você deve ter descoberto tudo depois. Deve ter visto quem realmente o envenenou.

— Pensando bem, o que você diz faz sentido.

— Conheci sua avó muito bem e posso jurar que não foi ela quem matou o padrasto. Também conheci sua bisavó e sei o quanto ela odiava Tália. E foi a sua vingança que levou Tália para aquele sítio onde ela morreu.

— O quê?! Que história é essa agora? Você nunca me falou nada disso.

Honório suspirou profundamente, lembrando-se da recomendação de Diana, proibindo-lhe de contar ao rapaz o que Tereza havia feito. Mas aquilo não estava direito. Não era justo deixar que ele pensasse aquelas coisas horríveis sobre

Tália. Decididamente, Eduardo tinha o direito de saber a verdade sobre sua família. Ele ajeitou os óculos sobre o nariz, tossiu algumas vezes e começou:

— Nunca lhe falei sobre a carta de Mauro?

— Quem é Mauro?

— Mauro, meu filho, foi o grande e único amor da vida de sua avó.

De forma pausada e paciente, Honório contou a Eduardo tudo o que acontecera entre Tália e Mauro, inclusive a forma como Tereza lhe dera a conhecer a verdade.

— Minha bisavó fez isso? — espantou-se.

— Para você ver como Tereza odiava a sua avó. Por aí dá para perceber que Tália não tinha motivos para matar Raul, enquanto Tereza...

— Não é possível... Ou melhor, é mais do que possível. Será, vovô?

— Sempre achei que seu padrasto houvesse se suicidado, por causa do bilhete e das coisas que sua avó Cristina me contou. Mas agora tenho lá as minhas dúvidas. Sua bisavó era uma mulher má e vingativa, muito capaz de uma atitude como essa.

— Como eu gostaria de descobrir! Mas o que posso fazer para saber? Será que devo tentar regredir outra vez?

— Eu não faria isso, se fosse você. Acho perigoso. Basta ver como você ficou.

— Tem razão, não quero mesmo mais me envolver com essas coisas. Gabi me disse que Janaína, a psicóloga, não está mais fazendo terapia, e eu não conheço mais ninguém. Cá entre nós, fiquei meio decepcionado com isso. Tenho medo de descobrir coisas com as quais não consiga lidar.

— Você tem razão, Edu, mas seria bom descobrir a verdade. Ou então, esqueça o assunto e tente limpar o seu coração. Não lhe fará bem ficar alimentando ódio por sua avó por causa de uma lembrança que você nem sabe se é verdadeira.

— Tenho que descobrir, vô, mas como é que farei isso?

— Hum... — Honório refletiu por alguns segundos. — Você não disse que Gabriela e seu pai têm frequentado um centro espírita? — Ele aquiesceu. — Então, por que não experimenta ir com eles?

— Acha que Tália pode tentar se comunicar?

— Quem é que pode saber? Tudo é possível.

— É... Pode ser uma boa ideia. A Gabi me convidou, mas eu ainda não me decidi.

— Pois eu acho que você deveria ir. Que mal pode fazer?

— Tem razão, talvez eu deva ir. Pensando bem, por que você não vem também?

Honório considerou por alguns segundos, e a imagem de Tália surgiu nítida a sua frente. Ela estava mesmo parada diante dele, embora invisível aos seus olhos, perceptível apenas em sua mente. Sentindo as lágrimas aflorarem, ele abaixou a cabeça e balbuciou emocionado:

— Acho... acho mesmo que gostaria de ir. Já estou no fim da vida... Saber que há vida depois da morte... pode ser um conforto para mim. E se Tália estiver me esperando...

— Ótimo! Vou falar com papai e acertaremos tudo.

Eduardo correu a chamar o pai, que ficou deveras satisfeito com a decisão do filho e do sogro. Mais do que ele, Tália transbordava de tanta felicidade. Conseguira muito mais do que pretendia: ajudaria o neto e ainda teria a chance de fazer algo por Honório.

No dia seguinte, Eduardo chegou cedo ao trabalho e dirigiu-se à sala de Márcio, que ainda não havia chegado. Entrou discretamente e sentou-se em uma poltrona, para esperá-lo. Não demorou muito, e Márcio apareceu, surpreendendo-se com a presença do amigo ali.

— Bom dia, Edu — cumprimentou ressabiado. — Algum problema?

— Não. Gostaria de lhe falar.

Márcio colocou a pasta sobre a mesa e sentou-se, encarando o outro com curiosidade:

— O que posso fazer por você?

— Em primeiro lugar, perdoar-me. — A resposta pegou Márcio de surpresa, que não conseguiu falar, quedando-se pasmado enquanto Eduardo continuava: — Em segundo lugar, aceitar meus agradecimentos pelo que fez por mim. Por último, gostaria que aceitasse de volta a minha amizade.

Márcio ficou olhando para ele, oscilando entre a dúvida e a vontade de abraçá-lo. Não sabia se acreditava ou não naquela repentina e brusca mudança, mas algo dentro dele lhe dizia que Eduardo estava sendo sincero.

— Edu, eu... — começou a falar, meio engasgado — não sei o que dizer. Não esperava por isso.

— Sei que não e, novamente, peço que me perdoe. Fui um tolo e andava cego. Mas agora, graças a Deus, consigo enxergar as coisas com clareza de novo.

— Entendo...

— Gabi e eu fizemos as pazes, e ela me falou de você. Disse-me que nunca tiveram nada.

— É verdade...

— Disse-me também que você se sacrificou e pediu ao chefe que não me despedisse.

— Não é bem assim...

— Já sei de tudo que você fez. Gabi me contou. Será que você pode me perdoar? Só agora percebo o quanto fui injusto com você.

— Você não precisa me pedir perdão.

— Preciso, sim. Desconfiei de você e de sua amizade. Será que não podemos ser amigos novamente?

— Novamente, não. Eu nunca deixei de ser seu amigo.

— Eu é que não fui seu amigo, não é?

— Deixemos isso de lado. Não guardo mágoa nem rancor pelo que houve entre nós.

— Não mesmo?

— Essa é a verdadeira amizade, não é? Sempre me preocupei com você e tentei ajudá-lo a distância.

— Sei disso e agradeço.

— Não precisa agradecer. Fiz porque quis, porque gosto de você. E não me arrependo.

— Você é um bom amigo, Márcio. Como fui tolo em achar que não era!

— Não pense mais nisso. O que importa agora é que você abriu os olhos e parou com essa bobagem.

— É verdade.

— E Gabriela deve estar muito feliz.

— Está.

— Sendo assim, fico feliz por vocês também.

Eduardo emocionou-se com as palavras do amigo, pois sabia que ele estava sendo sincero. Estendeu os braços e falou com emoção:

— Venha cá, meu amigo, dê-me um abraço.

Coberto de satisfação, Márcio aceitou o abraço que ele lhe oferecia e estreitou-o de encontro ao peito, sentindo que o amava profundamente, como se ama a um irmão. O amor que sentia por Gabriela era diferente, e ele teria que aprender a conviver com ele. Optara por renunciar e não se arrependia. A amizade de Eduardo era algo muito valioso para se descuidar, e o amor pela moça, com o tempo, aprenderia a modificar.

# 27

A rotina das terças-feiras já estava exasperando Diana, que se sentia incomodada com as desculpas do marido. Além de nunca voltar recendendo a bebida, ainda aparentava aquele ar de irritante satisfação. Decididamente, Douglas estava se encontrando com alguma ordinária, e naquela noite, ela estava disposta a descobrir a verdade. Cansara-se de fingir que nada percebia, de tentar manter uma aparência condigna e dentro das convenções sociais. Por mais que detestasse escândalos, não aguentava mais aquela desconfiança e precisava pôr um ponto final naquela sem-vergonhice.

Parou o carro perto do trabalho do marido e ficou esperando que ele saísse. Iria segui-lo discretamente, ele nem iria desconfiar. Douglas apareceu logo em seguida, e qual não foi o espanto de Diana ao ver que Eduardo estava com ele. Os dois entraram no carro, e ela colocou o seu em movimento, pondo-se a segui-lo a distância. Precisava tomar cuidado para que ele não a visse, o que era extremamente difícil. Diana não era boa motorista, além de não estar acostumada àquele jogo de gato e rato.

Para sua surpresa, Douglas parou o carro em frente ao edifício em que Gabriela morava, e ela parou mais atrás.

Aquilo não fazia sentido. Que tipo de homem se encontrava com a amante em companhia do filho e de sua namorada? Subitamente, a verdade quase a fulminou. Gabriela saiu da portaria em companhia de uma outra moça, de quem ela se lembrava vagamente como sendo a sua irmã. As duas entraram no carro de Douglas e seguiram adiante.

A revelação deixou Diana estarrecida. Agora tudo parecia explicado. Douglas estava de caso com a irmã de Gabriela, com a conivência desta e, o que era pior, de seu próprio filho! Como Douglas se atrevia a perverter o menino e convencê-lo a compactuar com aquela infâmia? O sangue lhe fervia nas veias, e Diana quase bateu com o carro, tamanho era o ódio que sentia. Ser trocada pela quase cunhada de seu filho, uma moça jovem e linda, era, no mínimo, humilhante.

No outro carro, Eduardo ia sentado no banco do carona, enquanto Eliane se acomodara no banco de trás com a irmã. Douglas olhou pelo espelho, sorrindo maliciosamente.

— Não olhe agora, mas sua mãe está nos seguindo.

— O quê? — espantou-se o rapaz. — Seguindo?

— Desde o meu trabalho. Ela pensa que eu não notei, mas vi quando ela surgiu de repente e quase colou na minha traseira.

Eduardo soltou uma gargalhada e retrucou de bom humor:

— Só mamãe, mesmo. Onde já se viu seguir alguém colado na traseira?

— Ela deve estar curiosa para saber aonde eu vou.

— O que você vai fazer?

— Nada. Vou deixar que ela nos siga. Vou até facilitar para ela.

Eduardo riu novamente e se virou para trás discretamente, encontrando o rosto sério de Gabriela.

— E o seu avô, Edu? — indagou ela. — Você não disse que ele gostaria de vir?

— Ele queria, mas não anda se sentindo bem.

— Eu não sabia — observou Douglas. — É algo grave?

— O que pode ser mais grave do que a velhice?

Chegaram ao centro espírita, e Douglas estacionou o carro bem perto do portão de entrada. Diana parou um pouco mais abaixo e esperou até que eles entrassem para saltar. Não compreendia nada. Que lugar era aquele? Não se parecia muito com uma casa de encontros. Lentamente, foi caminhando pela rua, até que avistou a casa onde eles haviam entrado. Havia uma tabuleta na porta onde se lia: Centro Espírita Luz e Caridade. Muito espantada, entrou, procurando o marido com o olhar. Ele estava parado numa espécie de pátio, diante do que parecia ser uma cantina, conversando com algumas pessoas. Achando que ele ainda não a havia notado, ela entrou discretamente no salão e foi sentar-se no último banco, bem pertinho da parede.

Pouco tempo depois, Eduardo, Gabriela e Eliane entraram e se dirigiram para o primeiro banco, onde ainda havia muitos lugares vagos. Apenas a irmã de Gabriela foi se sentar à mesa, enquanto os outros dois se acomodavam na assistência. Cerca de cinco minutos depois, Douglas apareceu sozinho e foi sentar-se ao lado deles.

— Sua mãe está sentada lá atrás, crente que não a vimos.

Nesse momento, Salomão pediu silêncio, e os trabalhos se iniciaram. De onde estava, Diana não perdia nada do que acontecia e, sem nem perceber, pegou-se prestando atenção à palestra de Salomão, extremamente interessada em suas palavras. Quando se deu conta do interesse que ele despertava nela, começou a sentir-se incomodada e pensou em se levantar e ir embora. Já descobrira o que queria e estava feliz porque Douglas não tinha nenhuma amante. Mas havia algo naquele homem que a cativava, e ela não conseguiu desviar os olhos ou a atenção de suas palavras. Ele dizia coisas que ela jamais havia escutado, coisas sobre o amor e o perdão.

A palestra terminou, e ela nem se deu conta de que ficara presa à fala de Salomão por mais de meia hora. Nem sentiu o tempo passar. Em seguida, outras pessoas fizeram orações, que ela achou até bonitas, emocionando-se com o sentimento que colocavam em suas palavras. Sem querer, foi tocada por tudo aquilo e começou a chorar de mansinho. Não sabia o que estava acontecendo com ela, mas algo em seu coração havia se modificado. De repente, o centro lhe pareceu agradável, e as pessoas, inteligentes e bondosas. Começou a sentir um bem-estar indescritível, e uma vontade de saber mais foi apoderando-se dela aos pouquinhos. O que seria aquilo? Seria alguma espécie de feitiço?

Sem que Diana soubesse ou percebesse, os trabalhadores espirituais da casa começaram a tratar dela assim que ela pisara no ambiente do centro. Notando nuvens negras ao seu redor, procederam a uma limpeza energética eficaz, removendo as crostas que lhe pesavam na cabeça, nos ombros, nas costas e, sobretudo, na altura do coração. Em seguida, derramaram sobre ela uma luz azul adstringente, fazendo com que ela, imediatamente, sentisse uma paz reconfortante aquietando a sua mente conturbada. A tensão dos últimos dias foi dissipando, e novas ideias começaram a surgir em seus pensamentos, como se ela, de repente, percebesse um mundo que jamais havia notado antes.

O que estaria acontecendo com ela? Terminadas as orações, levantou-se confusa, tomando o caminho da porta. Na mesma hora, o espírito de Tália se aproximou de Douglas, fazendo com que ele se voltasse no exato instante em que ela atravessava a porta da frente. Intuitivamente, levantou-se, nem prestando atenção aos protestos do filho, que lhe pedia que se aquietasse. Caminhando o mais rápido que podia, sem atrapalhar o desenvolvimento dos trabalhos, Douglas saiu atrás dela. Alcançou-a ainda dentro dos limites do centro, quando ela já se preparava para cruzar o portão da rua.

— Diana — chamou ele com voz doce, e ela se voltou espantada. — Por favor, Diana, não se vá — prosseguiu ele, encarando-a com indizível ternura.

— Eu... tenho que ir... — balbuciou ela, entre a vergonha e a hesitação. — Não sei nem por que vim...

— Já que veio, por que não fica até o fim?

— Não posso... isto é, não sei se devo... Oh! Douglas, estou tão confusa!

Ela lhe pareceu tão frágil, que ele a abraçou comovido, afagando-lhe os cabelos.

— Venha comigo, Diana. Não há o que temer.

— Não estou com medo. Segui-o até aqui porque pensei que você e aquela moça... — calou-se, sufocando um soluço angustiado.

— Você achou que eu a estava traindo? — Ela assentiu. — Ah! Diana, sua tola. Então não sabe o quanto eu a amo?

— Douglas, eu... estou tão envergonhada!

— Não precisa se sentir assim. Venha, entre para tomar um passe. Vai lhe fazer bem.

Sem resistir, ela deixou-se levar, e Douglas sentou-se ao lado dela, no banco de trás. Em silêncio, aguardaram a sua vez de tomar passe, e Diana foi conduzida pelas mãos do marido, sentindo um certo frio na espinha. O passe aumentou ainda mais o seu bem-estar, e uma sensação de felicidade foi invadindo o seu coração. De repente, tudo lhe pareceu sem importância, e até Gabriela já não a incomodava tanto.

Depois que tudo terminou, Eduardo e Gabriela se aproximaram, e Diana abaixou os olhos, envergonhada pelo que fizera.

— Oi, mãe — cumprimentou o rapaz, dando-lhe um beijo suave no rosto.

Ela apenas sorriu meio sem jeito e não conseguiu dizer nada.

— Como vai, dona Diana? — falou Gabriela, um pouco a distância.

— Vou bem.

— Gostou do centro, mamãe?

— Gostei... Já terminou?

— Já, sim — respondeu Douglas.

— Podemos ir, então?

— Quer que eu leve o seu carro, mãe?

— Se você puder...

Coberta pela vergonha, Diana seguiu agarrada ao braço do marido. A compreensão que parecia irradiar dos rostos de todos só serviu para aumentar ainda mais o seu embaraço. De toda sorte, não fora assim tão ruim. O marido não a estava traindo, o que era motivo de grande alívio. Mas o que realmente a espantava e confundia era o próprio centro. Sempre considerara espiritismo coisa de gente rude e ignorante, mas agora via que era uma religião dotada de profunda sabedoria, voltada para todos aqueles que estivessem prontos para ouvir as suas verdades.

Na volta para casa, Eduardo ia pensando na avó, na decepção que sentira porque ela não havia se comunicado com ele. Esperava ao menos uma mensagem, por menor que fosse, para que pudesse acalmar o seu coração. Seguia em silêncio, evitando conversar, principalmente porque não queria ouvir nada que se relacionasse a Tália. Gabriela e Eliane compreenderam o seu quase mutismo e não insistiram. Ele esperou até que entrassem no edifício e voltou para casa. O pai e a mãe já haviam se recolhido, e ele foi direto para o quarto. Pensou que não conseguiria dormir tão cedo, mas um sono incontrolável foi tomando conta de seu corpo, seus olhos pesaram e, logo, já estava adormecido.

A seu lado, Tália e Sílvia o aguardavam. Finalmente, Tália conseguira permissão para lhe mostrar, em forma de sonho, o que realmente acontecera naquela noite em que ele, como Raul, desencarnara. Assim que seu corpo fluídico se desprendeu do corpo físico, Eduardo logo notou a presença das duas, e um tremor fez com que suas pernas bambeassem. Ele se apoiou na cama e olhou o seu corpo adormecido, tentando entender o que estava acontecendo. Teria morrido?

— Você não está morto — esclareceu Sílvia, lendo seus pensamentos.

— O que é isso? Quem são vocês?

— Não me reconhece? — indagou Tália.

— Você... você é minha avó?

— Pode-se dizer que sim.

— O que faz aqui?

— Não queria me ver? Não há coisas que pretende recordar?

— Sim, mas... faz tempo que a chamo, e você nunca me atendeu. Por que só agora?

— Porque foi só agora que ela obteve a devida permissão — justificou Sílvia. — Nós, espíritos, nem sempre podemos fazer o que desejamos na hora em que desejamos. Tudo obedece a uma ordem, e nós somos os primeiros que devem respeitá-la.

— Sei... E por que essa ordem só foi dada agora?

— Porque agora você amadureceu os sentimentos e está pronto para terminar o que começou. Libertou-se do assédio dos seres das sombras que o consumiam e baixou a sintonia de ódio e apego que o dominava. Caso contrário, você não conseguiria se defrontar com Tália sem passar por forte comoção.

— Você veio me contar o que houve?

— Não. Viemos levá-lo a um lugar onde irá se recordar de tudo espontaneamente.

— Que lugar é esse?

— Venha conosco e verá.

Mesmo receoso, Eduardo se deixou conduzir por elas. Tália e Sílvia se colocaram cada uma de um lado, e deram-lhe as mãos. Ele sentiu um arrepio ao tocar a mão de Tália e olhou para ela de soslaio, sentindo-se, na verdade, diante de uma estranha. Quando desviou o olhar novamente, já não estava mais em seu quarto, mas diante de um armário imenso, com portas espelhadas, em um quarto claro e atapetado, coberto por um papel de parede creme com flores verdes. Olhou ao redor, espantado, sentindo que o coração disparava.

— O que é isso? — indagou assustado. — Onde estamos?

— Não se recorda? — tornou Tália, tomada de súbita emoção.

— Vê os espelhos? — retorquiu Sílvia, e ele assentiu. — Pois quero que você olhe para um deles. O que vê?

— Eu, Tália... nós três.

— Continue olhando.

Sílvia saiu do campo de visão do espelho, deixando apenas Eduardo e Tália visíveis. Ele ficou olhando e, a princípio, só o que viu foi aquele quarto estranho, e eles parados bem no meio. Aos poucos, os cantos do quarto foram se tornando familiares, e o ambiente começou a sofrer pequena alteração. O papel de parede desapareceu, surgindo em seu lugar uma tinta amarelada, descascada em algumas partes. Encostadas na parede, uma cama de casal e duas mesinhas de madeira surradas e sem brilho. Bem defronte à cama, um armário desconjuntado, no lugar onde ele antes vira os espelhos, e, ao lado, uma pequena escrivaninha. Dois abajures completavam a decoração, onde duas lâmpadas amarelas derramavam sobre o ambiente uma luminosidade fosca e sufocante.

Pelo espelho, Eduardo viu Raul entrar no quarto, cambaleante, e sentiu tudo rodar à sua volta, como se a bebedeira do outro também tivesse entorpecido os seus sentidos. Ouviu Tereza perguntar onde ele estivera, e uma pequena discussão se iniciou. Raul já ia se virando para sair quando viu a garrafa de licor pousada sobre uma das mesinhas. Caminhou para ela a passos trôpegos e a apanhou, quase deixando-a cair. Arrancou a rolha com os dentes e entornou o líquido com sofreguidão, sentindo uma leve queimação por dentro. A bebida tinha um gosto amargo, e ele estranhou o licor, que deveria ser doce, mas não desconfiou de nada e tomou novo gole, que desceu queimando ainda mais.

De repente, uma pontada aguda fez com que levasse as mãos ao estômago, pensando que iria vomitar, mas nada aconteceu. O estômago começou a queimar ainda mais, e ele dobrou o corpo sobre si mesmo, apertando a barriga com mais força. Ao mesmo tempo, Tereza lhe dizia alguma coisa e apanhava a garrafa, afirmando que ela cheirava a veneno de rato. Em seguida, uma dor lancinante foi-se espalhando pelo seu ventre, e ele se ajoelhou, tombando logo em seguida, a contorcer-se terrivelmente. Era como se uma fogueira ardesse em seu estômago, corroendo-lhe a carne e fazendo borbulhar o seu sangue. Eduardo sentiu a contração do abdome, a falta de ar e a garganta seca. Ouviu as palavras de Tereza, enquanto a dor ia se alastrando por todo o ventre:

— Ela envenenou você! Amelinha envenenou você! Foi ela! Deu-lhe de presente uma bebida envenenada. E é essa a mulher que você diz amar! Foi ela, Raul! Ela envenenou você! Assassina! Amelinha é a assassina! Assassina...!

Seus ouvidos já não captavam mais nada. Tereza continuava a gritar, mas um torpor indescritível foi dominando o seu corpo, até que ele foi tomado por uma dormência de morte. A última lembrança da vida que levara era a voz de Tereza, acusando Amelinha de assassina.

Em suas reminiscências, Eduardo engasgou e começou a tossir, mas Sílvia prontamente o acudiu, reanimando-lhe as energias através do passe. Pouco depois, Eduardo, ou melhor, Raul, viu-se flutuar sobre o quarto, o estômago ainda a queimar, até que tudo se anuviou, e ele perdeu a consciência. Quando abriu os olhos, já não estava mais naquele quarto, mas deitado em uma cama macia e perfumada de hospital, banhada por uma luz azul reconfortante. Médicos entravam e saíam, enfermeiras ministravam-lhe remédios e água, até que a dor passou, e ele pôde se levantar.

Mais tarde, atraído pelos pensamentos de Tereza, viu-se novamente naquele quarto, sentado ao lado da mulher, que chorava descontrolada. Seus pensamentos como que pululavam no ar, e ele podia ouvi-los nitidamente, como se ela estivesse articulando cada palavra:

— Raul está morto! Fui eu que o matei. Bem feito para ele! Morreu acreditando que foi Amelinha quem o matou. Aquela desavergonhada, ordinária, maldita! Por que foi fazer isso comigo? Por que foi me tomar o único homem que amei na vida? Por que me obrigou a matá-lo, para me ver livre de sua bebedeira, de seus choramingos, de sua paixão por ela? Eu o amava, Raul, como o amava! Mas fui obrigada a desfazer-me de você por ciúme. E ódio de Amelinha! Como odeio aquela filha que jamais quis ter! Se pudesse, tê-la-ia matado em seu lugar! Mas você não me quis mais, e eu não podia aceitar uma nova rejeição. Antes vê-lo morto a perder o seu amor para ela! Maldita seja, Amelinha, maldita seja...!

Com o susto, Eduardo balançou a cabeça e olhou para a frente, vendo o desenrolar daquela cena pelo espelho do armário. Seus olhos encheram-se de lágrimas e, aos pouquinhos, sua mente foi-se desligando do passado e retornando ao presente, onde as coisas daquela época cediam lugar aos móveis e texturas atuais. Já não estava mais em 1934, mas em 2005. O quarto que via não era mais o de Raul e Tereza, mas um novo quarto, de pessoas desconhecidas que haviam comprado a casa muitos anos depois e a reformaram.

Eduardo olhou para Tália, que chorava baixinho, e para Sílvia, que permanecia a um canto, entregue à profunda meditação.

— O que foi isso, meu Deus? — Gemeu ele.

— Você voltou ao passado — esclareceu Sílvia.

— O que vi... foi o que aconteceu? — Ela assentiu. — Mas então... então, tudo de que me lembrei com Janaína não foi real. Não foi Tália quem assassinou Raul. Foi Tereza! Como meu avô disse.

— Você se lembrou da realidade — elucidou Sílvia. — Só que não da realidade integral. Deu-se por satisfeito com o fim de sua vida corpórea e se esqueceu de que a vida continua na pós-morte. E era importante para você recordar-se desse momento não para guardar raiva de sua bisavó, mas para desfazer o ódio que passou a alimentar por Tália.

— Não tenho raiva de Tereza...

— Sabíamos que não teria.

Com olhos embaciados, Eduardo fitou Tália, que também tinha os seus cheios de água.

— Você é Tália — afirmou Eduardo. — Agora me lembro. Há pouco, quando viemos para cá, pensei estar diante de uma estranha. Mas agora lembro-me bem de você, do amor que lhe tinha. Sua fisionomia permanece a mesma de anos atrás.

— Desencarnei ainda jovem, Eduardo. Jovem, insegura e assustada. Fui mal interpretada por todos, inclusive por sua mãe. Eu jamais quis abandoná-la. Ao contrário, queria viver para ela, criá-la com amor e dedicação. Mas fiquei doente e sozinha, estava confusa e atordoada.

— Só que bisavó Tereza se encarregou de envenenar mamãe contra você, não foi mesmo?

— Há coisas que ainda desconhecemos — ponderou Sílvia. — Não é justo crucificarmos uns e colocarmos outros na posição de vítimas. Cada um viveu o que precisava viver, agiu conforme suas possibilidades, deu o melhor de si. Ninguém foi maltratado ou injustiçado, e todos seguiram os destinos que escolheram, planejaram ou correram o risco de vivenciar. Não há vítimas nem algozes na vida, mas almas igualmente necessitadas de amor que lutam para avançar em sua jornada terrena.

Eduardo olhava-as com tristeza e alívio ao mesmo tempo. Sentia o coração desafogado, certo de que Tália, a quem tanto amara, não fora a sua assassina. Mesmo por Tereza, não sentia ódio. Compreendia os seus motivos e acreditava que ela só fizera aquilo porque fora fraca e não conseguira vencer o ódio que sentia da filha.

— Estou aliviado por ter descoberto a verdade — disse Eduardo, encarando Tália com certa ternura. — No entanto, tenho medo de não me lembrar de nada disso quando acordar.

— Vai se lembrar — asseverou Sílvia. — Vai se lembrar de tudo como um sonho, embora possa lhe parecer, sob a influência da matéria, um pouco estranho ou confuso. Os lugares e as situações tendem a sofrer alterações, influenciados pelos arquivos de nossa mente, e até os diálogos podem lhe parecer um tanto quanto sem sentido. Talvez você encontre alguma dificuldade em recordar de tudo exatamente como aconteceu, mas a essência do que você viu e ouviu vai permanecer gravada em seus pensamentos. E você vai se lembrar com o coração, o que significa que vai saber que sonhou conosco e a verdade lhe foi revelada.

— E Tália? O que vai acontecer a ela?

— Vamos retornar a nossa cidade astral. Temos pouco a fazer aqui agora. Você está encaminhado, e sua mãe deixou germinar dentro dela a semente da verdade. Aos pouquinhos, vai se modificar, e todos podem ser felizes. Temos grandes planos para vocês.

— Como assim?

— Na hora certa, saberão.

Mesmo Tália ficou surpresa com aquela revelação, mas não disse nada. Aprendera a confiar em Sílvia e em todos aqueles que estavam acima dela, orientando e encaminhando suas vidas. Era hora de voltar ao Rio de Janeiro, e ela e Sílvia seguraram novamente as mãos de Eduardo, volitando com ele até sua casa. Despediram-se dele com abraços e beijos efusivos, e Tália prometeu voltar de vez em quando para visitá-lo.

— Só não quero mais que você alimente essa fixação por mim — pediu ela, acariciando-lhe os cabelos. — Você agora tem uma nova vida e precisa se adaptar a ela. Pense em mim apenas como sua avó, e não como o fruto inacessível de sua paixão de antigamente. Pense e sinta como Eduardo, e não como Raul.

— Não se preocupe comigo, Tália. Ainda a amo profundamente, mas aquele desespero, aquela loucura que sentia por você, tudo isso já passou. Quero agora viver bem com Gabriela. Vamos nos casar e ser muito felizes.

— Vocês têm tudo para isso — intercedeu Sílvia. — Planejaram uma vida muito bonita e produtiva. Não desperdice essa oportunidade.

— Não desperdiçarei. Amo Gabriela e quero viver a seu lado para sempre.

— Assim é que se fala, meu menino — disse Tália, acariciando-o novamente. — Lembre-se de mim com carinho, mas não com paixão.

— Lembrarei.

— E não se esqueça — alertou Sílvia. — Evite a bebida e o vício.

— Não me esquecerei. Pretendo não tornar mais a beber.

— Adeus, Eduardo — falou Tália.

— Adeus.

Lentamente, as duas foram desaparecendo, e Eduardo voltou ao corpo físico, deixando que um sorriso lhe iluminasse o rosto adormecido, feliz por poder guardar na lembrança o semblante amigo de sua avó Tália.

Ao amanhecer, Eduardo acordou com a nítida sensação de que havia feito uma viagem durante a noite, como se tivesse ido a algum lugar distante e diferente. Lembrava-se vagamente de uma casa estranha, da atmosfera sufocante de um quarto antigo, da sensação de envenenamento e de diálogos confusos com pessoas que não conhecia. De alguma forma, havia se encontrado com sua avó Tália, e ela o ajudara a recordar momentos importantes de sua vida passada.

Não tinha dúvidas. As lembranças foram muito vívidas para ele duvidar de que realmente as tivera. Agora compreendia como tudo acontecera. Tereza matara Raul, e ele se deixara dominar pela cólera intempestiva, recusando-se a ir além do que vira no consultório de Janaína. Tudo fora esclarecido, e ele não sentia mais nenhum ódio de Tália. Sequer odiava Tereza.

Nos dias que se seguiram, Diana não mencionou o centro espírita, com vergonha de sua atitude e temerosa de admitir que ficara impressionada com o que vira e ouvira. Tamanha confusão de sentimentos e pensamentos não passou despercebida a Douglas, que evitava tocar no assunto. Não queria embaraçá-la com cobranças nem queria pressioná-la a aceitar nenhuma doutrina ou religião. Quebrar padrões preestabelecidos e conceitos há muito solidificados não era fácil para ninguém, e aceitar o espiritismo exigiria de Diana uma boa dose de reflexão e maturidade.

Na outra terça-feira, ele apenas perguntou se ela queria ir com ele ao centro espírita, mas não insistiu nem fez nenhum comentário quando ela agradeceu e gentilmente recusou o convite. Nas semanas seguintes, deixou de convidá-la, apenas informando que iria ao centro à noite e a hora em que sairia do trabalho. Diana apenas ouvia, mas não se decidia a ir. Às escondidas, começou a ler os livros que Douglas comprava e passou a se interessar pelo assunto. Havia livros de todos os tipos, desde ensaios esotéricos até romances envolventes e esclarecedores. Aquela literatura foi deixando-a maravilhada e, aos poucos, começou a se libertar de seus preconceitos, reconfortando-se com aquelas palavras de sabedoria. Nada ali incitava ao mal, mas estimulava o bem, o amor, o respeito e o cultivo dos verdadeiros valores do espírito.

Com tanta leitura, Diana acabou cedendo, e a vontade de saber mais sobre aquele mundo que não via, mas sabia estar ao seu redor, foi deixando-a inquieta e impaciente. Até a vergonha por ter seguido o marido e desconfiado dele começava a se dissipar, e acabou se enchendo de coragem para conversar sobre o assunto.

— Douglas... — começou ela, lutando contra o constrangimento. — Há algo que gostaria de lhe dizer.

— O que é?

— Sobre aquela terça-feira... em que eu segui você... — fez-se um silêncio de embaraço, e Douglas ficou esperando. — Gostaria que me desculpasse. Devia saber que você jamais me trairia.

— Não pense mais nisso, Diana, já passou. E depois, a culpa foi minha. Eu é que devia ter sido sincero e lhe contado a verdade, mas fiquei com medo da sua reação ao saber que eu andava indo a um centro espírita.

— Eu sempre fui contra espiritismo...

— Eu sei.

— Mas agora já não sei mais se sou. Ouvi tantas palavras bonitas naquele lugar!

— Que bom que você gostou.

— Você sabe como eu sou racional e cética, mas o que escutei foram palavras de conforto que me pareceram verdades incontestáveis.

— Fico feliz em ouvir isso.

— Gostaria de voltar lá mais vezes. Quero aprender mais sobre o assunto.

— Você sabe que nada me fará mais feliz do que ter você ao meu lado.

— E quero levar papai comigo. Ele anda muito esquisito.

— Honório manifestou mesmo o desejo de ir. Pena que não tem se sentido bem ultimamente.

Daquele dia em diante, Diana passou a ver as coisas com mais clareza. Agora compreendia o porquê de tudo o que vivera, aceitando quando o pai lhe dizia que Tália jamais quisera abandoná-la. Aos pouquinhos, foi deixando de odiar a mãe e passou a interessar-se mais pela sua vida, procurando o pai com mais frequência para que ele lhe contasse mais coisas sobre a vida de Tália.

Seu relacionamento em casa também melhorou, e ela começou a se esforçar para aceitar Gabriela em seu coração.

Sabia que deveria existir alguma razão ainda desconhecida para toda aquela antipatia, e se a vida as colocara juntas, envolvidas pelo amor do mesmo homem, era para que, através dele, aprendessem a se amar também. Acostumou-se a orar com mais frequência e sempre pedia a Deus que a ajudasse a vencer aquela dificuldade com Gabriela. Estava certa de que conseguiria, porque a menina era dócil e meiga, muito sincera em suas palavras e sentimentos, o que despertava uma certa admiração em Diana.

As idas ao centro ajudavam muito na harmonia daquela família. A casa espírita passou a ser o seu lugar de meditação, onde buscavam forças para continuar a luta do dia a dia e, naquela terça-feira, como sempre acontecia, todos se encontravam presentes. A sessão ainda não havia começado, e Eduardo conversava com Gabriela e Eliane em frente à cantina, enquanto tomavam um refrigerante para aguardar o início dos trabalhos. Foi quando Eduardo, ao olhar para o portão de entrada, viu aproximar-se alguém que jamais esperaria encontrar de novo.

Janaína entrou com passos lentos e ar cansado. Parecia abatida e mais magra, trajando um vestidinho simples e discreto, bem diferente das roupas vistosas e caras que costumava usar. Viu Eduardo parado entre as moças e hesitou, fazendo menção de voltar. Na mesma hora, ele correu em sua direção, estendendo-lhe as mãos com um sorriso.

— Janaína! — exclamou. — Aonde é que você pensa que vai?

— Eu... — ela gaguejou, sentindo-se pouco à vontade ali, parada diante dele. — Acho que vou embora... Não devia ter vindo, foi um erro.

— Um erro, por quê? Aqui é um templo religioso, onde todos são bem-vindos.

Ela o olhou desconfiada. Seria o mesmo Eduardo que frequentara o seu consultório?

— Obrigada, Eduardo, mas acho que já vou indo.

— Espere. Se teve o trabalho de vir até aqui, por que não fica?

— Acho que não deveria...

— Deixe de bobagens — cortou ele, vendo que a sessão já se iniciava. — Vamos, venha. Eu a acompanho.

Saiu puxando-a pela mão e foi sentar-se com ela ao lado de Gabriela, que sorriu amistosamente para Janaína. De onde estava, Salomão percebeu a sua presença e intimamente agradeceu aos guias da casa por terem-na conduzido até ali. A sessão transcorreu normalmente e, no final, Salomão aproximou-se de Janaína, que Eduardo procurava reter ali o máximo que podia.

— Como vai, Janaína? — cumprimentou Salomão, apertando-lhe a mão de forma amistosa. — Faz tempo que não a vemos.

— Estive ocupada... — respondeu ela, meio acanhada. — Mas agora tenho que ir. Amanhã me levanto cedo para trabalhar.

— Onde está trabalhando? — interessou-se Salomão, impedindo que ela se fosse.

— Ah...! Sou recepcionista numa clínica ortopédica.

— Deixou de praticar a psicologia?

Ela o fitou com amargura e abaixou a cabeça, dizendo com voz sumida:

— As coisas têm sido difíceis...

Começou a chorar baixinho e tentou se esquivar, mas Salomão a segurou pelo braço e falou com interesse e compreensão:

— Não acha que está na hora de conversarmos?

— Ah! Seu Salomão, não tenho nada a dizer. Vim aqui apenas para buscar um conforto. Estou tão sozinha, desesperada, amargurada. O senhor não faz ideia do que tem sido a minha vida depois... depois que Eduardo saiu do meu consultório. Não sei por que, mas, de repente, tudo começou a andar para trás.

— Janaína — interveio Eduardo —, quero que saiba que não a acuso de nada nem a culpo pelo que me aconteceu. Fui eu que quis recordar o passado sem estar pronto para reviver o que vi.

— Não, não! Sou psicóloga formada, fui responsável. Era minha obrigação dar-lhe a devida assistência.

— Isso não tem importância agora. Como vê, estou bem. Você me ajudou muito, pois foi através de você que consegui chegar aonde cheguei nessa questão com a minha avó.

— Como posso tê-lo ajudado se você saiu do meu consultório desabalado, feito louco?

— Passei momentos difíceis, mas foram importantes para que eu pudesse amadurecer e compreender. Você não teve culpa de nada.

— É isso mesmo, Janaína — acrescentou Salomão. — Não estamos aqui para acusarmos uns aos outros. Cada um deve assumir a responsabilidade pela sua parte. Eduardo assumiu a dele, você deve assumir a sua, e eu já reconheci a minha. Tudo o que passamos deve servir para o nosso crescimento, não para o nosso desespero. A vida não quer ver ninguém desnorteado, sem rumo, desesperado. Quer que aprendamos com as nossas atitudes para que não repitamos mais o que foi prejudicial. É assim que aprendemos.

— Mas eu fui irresponsável...

— Se é assim, eu também fui. Devia ter orientado você nas suas terapias, em vez de tê-la rejeitado, com medo de que prejudicasse alguém que aqui frequente. E foi justamente isso que aconteceu, ou quase isso.

— O senhor não tem nada com isso. A terapeuta sou eu, cabe a mim clarear a mente dos que estão sob os meus cuidados.

— E cabe a mim clarear as almas que estão sob a minha responsabilidade. Se você tem um pacto com a mente, eu tenho um pacto com a espiritualidade. Comprometi-me a orientar os que me procuram e não desempenhei isso a contento.

— Como pode dizer isso? Logo o senhor, que é tão bom e justo!

— Não fui bom nem justo com você. Fui intolerante e optei pelo caminho mais fácil, que foi o de afastá-la do corpo mediúnico, como se assim pudesse me livrar de um problema. É claro que sou responsável pelo tratamento dispensado aos que aqui vêm, como também sou responsável por você. Não basta cuidar para que ninguém seja prejudicado; é preciso cuidar também daquele que causa o prejuízo, porque é este que mais necessita de orientação.

Ela o fitou emocionada e escondeu o rosto entre as mãos, chorando livremente agora, e Eduardo se afastou discretamente.

— Ah! Seu Salomão, o senhor não sabe o que tenho passado.

— Por que não me conta? Quero ajudá-la, interesso-me pelo seu bem-estar.

— Eu fiz tudo errado! Iludi-me com a ambição do dinheiro, achando que era isso que importava. Não dei atenção ao meu compromisso com a profissão. Devia ajudar as pessoas, não bagunçar as suas cabeças e deixá-las entregues à própria sorte!

— Tudo isso tem conserto, Janaína, você vai ver. O que importa é que você tomou consciência e aprendeu a sua lição. Vai ver como, depois disso, tudo irá se normalizar.

— O senhor acha mesmo? Tive até medo de perder a minha licença.

— Nem tudo está perdido. Quero ajudá-la a se reencontrar, e você estará em condições de abrir seu consultório novamente.

— Não, isso é impossível. O dinheiro se foi, meu respeito, minha dignidade...

— Dinheiro se arranja. Quanto ao respeito e à dignidade, são coisas que nunca se perdem. São qualidades inerentes a todo ser humano. Basta deixar florescer a semente.

Janaína estava muito emocionada. Jamais poderia esperar ser tratada com tanta compreensão. Fora até ali em busca de conforto, porque sabia por Douglas que Salomão a acolheria. Achava que seria bem tratada, mas com certa distância e frieza. Não podia imaginar que Salomão estivesse à sua espera, ansioso para falar-lhe e oferecer ajuda. Não daquela forma. Mesmo Eduardo não lhe guardava rancor.

Durante muito tempo, Janaína permaneceu no centro espírita, conversando com Salomão a respeito de sua vida.

Ele escutou tudo com genuíno interesse, buscando opções para o seu problema. Ela precisava estudar mais sobre a vida espiritual, apreender os conceitos e a moral divina, para então ingressar no corpo mediúnico. Depois disso, ele a ajudaria a reabrir o consultório, com o seu compromisso de prestar auxílio ao menos uma vez por semana aos frequentadores do centro, dando-lhes o devido acompanhamento psicológico, emocional e espiritual. Janaína aceitou os termos de Salomão de bom grado, certa de que, agora, estaria recomeçando uma vida com mais responsabilidade e consciência, o que a tornaria uma pessoa muito mais feliz.

# 28

Quando Sílvia entrou na casa de Tália, ela estava sentada no pequenino sofá cor-de-rosa, fitando com ar perdido o brilho dos matizes que se misturavam ao pôr do sol distante. De tão distraída, nem percebeu a chegada da amiga, que teve que tocar gentilmente em seu ombro, a fim de despertá-la de seus devaneios.

— Sente-se bem? — indagou Sílvia, sentando-se a seu lado.

Tália sorriu amigavelmente e apertou a mão da outra:

— Estive pensando em minha mãe. Nós nunca nos demos bem, mas eu jamais a odiei... — calou-se entristecida e olhou para Sílvia, as lágrimas presas nos olhos. — Hoje, contudo, compreendo o seu ódio.

— Compreende? Lembrou-se do passado?

— Lembrei-me de tudo, até dos mínimos detalhes.

— Quer me contar?

Com profundo suspiro, Tália deitou a cabeça no colo de Sílvia e deixou que as lágrimas deslizassem suaves pelo seu rosto, enquanto a amiga alisava seus cabelos docemente.

— Não quero guardar culpas pelo que fiz — começou Tália —, mas também não posso me esquecer de que fui a maior responsável pelo seu ódio.

— Só há ódio onde, um dia, existiu amor.

— É verdade... Tereza me amou muito... um dia. Até que eu lhe tomei o que ela pensava ter de mais precioso.

— Raul.

— Sim, Raul.

— Conte-me como tudo aconteceu.

Com os olhos novamente voltados para o horizonte, que agora já começava a adquirir aquele tom gris de prelúdio do anoitecer, Tália começou sua narrativa:

— Em uma outra vida, anterior àquela em que vivi como Tália, eu e Tereza fomos irmãs, e nossos pais morreram quando ainda éramos jovens. Tereza, doze anos mais velha do que eu, assumiu a responsabilidade pela minha criação, até que, quando completei quinze anos, ela conheceu um homem muito rico e atraente, com quem se casou.

— E esse homem era Raul?

— Sim, era Raul. Tereza contava então vinte e sete anos e, pelos padrões da época, era já considerada uma mulher madura, mas era bonita e muito prendada, e Raul se apaixonou por ela. Desde aquela época, embora rico, Raul já era ligado ao vício da bebida, que desde cedo adquiriu nas festas de que participava — Tália fez uma pequena pausa para tomar fôlego e prosseguiu: — Depois do casamento, fui morar com eles em sua magnífica mansão no campo, e, como era inevitável, Raul acabou se apaixonando por mim, que era mais jovem e linda. Não demorou muito para nos tornarmos amantes, e Raul começou a alimentar o desejo de se casar comigo. Havia, porém, um pequenino detalhe a impedir nossos planos...

— Tereza.

— Isso mesmo, Tereza. Embora boa comigo, Tereza era um tanto mesquinha e não satisfazia todos os meus caprichos, o que me indignava profundamente. Eu apreciava as coisas belas e caras, e Tereza não nos permitia luxos desnecessários.

— Foi por isso que você se aproximou de Raul?

— De Raul e de muitos outros que me cortejaram. O país ainda não admitia o divórcio, e só com a morte se dissolviam os laços matrimoniais. Eu não estava propriamente apaixonada por Raul, embora a possibilidade de uma vida fácil e de um título de nobreza me enchessem os olhos. O preço a pagar por isso, contudo, era alto demais. Tereza, afinal, havia sido praticamente a minha mãe, e eu não queria me envolver em sua morte. No começou, fui contra qualquer tentativa de matá-la, mas Raul tanto insistiu, que eu acabei me omitindo e não fiz nada para impedir.

— Em outras palavras, deixou tudo nas mãos dele, embora estivesse consciente de seu crime e nele consentisse, ainda que por omissão.

— Isso mesmo. Naqueles dias, envenenar uma pessoa não era assim tão difícil, e Raul não teve problemas para executar seu plano. No dia em que deitou o veneno na comida de Tereza, fingiu passar mal também, provocando até vômitos, e o caso foi tido como envenenamento por comida estragada. Para Tereza, tudo ficou muito claro. Raul a havia envenenado para poder se casar comigo.

— Ela chegou a saber do caso entre vocês dois?

— Fingia não saber, porque não queria se desentender com Raul. Depois que Tereza desencarnou, virou o seu ódio todo contra mim, responsabilizando-me por sua sorte, jurando vingar-se de mim em vidas futuras. Passou a me perturbar constantemente, e eu vivia assombrada pelo seu espírito. Não fez nada contra Raul, porque justificava a sua conduta com a paixão cega que ele sentia por mim, fruto do encantamento que eu lhe lançara com a minha juventude.

— E você e Raul? Foram felizes juntos?

— Nós nos casamos, mas nunca fomos felizes. Eu era perdulária, e não demorou muito para que dilapidasse o seu patrimônio. Além disso, jamais consegui ser fiel, principalmente depois que começamos a passar necessidades. Tinha muitos homens, o que o deixava cada vez mais amargurado, enfronhado na bebida.

— Foi por isso que vocês decidiram reencarnar juntos, na mesma família?

— Sim. Raul foi um bom homem... e ainda é. Meu neto Eduardo é um rapaz excelente, e tenho certeza de que conseguirá ser feliz desta vez.

— E Cristina, Tália? O que ela representou para você?

— Nada, propriamente. Cristina veio a ser filha de Raul e Tereza, minha sobrinha, que acabou retirando de mim uma parcela do amor que Tereza me dedicava. Isso me deixou muito enciumada, e não posso negar que tenha contribuído para minha aproximação de Raul. Só que eu não amava Raul e não fui capaz de conter as paixões. Sempre fui leviana e dormia com qualquer homem, mesmo depois de casada. Homens que, inclusive, frequentavam a nossa casa acompanhados de esposas e filhos. Dormia também com seus filhos e pais, parentes e amigos.

— Bem se vê por que você atraiu tantos homens.

— E homens que me tratavam como se eu fosse uma vagabunda. Lembra-se de seu Anacleto, lá da pensão de prima Janete?

— Perfeitamente.

— Pois ele sofreu nas minhas mãos. Apaixonou-se por mim, e eu o usei o mais que pude, tirei tudo dele, quase o deixei na miséria. Quando isso aconteceu, Tereza já havia morrido, e Raul e eu já estávamos casados. A mulher de Anacleto, que vinha a ser Janete, jamais me perdoou e jurou fazer de tudo para me deixar na miséria. Até seu Chico, que nos estuprou, a mim e a Cristina, passou por maus pedaços em minhas mãos.

— Chico, porém, não estava ligado apenas a você. Envolveu Cristina também.

— Quando conhecemos Chico, naquela outra vida, eu o usei para tirar-lhe dinheiro. Mas ele queria mesmo era se casar com Cristina, que o rejeitou e humilhou, porque ele já tinha uma certa idade. Eu mesma escarneci dele, chamando-o de velho devasso e ridículo. Creio que jamais nos perdoou e ficou à espera de uma chance de se vingar de nós duas.

— Sim, foi lamentável, mas ele viveu e morreu corroído pelo remorso.

— Sabe, Sílvia, não lhe guardo ódio pelo que me fez. Compreendo as suas necessidades de então.

— Isso é ótimo para você, Tália, porque não se ligará mais a ele. O que ele achar que deve restituir à vida, em função do estupro que cometeu, terá que restituir de outra forma.

— Onde ele está?

— Reencarnou e optou por ser policial para, combatendo o crime, quitar-se com a vida, eliminando da consciência o crime que cometeu contra vocês.

— Isso é muito bom. Fico feliz que ele esteja conseguindo caminhar.

— Quem mais, Tália? Quem mais foi importante na vida para você?

Ela abaixou os olhos, e duas pequeninas lágrimas surgiram novamente.

— Mauro... — murmurou com pesar. — Mauro foi o único homem que amei, nessa vida ou em outra. Quando o conheci, naquela vida, ele também já era casado, mas isso não foi empecilho para que fugíssemos juntos. Eu deixei Raul e ele abandonou mulher e filhos, mas nunca pôde se perdoar. Vivia culpando-se pela sorte da esposa e das crianças...

— Foi por isso que a abandonou nessa vida, não foi?

— Exatamente. Ao encontrar Giannina e os irmãos órfãos, sentiu retornar o peso da responsabilidade e concluiu que não poderia abandoná-los novamente. Casou-se com ela e adotou como filhas as mesmas crianças que haviam sido suas e abandonara naquela existência.

— Compreende agora por que ele não podia voltar?

Ela assentiu e observou:

— Não devia ter-lhe cobrado nada, mas eu não sabia que havia contribuído para que ele largasse a família. Só agora posso compreender como Giannina deve ter se sentido quando ele a deixou, ainda mais com três crianças para criar.

— Ele sempre amou você. Mesmo quando a abandonou para viver na Itália, jamais deixou de amá-la. Mas sua alma o chamava à responsabilidade, e o desejo de acertar fez com que ele optasse por viver ao lado de Giannina, a frágil mulher que ele abandonara em outra vida. E ele não poderia largá-la novamente, e mais uma vez por sua causa. Foi então que preferiu renunciar e, apesar de tudo, conseguiu ajustar-se com Giannina e os que haviam sido seus filhos.

— Isso é ótimo. Hoje posso compreender as coisas dessa forma. Pena que, naquela época, não pudesse.

— Você não sabia desses detalhes, não é mesmo? Por isso, não se culpe. Oportunidades não faltarão para vocês se entenderem.

— Tem razão. Espero um dia poder reencontrá-lo.

Apesar das reminiscências dolorosas, Tália estava satisfeita porque podia ao menos compreender por que a vida a colocara na direção que seguira. Contudo, algo ainda a inquietava, e ela dividiu seus sentimentos com Sílvia:

— É minha mãe. Será que não é o momento de ajudá-la?

— Não poderia haver momento melhor, e você percebeu isso. Foi para isso, inclusive, que vim. Sua mãe tem pensado muito em você, em Cristina e em Raul. Sugiro que encontremos sua irmã e vamos juntas em auxílio de Tereza.

A sugestão de Sílvia foi prontamente aceita, e ambas partiram ao encontro de Cristina, que já as aguardava. As duas irmãs se abraçaram com afeto e, após orarem pedindo proteção, partiram rumo ao astral inferior, onde Tereza se aprisionara a terrível remorso. Chegaram em silêncio e mansamente, a fim de não chamar a atenção dos que ali viviam. À medida que iam atravessando os caminhos sujos do local que Tereza habitava, iam espargindo no ar partículas energéticas invisíveis, de forma a beneficiar os espíritos em sofrimento, que sentiam inexplicável e instantâneo bem-estar.

Em breve, alcançaram o seu destino. Era uma espécie de ravina poeirenta e quente, e logo avistaram Tereza. Ela parecia adormecida, recostada numa pedra esponjosa, e não percebeu a chegada das filhas. As três se entreolharam, e foi Cristina a primeira a falar:

— Mãe! Está dormindo?

Ao abrir os olhos, a primeira coisa que Tereza viu foi o semblante penalizado de Tália, e retrucou espantada:

— Este lugar deve estar me enlouquecendo. Agora dei para ver fantasmas.

— Sou eu, mãe — disse Tália. — Somos nós, Tália e Cristina. Viemos para levá-la daqui.

Tereza abriu novamente os olhos e tornou incrédula:

— Você é algum espírito endiabrado querendo se divertir às minhas custas? — Tália meneou a cabeça. — Então, ou estou louca, ou estou sonhando. Tália jamais faria nada para me ajudar, e Cristina deve andar muito ocupada com os anjos lá do céu.

Era a primeira vez que Tereza a chamava de Tália, em lugar de Amelinha.

— Está enganada a nosso respeito — objetou Cristina. — Tália e eu somente esperávamos uma oportunidade para vir resgatá-la.

Como Tereza não respondesse, parecendo alheia ao que elas diziam, Sílvia se aproximou e pousou a mão sobre sua testa, provocando-lhe um certo tremor. Poucos instantes depois, Tereza parecia recuperar um pouco da lucidez e ficou olhando para as filhas e para Sílvia, tentando entender o que estava se passando.

— Quem é você? — indagou.

— Sou Sílvia, amiga de suas filhas e orientadora de Tália na vida espiritual.

— E por que está aqui?

— Vim ajudar suas filhas na tarefa de tirá-la desse lugar.

Tereza olhava-a desconfiada e tornou incrédula:

— Será que alguém se interessaria por mim?

— Deus se interessa por todas as suas criaturas.

— Queremos ajudá-la, mãe — insistiu Cristina. — Estamos aqui para levá-la conosco.

— Levar-me para onde?

— Para um lugar agradável e luminoso, onde você se sentirá livre e em paz.

Tereza estreitou os olhos e fitou Cristina atentamente.

— Você está mudada — observou.

— Eu envelheci depois que você se foi.

— Mas você continua a mesma — acrescentou, virando-se para Tália. — Não, a mesma, não. Há algo diferente em seu jeito. Perdeu aquele ar de meretriz que tanto me irritava.

Por pouco Tália não revidou, mas Sílvia interveio a tempo e ponderou:

— Sua filha veio até aqui, de coração aberto, para ajudá-la. Acha justo ofendê-la?

— Não quis ofender ninguém. Fiz apenas uma observação.

— Não está feliz com a vinda de suas filhas?

— Posso compreender por que Cristina veio. Mas Tália, não.

— Vim porque me interesso por você — justificou Tália. — Porque quero o seu bem.

— Como pode querer o meu bem se me odeia tanto?

— Eu não a odeio.

— Esqueceu-se de tudo o que houve entre nós quando estávamos lá, na carne?

— E o que foi que houve entre nós, mãe? Sempre fiz tudo para que você gostasse de mim.

Tereza fitou-a com desgosto e concordou com indescritível tristeza no olhar:

— Eu sei. Fui eu que a odiei por toda a minha vida — Tália sentiu um choque lhe percorrer a espinha, mas manteve-se firme. — Quer saber por quê? Porque eu não podia permitir que você tomasse o meu homem outra vez.

— Essa nunca foi a minha intenção. E Raul... sempre foi um grande amigo.

— Um grande amigo que não conseguia mais ocultar a paixão que sentia por você. Como eu queria que ele me amasse do jeito que a amava. Mas não! Ele só amava você. Eu não podia permitir que ele a amasse outra vez. E não podia deixar que me envenenasse de novo! Por isso eu o matei.

— Isso não tem importância agora, mãe. Não viemos aqui para lembrar as suas tristezas nem para aguçar a sua dor.

— E hoje é meu bisneto... quem diria, hein? Você sabia que ele é meu bisneto? — Tália assentiu. — Como deve me odiar!

— Ele não a odeia. Ninguém a odeia.

— É isso mesmo, mãe — intercedeu Cristina. — Nenhum de nós a odeia. Só queremos tirá-la daqui.

Ela deu um sorriso de mofa e rebateu com desdém:

— Até parece que é assim! A quem estão tentando enganar? Se sair fosse tão fácil, pensa que eu já não teria ido embora? Ou será que vocês acham que eu gosto de viver nessa sujeira?

— Se não tivéssemos meios de tirá-la daqui, não teríamos vindo — esclareceu Sílvia.

— Os brutamontes vão deixar?

— Não estou vendo nenhum por aqui. Você vê?

— É, não tem nenhum — concordou Tereza, olhando espantada ao redor.

— Por favor, mãe, venha conosco — implorou Tália. — Ou será que é você que me odeia tanto que não pode seguir em minha companhia? Se é assim, se preferir, posso ir embora. Mas por favor, siga com Cristina.

— Não, não é verdade que eu odeio você — sussurrou Tereza, em tom quase inaudível. — Odeio, mas é a mim mesma.

— Não diga isso.

— Durante todos esses anos em que vivi neste lugar horrível, não passou um minuto sequer em que não me odiasse pelo que fiz a minha vida e à vida de vocês. Surpresa, Tália? Surpresa por eu me odiar pelo mal que lhe fiz?

— O que você sente é remorso — falou Cristina —, mas poderá ter a chance de se reconciliar consigo mesma, com todos nós.

— Podemos tentar uma nova vida, todos juntos — estimulou Tália.

— Para quê? Para vocês se vingarem de mim?

— Ninguém quer vingança. Queremos nos reconciliar no amor.

— Amor? Será que isso é possível?

Sílvia pigarreou levemente e ponderou:

— Perdão, Tereza, mas não acha que está sendo pessimista demais? Você clamou pelo auxílio dos céus. Por que é então que, quando ele chega, você o rejeita e despreza todas as oportunidades que lhe estão sendo ofertadas?

— Ela é a ajuda dos céus? — rebateu furiosa, apontando o dedo esquelético para Tália. — Ninguém, passando pelo que ela passou, pode ser tão abnegada assim.

— Não julgue os outros por si mesma, Tereza. Tália veio até aqui sem qualquer outra intenção senão ajudá-la.

Reconhecendo a verdade daquelas palavras, Tereza ocultou o rosto entre as mãos e desatou a chorar. Já não aguentava mais aquele sofrimento, os anos de angústia roídos pela culpa. Pedira ajuda, sim, mas não esperava que ela chegasse na pessoa de Tália. Com Cristina, não tinha problemas. Ela sempre fora dócil e compreensiva. Mas Tália era arrogante e egoísta. Por que, exatamente, fora até ali? Na verdade, Sílvia tinha razão. Ela estava julgando a filha por si mesma, refletindo nela os seus próprios sentimentos. Muito mais do que presa ao remorso, Tereza estava atada ao orgulho, que a compelia a recusar a ajuda da filha que tanto rejeitara e humilhara.

— Venha conosco, mãe — Tália insistia, causando ainda mais confusão nos sentimentos de Tereza.

— Se deixar de lado esse orgulho — alertou Sílvia, que há muito já havia lido o seu coração —, verá como é fácil se libertar. Os grilhões que a prendem são os do orgulho, Tereza. É deles que deve tentar se soltar.

— Tem razão... — respondeu ela, a voz estrangulada. — E a que foi que me levou tanto orgulho? A isso, a nada...

— Venha conosco, mãe — chamou Cristina novamente. — Estamos esperando.

Tereza não conseguiu mais resistir. Deu livre curso às lágrimas e disparou ao encontro das filhas, atirando-se nos braços de Cristina e chorando sem parar.

— Não aguento mais! — soluçava. — Quero sair daqui! Perdoe-me, Tália, perdoe-me...!

Estava tão agitada que Sílvia achou melhor adormecê--la, partindo com ela nos braços. Levaram-na para um alojamento perto de onde Cristina vivia, deixando-a aos cuidados da equipe médica que já a aguardava. Em seguida, Tália se despediu de Cristina, com promessas de voltar em breve para ver como Tereza estava.

— Não se preocupe com nada — falou Cristina. — Ela será bem cuidada aqui.

— Tenho certeza disso, assim como sei que ela estará melhor em sua companhia do que na minha.

— Não fale assim, Tália. Mamãe está confusa, mas gosta de você.

— Não estou preocupada com isso. Compreendo tudo o que se passou entre nós e não lhe cobro nada. Importo-me apenas com o seu bem-estar. O resto vem com o tempo.

— Você continua uma grande mulher — elogiou Cristina, enchendo os olhos de Tália de lágrimas.

Abraçaram-se e beijaram-se calorosamente, e Tália partiu em companhia de Sílvia. No peito, a sensação de que havia resgatado uma parte de seu coração que deixara para trás, perdido na poeira dos anos.

# epílogo

Pela janela de seu quarto, Honório pensava nos dias felizes que ali vivera ao lado de Cristina, sua mulher, e da filha Diana. Foram tempos tranquilos, apesar da influência de Tereza nos primeiros anos, mas tudo acabou superado pelo amor que ele sentia pela esposa e pela filha. A saudade de Tália, contudo, jamais o deixou viver completamente aquela felicidade. Foi difícil superar a sua ausência, mas não há nada a que o ser humano não se acostume e, com o passar dos anos, ele passou a não sofrer mais por causa dela. Vendera o teatro e desistira do ramo artístico, dedicando-se às muitas livrarias que possuía espalhadas pela cidade.

A seu lado, Tália ouvia os seus pensamentos, e lágrimas lhe vieram aos olhos. Já não podia mais remediar o que havia feito. O tempo se fora, as oportunidades também. Se quisesse uma nova chance, teria que buscar uma outra vida para refazer o que deixara para trás. Tália sentiu que alguém se aproximava e levantou os olhos, notando Sílvia parada defronte a eles. Ela sorriu compreensiva e estendeu a mão, dizendo com doçura:

— Você deve vir comigo, Tália. Está chegando a hora do reencontro, onde novos planos devem ser feitos.

— Que planos?

— Projetos para uma nova vida. Não era nisso que estava pensando há pouco?

— Como assim?

— Venha comigo e verá.

Imediatamente, as duas se viram transportadas para o jardim da casinha branca de Tália. Ela começou a caminhar em direção à porta, mas estacou, percebendo que Sílvia não a acompanhava.

— Você não vem?

Sílvia meneou a cabeça e respondeu com um sorriso enigmático:

— Há alguém que você deve encontrar sozinha.

Sem questionar, Tália deu meia-volta e entrou em casa, sentindo uma forte presença ali. Mesmo sem o ver, seu corpo todo começou a tremer, e ela, intuitivamente, sabia quem iria encontrar. Estava certa. Sentado no sofá, o rosto escondido entre as mãos, estava o único homem que verdadeiramente amara em toda a sua vida. Durante alguns instantes, ela ficou parada na soleira da porta a olhá-lo. Ele parecia entregue a profunda meditação.

Lentamente, Tália se aproximou e se ajoelhou diante dele, tocando levemente os seus joelhos. Na mesma hora, ele levantou a cabeça e abriu os olhos, fitando-a com admiração.

— Mauro... — disse ela, a voz embargada pela emoção de vê-lo após tanto tempo, exatamente igual a quando o vira pela última vez.

Ele não respondeu. Ergueu-a pelos braços, levantando-se com ela, e estreitou-a de encontro ao peito, chorando em silêncio, molhando seus cabelos com suas lágrimas sentidas. Ela também se permitiu chorar abraçada a ele, e os dois permaneceram ali durante alguns minutos.

— Não sabe o quanto desejei vê-la — falou ele por fim, a voz estrangulada pela emoção.

— Por que você me abandonou? — soluçou ela, logo se arrependendo do que havia dito. Não queria começar com cobranças.

— Eu... fui covarde... perdoe-me...

Abraçou-a novamente, como se assim pudesse impedi-la de reavivar aquelas lembranças tristes.

— Não, Mauro, sou eu quem deve lhe pedir perdão. Não tenho o direito de lhe cobrar nada.

— Você tem todo o direito de me cobrar o que quiser. Eu a abandonei, menti, deixei-a sofrer achando que havia morrido. Fui covarde, sim.

Tália fechou os olhos, tentando evitar que as lágrimas engrossassem, e afastou-se dele, indo em direção à janela.

— Compreendo a sua atitude e não o culpo.

— Sabe que eu devia aquilo a Giannina, não sabe? E a meus filhos...

— Sei. A vida cuidou de me tomar o que eu havia lhe tirado um dia. Você pertence mais a ela do que a mim.

— Não, perdoe-me. A verdade é que fui um covarde. Acovardei-me diante da verdade e de você. Não podia admitir para mim mesmo que eu era um homem condenado a viver o resto da vida à sombra de sua mulher.

— Quanto orgulho, Mauro. E para quê?

— Não sei...

Ele lhe pareceu muito frágil naquele momento, e Tália se aproximou.

— Não devemos nos atormentar mais. Tudo isso é passado e aconteceu do jeito que tinha que ser.

— Mas eu amo você, Tália. Preciso do seu perdão.

— É difícil saber quem precisa do perdão de quem. Ou devemos nos perdoar reciprocamente, ou ninguém precisa de perdão. Agimos conforme as necessidades da vida.

— A vida me deu a oportunidade de me reajustar com Giannina. Preciso agora de uma chance para me reajustar com você.

— Nós sempre nos amamos, Mauro. O amor não precisa de reajustes. Ele tudo compreende e supera. Vamos superar isso também.

Tantos anos de separação e sofrimento não foram suficientes para destruir o amor de Tália e Mauro. As mágoas, os ódios, os ressentimentos, tudo isso cede facilmente diante da força poderosa do amor. Abraçaram-se com ternura e choraram de mansinho, deixando fluir a emoção. Estavam assim enlaçados quando leves batidas na porta se fizeram ouvir, e Tália se afastou para abrir, enxugando os olhos com as costas da mão.

— Olá, Tália — era Sílvia, que entrou com seu habitual sorriso amistoso. — Como estão as coisas por aqui?

— Estamos bem — afirmou Tália.

— Entenderam-se?

— Sim.

— Ótimo. Sentem-se prontos para ouvir a proposta que tenho a lhes fazer?

— Proposta? — interessou-se Mauro. — De que se trata?

— Não querem uma nova chance para acertar os ponteiros com a vida?

— É claro.

— Pois há mais alguém interessado em acertar-se com a vida também.

— É mesmo? Quem?

— Por que não vêm comigo?

Em silêncio, os dois a acompanharam, caminhando pela rua iluminada da cidade astral, até que chegaram a um pavilhão amplo e arejado, com várias mesas espalhadas, onde alguns espíritos confabulavam, como se estivessem tratando de algum negócio. Entraram sem dizer nada, e Tália percebeu que vários daqueles espíritos eram ainda encarnados, visto estarem ligados à matéria por tênue e sutil cordão de prata. Sílvia os levou para uma mesa vazia, e eles se sentaram. Em breve, por uma outra porta, Eduardo e Gabriela entraram, acompanhados por uma espécie de mensageiro.

— Aqui estão eles — disse o mensageiro, indicando-lhes duas cadeiras vazias.

— Obrigada — falou Sílvia.

Eduardo e Gabriela se sentaram e olharam comovidos para Tália e para Mauro, que o rapaz sabia ter sido o grande amor de sua avó.

— O que significa isso? — indagou Tália, completamente espantada.

— Trouxe os dois aqui porque eles vão se casar em breve, e há algumas coisas que querem deixar acertadas — esclareceu Sílvia.

— O quê?

— Por que você mesmo não fala, Eduardo?

O rapaz pigarreou e apertou a mão de Gabriela, que o encorajou com um sorriso.

— Bem — começou ele, um tanto quanto sem jeito —, sei que todos nós aqui sofremos muito com o que aconteceu há setenta anos. Para vocês, foi ainda em sua última passagem pela Terra, para mim, na anterior. De toda sorte, creio que estamos todos ligados às teias do destino e pensei se não seria uma boa ideia se pudéssemos, juntos, tentar dissipar nossas mágoas e diferenças.

— Como assim, Eduardo? — tornou Tália, já começando a entender.

— O que ele quer dizer — intercedeu Gabriela — é que nós vamos nos casar e pretendemos ter filhos. Bom, em virtude de tudo o que aconteceu entre você, Tália, e Eduardo, pensamos se você não gostaria de, daqui a alguns anos, voltar como nossa filha.

Tália emudeceu, comovida demais para falar. Seus olhos, porém, diziam tudo, e ela apertou as mãos dos dois.

— E onde é que eu entro nisso? — retrucou Mauro. — Não gostaria de ser seu irmão.

— Você terá a chance de reencarnar antes, se quiser — explicou Sílvia. — Daqui, iremos conversar com seus possíveis pais. São pessoas amigas suas que, nesse momento, se encontram vivendo no orbe. Mas o que preciso saber é se vocês aceitam essa sugestão.

— Se aceitamos? O que mais desejo é poder compensar Tália por todo o mal que lhe fiz.

— Não fale assim. Vocês não vão reencarnar juntos para compensar males. Vão para acrescer experiências às vidas um do outro e para continuar a desenvolver o amor que já é uma conquista de vocês.

— Ainda encontrarei minha filha? — perguntou Tália.

— Sim, e a chance de se entender com ela também é muito boa. Então? O que me dizem? Concordam?

— Sim — exclamaram os dois, em uníssono.

— Excelente! Não será para agora, mas para daqui a uns quatro ou cinco anos. Mauro irá primeiro, para se preparar antes de sua chegada. Precisamos acertar algumas coisas, como a profissão de cada um, orientação religiosa e algumas situações fundamentais para o crescimento de vocês. Mas, no geral, podem programar uma vida saudável e feliz, tanto na infância quanto na fase adulta.

Permaneceram ainda algum tempo traçando metas, até que a noite chegou ao fim, e Eduardo e Gabriela tiveram que retornar ao corpo físico. Estavam todos felizes, principalmente Tália, que via naquela nova encarnação a oportunidade de viver plenamente o seu amor por Mauro. E todos agora poderiam aproveitar a chance de ser felizes.

Quando Tália e Sílvia entraram no quarto do hospital, a primeira coisa que viram foi Diana debruçada sobre a cama do pai, apertando a sua mão e chorando baixinho. Sentados em um sofazinho, mais ao fundo, Douglas e Eduardo pareciam rezar. Tália se aproximou da cama dele e cumprimentou os espíritos auxiliares, que estavam ali para ajudá-lo em seu processo de desligamento.

— Mandamos chamá-la para que acompanhasse a sua partida — justificou um dos espíritos. — Ele sempre foi um homem bom e fez por merecer um desenlace sereno e digno, e queremos que seja você a primeira pessoa que ele verá quando chegar deste lado.

— Obrigada — respondeu Tália, emocionada. — Fiquei muito feliz com o seu chamado e estou aqui para ajudar no que for possível.

— É agora — avisou o outro.

Nesse instante, Honório deu um profundo suspiro, buscando ainda um pouco do ar que começava a lhe faltar, e, praticamente desligado da matéria, ergueu a mão poucos centímetros acima da cama e gemeu baixinho:

— Tália...

Em seguida, sua mão tombou na direção dela, e ele se desprendeu completamente, deixando no leito o corpo físico, ao mesmo tempo em que os dedos de seu corpo astral tocavam as mãos de Tália.

Fim

# *Romances de*
# MÔNICA DE CASTRO

Pelo espírito Leonel

**Apesar de tudo...**

O estilo de vida de pessoas batalhadoras e humildes muda após um segredo de família vir à tona, causando dúvidas e revelando preconceitos. Com personagens e histórias de vida complexas, amor e rancor são alguns dos ingredientes que desafiam o leitor neste romance envolvente.

**Virando o jogo**

Régis é um garoto de índole rebelde e imatura, que encarnou com uma grande missão passada por espíritos não esclarecidos. Mas a vida coloca seus sentimentos e ideais em conflito constante e o faz questionar onde, realmente, se encontra o poder.

**Jurema das matas**

Com inigualável simplicidade e franqueza, Jurema desvenda quatro de suas encarnações, na tentativa de mostrar como o ser humano se ilude com falsos valores de conquista e poder. Da trajetória sangrenta e sofrida, surge uma criatura dócil e infinitamente sábia.

**Uma história de ontem — nova edição**

Abandonada pelo homem que ama, Rosali luta para criar seu filho sozinha e vencer o preconceito da sociedade carioca do início do século vinte. Esta é uma história em que as paixões se chocam em meio aos falsos padrões de comportamento, e as aparências ditam as normas.

## De frente com a verdade

Sem o amor de Luciana, Marcela pensa que não vale a pena viver, até encontrar em Flávio o verdadeiro amor. E agora, o que fazer para ocultar a verdade sobre si mesma? Por caminhos tortuosos, Marcela descobrirá que a vida não compactua com a mentira e a verdade sempre prevalece.

## De todo o meu ser

A sensibilidade exacerbada de Marianne é um problema. Os pais, desconhecedores dos processos mediúnicos, não sabem o que fazer. Resolvem então adotar medidas perigosas e extremas. Serão suficientes para conter os inimigos espirituais e trazer Marianne de volta à lucidez?

## Gêmeas

Duas irmãs, gêmeas idênticas, são separadas ao nascer. Anos depois, uma sucessão de coincidências traz a desconfiança, aproximando-as da surpreendente revelação. Poderão as meninas superar a dor e encontrar a felicidade na nova realidade que a vida lhes apresenta?

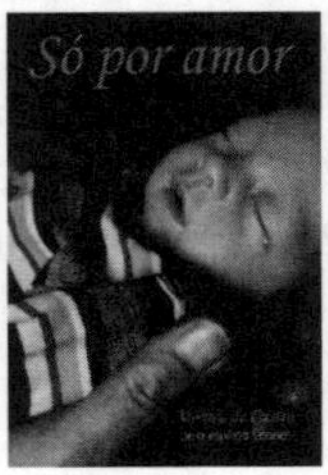


## Só por amor

Januário nunca deu valor à vida. Até o dia em que, inexplicavelmente, uma criança desconhecida despertou o amor que nem ele sabia existir. A partir daí, Januário tudo fará para ocultar seus crimes, sem saber que o passado tem seus próprios métodos para se revelar.

**Lembranças que o vento traz**

A vida de Clarissa sofre uma reviravolta. O amor e a verdade se transformam, fazendo da morte um mistério que Clarissa será chamada a desvendar. Este extraordinário romance encerra a trilogia iniciada com *Sentindo na própria pele* e *Com o amor não se brinca*.

**Giselle - A amante do inquisidor - nova edição**

Na Espanha do século quinze, Giselle torna-se amante do inquisidor Esteban, seduzindo pessoas para entregá-las ao Tribunal do Santo Ofício e, com isso, enriquecer. De repente encontra um homem que a desperta para um grande amor, inspirando a mudar de vida.

**Segredos da alma**

Vivian quer ser escritora na Londres do século dezenove, mas tem que enfrentar o preconceito da sociedade machista, ao mesmo tempo em que luta pelo seu verdadeiro amor. Diante disso ela aprenderá que o segredo para um destino feliz é acreditar no seu melhor.

**Greta**

Em consequência de um acidente, uma babá, esmagada pela culpa, não consegue mais emprego e se vê obrigada a entregar-se à prostituição para sobreviver. Por que uma criança saudável, alegre, morre de repente? Como vencer a dor da perda e continuar vivendo?

VIDA & CONSCIÊNCIA
GRÁFICA

Rua Agostinho Gomes, 2.312 – SP
55 11 3577-3200

grafica@vidaeconsciencia.com.br
www.vidaeconsciencia.com.br